Gary A. Haugen · Victor Boutros

Gewalt – die Fessel der Armen

Worunter die Ärmsten dieser Erde am meisten leiden – und was wir dagegen tun können

Aus dem Englischen übersetzt von Monika Niehaus und Kirsten Nutto
Herausgegeben von Dietmar Roller und Rabea Rentschler

Springer Spektrum

Gary A. Haugen
International Justice Mission
Washington, USA

Victor Boutros
U.S. Department of Justice
Washington, USA

ISBN 978-3-662-47053-4
ISBN 978-3-662-47054-1 (eBook)
DOI 10.1007/978-3-662-47054-1

Die Deutsche Nationalbibliothek verzeichnet diese Publikation in der Deutschen Nationalbibliografie; detaillierte bibliografische Daten sind im Internet über http://dnb.d-nb.de abrufbar.

Springer Spektrum
Übersetzung der englischen Ausgabe: "The Locust Effect – Why the End of Poverty Requires the End of Violence" von Gary A. Haugen und Victor Boutros, erschienen 2014 bei Oxford University Press, (c) 2014 International Justice Mission

Planung: Marion Krämer

Gedruckt auf säurefreiem und chlorfrei gebleichtem Papier.

Springer Berlin Heidelberg ist Teil der Fachverlagsgruppe Springer Science+Business Media
(www.springer.com)

Für Jan
mit Dank für Deinen beschützenden Baum der Gnade

Stimmen zum Buch

Allzu oft werden die Lösungsansätze für die großen Probleme unserer Welt übereilt und vereinfachend formuliert. Gary Haugen dagegen begegnet ihnen mit Sachkenntnis, Weisheit und Realismus. Gewalt – die Fessel der Armen *ist ein Meilenstein. Ausgehend von wahren und typischen Fallbeispielen widerlegt Haugen die Vorstellung, es gehe bei Themen wie Armut, Diskriminierung und moderner Sklaverei hauptsächlich um wirtschaftliche oder ökonomische Interessen. Stattdessen vermittelt er einen tiefen Einblick in die Grausamkeit der Menschheit auf der einen Seite sowie ihre Hoffnung auf der anderen Seite. Er zeigt, wie Gewalt all unsere gutgemeinten Bemühungen im Bereich Entwicklungszusammenarbeit, Menschenrechte und Freiheit zerstört. Er demonstriert, wie Gewalt im Leben von armen Menschen von Generation zu Generation wiederhallt und so nicht nur die Hoffnung auf eine bessere Zukunft raubt, sondern auch alle Bemühungen, etwas zum Guten zu verändern, im Keim erstickt. Haugen führt uns die verändernde Kraft von Vergebung und Versöhnung vor Augen. Dieses Buch ist ebenso klug wie bewegend, ebenso informativ wie kreativ.*

Kevin Bales, weltweit führender Sklavereiexperte und Professor für Moderne Sklaverei am Wilberforce Institute for the Study of Slavery and Emancipation, University of Hull sowie Mitbegründer der Organisation Free the Slaves

Gewalt – die Fessel der Armen *liefert eine solide Argumentation über die zerstörerische Kraft von allgegenwärtiger Gewalt im Leben der Armen. Sie macht alle Bestrebungen, der Armut zu entkommen, zunichte. Mit diesem Problem wurde ich bei meiner eigenen Arbeit selbst konfrontiert und mich beeindruckt die Art und Weise wie es hier entfaltet wird. Ich hoffe, dass noch mehr Menschen dieses wichtige Buch lesen.*

Professor Muhammad Yunus, Friedensnobelpreisträger und Gründer der Grameen Bank (Mikrofinanz-Kreditinstitut)

Die Durchsetzung von Gesetzen sowie gut funktionierende Rechtssysteme sind die Voraussetzung für wirtschaftlichen Fortschritt. Noch wichtiger sind sie für sozialen Fortschritt. Gewalt – die Fessel der Armen. Worunter die Ärmsten dieser Erde am meisten leiden – und was wir dagegen tun können *ist ein Appell an die Weltgemeinschaft, sich viel intensiver als bislang gemeinsam zu engagieren, um*

Gewalt, Kriminalität und Missbrauch zu bekämpfen. Dies ist der einzige Weg, um die Zukunft der Menschheit zu sichern.

Klaus Schwab, Gründer und Präsident des Weltwirtschaftsforums

Gary Haugen schildert eindrücklich mit Berichten aus erster Hand die schockierende Realität der Gewalt, der Millionen von armen Menschen schutzlos gegenüber stehen. Haugen überzeugt mit einem mutigen und nachhaltigen Lösungsansatz, der das Buch zu einem wichtigen Beitrag in unserer Debatte um Armutsbekämpfung macht.

Dr. Maria Furtwängler, Schauspielerin und Ärztin

Das vergessene Menschenrecht: Schutz vor Gewalt

Als jemand, der schon fast 30 Jahre in Afrika, Asien und Lateinamerika in der Entwicklungs- und Menschenrechtsarbeit unterwegs ist, dachte ich, im Entwicklungskontext alles gesehen zu haben. Erst die Begegnung mit International Justice Mission hat mir die Augen für eine völlig unterschätzte Dimension in der Entwicklungszusammenarbeit geöffnet: das horrende Ausmaß von Gewalt gegen arme und schutzlose Menschen aufgrund zerbrochener und nicht funktionierender Polizei-, Justiz- und Rechtssysteme.

In Abwandlung des Aphorismus' von Willy Brandt „Frieden ist nicht alles, aber ohne Frieden ist alles nichts", kann man in Bezug auf die etwa vier Milliarden ärmsten Menschen in dieser Welt sagen: „Sicherheit ist nicht alles, aber ohne Sicherheit ist alles nichts."

Was Menschen denken, was sie bewegt und was für sie im Leben zählt, wird im World Values Survey[1] kompakt und anschaulich dargestellt. Die Erhebungen zeigen, dass Menschen aus verschiedenen Kulturkreisen zwar ganz unterschiedlich denken, aber trotzdem ist ihnen allen ein Wert gleichermaßen wichtig: Jeder will sein Leben und das seiner Familie ohne Angst in Sicherheit und Freiheit gestalten. Dies ist nicht einfach nur ein gemeinsames Bedürfnis der Menschen, sondern seit der allgemeinen Menschenrechtserklärung von 1948 sind das Recht auf Freiheit und persönliche Sicherheit Grundrechte. Grundrechte sind angeboren, unveräußerlich, unteilbar und universell. Sie stehen jedem Menschen dieser Welt zu und wahren seine Würde.

Trotzdem erfahren Milliarden von Menschen Tag für Tag massive Unterdrückung und schreckliches Unrecht. Ein Leben in Sicherheit und Freiheit ist für sie lediglich ein Traum. Ohne Zweifel hat die Weltgemeinschaft im vergangenen Jahrzehnt im Kampf gegen die globale Armut große Fortschritte gemacht. Und doch gibt es eine für die Augen der Wohlhabenderen praktisch unsichtbare „Fessel", die Menschen quält und in der Armut gefangen hält: die Fessel der **alltäglichen Gewalt**[2] **gegen Arme**. Sie macht viele Fortschritte, die wir bisher in der Entwicklungszusammenarbeit gemacht haben, zunichte.

Dabei hat die Weltgemeinschaft die Marginalisierung und Rechtlosigkeit der Armen längst erkannt. Dies schlägt sich sowohl im Rechtsbasierten Entwicklungsansatz (RBA) nieder, bei dem die Menschenrechte als Basis für die Zusammenarbeit dienen, als auch im Fokus auf guter Regierungsführung, der die Entwicklungszusammenarbeit seit den 1990er Jahren zunehmend prägt. Der Armutsbegriff ist heute ein völlig anderer als in der Zeit kurz nach dem Zweiten Weltkrieg, als die deutsche Entwicklungszusammenarbeit ihren Anfang nahm.

Armut wird heute als sozialer, ökonomischer und politischer Ausschluss der Betroffenen aus ihrer Gesellschaft gesehen, der einher geht mit Recht- und Machtlosigkeit. Wenn die Armut überwunden werden soll, erfordert dies dementsprechend weitergehende Strategien für eine gesellschaftliche Entwicklung.

Deshalb definiert der indische Wirtschaftswissenschaftler, Philosoph und Nobelpreisträger Amartya Sen Armut als einen Mangel an Verwirklichungschancen: der Mangel an politischer und wirtschaftlicher Mitbestimmung und Freiheit sowie der Mangel an gesellschaftlicher Transparenz und an sozialen Chancen. Vor diesem Hintergrund kann Armut nicht nur mit einem einzelnen Ansatz bekämpft werden. Gleichzeitig müssen die Armen selber aktiv mit einbezogen werden, eigene Projekte in Partnerschaft gestalten zu können.

Der rechtsbasierte Ansatz hat Strategien und Instrumente entwickelt, die arme Menschen ermächtigen, für sich selbst und ihre Gruppe anwaltschaftliche Arbeit zu leisten und ihre Rechte gegenüber ihrem Staat und ihrer Regierung einzufordern. Ziel ist es, die Diskriminierung und Hilflosigkeit armer Kinder, Frauen und Männer zu überwinden und ihnen den rechtlich verbrieften Zugang zu Bildung, Gesundheit oder sauberem Trinkwasser etc. zu ermöglichen. Der Staat wird dabei zum Pflichtenträger gegenüber allen seinen Bürgern. Adressiert wird also die Ausgrenzung der Armen, die als Grundursache für Armut gilt. Zugleich werden armen Menschen Werkzeuge an die Hand gegeben, diese zu überwinden.

In der Entwicklungspraxis haben Arme Anteil an sämtlichen Veränderungen und wirken aktiv mit. Auch die lokalen Regierungsstellen werden mit einbezogen, ihre Pflichten zu erfüllen. Veraltete, rein unterstützende Ansätze, bei denen man einseitig etwas für die Menschen tut, erreichten häufig das Gegenteil von der Befähigung der Betroffenen und lähmen oft genug sogar ihre Eigeninitiative. Dass Arme nicht mehr zu Objekten der Hilfe anderer gemacht werden, ist eine nachhaltige positive Veränderung in der Entwicklungszusammenarbeit.

VENRO, der Dachverband der entwicklungspolitischen Nichtregierungsorganisationen in Deutschland, legte in seiner Publikation „Wie kommen die Armen zu ihren Rechten?[3]" die Dimensionen eines Menschenrechtsansatzes in der Entwicklungszusammenarbeit dar.

- Ausgangspunkt sind die völkerrechtlich verbindlichen Menschenrechtsverträge.
- Beachtung des Prinzips der Nichtdiskriminierung und eine spezielle Ausrichtung auf benachteiligte Gruppen, u. a. Frauen, Kinder und Minderheiten.
- Beachtung der Prinzipien Partizipation und Empowerment.
- Beachtung der Prinzipien Rechtsstaatlichkeit, Transparenz, Effizienz und Partizipation als Ausdruck für verantwortliche gute Regierungsführung.

In der gegenwärtigen Entwicklungszusammenarbeit hat dieser Ansatz Vieles verändert. Die Armen sind heute Subjekte aller Programme und Hilfsmaßnahmen und partizipativ an ihrer eigenen Entwicklung beteiligt.

Dennoch haben wir etwas Entscheidendes übersehen. Darauf weisen Gary Haugen und Victor Boutros in ihrem Buch eindrücklich hin. Die **alltägliche Gewalt gegen Arme** ist nicht allein dadurch zu besiegen, dass wir die Armen befähigen, ihre Rechte einzufordern. Wir müssen uns auch mit den Rechtssystemen beschäftigen, die in vielen Entwicklungsländern nur über Spezialisten zugänglich sind. Die Rechtssysteme selber sind schlicht nicht darauf ausgelegt, den Armen zu dienen. Haugen weist eindringlich auf die tragische Konsequenz dessen hin. Arme sind der extremen, alltäglichen, meist übersehenen Gewalt machtlos ausgeliefert. Was das für diese vielen Menschen bedeutet, ist für uns kaum vorstellbar.

Stellen Sie sich vor, Sie kommen nach Feierabend in ihr gerade abgezahltes Zuhause, als eine Gruppe von Männern Ihr Haus betritt und alles raubt, was Sie besitzen. Die Männer setzen Sie und Ihre Familie anschließend auf die Straße und beschlagnahmen Ihr Heim. Sie sind verzweifelt und gehen zur Polizei, um Anzeige zu erstatten. Doch die Beamten auf der Wache unternehmen nichts. Im Gegenteil, sie drohen Ihnen und fordern ein Schutzgeld. Ihre beiden Töchter laufen Gefahr vergewaltigt zu werden. Die Polizei behandelt Sie und Ihre Familie nicht als Bürger ihres eigenen Lands, sondern als Rechtlose, mit denen man machen kann, was man will, ohne Konsequenzen befürchten zu müssen.

Stellen Sie sich vor, dass fast die Hälfte aller Mädchen in Ihrer Nachbarschaft und in der eigenen Familie ein oder mehrmals belästigt oder vergewaltigt wurden, sei es auf dem Weg zur Schule, in der Schule, der Kirche, Zuhause oder an irgend einem anderen Ort in der Umgebung.

Stellen Sie sich vor, dass die Arbeiter, die in einer Fabrik Ihrer Heimatstadt arbeiten, Sklaven sind, die ohne Bezahlung unter dauernder Angst, geschlagen oder vergewaltigt zu werden, jeden Tag so lange arbeiten, bis sie am Ende ihrer Kräfte einfach am Arbeitsplatz einschlafen. In der Fabrik arbeiten auch

Kinder, die kaum älter als fünf Jahre sind, bis zur völligen Erschöpfung – einen Kindergarten oder eine Schule haben sie noch nie gesehen.

Das ist die Realität für einen großen Teil der Armen dieser Welt. Gary Haugen und Victor Boutros gewähren uns in diesem Buch einen Blick hinter die Kulissen dieser fremden, fürchterlichen Welt. Es ist ein außergewöhnliches Buch, das uns Leser herausfordert und uns die Fessel von sexueller Gewalt, Schuldknechtschaft, illegaler Landnahme, ungerechtfertigter Inhaftierung, polizeilichem Machtmissbrauch und vielen anderen Formen von Gewalt gegen Arme erschreckend offen vor Augen hält.

Haugen und Boutros liefern jedoch nicht nur viele erschütternde Fallbeispiele und Tatsachen, sie geben auch mutige Antworten und zeigen Wege auf, wie die alltägliche Gewalt gegen Arme überwunden werden kann. Sie erläutern, welche entwicklungspolitischen neuen Ansätze notwendig sind und wie diese modellhaft bereits erfolgreich durch die Arbeit der International Justice Mission und anderer NGOs umgesetzt werden.

Das Buch hat mir geholfen, die „alltägliche Gewalt gegen Arme" wahrzunehmen und ihre Ursachen und Folgen etwas besser zu verstehen. Der blinde Fleck, den ich über lange Zeit in der Projektarbeit im Kampf gegen Armut hatte, ist verschwunden. Heute weiß ich, dass manche Fortschritte beispielsweise durch Kleinkreditprogramme ihre Wirkung nicht voll entfalten konnten, weil alltägliche Gewalt die gute Saat nicht aufgehen ließ – so wie ein Schwarm hungriger Heuschrecken keine Pflanze auf dem Feld stehen lässt. Das Buch hat mir geholfen zu verstehen, dass wir in der Entwicklungs- und Menschenrechtsarbeit den Mut brauchen, die extrem komplexen Straf- und Justizsystem in neue Ansätze der Entwicklungszusammenarbeit mit einzubeziehen. Ich hoffe, dass wir diesen blinden Fleck in der Entwicklungszusammenarbeit in Zukunft gemeinsam überwinden, um Armut weltweit nachhaltig zu bekämpfen.

Dietmar Roller, Herausgeber

Einleitung

Es war der erste Schauplatz eines Massakers, den ich besuchte. Heute sind die Schädel ordentlich in Regalen gestapelt, doch als ich sie zum ersten Mal sah, war das nicht der Fall. Sie gehörten zu einem Haufen von Leichenresten, die in einer kleinen Backsteinkirche in Ruanda verrotteten. Als Leiter der Investigativen Aufklärungseinheit der Vereinten Nationen in Ruanda hatte ich unmittelbar nach dem Völkermord 1994 eine Liste von 100 Massengräbern und Schauplätzen von Massakern erhalten. Sie lagen verstreut über das gesamte verarmte Land, in dem innerhalb von rund zehn Wochen fast eine Million Menschen abgeschlachtet worden war – vorwiegend mit Macheten.

Als ich die Militärtransportmaschine verließ, um mich dem kleinen internationalen Team von Ermittlern und Staatsanwälten anzuschließen, das sich in den ersten Wochen nach dem Genozid in der ruandischen Hauptstadt versammelte, erschien mir das ganze Land erfüllt von einer eigenartigen, postapokalyptischen Leere. Bis ich einen Laster vor dem Flughafen bestieg, war mir nicht einmal aufgefallen, dass ich ohne Zoll- und Passkontrolle ins Land gekommen war. Sowohl eine Zoll- als auch eine Einwanderungsbehörde fehlten. Die üblichen Kennzeichen, die man unbewusst mit Zivilisation und Ordnung – und Sicherheit – verband, waren von dieser Orgie völkermörderischer Gewalt hinweg gefegt worden. Und das gab mir ein höchst ungutes Gefühl.

In diesen ersten Tagen bestand meine Aufgabe darin, die UN-Expertenkommission dabei zu unterstützen, sich einen groben Überblick über das Geschehene zu verschaffen und erste Beweise gegen die Täter des Genozids zu sammeln. Bis ein internationales Tribunal zusammentrat, sollte es noch über ein Jahr dauern.

Wo sollten wir anfangen bei hunderttausenden von Morden? Wir begannen unsere Untersuchungen schließlich in Ntarama, einer Kleinstadt südlich von Kigali, auf dem Gelände einer kleinen Kirche, wo alle Körper so liegen geblieben waren, wie die Mörder sie hinterlassen hatten – eine kniehohe Masse von toten Körpern, die von einer Wand bis zur anderen reichte, dazu verrottende Kleidung und die erbärmlichen persönlichen Hinterlassenschaften sehr armer Menschen, die hofften, eine Belagerung zu überleben.

Aber keiner sollte überleben.

Und nun arbeiteten sich vier spanische Forensikexperten und ich gemeinsam durch diese Überreste. Jeder Schädel wurde aufgehoben, um eine erste Bestandsaufnahme zu machen: „Frau – Machete. Frau – Machete. Kind – Machete. Frau – Machete. Kind – Machete. Kind – stumpfes Trauma. Mann – Machete ... “ So ging es stundenlang.

Unsere Aufgabe bestand darin, aus Zeugenaussagen Überlebender und dem Durcheinander von Überresten ein möglichst präzises Bild zu erstellen, wie es zu einem solchen Massenmord kommen konnte. Je länger ich an der Aufklärung des Genozids arbeitete, desto intensiver beschäftigte mich das Grauen, das sich hier ereignet hatte. Wie muss es sich anfühlen, mit dem Rücken zur Wand gegen die Kirchenmauer gepresst zu stehen, rechts und links panische Familienangehörige, während sich Macheten ihren Weg durch die schreienden Nachbarn hacken?

Schließlich traf mich eine schlichte Erkenntnis über das eigentliche Wesen von Gewalt und Armut: In dem Augenblick, in dem sich diese völlig verarmten Ruander in Todesangst in dieser Kirche aneinander drängten, brauchten sie keinen Arzt, Lehrer oder Geistlichen, keinen Mikrokredit oder Essen. Sie brauchten jemanden, der sie vor den Macheten beschützte.

Nichts von all den Dingen, die engagierte Helfer im Lauf der Jahre auf den Weg gebracht hatten, um die Armut in Ruanda zu bekämpfen, würde etwas nützen, wenn sie die Gewalt nicht stoppten. Das Problem: Keine Form von Entwicklungszusammenarbeit, seien es Nahrung, Medizin, Bildung, Unterkunft, Trinkwasser oder Mikrokredite, vermag die mörderischen Macheten zu stoppen. Seit Jahrzehnten überzog rücksichtslose Gewalt das Land wie eine Heuschreckenplage – und zerstörte alles, was sich die Armen mühsam erarbeitet hatten. Für die Gewalttäter waren sie ein gefundenes Fressen, das sie noch mächtiger machte.

Genauso schockierend war für mich, was ich in den folgenden zwei Jahrzehnten nach dem Genozid in Ruanda immer wieder erlebte, wenn ich in die ärmsten Länder der Erde reiste: eine nahezu verborgene Plage der Gewalt, die das Leben von Milliarden armer Menschen zerstört – völlig unbemerkt von der Öffentlichkeit. Diese Gewalt macht sämtliche Bemühungen dieser Menschen, sich aus der Armut zu befreien, zunichte – wie ein Heuschreckenschwarm, der sich über eine Ernte hermacht. Diese Plage rücksichtsloser Gewalt unterscheidet sich von anderen Problemen, unter denen die Armen leiden, und daher muss sich das Mittel dagegen ebenfalls von anderen Mitteln zur Armutsbekämpfung unterscheiden. Gewalt kann im Leben der Armen alles zerstören und sie lässt sich durch nichts aufhalten, womit wir üblicherweise Armut bekämpfen. Das ist logisch, denn auch Hunger und Krankheiten können wie Gewalt alles zerstören, was ein armer Mensch besitzt – aber was den Hunger stillt, lindert nicht unbedingt auch Krankheiten, und was Krankheiten lindert, stillt nicht unbedingt auch den Hunger. Der Unterschied ist, dass die Welt weiß, dass die Armen unter Hunger und Krankheit leiden – und sich bemüht, etwas dagegen zu tun.

Aber die überwiegende Mehrheit weiß nicht, dass Armut Schutzlosigkeit gegenüber Gewalt mit sich bringt und wie zerstörerisch sich Gewalt auf die Armen weltweit auswirkt. Darum tut auch keiner etwas dagegen. Das Tragische daran: Das Versagen, diese Gewalt zu stoppen, macht einen Großteil der anderen Bemühungen, den Armen zu helfen, zunichte. Ich bin mir ziemlich sicher, dass Sie, während Sie dieses Buch lesen, nicht zu den Ärmsten der Welt gehören – den Milliarden Menschen, die versuchen, von ein bis zwei Dollar am Tag zu leben. Infolgedessen weiß ich, dass Sie wahrscheinlich auch nicht chronisch unterernährt sind, nicht an einer leicht heilbaren Krankheit sterben werden, Zugang zu ausreichend Trinkwasser haben, lesen und schreiben können und ein Dach über dem Kopf haben. Aber ich weiß noch etwas über Sie. Ich wette, dass Sie Ihr Leben in relativer Sicherheit vor Gewalt verbringen. Sie sind wahrscheinlich nicht unablässig von Versklavung, willkürlicher Inhaftierung, körperlicher Gewalt, Vergewaltigung oder Raub bedroht.

Gehörten Sie jedoch zu der Milliarde der Ärmsten, wäre genau das der Fall. Das wird im Zusammenhang mit der Armutsbekämpfung häufig übersehen – und darum geht es in diesem Buch. Zusammen unternehmen wir eine Reise in die meist nicht sichtbare Unterwelt der Gewalt, in der die Armen unbemerkt von uns leben. Meine Kollegen von der International Justice Mission (IJM) arbeiten gemeinsam mit den Ärmsten vor Ort. Ihre Geschichten, die in diesem Buch erzählt werden, füllen die Daten und Statistiken mit Leben, so dass wir ihre Situation besser nachempfinden können.

IJM ist eine internationale Menschenrechtsorganisation. Sie ist die weltweit größte NGO (Non-Governmental Organization), die mit lokalen Anwälten den mittellosen Opfern von Gewalt, Missbrauch und Unterdrückung in Entwicklungsländern direkt Hilfe leistet. In armen Gemeinden in Afrika, Lateinamerika, Süd- und Südostasien unterstützt IJM Teams von einheimischen Strafverteidigern, Ermittlern, Sozialarbeitern und Menschenrechtsaktivisten, um Menschen zu helfen, die versklavt, unschuldig ins Gefängnis geworfen, geschlagen, missbraucht oder von ihrem Land vertrieben wurden. Diese Teams arbeiten Hand in Hand mit lokalen Behörden, um Opfer vor Gewalt zu schützen und die Täter vor Gericht zu bringen. Anschließend arbeiten sie mit örtlichen Sozialdiensten zusammen, um die Geschädigten auf ihrem Weg zur Heilung und Wiederherstellung zu begleiten.

Tausende dieser Einzelfälle brachten eine Facette der Armut ans Licht, die bis dahin praktisch nicht wahrgenommen wurde. Beim Stichwort „globale Armut" denken wir unmittelbar an Hunger, Krankheiten, Obdachlosigkeit, Analphabetismus, schmutziges Wasser und mangelnde Schulbildung, aber nur sehr wenige denken an die chronische Gefährdung der Armen durch Gewalt. Diese Gewalt bedroht alle Armen. Für viele ist sie eine massive seelische und körperliche Belastung in Form von sexueller Gewalt, Zwangsarbeit, rechtswidriger Inhaftierung, Landraub, Körperverletzung, Polizeigewalt und Unterdrückung. Doch all das liegt unter den schnell erkennbaren Nöten, wie extremem Hunger oder schwerer Krankheit, verborgen.

Ich spreche hier nicht von den großflächigen Gewaltexzessen wie dem Genozid in Ruanda, oder von Kriegen und Zivilkonflikten, unter denen die Armen besonders leiden. Vielmehr spreche ich von der alltäglichen kriminellen Gewalt in ansonsten stabilen Entwicklungsländern. Sie plagt einen viel größeren Teil der Armen weltweit in weitaus größerem und anhaltenderem Maße. Diese Alltagsgewalt fesselt Menschen an die Armut und behindert und blockiert jeglichen Ausweg.

Doch das ist kaum bekannt – auch vielen Experten nicht. Die vielleicht wichtigste Absichtserklärung zur Bekämpfung der weltweiten Armut der letzten Jahre wurde von der UN in ihren Millenniums-Entwicklungszielen formuliert: acht wirtschaftliche Entwicklungsziele, die auf dem Millenniumsgipfel der UN im Jahr 2000 von 193 Nationen als Meilensteine im Kampf gegen die Armut beschlossen wurden. Das Problem: In diesem monumentalen Werk wurde das Unrecht der Gewalt gegen die Armen nicht einmal erwähnt.

Das ist vor allem deshalb tragisch, weil sich inzwischen die Daten häufen, die belegen, dass sich Gewalt verheerend auf den Kampf eines armen Menschen gegen seine Armut auswirkt. Gewalt unterminiert die wirtschaftliche Entwicklung armer Länder. Sie torpediert sämtliche Bemühungen zur Armutsbekämpfung. Seit Jahrzehnten stellen wir den Armen verschiedene Güter und Dienstleistungen zur Verfügung, aber wir halten die Tyrannen in den verschiedenen Gruppen und Gesellschaften nicht von Gewalt und Diebstahl ab – wen wundert da, dass unsere Bemühungen oft nicht fruchten?

Das soll nicht heißen, dass alle Maßnahmen zur Linderung der Armut erfolglos blieben – vor allem bei der Bekämpfung schwerster Armut gibt es Fortschritte. Gemeint ist die Gruppe der extrem Armen, die von weniger als 1,25 Dollar pro Tag leben müssen. Doch die Zahl derjenigen, die versuchen, von 1,25 bis zu 2 Dollar pro Tag zu überleben ist mit über zwei Milliarden in den letzten 30 Jahren kaum gesunken. Studien jüngeren Datums zufolge liegt eine Verbindung mit alltäglicher Gewalt auf der Hand. Dieses Buch liefert kein einziges Argument gegen die traditionellen Maßnahmen zur Bekämpfung der Armut. Ganz im Gegenteil. Mir liegt daran, dass wir die Früchte dieser Bemühungen vor dem Appetit rücksichtsloser und gewaltbereiter Täter schützen, die wie Heuschrecken über die Armen herfallen.

Stellen Sie sich vor, was es für die Armen in Entwicklungsländern bedeutet, tagein, tagaus Gewalt erleiden zu müssen: den Verlust ihrer Erwerbsfähigkeit und damit der Möglichkeit, ihren Lebensunterhalt zu verdienen, Traumata zerstören sämtliches Vertrauen in sich selbst und andere, das Leben wird ein qualvoller Kampf ums Überleben. Zugleich werden die Taschen der Gewalttäter, die die Armen bestehlen und ausbeuten, immer voller und die Strukturen des Unrechts werden zementiert.

Dass das Problem der Gewalt gegen Arme keine Priorität hat, ist ein Versäumnis. Noch schwerer wiegt, dass jene, die das Problem sehen, die naheliegende Lösung ignorieren: die Durchsetzung der Gesetze. Wie wir noch sehen werden, leiden die Armen in Entwicklungsländern deshalb so sehr unter willkürlicher Gewalt, weil sie de facto in einem Zustand der Rechtlosigkeit leben. Das heißt, grundlegende Systeme zur Durchsetzung von Gesetzen sind in vielen Entwicklungsländern derart unwirksam, dass das Gesetz die meisten Armen praktisch nicht schützt. Weltweite Untersuchungen bestätigen das inzwischen. In Wirklichkeit machen die Rechtssysteme in den Entwicklungsländern die Armen sogar noch ärmer und ihr Leben noch unsicherer. Ein Vergleich veranschaulicht die Absurdität dieser Tatsache: Es ist, als machten Krankenhäuser in Entwicklungsländern die Armen kränker statt gesünder – oder als kontaminierten Wasseraufbereitungssysteme das Trinkwasser.

Man könnte vielleicht hoffen, dass die Weltöffentlichkeit reagiert, sobald sie das Ausmaß des Problems erkennt – doch leider hat sie dieses Problem bislang noch nicht einmal annähernd begriffen. Das Versäumnis, sich vorrangig um Strafrechtssysteme zu kümmern, die die Armen vor alltäglicher Gewalt schützen können, wirkte sich verheerend auf zwei große Ziele aus: die Eindämmung extremer Armut und die Durchsetzung grundlegender Menschenrechte. In beiden Fällen gab es im letzten Jahrhundert große Fortschritte. Doch im 21. Jahrhundert kam es für die Ärmsten diesbezüglich zum Stillstand.

Tatsächlich gibt es für die weltweit Ärmsten in diesem Jahrhundert nichts, was wichtiger wäre als die Bereitstellung von elementaren Rechtssystemen, die sie vor den schlimmen Folgen alltäglicher Gewalt schützen. Denn wenn man nicht sicher ist, ist alles andere wertlos.

Dieses Buch illustriert am Beispiel einiger Fallgeschichten, weshalb die Rechtssysteme in Entwicklungs- und Schwellenländern so schlecht funktionieren. Als sich die Kolonialmächte vor einem halben Jahrhundert aus den Entwicklungsländern zurückzogen, änderten sich viele Gesetze, aber die Systeme zur Rechtsdurchsetzung änderten sich nicht – Systeme, die niemals darauf ausgelegt waren, die einfache Bevölkerung vor Gewalt zu schützen, sondern vielmehr, das Regime vor der Bevölkerung zu schützen. Und daran hat sich bis heute nahezu nichts geändert.

Zudem haben reiche und mächtige Gruppen angesichts der Unzulänglichkeit der öffentlichen Rechtssysteme in den Entwicklungsländern ein paralleles

System privater Rechtssicherung aufgebaut: In diesem Parallelsystem mit privat finanzierten Sicherheitskräften und alternativen Einrichtungen zur Konfliktlösung bleiben die Ärmsten auf der Strecke, denn ihnen bleiben nur die nutzlosen öffentlichen Systeme, die sich beständig verschlechtern.

Und schließlich haben die großen staatlichen und internationalen Organisationen für Armutsbekämpfung, wirtschaftliche Entwicklung und Menschenrechte aus historischen Gründen bewusst vermieden, Systeme zur Rechtsdurchsetzung in den Entwicklungsländern zu stärken.

Nach einer realistischen Bestandaufnahme des Problems will dieses Buch Hoffnung und Mut zur Veränderung machen. Diese Hoffnung speist sich aus der Erfahrung von aktuellen Projekten, die weltweit geräuschlos einen Wandel einleiten. Wir wissen, dass fast jedes heute einigermaßen funktionierende Rechtssystem auf der Welt irgendwann im Lauf der Geschichte korrupt war und missbräuchlich angewandt wurde. Dieses Buch legt dar, wie Rechtssysteme in jüngerer Zeit so reformiert wurden, dass sie selbst den schwächsten Bürgern ausreichend Schutz gewähren. Beispielhafte Projekte, die von IJM und anderen Organisationen weltweit vorangetrieben werden, zeigen, dass es möglich ist, nicht funktionierende Rechtssysteme in Entwicklungsländern so zu verändern, dass sie die Armen wirksam vor Gewalt schützen.

Echte Hoffnung muss fest in der Realität verankert sein. Bevor die AIDS-Epidemie erfolgreich eingedämmt werden konnte, mussten Millionen gesunde Menschen für das Schicksal von Millionen kranken Menschen sensibilisiert werden. Als sich irgendwann immer mehr weigerten, einfach wegzuschauen, wendete sich das Blatt – heute ist AIDS kein Todesurteil mehr.

Bessere Tage für die Ärmsten der Armen werden nur dann kommen, wenn wir bereit sind, einen Blick hinter die Kulissen der Armut zu werfen. Die ersten Kapitel werden Sie an diesen dunklen Ort führen und mit einigen authentischen Gewalterfahrungen konfrontieren. Keine angenehme Lektüre, aber eine realistische. Später werden wir nicht nur sehen, wie es verschiedenen Gruppen in Entwicklungsländern gelang, die Spirale der Gewalt zu stoppen und ein Niveau von Sicherheit und Ordnung zu etablieren, das einst unvorstellbar war, sondern auch einige vielversprechende Beispiele kennen lernen: Projekte von IJM sowie anderen Nichtregierungs- und Regierungsorganisationen, die die Schutzlosigkeit der Armen gegenüber den schlimmsten Formen der Gewalt nachweislich verringert haben – allen voran Menschenhandel, Zwangsprostitution, moderne Sklaverei, sexuellen Missbrauch, Folter und rechtswidrige Inhaftierung.

Bevor wir uns jedoch ins Thema stürzen, noch ein paar wichtige klärende Anmerkungen.

Dieses Buch ist in keiner Hinsicht der Weisheit letzter Schluss. Es will vor allem die Diskussion über Lösungsmöglichkeiten eines riesigen Problems in

Gang bringen, das bislang viel zu sehr vernachlässigt wurde. Das Buch spricht eine Reihe wichtiger und höchst komplexer Themen an: Ebenen und Kategorien krimineller Gewalt gegen die Armen; Auswirkungen von Gewalt auf die wirtschaftliche Entwicklung, die Linderung der Armut und den modernen Kampf um Menschenrechte; das Erbe der kolonialen Rechtssysteme in den Entwicklungsländern; die Privatisierung der Justizsysteme; die Geschichte der Rechtssysteme in Hilfsprogrammen; die politische Ökonomie der Strafrechtssysteme in den Entwicklungsländern; die Geschichte der Entwicklung von Maßnahmen zur Rechtsdurchsetzung; die aktuellen Pilot- und Modellprojekte bei der Reform von Rechtssystemen und manches mehr. In das Buch fließen die Meinung verschiedener Experten, Fachliteratur, Abkommen und aktuelle Internetartikel ein. Es spricht daher an keiner Stelle das letzte Wort. Manchmal provoziert es. Und hoffentlich liefert es überzeugende Argumente für eine nachdrückliche und energische Auseinandersetzung mit der globalen Krise der Gewalt gegen die Armen.

Wichtig ist zudem, von Anfang an auf Folgendes hinzuweisen: Auch wenn mein Co-Autor und ich überzeugt sind, dass die Rechtsdurchsetzung von Gesetzen, die die Armen vor alltäglicher krimineller Gewalt schützt, für Entwicklung und Wohlergehen dieser Menschen entscheidend ist, sind wir nicht der Meinung, dass ein solcher Gesetzesvollzug das einzige ist, was Menschen vor Gewalt schützt. Kriminelle Gewalt ist ein höchst komplexes soziales Phänomen mit vielen Zusatzfaktoren, die man ansprechen muss. Wir argumentieren schlicht, dass der Versuch, diese Gewalt zu stoppen, indem man diese zusätzlichen Faktoren adressiert, ohne für eine tatsächliche Rechtsdurchsetzung zu sorgen, zum Scheitern verurteilt ist.

Während wir die Erfolge der westlichen Form der Rechtsdurchsetzung hoch schätzen, sind wir als Bürgerrechts-Anwälte nichtsdestotrotz mit den Mängeln unserer eigenen Strafrechtssysteme vertraut. Da wir uns zu Beginn unserer Karrieren mit dem systematischen Missbrauch bei der Rechtsdurchsetzung in den Vereinigten Staaten beschäftigt haben, können wir bestätigen, dass es jenseits des Großen Teichs keine Form von Missbrauch, Brutalität oder Korruption gibt, die wir nicht schon in Systemen unseres eigenen Landes gesehen hätten. Wir glauben auch nicht, dass westliche Systeme des Strafrechts maßgeschneiderte Lösungen für andere Länder bieten. Die optimale Lösung werden heimische, kontextbezogene Lösungen in Kombination mit dem Besten sein, was externe Quellen beisteuern können. Was wir für die Armen in unserer Welt wollen, sind Strafrechtssysteme, die sie in ihrer speziellen Lebenssituation am besten vor Gewalt schützen – ganz gleich, welcher Art sie sind.

Dieses Buch erzählt den Weg von der schrecklichen Entdeckung des Massakers in der Kirche von Ntarama bis zur Erkenntnis der weit weniger offensichtlichen Fessel der alltäglichen Gewalt, die alle Armen unserer Tage fürchten. In beiden Fällen besteht eine doppelte Herausforderung: Einerseits die Gewalt wahrzunehmen, als das, was sie ist, und andererseits die Straflosigkeit zu beenden, die sie immer wieder ermöglicht. In Ntarama liegen die Überreste, die wir 1994 geborgen haben, heute ordentlich in Regalen gestapelt in der dort errichteten Genozid-Gedenkstätte. Wenn uns dies daran erinnert, was wir einander antun können, und daran, was wir nicht für einander tun, und so die bessere – und mutigere – Seite unserer Natur wachrüttelt, hätte diese Gedenkstätte wirklich einen Sinn.

Danksagung

Ich möchte all denen aufrichtig danken, die mich bei diesem Projekt im Lauf des letzten Jahrzehnts so großzügig unterstützt und ermutigt haben. An allererster Stelle danke ich den vielen hundert Männern, Frauen und Kindern in Schwellen- und Entwicklungsländern, die ihre ganz persönlichen Geschichten von Leid, Angst, Verlust, Kampf und Triumph mit mir geteilt haben. Geschichten, die mir die Augen für den Schrecken der Armut geöffnet haben – und dafür, dass es sich lohnt, für diese Menschen zu kämpfen. Sie waren bereit, mir ihr Erlebtes zu erzählen, weil gemeinsame Freunde ihr Vertrauen gewonnen hatten: meine Kollegen, die vor Ort für International Justice Mission (IJM) arbeiten, und viele hundert Freunde, die für andere NGOs, Regierungsbehörden und Glaubensgemeinschaften in den ärmsten Orten der Welt tätig sind.

Ich bin meinem brillanten, gewissenhaften Koautor Victor Boutros für seine Ermutigung, Mitarbeit und Freundschaft außerordentlich dankbar; ohne ihn wäre dieses Projekt nicht möglich gewesen.

Ich danke Saul Levmore, damals Dean der University of Chicago Law School, sehr herzlich für seine Einladung, im Frühjahr 2010 einen Kurs über Menschenrechte in den Entwicklungsländern abzuhalten. Dies gab mir die Gelegenheit, die intellektuelle Basis für unsere Argumentation zu legen. Mein Dank gilt ebenfalls zwei Wissenschaftlern, Samantha Power und Cass Sunstein (mein früherer Juraprofessor); beide haben mir bei der Formulierung der ersten Version dieses Buches, die sich aus den Vorträgen an der University of Chicago Law School entwickelte, mit Rat und Tat zur Seite gestanden.

Ich war sehr dankbar für das große Privileg, die Argumentation zu diskutieren im Rahmen der "Ulysses and Marguerite Schwartz Memorial Lectureship" an der University of Chicago Law School sowie an der Yale Law School auf Einladung von James Silk, Clinical Professor of Law und geschäftsführender Direktor des "Orville H. Schell, Jr. Center for International Human Rights." Dabei unterstützte mich mein früherer Studienkollege an der University of Chicago, Tracey L. Meares, inzwischen Walton Hale Hamilton Professor of Law an der Yale University Law School.

Dank der Ermutigung durch Samantha Power und der Einladung von James F. Hoge, Jr., damals Herausgeber von Foreign Affairs, konnten Victor

Boutros und ich in der Ausgabe Mai/Juni 2010 in dieser Zeitschrift eine Zusammenfassung der Argumente dieses Buches unter dem Titel "And Justice for All" vorlegen. Ein großer Teil der Recherchen für den Kurs an der University of Chicago und den Artikel in Foreign Affairs wurde durch einen großzügigen Zuschuss der Microsoft Corporation sowie durch die Unterstützung, Freundschaft und intellektuelle Begleitung von Brad Smith, General Counsel und Executive VP for Legal and Corporate Affairs bei Microsoft, ermöglicht.

Ermutigt wurde ich auch durch Gespräche mit Laurence Tribe, angesehener Carl M. Loeb University Professor an der Harvard University und unermüdlicher Advokat der Armen, der mit mir die Argumentation diskutierte, die in dieser prägenden Phase Gestalt annahm. Ally McKinney und Jonathan Crowe unterstützten das Projekt in der Frühphase ebenfalls mit grundlegenden wissenschaftlichen Recherchen.

Dieses Buch ist das Resultat echter Teamarbeit. Ohne meine Kollegen und Freunde bei IJM gäbe es das Buch nicht. Besonders dankbar bin ich Ruthie McGinn dafür, dass sie alles organisiert und mich und das Team in jeder Phase des Projekts begleitet hat – von Vorabbesuchen der entsprechenden Länder, um dort zu recherchieren, zu ermitteln und Interviews zu führen, über die Entwicklung von Systemen zum elektronischen Erfassen und Katalogisieren von unzähligen wissenschaftlichen Studien bis zur Organisation enormer Mengen an Vortragsunterlagen sowie Unterrichts- und Anschauungsmaterial. Lori Poer war Teamleiterin und Lektorin bei dem anstrengenden, aber so wichtigen Lektoratsprozess innerhalb von IJM. Ich danke Holly Burkhalter dafür, dass sie ihre hervorragende Reputation und ihre Kontakte auf dem Gebiet der Menschenrechte und der Entwicklungszusammenarbeit eingesetzt hat, was uns half, unsere Argumente abzusichern. Holly beriet uns bei der Formulierung vieler kritischer Aspekte und Rechercheergebnisse, und sie vermittelte den Kontakt zu zahlreichen wichtigen Experten, damit wir unsere Argumentation auf eine solide Basis stellen konnten.

Zu den externen Experten, die unsere Argumente kritisch und konstruktiv prüften, gehörten Kate Almquist Knopf, Eric Beinhart, Allyson Collins, Eric Friedman, Anne Gallagher, Steve Golub, Tom Malinowski, Bob Perito, Anthony Randazzo, Stephen Rickard, Len Rubenstein, Susan Vitka und Jennifer Windsor. Mark Lagon und der Council on Foreign Relations lieferten uns bereits früh ein Forum für eine Diskussion unserer Ideen mit Menschenrechtsexperten.

Ich danke den wissenschaftlichen Mitarbeitern Tim Gehring und Ryan Lang, die sich dem Projekt viele Monate lang mit großem Einsatz gewidmet haben. IJM hat zahlreiche Rechercheure und Datenprüfer mobilisiert, die ebenfalls höchst wertvolle Arbeit geleistet haben, darunter Natalie Bruce,

Lindsay Henson, Jessica Kim, Rebecca Lollar, Katherine McCulley, Melody Miles, Kim Pendleton Bolles und Nicole Provo.

Die weltweite IJM-Familie hat ihre Erfahrungen mit mir geteilt. Meine Kollegen aus 20 Büros in aller Welt, nahmen sich Zeit für mich. Sie erzählten mir von ihrer Arbeit und halfen mir dabei, Fakten zu ordnen. Es sind zu viele, um sie hier einzeln zu nennen, doch ihre großzügige und geduldige Unterstützung war für dieses Projekt unverzichtbar und für mich eine große Ermutigung. Meine IJM-Kollegen Kay Anuluoha, Karen Barnes, Bill Clark, Pamela Gifford, Lacey Hanson, Bethany Hoang, Vera Leung, Amy Lucia, Jim Martin, Michelle Quiles, Amy Roth, Melissa Russell, Sheeba Philip und Chong-Ae Shah haben entscheidend an der Entwicklung des Buchkonzepts und beim Publikationsprozess mitgewirkt.

Wir alle bei IJM schulden Stephanie Reinitz Dank, die den gesamten Entstehungsprozess des Buches begleitet und für die gute Zusammenarbeit mit Oxford University Press gesorgt hat. Zudem danken wir Dan Raines und Meredith Smith vom Creative Trust, die uns bei OUP so hervorragend, professionell und freundschaftlich repräsentiert haben. Mit der Veröffentlichung von „The Locust Effect" bei Oxford University Press – dem besten Verlag im Hinblick auf intellektuelle und publizistische Exzellenz – wurde ein Traum für uns wahr. Dasselbe gilt für die Veröffentlichung der deutschen Ausgabe im Springer Verlag. Ganz persönlich schulde ich vielen Freunden für ihre Freundlichkeit und Großzügigkeit Dank, die Raum für meine Unterlagen zur Verfügung stellten sowie für die Koordination von Dawn Gary – vor allem Freunden von der Potomac Baptist Church, Osprey Point, Jim und Susan Swartz, Carr Workspaces und dem Virginia Theological Seminary dafür, dass sie Victor Boutros einen Arbeitsplatz zur Verfügung stellten. Viele geschätzte Freunde steuerten während der Entstehung dieses Buches Erkenntnisse, Unterstützung und Ermutigung bei, darunter Nicole Bibbins-Sedaca, Dale Hanson Bourke, Andy Crouch, Donald Harrison, Mark Labberton, Andrew Legg, D. Michael Lindsay, Anne Michael, Donald Miller, Bob Mosier, Art Reimers, Jim Swartz, David Weekley und viele andere. Die renommierte Fakultät und die Studenten der Pepperdine University Law School lieferten ebenfalls wertvolles Feedback und ermöglichten Diskussionen über die Themen und Argumente in diesem Buch. Hochkarätige Fachleute wie Andrea Cheuk, Andrew Bertolli und John Newell bei Latham & Watkins unterstützten mich außerordentlich großzügig mit ihren juristischen Fachkenntnissen.

All diese oben genannten Freunde, Kollegen und Experten haben „The Locust Effect" (Gewalt – die Fessel der Armen) möglich und sehr viel besser gemacht, als wir allein es vermocht hätten. Etwaige verbliebene Fehler und Ungenauigkeiten des Buches sind allein Victor Boutros und mir zuzuschreiben.

Gary A. Haugen, 2013

Inhaltsverzeichnis

1 **Was bekommen wir nicht mit?** 1
Yuris Geschichte 3
Der verborgene Terror der Armut 15
Mariammas Geschichte 19
Die Alarmanlage ist ausgeschaltet 26
Lauras Geschichte 27

2 **Die verborgene Krise an einem historischen Wendepunkt** 35
Verstehen, wogegen wir kämpfen 38
Der verborgene Schrecken der Armut 40
Das Problem verstehen, aber die Lösung missverstehen 42
Der Mensch ist schutzbedürftig 43
Schutz vor Gewalt 43
Sexuelle Gewalt 44
Die Epidemie sexueller Gewalt 46
Sexuelle Gewalt als Geschäft 51
Zwangsarbeit 59
Gewaltsame Landnahme 66
Missbräuchliche Polizeigewalt und willkürliche Festnahmen 73
Polizisten als plündernde Gewalttäter 76
Willkürliche Untersuchungshaft 78
Folter 82

3 **Der Heuschreckeneffekt** 85
Der Heuschreckenplage die Stirn bieten 86
Die Kosten berechnen 89
Die verborgenen Kosten traumatischer Ereignisse 93
Wir wissen genug, um Alarm zu schlagen 94

4 **Ein Versteck für Schlangen und Spinnen** 99
Brauchen die Armen wirklich eine Rechtsdurchsetzung? 104
Einfach unverzichtbar 109

5 Wenn Unrecht System hat 111
In der Pipeline 111
Der erste Abschnitt der Rechtspipeline: Die Polizei 113
Der zweite Abschnitt der Rechtspipeline: Die Staatsanwaltschaft 122
Der letzte Abschnitt der Rechtspipeline: Die Gerichte 125
Von Straflosigkeit zum Schutz 134

6 Zerstörte Träume 139
Das Undenkbare wurde normal 141
Die Allgemeine Erklärung der Menschenrechte 142
Die zweite Etappe 145
Menschenrechtsstandards verankert im lokalen Recht 146
Die letzte Etappe 147
Die Vernachlässigung der Rechtsprechungssysteme 149

7 Warum das koloniale Erbe das Scheitern der Rechtssysteme erklärt 151
Die Funktionsunfähigkeit wurde exportiert 152
Gleicher Hut, anderes Gesicht 158
Die Sprachbarriere 160
Die Revolution, die nie stattfand 162

8 Privatjustiz und öffentliche Rechtlosigkeit 165
Private Sicherheit 167
Alternative Schlichtungsverfahren 170
Eine Abwärtsspirale 171
Das größte Hindernis für Veränderungen: Die Vorteile der Rechtlosigkeit . 171

9 Von nichts kommt nichts 173
Den Nebel lichten 175
Statuten verhindern Investitionen in Justizsysteme 178
Drei Agenden, die das Risiko lohnen: Postkonfliktsituationen, internationales Verbrechen und Wirtschaft 182
Zahlen und Fakten 186
Eine nüchterne Einschätzung – und begründete Hoffnung 187

10 Es ist schon einmal gelungen 191
Funktionsunfähigkeit als Normalzustand 195
Eine ermutigende Erkenntnis: Es ist machbar 200
Allgemeine Erkenntnisse 205

11 Projekte, die Hoffnung machen . . . 215
Projekte von International Justice Mission zur nachhaltigen Veränderung von Rechtssystemen . . . 216
„Etwas Großes wird geschehen" . . . 218
Die Fallbearbeitung . . . 220
Verdächtige und Opfer in einem Raum . . . 223
Mangelhafte Ressourcen, Ausbildung und Dienstanweisungen . . . 223
Staatsanwälte und Richter kennen das Gesetz nicht . . . 223
Sozialarbeiter für die Nachsorge sind unvorbereitet und ungeschult . . . 223
Menschenhandel ist kein Verbrechen – oder: „Nicht hier in Cebu!" . . . 224
Korruption . . . 224
Hoffnung auf Lösungen . . . 225
Den Schwerpunkt verlagern . . . 229
Vernünftige Risiken? . . . 230
Internationale Akteure . . . 231
Weitere Projekte, die Hoffnung machen . . . 232
Mobile Gerichte in der Demokratischen Republik Kongo . . . 232
Die Armen in Brasilien vor Sklaverei bewahren . . . 234
Bekämpfung der Polizeikorruption in Georgien . . . 237
Forderungen der Bürger . . . 239
Reformbereite Entscheidungsträger im System suchen . . . 239
Zuerst die Korruption im Rechtssystem bekämpfen . . . 239
Korrupte Polizisten bestrafen . . . 240
Respekt für die neuen Polizisten . . . 240
Effektive Kriminalitätsbekämpfung und Öffentlichkeitsarbeit . . . 241
International Bridges to Justice . . . 242
Schulung von Verteidigern . . . 242
Runde Tische im Justizsektor . . . 243
Aufklärungskampagnen für Menschenrechte . . . 243
„Defender Resource Center" und Bereitstellung von Rechtshilfe . . . 243
Gerechtigkeit in Sierra Leone . . . 244
Abschaffung der Straflosigkeit in Huánuco, Peru . . . 247
Stärkung der durchsetzbaren Rechte von Armen . . . 249

Fazit 251

„Was kann ich tun?" 257

Zahlen und Fakten: Was die US-Regierung für Initiativen zur Rechtsdurchsetzung ausgibt 259

International Justice Mission 263

Anmerkungen 265

Sachverzeichnis 313

Die Autoren und Herausgeber

Die Autoren

Gary A. Haugen ist Gründer und Präsident von International Justice Mission – einer internationalen Menschenrechtsorganisation, die Arme vor Gewalt, Sklaverei und Menschenhandel schützt. IJM arbeitet mit lokalen Behörden zusammen, um Opfer von Gewalt zu befreien, Täter vor Gericht zu bringen, Betroffene zu stärken und Rechtssysteme zu verbessern. IJM ist die größte Organisation, die sich diese Aufgabe zum Ziel ihrer Arbeit gemacht hat.

Victor Boutros ist Bundesstaatsanwalt in den Vereinigten Staaten von Amerika. Er leitet eine Strafverfolgungseinheit, die große Menschenhandelsnetzwerke identifiziert und verfolgt. Außerdem deckt sie schwerwiegende Vergehen von polizeilichem oder staatlichem Fehlverhalten auf wie beispielsweise Korruption oder Amtsmissbrauch.

Die Herausgeber der deutschen Auflage

Dietmar Roller M.A. ist Entwicklungs- und Menschenrechtsexperte und lebte lange Jahre mit seiner Familie in Tansania, danach war er verantwortlicher Programmvorstand einer großen deutschen NGO und seit 2013 Vorstandsvorsitzender von IJM Deutschland.

Rabea Rentschler Dipl. Theol. ist Journalistin und engagiert sich als IJM-Botschafterin. Sie lebt mit ihrer Familie bei Heidelberg.

1
Was bekommen wir nicht mit?

Auf den folgenden Seiten wurden Namen geändert und die Auflösung von Bildern reduziert, um die Identität der Beteiligten zu schützen.

Die von Victor Boutros geäußerte Meinung ist seine eigene und gibt nicht die Meinung des US-Justizministeriums wieder.

Es ist durchaus verständlich, dass die Welt nicht sehen kann, was in der peruanischen Stadt La Unión geschieht.

Wenn ich mit *Google Earth* nach La Unión suche, taucht die Stadt nicht auf. Bei einem Blick aus 18 Kilometern Höhe, wie ihn *Google Earth* liefert, verschwindet die Stadt vollständig in der zerklüfteten Topografie der Anden. Wenn ich mit *Google Earth* meine eigene Nachbarschaft heranzoome, erkenne ich nicht nur mein Haus und mein geparktes Auto, sondern sogar die Wörter auf der Anzeigentafel des lokalen Kinos. Von der Andenstadt La Unión hingegen ist nichts zu erkennen, nicht die Kathedrale, die Gerichtsgebäude, die Krankenhäuser, die Inkaruinen, das Stadion, der Marktplatz, nicht die vielen tausend Einwohner.

Das ist meiner Meinung nach nicht Googles Schuld. Die Bildauflösung für sämtliche Orte auf dem Globus wird von „interessanten Sehenswürdigkeiten" vorgegeben, und der Großteil der Weltbevölkerung hat kein Problem damit, La Unión nur aus 18 Höhenkilometer Entfernung zu sehen – also gar nicht. Die Marktwirtschaft bestimmt, was *Google Earth* zeigt. Jemand muss für die Satelliten und die Aufnahmetechnik bezahlen, was die indigene Quechua-Bevölkerung in La Unión sicher nicht kann.

Es gibt jedoch noch einen anderen Grund, warum Sie und ich diese kleine Stadt nicht auf dem Schirm haben: Dort passiert nichts wirklich Schlimmes – so scheint es jedenfalls. Zumindest nichts, was unsere Aufmerksamkeit erregt.

Zur Ehrenrettung von *Google Earth* sei gesagt, dass es tatsächlich eine spezielle Bildatenbank gibt, die uns ermöglicht, Gegenden genauer zu betrachten, an denen sich denkwürdige Katastrophen wie Genozide, Naturkatastrophen, Kriege oder Hungersnöte zugetragen haben, die sich sonst in den globalen Weiten verlören. Gegenden wie den Ostkongo, wo 2011 ein bewaffneter Konflikt zu einer Epidemie sexueller Gewalt gegen Frauen führte; Berichten zufolge kam es dort zu 48 Vergewaltigungen *pro Stunde*.[1]

G. A. Haugen und V. Boutros, *Gewalt – die Fessel der Armen*, DOI 10.1007/978-3-662-47054-1_1

Im Vergleich zu dieser Art Horror, was gibt es da schon in der Huánuco-Region zu sehen, in der La Unión liegt?

Was wäre, wenn Vergewaltigungen dort so häufig wären wie im vom Bürgerkrieg verwüsteten Kongo? Hochgerechnet auf die 70 Millionen Einwohner des Kongos ergibt sich aus der berichteten Zahl von 48 Vergewaltigungen pro Stunde eine Rate von 16 Vergewaltigungen pro 200.000 Menschen alle fünf Tage. In Huánuco meldete eine einzige Klinik bei einer Bevölkerung von 200.000 in fünf Tagen 50 Vergewaltigungen. Das ist natürlich kein systematischer Vergleich der Häufigkeit von sexuellem Missbrauch, sondern zeigt lediglich, dass ein erschreckendes Maß an sexueller Gewalt gegen die Armen in Entwicklungsländern zum Alltag gehören kann, ohne dass die Weltöffentlichkeit Notiz davon nimmt.

Als ich die Regionalhauptstadt Huánuco zum ersten Mal besuchte, in deren Einzugsbereich rund 200.000 Menschen leben, berichtete die Lokalzeitung, dass der Gerichtsmediziner in nur fünf Tagen 50 Vergewaltigungsopfer gesehen hatte.[2] Darüber hinaus berichtete mir der Gerichtsmediziner, der jedes Opfer persönlich untersucht hatte, die Mädchen seien alle zwischen zehn und 13 Jahren alt gewesen. Vielleicht noch schlimmer war, dass sich niemand, mit dem ich sprach – Juristen, Lokalpolitiker, Anwälte der Opfer –, daran erinnern konnte, dass auch nur *einer* der Täter für eine dieser sexuellen Gewalttaten ins Gefängnis geschickt worden wäre.

Offenbar passierte in diesen Andenstädten *doch* etwas – etwas Schreckliches. Zwei peruanische Anwälte wollten mir zeigen, was unter der Oberfläche einer Stadt wie La Unión schlummert. Der Bodensatz war hochgequollen und hatte einen Leichnam auf der Straße hinterlassen – den schwer misshandelten Körper eines achtjährigen Mädchens.

Das kleine Mädchen hieß Yuri. Eines frühen Morgens hatte jemand ihren zusammengekrümmten Körper im Schotter der Hauptstraße abgeladen – Yuris Schädel war eingeschlagen, ihre Beine waren noch von Kabeldraht umwunden und ihre Unterhose bis zu den Knöcheln herabgezogen. Die Täter hatten sich nicht einmal die Mühe gemacht, ihren Leichnam ein paar Schritte weiter in den Fluss zu werfen, der mitten durch die Stadt fließt.

Ein junges Mädchen, offen und brutal ermordet, beiläufig auf die Straße geworfen, um mit dem anderen Müll der Stadt am Morgen entsorgt zu werden – vielleicht würde dieses eine Verbrechen der Welt etwas über die verborgene Gewalt erzählen, die das Leben von Perus schwächsten und schutzlosesten Bürgern ebenso lautlos wie rücksichtslos zerstört.

Dieser einen schrecklichen Geschichte auf den Grund zu gehen, würde jedoch nicht einfach sein, und der Mord sollte mich mit der Grausamkeit und der völlig unverhüllten Korruption der kleinen Stadt bekannt machen – wo jeder jeden kennt, wo jeder weiß, wer wem was angetan hat, wo Schuld und

Unschuld einander auf der Straße begegnen und wo sich die Starken schon seit Generationen über die Rechte der Schwachen hinwegsetzen.

So fuhr ich mit José und Richard in einem alten Toyota über die kurvigen Straßen der Anden von La Unión und versuchte, meine Übelkeit im Zaum zu halten. Die beiden peruanischen Anwälte arbeiten beide als Juristen für Paz y Esperanza, eine anerkannte peruanische Menschenrechtsorganisation. Richard stammte aus Huánuco und hatte als erster in seiner Familie eine gute Ausbildung erhalten. Er ist ein sehr freundlicher und aufrichtiger Mann, sein Lachen steckt an. Irgendwann, erzählt Richard, sei er Sprecher seiner juristischen Fakultät in Huánuco geworden, weil er den korrupten Dekan entlarvt hatte, der begehrte Arbeitsplätze an den Höchstbietenden verhökerte. Ich glaube kaum, dass es in Peru gegenwärtig einen Anwalt gibt, der härter und länger dafür gearbeitet hat, um Kinderschänder ins Gefängnis zu bringen, als Richard.

José begann seine juristische Karriere paradoxerweise damit, Leute *aus* dem Gefängnis heraus zu holen. In den schlimmen, blutigen Jahren des Konflikts zwischen dem Regime von Präsident Fujimori und den Terroristen des Leuchtenden Pfads in den 1990er Jahren verschwanden Tausende unschuldiger Peruaner im Gefängnis, verurteilt in Geheimprozessen, die von speziellen Terroristengerichten der Regierung abgehalten wurden. José und seine Kollegen bei Paz y Esperanza leisteten den mittellosen Angeklagten juristischen Beistand und riskierten dabei, selbst willkürlich verhaftet zu werden. José überstand diese Jahre. Heute bekämpfen er und seine Frau, eine Aktivistin, mit Paz y Esperanza die sexuelle Gewalt gegen die Ärmsten der Armen. Für sie begann diese Arbeit 2003 – im selben Jahr, als Yuris misshandelter Körper in den Straßen von La Unión gefunden worden war.

Yuris Geschichte

José und Richard wollten mir das zeigen, was Außenstehende praktisch nie zu sehen bekommen. Nicht eine abgelegene und malerische Quechua-Stadt; so etwas sehen abenteuerlustige Touristen ständig. Keine Armut: Jeder, der Entwicklungs- oder Schwellenländer besucht, kennt die einfachen Hütten, die zerlumpten Kinder, die Abfallhaufen, die Plumpsklos und das dreckige Wasser.

Stattdessen wollten Richard und José mir die unvorstellbar große Unterwelt der Gewalt zeigen, in der die Armen leben, und mir die Kräfte offen legen, die mit aller Macht versuchen, die Armen in dieser Unterwelt physischer Brutalität und Erniedrigung zu halten.

Den Mord an Yuri hatte niemand gesehen. Normalerweise werden Opfer solcher Gewalttaten auch in La Unión nicht einfach auf die Straße gelegt, sondern in den Fluss geworfen, vergraben oder zum Sterben weggesperrt.

Yuris elfjähriger Bruder Jhon gehörte zu den ersten, die den Körper des Mädchens auf der Straße liegen sahen. „Ich erinnere mich, wie ich an diesem Morgen geweckt wurde", erzählte mir Jhon. „Jemand hämmerte gegen die Tür unseres Hauses – und ich hörte ihn sagen, jemand habe meine Schwester getötet."

Es war vor fünf Uhr morgens am 19. Dezember 2003. Jhon und seine Onkel und Tanten eilten die geschotterte Hauptstraße mit ihren Lehm- und Betonziegelfassaden entlang zu der Seitenstraße, wo sich gerade eine kleine Menschenmenge ansammelte. Sie kannten die Stelle, weil dort am Abend zuvor eine Feier stattgefunden hatte.

Trotz ihrer Armut konnte es Jhons Mutter dem Jungen mit der Hilfe anderer Familienangehöriger ermöglichen, die Grundschule zu besuchen. Am Abend zuvor hatten sich Jhons Lehrer und die 30 Sechstklässler, die die Schule abgeschlossen hatten, gemeinsam mit ihren Familien und Unterstützern in einem angemieteten Festsaal versammelt, um diesen Meilenstein innerhalb der Dorfgemeinschaft zu feiern. Jhon hatte sich schon seit Wochen auf das Fest gefreut. Seine Mutter, Lucila, die eine Arbeitsstelle viele hundert Kilometer entfernt hatte annehmen müssen, konnte nicht kommen, doch sie hatte eisern gespart und ihm zu dieser Gelegenheit seinen ersten Anzug geschickt.

Jhon erzählt mir, dass er den dunklen Anzug schon einen Monat vor Schulabschluss heimlich aus seiner Verpackung genommen, ihn anprobiert und dann sorgfältig wieder zurückgelegt hatte. Auf dem Foto, das er mir zeigt, kann ich sehen, wie er im Festsaal steif zwischen seiner Großmutter und seinem Onkel steht. In dem etwas zu großen, zweireihigen dunkelblauen Anzug samt Schlips hält er sein Abschlusszeugnis in der Hand und sieht sehr wohlerzogen aus. Es ist ein besonderes Foto einer sehr armen Familie.

Hinter Jhon kann ich auf dem Foto auch den Treppenaufgang sehen, der zu den Wohnräumen der einflussreichsten Familie im Dorf führt. Ihr gehört der Festsaal mit jenem Treppenaufgang, wo am nächsten Morgen Blutflecken gefunden werden sollten. Der Treppenaufgang, wo Yuri zum letzten Mal lebend gesehen wurde.

Yuri lebte mit ihrem Bruder nur ein paar Häuserblocks von dem Festsaal entfernt. Die temperamentvolle Achtjährige mit großen dunklen Augen und breiten Quechua-Wangenknochen brachte die Familie zum Lachen, selbst wenn es nicht viel zu lachen gab. Sie war ihrem großen Bruder mit einer Gruppe Freundinnen zur Feier gefolgt, dick eingemummelt gegen die kalte Andenluft. Der Saal war voller Kinder und Musik, es gab traditionellerweise

Schweinebraten zu essen. Yuri und ihre Freundinnen spielten und erkundeten den Saal, wobei sie gelegentlich den Treppenaufgang zur oberen Etage hochstiegen, wo die Eigentümer billiges Spielzeug an Eltern verkauften, die nach Weihnachtsgeschenken für die frisch gebackenen Schulabgänger suchten. Im Lauf des Abends verschwanden die Kinder eines nach dem anderen, und der abgenutzte Festsaal füllte sich mit Erwachsenen, die sich an der provisorischen Bar des Eigentümers mit Getränken versorgten.

Pedro Ayala und seine Frau Kelly, die Besitzer des Festsaals, lebten zusammen mit ihrem 19-jährigen Sohn und einem elfjährigen Jungen, den wir Jerardo nennen wollen, in der darüber liegenden Wohnung. Jerardo war vor sexuellem Missbrauch aus seinem Elternhaus geflüchtet und arbeitete bei den Ayalas für Essen und Unterkunft. Nach Richards und Josés Beschreibung wirkten die Ayalas wie ein Typ von Familie, den man in kleinen, armen Städten wie La Unión häufig antrifft: Menschen, die clever und skrupellos genug sind, einer armen Dorfgemeinschaft das wenige Geld, das sie haben, abzuknöpfen. Die Ayalas verwandelten ihren Festsaal abends in eine Diskothek, verkauften Bier und Snacks, bedienten das Münztelefon der Nachbarschaft, verkauften Kleidung und verhökerten zu Weihnachten Plastikspielzeug oder was auch immer für Menschen mit kleinem Geldbeutel erschwinglich war. In einer Gemeinschaft, die von Armut und dem alltäglichen Existenzkampf geprägt ist, gibt es immer diejenigen, die ihr Dasein mit einer ungewöhnlichen Selbstsicherheit meistern. Daraus entwickelt sich eine ganz eigene Dynamik von Macht und finanziellem Erfolg. Inmitten von Schmutz und Elend sind sie diejenigen mit dem großen, gestrichenen Haus, der Satellitenschüssel auf dem Dach, den Teenagern in modischer Kleidung und den Schonbezügen auf den Möbeln. In den Augen der gewöhnlichen Armen sind dies die reichen, mächtigen, wichtigen Leute – sie sind „Jemand". Verglichen mit den Ayalas waren die übrigen in La Unión „Niemand", so die Worte von Yuris Familie.

Eine kleine Gruppe dieser „Niemandes" hatte sich am Morgen nach der Abschlussfeier in der Straße unter dem Balkon der Ayalas im zweiten Stock um Yuris leblosen Körper versammelt. „Sie hatte überall Abschürfungen und Quetschungen", erzählte mir Jhon. „Ihre Beine waren an den Knien gebrochen, und ihr Kopf war eingeschlagen."

„Sie sah aus wie ein geschlachtetes Lamm", fügte Tante Carmen hinzu.

Das letzte Mal hatten sie Yuri in der Festhalle gesehen. Während sie um den Leichnam herumstanden, dämmerte den Onkeln, Tanten und Jhon die furchtbare Erkenntnis, dass sie Yuri unabsichtlich zurückgelassen hatten, weil jeder annahm, jemand anderes habe das kleine Mädchen mit nach Hause genommen. Einer der Jungen, der auf dem Fest gewesen war, berichtete, er habe gesehen, wie Yuri die Stufen zur Wohnung der Alayas im zweiten Stock hinaufgestiegen sei. Er sei den Abend über in der Nähe der Treppe geblieben, habe sie aber nicht zurückkommen sehen.

Schließlich kam Pedro Ayala aus dem Haus. Er sah den kleinen Leichnam auf der Straße liegen und die Nachbarn, die sich vor seiner Tür zusammendrängten – aber seltsamerweise zeigte er keinerlei Neugier und ging einfach die Hauptstraße hinunter.

Zwei Polizisten und ein Staatsanwalt wurden zum Ort des Verbrechens gerufen und ließen Yuris Körper in die Leichenhalle bringen. Als die Polizisten und der Staatsanwalt jedoch verschwanden, ohne den Ayalas eine einzige Frage zu stellen oder auch nur ihre Wohnung zu betreten, wurden Yuris Verwandte und Nachbarn unruhig. Was war da los? In ihrer Verzweiflung drängten sie sich eilig in den Festsaal.

Im oberen Stockwerk fanden sie auf dem Boden eine blutbefleckte Matratze. Daneben lagen Yuris Stiefel, ihr Hut und mehrere ihrer Kleidungsstücke. Pedros Frau, Kelly Ayala, behauptete, es sei ihre Kleidung, doch die Sachen gehörten eindeutig einem Kind, und die Verwandten identifizierten sie sofort als Yuris. Neben dem Waschbecken unter dem Dach, wo Kelly ihre Wäsche wusch, fanden Yuris Verwandte weitere eingeweichte Kleidungsstücke des Mädchens und ein blutiges Hemd, das später als Eigentum von Gary, dem 19-jährigen Sohn der Ayalas, identifiziert wurde.

Etwas später an diesem Morgen wurde Jerardo, der elfjährige „Hausdiener" der Ayalas, von der Polizei abgeholt und zum Krankenhaus gebracht, wo er von einem Psychologen gefragt wurde, was er gesehen oder gehört hatte. Nach Aussage des Jungen war er im Festsaal eingeschlafen, aber mitten in der Nacht von den Schreien eines kleinen Mädchens „Mama, Mama, Mama!" sowie den Stimmen von Pedro und Gary geweckt worden. Jerardo meinte, er habe versucht, nach oben zu gehen und nachzuschauen, was los sei. Gary habe ihn jedoch gestoppt und gemeint, es seien nur Kinder, die auf der Straße spielten, und er solle sich nicht darum kümmern. Jerardo schlief wieder ein, doch als er am frühen Morgen aufwachte und nach oben ging, fand er neben dem betrunkenen Pedro ein kleines Mädchen, das mit einer Decke zugedeckt war. Der Junge stieß das Mädchen leicht an, aber es reagierte nicht. Jerardo erinnerte sich auch, dass Pedro ihn angeschrien habe, den Mund zu halten, ihm gedroht habe, ihn wieder zu seinem gewalttätigen Stiefvater zu bringen, und ihm befohlen habe, den Festsaal zu putzen. Als Jerardo später wieder ins Obergeschoss kam, war der Körper des Mädchens verschwunden.

Schließlich kehrte die Polizei am selben Morgen wieder ins Haus der Ayalas zurück und nahm die Matratze, Yuris Stiefel und Kleider sowie das eingeweichte Hemd aus dem Waschbecken unter dem Dach mit. Yuris Verwandte begaben sich anschließend zum Krankenhaus, wo sie erfuhren, dass der Körper des kleinen Mädchens in die Autopsie gebracht worden war. Nun standen sie vor der Entscheidung, wer von ihnen Yuris Mutter die schreckliche Nachricht überbringen sollte.

Viele hundert Kilometer entfernt tat Lucila das, was sie ihr ganzes Leben getan hatte – mit harter Arbeit den Lebensunterhalt für sich und ihre Familie verdienen. Lucila hat die Züge einer traditionellen Quechua-Frau – dunkle Augen, hohe Backenknochen und eine gedrungene, kräftige Statur –, doch sie gehört zu einer Generation, die die traditionelle Kleidung aus Wollrock, Strickschal und schwarzem Filzhut abgelegt hat. Bei meinem Besuch in La Unión trug sie Jeans und einen warmen braunen Pulli, und ihr dunkles Haar war hochgesteckt. Als wir durch ihre Stadt gingen, zeigte sie mir die kleine Hütte aus Stein, Lehmziegeln und Wellblech, in der sie aufgewachsen war, nur ein paar hundert Meter von der Stelle entfernt, wo Yuris Körper auf der Straße gefunden worden war.

Als Kind konnte Lucila die Schule besuchen, solange die Familie stabil war und das Einkommen reichte. Doch wie so viele Andenkinder erinnert sie sich vor allem daran, beim Hüten der familieneigenen Schweine, Ziegen und Schafe endlose Stunden viele Kilometer von zuhause entfernt allein in den Bergen verbracht zu haben. Als ihre Familie schließlich auseinanderbrach, weil der Vater trank und gewalttätig wurde, musste sie die Schule verlassen. Jahre später, als Lucila geheiratet hatte und Jhon und Yuri großzog, zerbrach ihr Zuhause zum zweiten Mal. Sie hatten im Norden von Lima Arbeit gefunden, doch wie schon ihr Vater wurde ihr Mann gewalttätig. Lucila befürchtete, sie und Yuri seien nicht länger sicher vor ihm. Sie trennte sich von ihrem Mann, suchte sich eine eigene Arbeit und schickte Yuri zurück zu ihrer Mutter und ihren anderen Verwandten. Jhon wohnte bereits bei seiner Großmutter, da er die Schule in La Unión besuchte.

So kam es, dass sich Lucila an diesem schrecklichen Morgen, als Yuris Leiche gefunden wurde, viele hundert Kilometer entfernt von La Unión befand. Lucilas Schwester und ihre Brüder sagten ihr, was geschehen war. Auch wenn es in Entwicklungsländern eine Menge Handys gibt, sind die Ärmsten der Armen, wie Lucila und ihre Familie, noch immer von einem Freund, einem Verwandten oder einem Ladenbesitzer in der Nachbarschaft abhängig, der ein Telefon besitzt.

„Ein Nachbar stand frühmorgens vor meiner Tür", erzählte Lucila. „Er rief: ‚Da ist jemand am Telefon für dich!' Also zog ich mich an und eilte die Straße hinunter zum öffentlichen Telefon."

Eigentlich sollte Lucilas Schwester Carmen anrufen, doch ihre Stimme versagte, und sie musste das Telefon an die Frau ihres Bruders weiterreichen.

„Jemand am Telefon sagte: ‚Yuri ist im Festsaal ermordet worden'", erinnerte sich Lucila, und ihre dunklen Augen füllten sich mit Tränen. „Das war alles, was sie sagten. Ich brach zusammen. Ich konnte nicht sprechen. Ich dachte: ‚Was für Feinde habe ich? Warum war Yuri im Festsaal? Wer hat das getan?'"

Noch am Telefon wurde Lucila klar, dass sie sich die 15 Dollar für die Busfahrkarte nach La Unión nicht leisten konnte. Sie musste auf den billigeren Nachtbus warten. Über die gewundenen unbefestigten Bergstraßen dauerte es dann zwölf Stunden, bis sie in ihrer Heimatstadt ankam – endlose Stunden, in denen sie diese schrecklichen, seltsamen Worte, Yuri ist im Festsaal ermordet worden, unablässig im Kopf herumwälzte.

Lucila mag aus einer Welt kommen, die unserer Welt wenig ähnelt: schmutzige Böden, verunreinigtes Wasser, Analphabetismus und eine endlosen Folge von Erniedrigungen, die mit verzweifelter Not einhergehen. Doch Lucila hat Träume, die unseren sehr ähnlich sind. Etwas davon vermittelten mir Lucilas Fotos, die Yuri in den seltenen und deshalb umso höher geschätzten Momenten unbeschwerter Fröhlichkeit zeigten, beispielsweise bei einer Geburtstagsparty, einem Ausflug an den Strand, einer Schulaufführung oder einer Parade. Sicher kostete es Lucila jedes Mal sehr viel, ihrer Tochter etwas Besonderes zu bieten, wie sie es vielleicht von einem Kind aus den Häusern der Mittelklassefamilien kannte, für die sie putzte. Mein Lieblingsfoto zeigt die vierjährige Yuri, wie sie, die Hände auf dem Rücken, stolz auf einem Stuhl steht und angesichts einer riesigen Geburtstagstorte übers ganze Gesicht strahlt (Abb. 1.1). Auf einem weißen, geschmückten Tischtuch türmen sich Schüsseln und Partybecher aus Plastik, und in der Ecke sieht man Lucila, die versucht, sich aus dem Bild zu lehnen. Wie jede Mutter strahlt sie vor Stolz über das, was sie für ihr kleines Mädchen zusammengetragen hat.

Im Lauf der Jahre saß ich mit vielen sehr armen Müttern und Vätern zusammen, während sie mir von Genozid, Folter, Vergewaltigung und Misshandlungen erzählten, die sie überlebt oder miterlebt haben. Der Schmerz, den sie beschreiben, ist unermesslich – und die Versuchung ist groß sich einzubilden, dass sich diese notleidenden Menschen in irgendeiner Weise grundsätzlich von mir unterscheiden. Vielleicht empfinden sie die Dinge aufgrund der bitteren Lebensumstände einfach nicht so wie ich. Vielleicht erwarten sie weniger, empfinden weniger, hoffen auf weniger, wünschen sich weniger oder brauchen weniger. Aber meine Einbildung hält der Realität nicht stand, sie fühlen genauso wie ich – davor konnte ich im Laufe der Zeit immer weniger die Augen verschließen. Und das, was Yuri auf dieser Matratze oder Lucila auf der zwölfstündigen Busfahrt durch die Anden durchmachte, war keineswegs deshalb leichter für sie, weil sie ohnehin arm waren. Wie jede Mutter wollte Lucila wissen, was ihrer Tochter passiert war. Sie wollte, dass die Ermittler das Richtige taten, und sie wollte, dass die Täter, die ihre Tochter ermordet hatten, zur Rechenschaft gezogen wurden.

Abb. 1.1 Yuri an ihrem vierten Geburtstag

Aber als Lucila in La Unión aus dem Bus stieg, wusste sie nicht, welche Kräfte sich bereits gegen sie verschworen hatten – und als sie es schließlich erkannte, war es bereits zu spät.

Es stimmt, dass die meisten „alltäglichen" Gewalttaten außerhalb unseres Blickfelds geschehen, aber Vergewaltigung und Mord sind besonders schwerwiegende und grausame Verbrechen, die niemals unbeachtet bleiben dürfen. Und in Yuris Fall hatten die Täter eine unübersehbare und blutige Spur hinterlassen. Angesichts eines misshandelten und ermordeten kleinen Mädchens auf der Straße direkt *vor* ihrem Haus und einer blutigen Matratze samt den Kleidern des Opfers *in* ihrem Haus würde es den Ayalas sehr schwer fallen, eine Erklärung für das Verbrechen zu finden, die sie nicht involvierte. Kurz nachdem die Polizei Yuris Körper und die Sachbeweise gesichert hatte, schlüpfte Kelly Ayala aus dem Haus und eilte ein paar Straßen weiter, um sich die Dienste eines Mannes zu sichern, der wissen würde, was zu tun war: ein Rechtsanwalt namens Estacio Flores.

Das ist der typische Moment, erklärten mir José und Richard, an dem der Kampf um Gerechtigkeit für die Armen in Entwicklungsländern nicht länger fair verläuft. Wenn man im ländlichen Peru Opfer eines Verbrechens wird und Recht bekommen möchte, indem die Täter strafrechtlich zur Verantwortung gezogen werden, muss man dafür zahlen. Für Menschen aus Industrieländern, wo relativ gutfinanzierte öffentliche Rechtssysteme für Ermittler, Ankläger und Untersuchungsrichter zahlen, um den Opfern von Gewaltverbrechen zu ihrem Recht zu verhelfen, mag dies seltsam klingen. Das gaben José und Richard zu, denn in Industrieländern gelten solche Gewalttaten tatsächlich nicht nur als ein Verbrechen gegen dieses Kind, sondern als Verbrechen gegen den Staat.

Aber in Peru – und in einem Großteil der Entwicklungsländer – müssen diese Dienstleistungen der Rechtshilfe gekauft werden. Während wohlhabende und einflussreiche Täter bezahlen können, um sich – mit legalen oder illegalen Mitteln – zu verteidigen, sind Menschen, die von ein bis zwei Dollar am Tag leben, dazu einfach nicht imstande. Darum kommt ihr Fall nicht voran und diejenigen, die ihnen Unrecht zugefügt haben, werden nicht zur Verantwortung gezogen. Da es keine Verurteilungen gibt und damit keine strafrechtlichen Konsequenzen für Täter, gibt es keine wirksame Abschreckung, die Wiederholungstaten verhindern würde.

Wenn eine Mutter wie Lucila den Staatsanwalt aufsucht, erklärte Richard, lautet dessen erste Frage: „‚Haben Sie Geld?‘ – sei es, um für die laufenden Kosten zu zahlen, die eigentlich der Staat übernehmen sollte, wenn der Staatsanwalt an dem Fall arbeitet, oder um für einen privaten Anwalt zu zahlen, der die Arbeit des Staatsanwalts tut.“ Lucila hatte noch nicht einmal genug Geld für ein 15-Dollar-Busticket, geschweige denn für einen Anwalt.

„Aber in diesem Fall handelt es sich ganz offensichtlich um Vergewaltigung und Mord. Was passiert, wenn die Mutter nicht zahlen kann?“, fragte ich Richard. Er sah mich einen Moment lang gequält an – gequält, weil ich etwas so Offensichtliches nicht verstand oder weil er sich für sein Land schämte oder weil er wusste, was dies für Mütter wie Lucila bedeutet. Wahrscheinlich alles drei.

„Wenn sie kein Geld hat“, antwortete er, „passiert *gar nichts*.“

Später sollte ich noch ein halbes Dutzend weiterer Mütter aus der Region Huánuco treffen, die sich zusammengeschlossen hatten und viele hundert Mütter repräsentierten, deren Töchter vergewaltigt worden waren. Sie sagten mir alle das Gleiche: „Sie schicken uns einfach weg und sagen ‚Ich kann euch nicht helfen‘, wenn sie sehen, dass wir kein Geld haben. Wir erhalten keine Gerechtigkeit“, erklärten sie, „weil wir arm sind.“

Lucilas Familie bekam rasch zu spüren, was es bedeutete, dass ihnen die nötigen Mittel für einen guten Verteidiger fehlten. Nach den in Peru geltenden Gesetzen hat die Familie des Opfers das Recht, dass einer ihrer Repräsentanten bei der Autopsie zugegen ist. Nach Aussagen von Yuris Familie ließ die Staatsanwältin dieses Falles, Rosario Fretell, aber kein Familienmitglied zu. Stattdessen erlaubte sie Flores, dem Anwalt der Ayalas, dabei zu sein, was besonders seltsam war, da seine Mandanten, Pedro und Gary Ayala, noch gar nicht angeklagt worden waren.

Während der Autopsie wurde beim Opfer eine Vaginalprobe genommen, in der Sperma nachgewiesen wurde.[3] Doch merkwürdigerweise wurden diese Proben, die die Identität von Yuris Angreifer hätten bestätigen können, weggeworfen und niemals wiedergefunden. Der Arzt, der die Autopsie vornahm, sagte später vor Gericht aus, der Direktor des Krankenhauses habe ihm gesagt, die Proben seien weggeschmissen worden, habe aber keine Gründe dafür angegeben.[4] Außerdem trug Yuri noch immer ihre Unterwäsche, als sie in der Leichenhalle ankam, doch Fretell unternahm nichts, um diese wichtige Quelle forensischer Spuren zu sichern, obwohl sie als Staatsanwältin die offizielle Verantwortung für die Beweissammlung trug.

Später am selben Tag erhielt der Arzt, der die ersten Vaginalproben entnommen hatte, eine seltsame Anweisung vom Direktor des Krankenhauses. Ihm wurde befohlen, zum Haus von Yuris Verwandten zu gehen, wo Familie und Freunde trauerten, und neue Vaginalproben vom Körper des Kindes zu nehmen – bei der Totenwache. Ein solches Vorgehen muss eigentlich vom Gericht angeordnet werden und verlangt die Anwesenheit der Staatsanwältin, doch der Direktor konnte keines von beidem vorweisen. Als der Direktor diese Anweisungen gab, war zudem der Anwalt Flores anwesend, den der Arzt von der Autopsie her kannte und der nun auf Nachfrage dreist erklärte, er sei der Anwalt von *Yuris* Familie.

Yuris Verwandte berichteten, der Anwalt habe dieselbe Lüge benutzt, als er später am Abend zusammen mit zwei Polizisten und zwei Krankenhausmitarbeitern in ihre kleine, einräumige Hütte kam. Nach Aussagen von Yuris Familie wies Flores die versammelten Trauernden, Familie und Freunde, aus ihrem eigenen Heim. Während sie verwirrt und erschüttert protestierten, befahl er den beschämten Krankenhausmitarbeitern, neue Proben zu nehmen. Der Familie erklärte er: „Macht euch keine Sorgen. Es wird nichts passieren. Ich bin euer Anwalt."

Es gab noch eine weitere Sache, die Flores brauchte: die Kleidung, die Yuris Leichnam ausgezogen worden war. Als sie während der Autopsie vor dem Krankenhaus wartete, hatte Tante Carmen rasch ein sauberes weißes Kleid für Yuri gekauft. Nachdem Yuris Körper gewaschen und neu gekleidet worden war, hatte die Familie ihre alte Kleidung mit nach Hause genommen – und damit auch alle forensischen Spuren, die sie enthielt.

In der Hütte bestand Flores darauf, dass die Familie ihm diese Kleidungsstücke aushändigte. Widerwillig gab Yuris Onkel Obed nach, denn er nahm an, dieser Mann, der behauptete „ihr Anwalt" zu sein, wolle helfen. Die Kleidung sollte ebenso auf Nimmerwiedersehen verschwinden wie die ursprüng-

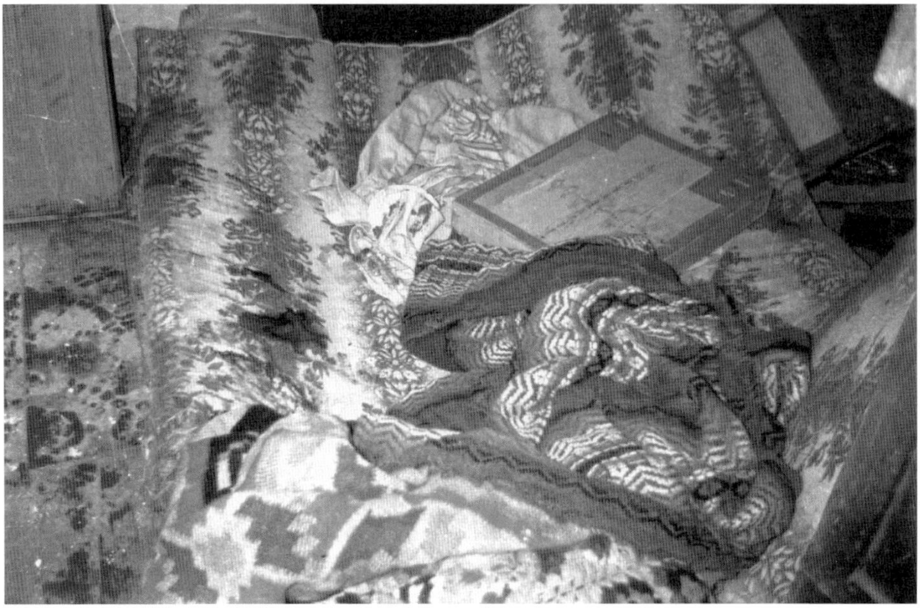

Abb. 1.2 Die Matratze im Haus der Ayalas am Morgen nach Yuris Ermordung

lichen Vaginalproben, und die neuen Proben würden mysteriöser Weise kein Sperma enthalten.

Aber was war mit der blutigen Matratze und den Kleidungsstücken, die an jenem Morgen im Haus der Ayalas gefunden worden waren? Sie waren von der Polizei ans Büro der Staatsanwaltschaft übergeben worden, wo sie nie untersucht oder als Beweisstücke registriert wurden. Tatsächlich fand man die Matratze erst Monate *nach* dem Prozess, in dem Pedro und Gary Ayala freigesprochen wurden, weggeschlossen in einem Schrank der Staatsanwaltschaft, und zwar, als Richard und seine Kollegen schließlich zu dem Fall hinzugezogen wurden. Die Matratze war vollständig gewaschen und saubergeschrubbt worden. Der blutbefleckte Teil der Matratze war herausgeschnitten und der Bezug wieder zusammengenäht worden. Das erschien so absurd, dass es mir schwer fiel, Richards Worten zu glauben – doch dann sah ich die Bilder mit eigenen Augen. Das Foto, das an dem Morgen, als Yuris Körper gefunden wurde, im Haus der Ayalas aufgenommen worden war: Ich sah die schmutzig-weiße Matratze mit den sieben grünen und blauen Längsstreifen mit Blutflecken auf der linken Seite (Abb. 1.2). Und ich sah das andere Foto, auf dem es statt sieben nur noch vier Streifen gibt (Abb. 1.3). Das linke Drittel der Matratze war herausgeschnitten und der Bezug wieder zusammengenäht worden – als falle es niemandem auf, oder genauer, als wäre es gleichgültig, selbst wenn es jemandem auffiele.

Abb. 1.3 Dieselbe Matratze Monate später – gesäubert, beschnitten und geflickt

Innerhalb kürzester Zeit und ohne es zu verheimlichen, hatten der Anwalt der Ayalas, der Krankenhausdirektor, der Polizeidirektor und die Staatsanwältin die bei der Autopsie sichergestellten forensischen Beweise, die Kleidung des Opfers und den blutbefleckten Teil der Matratze, verschwinden lassen. Dennoch war ein kleines Mädchen zweifellos vergewaltigt und ermordet worden – jemand trug die Verantwortung. Es sollte nur jemand anderes sein als ein Mitglied der Ayala-Familie.

Bei seiner ersten Aussage gegenüber dem Krankenhauspsychiater an dem Morgen, als Yuris Körper gefunden worden war, hatte Jerardo – der Junge, der bei den Ayalas lebte und arbeitete – Pedro und Gary Ayala bereits in das Verbrechen hineingezogen. Das Büro der Staatsanwaltschaft hatte jedoch einen älteren, im Dorf bekannten Alkoholiker und Bettler namens Shesha aufgegriffen, um ihm das Verbrechen anzuhängen. Jerardo wurde daher zur Polizeistation gebracht und genötigt, diese neue Fassung der Ereignisse zu bestätigen.

Ohne irgendeinen anderen Beweis als Jerardos erzwungene Beschuldigung wurde Shesha offiziell der Vergewaltigung und des Mordes angeklagt. Doch die Behörden hatten sich verrechnet. Als die Bewohner der Stadt von der Anklage hörten, versammelte sich eine Menge vor der Polizeistation und protestierte gegen die Verhaftung. Das Vorgehen der Behörden erschien ihnen einfach zu absurd: Zu viele Leute konnten bestätigen, dass Shesha gar nicht im Festsaal gewesen war und allgemein als harmloser Trinker galt. Sie forderten Aufklärung, warum nicht gegen die Ayalas ermittelt wurde. Daraufhin änderten die Behörden ihren Kurs und genauso rasch, wie sie Shesha wegen Vergewaltigung und Mord verhaftet hatten, ließen sie ihn wieder frei.

Dann wurde eine andere Version der Ereignisse gemalt: Flores, der Anwalt der Ayalas, hatte eine Schwester, die armen Wanderarbeitern Schlafplätze auf dem Fußboden vermietete. Einer dieser Arbeiter war der neunzehnjährige José, der unter den Einheimischen als geistig zurückgeblieben galt. Wenn er konnte, sammelte José in einem Minibus, der zwischen La Unión und Pachas verkehrte, für den Fahrer das Fahrgeld ein.

José wurde auf der Straße aufgegriffen, zur Polizeistation gebracht und beschuldigt, Yuri vergewaltigt und ermordet zu haben – ein Verbrechen, das verübt wurde, während sich José drei Stunden entfernt zuhause in Pillcocancha aufhielt. Nach Josés Aussage zog ihn die Polizei in La Unión nackt aus, schlug ihn, würgte ihn und vergewaltigte ihn – nach zwei Tagen gab er auf.

Um Josés „Geständnis" offiziell zu bestätigen, griff die Polizei erneut Jerardo auf. Wie José beschrieb Jerardo später, wie die Polizei ihn schlug, misshandelte und folterte, bis er einwilligte, ein von der Polizei formuliertes Geständnis zu unterschreiben. Das besagte, er und José hätten das Mädchen *gemeinsam* vergewaltigt und ermordet. Später sagten beide aus, Kelly Ayala habe ihnen außerdem Geld und Essen versprochen, wenn sie die Schuld auf sich nähmen, und erklärt, dass Jerardo als Minderjähriger sowieso nicht ins Gefängnis müsse.

Drei Tage später, als die beiden schließlich vor Gericht erschienen, protestierten sie, man habe sie zu falschen Geständnissen gezwungen. Jerardo gab einen noch klareren Augenzeugenbericht als zuvor, in dem er Gary erneut der Vergewaltigung und des Mordes bezichtigte. Aber es war zu spät. Die Sachbeweise, die die Täter hätten identifizieren können, waren verschwunden und „Niemanden" wie José und Jerardo glaubte keiner.

Lucila und ihre Familie versuchten, einen Anwalt anzuheuern, um eine Kurskorrektur im Prozess zu erzwingen, doch damit stürzten sie nur noch tiefer in die Armut – eine grausame Ironie, die ich immer wieder in armen Regionen rund um die Welt erlebt habe. Um einen Anwalt zu bezahlen, verkaufte Lucila ihren einzigen Besitz – ein kleines Stück Land – zu einem Bruchteil seines Wertes. Damit war jahrelanges Arbeiten und Sparen zunichte gemacht. Sie nahm zusätzliche Jobs an und verkaufte auf der Straße frittierte Krapfen, wann immer sie konnte. Ihre Verwandten arbeiteten zusätzlich, ihr Vater verkaufte all sein Vieh. Sie konnten nicht anders – aus Liebe zu Yuri. Das voraussehbare Ende der Geschichte: Ein Anwalt nach dem anderen strich das Geld ein, ohne etwas zu unternehmen bis er das Mandat schließlich wieder zurückgab (Abb. 1.4).

Abb. 1.4 Gary Haugen, *links*, besucht zusammen mit der Familie Yuris Grab

Die Ayalas kamen ungeschoren davon, weil sie Geld hatten und skrupellos waren – ebenso wie die Staats- und Rechtsanwälte, die sie eigentlich bestrafen hätten müssen. José, der zu keinem Zeitpunkt des Verfahrens *irgendeinen Rechtsbeistand* hatte, wurde zum Sündenbock gemacht und zu 30 Jahren Haft in einem brutalen und gefährlichen peruanischen Gefängnis verurteilt. Dort sitzt er bis heute ein.

Der verborgene Terror der Armut

Die Armen sind einem Terror ausgesetzt, von dem Sie und ich und der Rest der Welt wahrscheinlich kaum etwas wissen. Wir wissen vielleicht, dass viele Peruaner arm sind – aber was wissen wir über die Folgen? Manche wissen möglicherweise, dass die meisten Frauen im ländlichen Peru unterhalb der Armutsgrenze leben und nicht genug Geld für Nahrung und Unterkunft haben. Wissen wir aber auch, dass 50 bis 70 Prozent aller Peruanerinnen regelmäßig sexuelle Übergriffe und andere Formen von Gewalt erleiden[5], so wie Yuri und Lucila? Kennen wir die Studien, die belegen, dass 47 Prozent aller Peruanerinnen Opfer einer versuchten oder tatsächlichen Vergewaltigung wurden?[6]

Wenn wir an die Armen dieser Welt denken, kommen uns Hunger, Krankheit, Obdachlosigkeit, verschmutztes Trinkwasser und Arbeitslosigkeit in den Sinn. Aber José und Richard denken vor allem an die Gewalt, der arme Menschen schutzlos ausgeliefert sind. Diese Realität ist für Außenstehende – selbst für häufige und gut informierte Besucher von Entwicklungs- und Schwellenländern – nur schwer zu erkennen, denn die meisten Gewalttaten gegen die Armen werden verheimlicht. Der Schmutz, die Baracken, die Abwässer, das Betteln und der Müll lassen sich kaum übersehen. Aber nur sehr wenige sehen mit eigenen Augen die Ohrfeigen, die hässlichen Kämpfe bei einer Vergewaltigung, die Schläge mit der Eisenstange und die würgenden Hände.

Yuris und Lucilas Geschichte ist leider kein tragischer Einzelfall für seltene Akte spektakulärer Brutalität. In diese Vorstellung flüchten wir uns allzu schnell. Ihre Geschichte ist *ein* Beispiel unter vielen für die massive Häufung lautloser Gewalt, die viele hundert Millionen Menschen in den Entwicklungsländern tagein, tagaus erleben.

Tatsächlich hat die Öffentlichkeit noch nicht einmal damit begonnen, die verheerenden Folgen einer einfachen und klaren Aussage zu begreifen, die in einem kaum bekannten, aber gründlich recherchierten Bericht der Vereinten Nationen versteckt ist. Darin heißt es:

> Die meisten armen Menschen leben nicht unter dem Schutz des Gesetzes ihres Landes, sondern weit davon entfernt.[7]

Da es weltweit mindestens 2,5 Milliarden sehr arme Menschen gibt,[8] betrifft alles, was „die meisten armen Menschen" angeht, eine ganze *Menge* Leute. Und wenn die meisten dieser 2,5 Milliarden Menschen vom Gesetz de facto nicht geschützt werden, dann haben eine Menge Leute unvorstellbar schlimme Probleme, die sich der Rest der Menschheit kaum vorstellen kann. Sie sind ständig davon bedroht, versklavt, inhaftiert, geschlagen, vergewaltigt und beraubt zu werden.

Aber vielleicht beschränkt sich dieser Albtraum ja auf so vergessene Orte wie Huánuco, die so abgelegen sind, dass selbst *Google Earth* sie nicht auf dem Schirm hat?

Das könnte ein kleiner Trost sein, wenn es wahr wäre, doch das ist nicht der Fall. Gewalt gegen Arme ist in Entwicklungsländern an der Tagesordnung, in den abgelegenen Regionen genauso wie in den großen Hauptstädten, deren Namen wir alle kennen. Indien ist vielleicht das beste Beispiel – eine Nation, deren explosive Wachstumsrate in Weltwirtschaftskreisen Erstaunen und Bewunderung erregt. Kaum eine andere Stadt steht aufgrund ihres extremen Wirtschafts- und Fortschrittsbooms so im Zentrum der Aufmerksamkeit wie die High-Tech-Metropole Bangalore. Das „indische Silicon Valley" ist mit mehr als neun Millionen Einwohnern die drittgrößte Stadt des Landes. Das Wirtschaftswachstum liegt bei 10,3 Prozent pro Jahr.[9] In Bangalore leben mindestens zehn Milliardäre,[10] mehr als 10.000 Millionäre,[11] und an diesem Ort schrieb Thomas Friedman sein berühmtes Buch über den globalen Wettbewerb – *Die Welt ist flach*. Anders als im Fall von La Unión in Peru lässt sich mit *Google Earth* jede Straße von Bangalore heranzoomen. Wir können die Jumbojets zählen, die im neuen internationalen Flughafen von Bangalore parken, oder die manikürten Rasenflächen bewundern, die auf den Geländen der Technologieriesen gedeihen.

Sashmeeta Mulmi, eine junge Rechtsanwältin in Bangalore, wollte mir ihre Sicht der Stadt zeigen. Sie ist eine erstaunliche junge Frau aus einer angesehenen Familie, die einer hohen Kaste entstammt. Sie kam nach Bangalore, um Jura zu studieren. Als hervorragende Absolventin wurde Sashmeeta von einem der prosperierenden Wirtschaftsunternehmen der Stadt eingestellt und machte rasch Karriere, weil sie sich im Kerngeschäft der Firma ausgezeichnet schlug: Zu ihrer Überraschung ging es dabei um Verhandlungen über Bestechungsgelder. Jedes große Unternehmen muss ständig eine erhebliche Menge an Streitfällen, Vertragsabschlüssen und Vorschriften verhandeln – und in Indien werden derartige Probleme häufig mithilfe von Korruption und Bestechung gelöst. Natürlich braucht ein komplexes System dieser Art ein professionelles Team raffinierter Fachleute und Mittelsmänner. In Indien übernehmen häufig Rechtsanwälte diese Aufgabe.

Als junge Anwältin schwamm Sashmeeta mit dem Strom, doch nach einigen Jahren fühlte sich ihre Arbeit zunehmend leer und falsch an. Darum folgte sie dem Rat einiger ihrer früheren Mentoren und antwortete auf eine Anzeige meiner Kollegen vom IJM in Bangalore.

Bevor Sashmeeta ihre neue Stelle antrat, wusste sie wie praktisch jeder, dass es in Indien Armut gibt. Rund 410 Millionen Inder versuchen jeden Tag, von maximal zwei Euro am Tag zu überleben. 46 Prozent aller indischen Kinder sind unterernährt,[12] und zirka 78 Millionen Inder sind obdachlos.[13] Was Sashmeeta als Anwältin für IJM kennenlernte, war neu für sie: eine riesige Schattenwirtschaft, die auf Entführung, Zwangsarbeit und Folter basiert und Millionen betrifft, die vor aller Augen auf Reisfeldern, in Ziegeleien, in Steinbrüchen und auf Plantagen in Südasien schuften.

Sklaverei ist ein machtvoller Begriff. Es mag sensationslüstern scheinen, wenn ich behaupte, ein so grauenhaftes Geschehen sei heute noch real. Aber so ist es: Heute gibt es auf der Welt mehr Sklaven als in den 400 Jahren des transatlantischen Sklavenhandels aus Afrika geraubt wurden. Nach Angaben des Global Slavery Index aus dem Jahr 2014 leben schätzungsweise 35,8 Millionen Menschen in moderner Sklaverei. Indien ist mehr als irgendein anderes Land der Welt davon betroffen.[14]

Für Sashmeeta ist Sklaverei keine statistische Größe. Sie und ihre Kollegen haben mittlerweile Tausende ihrer Landsleute aus der Sklaverei in Fabriken, Farmen und Bordellen rund um Bangalore und im Nachbarstaat Tamil Nadu befreit. Sie nimmt mich mit auf eine kurze Fahrt quer durch die Stadt. Wir erreichen den südwestlichen Zipfel von Bangalores äußerer Ringstraße, wo sie auf eine Reihe kleiner weißer Zementbauten weist, fast verborgen von hohen Gräsern und Bäumen, unter denen sich Tausende handgemachte Ziegel stapeln.

An diesem kühlen Nachmittag im Februar ist alles ruhig, doch bis vor kurzem lebte auf diesem Gelände, gerade außer Hörweite in den Feldern gelegen, ein Dutzend Sklaven. Hierher wurden sie verschleppt, hier hungerten sie, hier wurden sie gefoltert und vergewaltigt.

Natürlich verstößt das gegen die indischen Gesetze. Wie kann es also sein, dass Millionen Menschen jahrelang als Sklaven gehalten werden können und warum kommt praktisch *nie* jemand für solche Verbrechen ins Gefängnis?

Um Antworten auf diese Fragen zu finden, begleite ich Sashmeeta zu einem Treffen mit den ehemaligen Sklaven jener Ziegelei. Ich will herausfinden, wieso sich ihr Sklavenhalter nach sieben Jahren noch immer völlig frei in Bangalore bewegen kann.

Wir verlassen Bangalore und erreichen nach etwa einer Stunde Autofahrt die Dörfer, die sich in den ländlichen Gebieten rund um das „indische Silicon Valley" verteilen. Es erscheint seltsam, aber auf dem Weg zu einem Treffen mit Leuten, die berichten sollen, wie es ist, das Eigentum eines anderen Menschen zu sein, halten wir bei einem McDonalds.

Mit den Cappuccinos in der Hand gelangen wir von befestigten Straßen auf schmale Wege durch Wiesen, umgepflügte Felder und Weiler. Einige hundert Meter vor einem kleinen Dorf steigen wir aus und gehen über ein bestelltes Feld auf ein Dutzend Erwachsene und Kinder zu, die im Schatten einer riesigen Tamarinde auf Strohmatten sitzen. Sashmeeta und ihre Kollegen von IJM stehen diesen Männern und Frauen schon seit sieben Jahren zur Seite – zuerst bei ihrem Kampf um Freiheit, dann um Gerechtigkeit. Im Lauf dieser Jahre kamen Kinder zur Welt, zwei der Erwachsenen starben, einige ermutigende Fortschritte konnten gefeiert und viele bittere Niederlagen während des sich hinziehenden Prozessverlaufs mussten ertragen werden.

Ich bin ein Fremder für diese Dorfbewohner, doch weil sie Sashmeeta vertrauen, begrüßen sie mich mit einem Lächeln. Die Frauen haben ihr langes schwarzes Haar zurückgekämmt, was ihre ausgeprägten Wangenknochen betont. Sie tragen fließende Saris in Rot, Grün und Orange – und die Verheirateten sind mit kleinen goldenen Piercings in Nase und Ohr, mit klimpernden Armbändern und Zehenringen geschmückt. Ihre Männer tragen zu diesem besonderen Anlass gebügelte Hemden und lange Hosen oder *lungis*, die traditionellen, um die Hüfte geschlungenen Wickelröcke aus Baumwolle. Diese Männer und Frauen sind in ihren Zwanzigern und Dreißigern, doch sie wirken so erschöpft, als seien sie zwanzig Jahre älter. Sie haben in einer Hölle gelebt – ich bewundere die Widerstandskraft, die sich in ihrer Menschlichkeit, Offenheit und Würde zeigt.

Mariammas Geschichte

Früher einmal arbeiteten diese Männer und Frauen gemeinsam in einer Ziegelfabrik rund 60 Kilometer von Bangalore entfernt. Es war harte, aber gute Arbeit, darin sind sie sich einig. Sie lebten auf dem Gelände der Ziegelei, arbeiteten als Team von sechs Uhr morgens bis sechs Uhr abends und stellten Ziegel nach einem Verfahren her, das sich in Tausenden von Jahren nicht wesentlich verändert hat.

Der größte Teil dieser Arbeit besteht darin, in der Hocke Ziegel zu formen und sie in Reihen auszulegen, oder aber schwere Ziegellasten auf dem Kopf von einem Ort zum anderen zu tragen. Ich sah indische Frauen und Kinder, die weniger als 45 Kilogramm wogen und Ziegellasten zwischen 25 und 30 Kilo über Strecken von 50 bis 100 Metern auf dem Kopf transportierten – stundenlang und ohne Unterbrechung. Ein paar Mal versuchte ich, diese Arbeit selbst zu tun. Nach wenigen Minuten begannen meine Muskeln und Gelenke unerträglich zu schmerzen. Dazu diese Monotonie, tagein, tagaus als menschliches Rädchen in einer mittelalterlichen Ziegelproduktionsmaschine zu leben. Diese Menschen jedoch akzeptierten ihre Arbeit als gute Möglichkeit, ihre Familien zu ernähren und zu überleben.

Die ehemaligen Ziegeleiarbeiter stammen aus einer niedrigen Kaste, waren zu arm, um als Kind zur Schule zu gehen, meist wurden sie als Teenager verheiratet und besaßen nichts außer ihrer Arbeitskraft. Aber sie versuchten, ihr Leben zu verbessern, konnten Verwandte besuchen, Feste feiern und ihre Kinder zur Schule schicken.

Mariamma, eine zierliche Frau in einem orange-goldenen Sari, sitzt neben mir und erklärt, dass Sonntag ihr Ruhetag ist. Als ich sie frage, was sie dann tun, lächelt sie und meint: „Wir nehmen ein ausgiebiges Bad – und machen uns schön. Es ist der eine Tag, an dem wir Frauen uns schön finden."

Ich hätte Mariamma nach den Bildern, die ich zuvor in ihrer Fallakte bei IJM gesehen hatte, nicht wiedererkannt. Das Gesicht der Frau, die gerade aus Sklaverei befreit wurde, unterscheidet sich extrem von dem derselben Frau, die nun vor mir sitzt und seit wenigen Jahren in Freiheit lebt (Abb. 1.5). Auf den Fotos in den Akten spiegelt Mariammas Gesicht nur dumpfe Erschöpfung, Demütigung und Resignation wider. Aber als sie ruhig und selbstbewusst in ihrem Heimatdorf neben mir sitzt, verkörpert sie Licht, Leidenschaft und Intelligenz. Anfangs wartet Mariamma wie die anderen Frauen geduldig, während die Männer versuchen, ihre Geschichte zu erzählen und Fragen zu

Abb. 1.5 Mariamma auf einer Strohmatte

beantworten, doch schon bald übernimmt sie die Rolle der Sprecherin der Gruppe.

Sie beschreibt die schicksalhafte Entscheidung, in einer anderen Ziegelei zu arbeiten. Auf dem alten Gelände erhielten die Arbeiter knapp sechs Dollar für 1000 Ziegel. Doch der Platz ging ihnen aus, um die Ziegel zum Trocknen auszulegen, und sie brauchten eine größere Anlage, um Produktivität und Lohn zu maximieren. Eines Tages erhielten sie Besuch von einem Freund des Besitzers. Wir nennen ihn wegen des laufenden Gerichtsverfahrens Herr V. Er bot ihnen Jobs in seiner Ziegelei an und gab ihnen einen Vorschuss von 333 Dollar – etwas über 40 Dollar pro Person – für die Kosten, die ihnen durch den Umzug ihrer Familien zu der neuen Arbeitsstätte entstanden.

Nachdem Mariamma und die anderen Familien in die neue Anlage gezogen waren, entpuppte sich die versprochene Anstellung als Sklavenarbeit. Die Arbeitsbedingungen in der Ziegelei waren ganz anders, als sie es sich vorgestellt hatten. Herr V. und sein älterer Sohn waren ausfällig und brutal. Das bizarre Lügengebäude der Schuldknechtschaft funktionierte so: Herr V. behauptete, Mariamma und die anderen schuldeten ihm Geld und müssten daher für ihn arbeiten, bis sie ihre Schulden zurückgezahlt hätten. Dieser Forderung verlieh er mit Gewalt Nachdruck. Keiner konnte fortgehen und sich andere Arbeit suchen. Die Lohnzahlung lag völlig im

Ermessen von Herrn V. Er zahlte gerade so viel, dass sie bei ihm ein paar Lebensmittel kaufen konnten, so dass sie nicht verhungerten. Ab und an zahlte er auch gar nichts und die Gruppe musste bis zu sieben Tage lang hungern.

Herr V. sorgte dafür, dass sie die Ausweglosigkeit ihrer Lage erkannten: So ließ er einen der Männer von mehreren Schlägern stundenlang mit Ketten und Stöcken zusammenschlagen. Anschließend drohte Herr V. den übrigen Arbeitern: „Wenn ihr versucht abzuhauen, wird es euch genauso ergehen."

Derart in der Falle, konnten Mariamma und ihr Mann Shushil ihre beiden kleinen Kinder nicht besuchen, die sie in der Obhut der Großeltern in ihrem Dorf zurückgelassen hatten. Als Mariamma bei einer Gelegenheit erfuhr, dass die Kinder schwer erkrankt waren, schlichen sie und ihr Mann sich aus der Ziegelei, um nach ihnen zu sehen. Herr V.s Schläger spürten sie jedoch bald in ihrem Dorf auf. Während sie ein kleines Taschentuch in der Hand knetet, berichtet sie, wie Herr V. sie beide auf sein Anwesen in Bangalore brachte und ihren Mann an einen Baum band. Zusammen mit seinem Sohn und einem angeheuerten Schläger verprügelte Herr V. ihn mit den Fäusten und einem armdicken Stock.

Mariamma erzählt, wie ihr Mann weinte und flehte: „Schlagt mich nicht! Schlagt mich nicht!". Irgendwann bat sie die Männer aufzuhören, da, „ergriff mich Herr V. am Arm und zog mich in den nächsten Raum. Als ich protestierte, packte mich sein Sohn am Hinterkopf und stieß mich nieder. Ich schrie, aber Herr V. brüllte: ‚Wenn du den Mund öffnest, bringe ich dich um.'"

Am meisten fürchten die Familien sexuelle Übergriffe, erzählen mir die Arbeiter dann. Mariamma und Mayukhi, eine andere Arbeiterin, erzählen, dass Herr V abends oft zur Ziegelei kam, die Männer fesselte und die Frauen sowie ein zwölfjähriges Mädchen in seinen Jeep lud und zu einer Baustelle brachte, wo er neben seinem Haus im Zentrum von Bangalore einen Tempel baute. Dort wurden sie dann von Herr V. und seinem Sohn vergewaltigt. Danach, berichten die Frauen, gesellten sich die Schläger von Herr V. dazu und es kam zu regelrechten Gruppenvergewaltigungen.

Die Frauen erzählen, sie hätten begonnen, den Einbruch der Dunkelheit zu fürchten, denn sie wussten nie, wann Herr V. sie holen würde. Einige dachten an Selbstmord, aber sie wollten ihre Familien nicht im Stich lassen. Schließlich entschlossen sie sich, zu flüchten und sich zu verstecken. „Wir lebten in so großer Angst", erinnert sich Mariamma. „Wir aßen nicht einmal mehr – wir dachten, sie bringen uns um. Deshalb gingen wir das Risiko ein: Wenn wir bleiben, sterben wir. Wenn wir gehen, sterben wir vielleicht."

So floh die Gruppe aus der Ziegelei. Als Herr V. seine Sklaven nicht finden konnte, trommelte er seine Schläger zusammen, fuhr ins Dorf und kidnappte drei Männer, die die Arbeiter flüchtig kannten. Er hinterließ die Nachricht, er werde sie als Geiseln behalten, bis seine Sklaven zurückkehrten.

Während wir unter der Tamarinde sitzen, erzählen mir die drei Männer – Namdev, Mallesh und Maruti –, wie sie diese Tortur überlebt hatten. Herr V. brachte die Geiseln in sein Haus im Zentrum von Bangalore, wo sie nackt ausgezogen, ihre Köpfe rasiert, ihre Kleider verbrannt und sie immer wieder geschlagen wurden. So ging es vier Tage, dann wurden sie zur Ziegelei gefahren und zum Arbeiten gezwungen. Die Schläger kehrten von Zeit zu Zeit zurück und droschen mit Hockeyschlägern und dicken Holzknüppeln auf ihre Körper ein. Am siebten Tag sollte Maruti ins Dorf zurückkehren und die Arbeiter ein letztes Mal zur Rückkehr auffordern – anderenfalls würden Mallesh und Namdev getötet.

Wir müssen uns klarmachen, dass Maruti in sein Dorf zurückkehren und *öffentlich* verkünden sollte, dass Herr V. Geiseln in seiner Gewalt hatte und sie ermorden würde, wenn die geflüchteten Arbeiter nicht zurückkehrten. Herr V. *wollte*, dass die ganze Region von seiner Drohung wusste. Er fürchtete das Gesetz offensichtlich in keiner Weise.

Am zehnten Tag seines Martyriums sah Mallesh zu dem ebenfalls am Boden liegenden Namdev hinüber und flüsterte: „Ich glaube, das ist der letzte Tag meines Lebens.“ „In diesem Moment“, erzählt Mallesh, „krümmte ich mich in der Ecke der Zelle zusammen, um zu sterben.“ Namdev stimmt leise zu: „Ich dachte, ich würde meine Familie niemals wieder sehen.“

In diesem Moment trafen Sashmeetas Kollegen von IJM zusammen mit einem Vertreter der Behörden in der Ziegelei ein. Mit den Anschuldigungen konfrontiert, bestritt Herr V. heftig, Arbeiter zu misshandeln oder Geiseln gefangen zu halten. Doch zusammen mit ihrem Begleiter gelang es dem Team von IJM, die Geiseln zu finden und aus ihrer Zelle zu befreien, so dass sie dem Zuständigen von der Behörde vor laufender Videokamera die ganze Geschichte erzählen konnten. Zum ersten Mal wirkte Herr V. beunruhigt.

Aber wie sich herausstellte, hätte er sich keine Sorgen machen müssen. Nach indischer Gesetzgebung hatte Herr V. mindestens 35 Schwerverbrechen begangen – von Schuldknechtschaft über Zwangsarbeit bis hin zu Körperverletzung, Entführung, Vergewaltigung, Erpressung, Diebstahl und Freiheitsberaubung. Aber wie die sexuelle Gewalt in Peru werden diese Verbrechen de facto nicht als solche behandelt, wenn die Betroffenen sehr arm sind.

Sashmeeta erzählt mir, dass den Justizbehörden in Bangalore bestätigte Augenzeugenberichte von fast einem Dutzend Opfer für Herr V.s Straftaten vorlagen. Ein Angehöriger der Behörden hatte den Täter auf frischer Tat ertappt und die schwer misshandelten Geiseln gesehen – zudem waren die Befreiung der Geiseln und die Beschreibung ihrer Entführung und Folter auf Video aufgezeichnet worden. Und als ob das noch nicht genug wäre, konnten die Behörden auf Sashmeeta und ihr Team von Rechtsanwälten, Ermittlern und Sozialarbeitern zurückgreifen, die bereitstanden, den Fall voranzubringen, damit den Familien Recht gesprochen wird und die Täter verurteilt werden.

„Was passierte dann?“, frage ich Sashmeeta.

Zunächst weigerte sich die örtliche Polizei *zwei Jahre* lang, überhaupt Strafanzeige gegen Herr V. oder seine Komplizen zu erstatten. „Aber warum?“, will ich wissen.

Als sich die Polizei endlich dazu herabließ darzulegen, warum sie keine Anklage erhob, nannten sie Sashmeeta und ihren Kollegen folgende Gründe:

- Weil *eines* der Opfer wohl in einen anderen polizeilichen Zuständigkeitsbereich gehörte. Nach der indischen Gesetzgebung ist es jedoch eine „Pflichtverletzung“ der Polizei, wenn sie unter solchen Umständen nicht ermittelt.
- Weil die Vergewaltigungsopfer sich nicht von selbst einer medizinischen Untersuchung unterzogen hatten. Laut den geltenden Gesetzen in Indien ist eine solche Untersuchung allerdings nicht nötig und wäre völlig nutzlos, wenn die Opfer vom Vergewaltiger in dem Zeitraum gefangen gehalten wurden, in dem eine solche Untersuchung juristisch verwertbare Beweise hätte erbringen können.
- Weil die Polizei heimlich einen Bericht bei Gericht eingereicht hatte, in dem sie die Behauptungen der Opfer als falsch abtut und eine Untersuchung für unnötig erklärt. Das geschah jedoch ohne jedwede Ermittlungsarbeit und ohne dass die Polizei ihre Schlussfolgerungen hätte belegen können.
- Weil die Opfer nicht selbst auf der Polizeistation vorstellig geworden waren. Tatsächlich hatte die Polizei jedoch *trotz unablässiger Bemühungen seitens der Opfer* wiederholt abgelehnt, die Opfer in der Polizeistation zu empfangen. Über ein Jahr später erklärte sich die Polizei schließlich bereit, die Aussagen der Zeugen aufzunehmen – und die Opfer lieferten alle nötigen bestätigten Zeugenaussagen zur Aufklärung der Straftaten.
- Weil sie die Opfer nicht finden konnten. Mitarbeiter von IJM erklärten der Polizei jedoch genau, wo die Opfer lebten und boten an, die Opfer zu der Polizeistation zu bringen, trotzdem wandte sich die Polizei *nie* an sie.
- Weil die Opfer keine Zeugenaussagen zu ihren Verletzungen machten oder medizinische Atteste vorlegten. Die Opfer hatten solche Aussagen durchaus gemacht, und nach indischem Gesetz waren Atteste nicht erforderlich – besonders nicht anderthalb Jahre nach den Verletzungen.
- Weil sie für Straftaten wie Schuldknechtschaft rechtlich nicht zuständig waren. Doch wer sonst, wenn nicht sie?

- Weil IJM der Polizei das entscheidende Gesetz nicht erklärt hatte. Es ist zwar nicht Aufgabe von IJM, die Beamten über die Gesetze ihres Landes aufklären, doch in diesem Fall hatte das Team genau das mehrmals getan.
- Weil die Vergewaltigungen nicht geschehen sein konnten, während andere Leute in der Nähe waren, und weil ein Vater und ein Sohn so etwas nie machen würden.
- Weil der Staatsanwalt die Polizei nicht in einem extra Schreiben angewiesen hatte, Anzeige zu erstatten. Das ist jedoch nicht erforderlich – zumal der Staatsanwalt keine unnötige Korrespondenz führen wollte, es sei denn, die Polizei forderte sie speziell schriftlich an.
- Weil die Polizei meinte, sie müsse den Jeep des Täters als Beweisstück beschlagnahmen, was aber nicht gehe, da die Reifen inzwischen fehlten. Absurd!

Zwei Jahre später – die Opfer hatten der Polizei *bei drei verschiedenen Gelegenheiten* bestätigte Zeugenaussagen für sämtliche Straftaten übergeben – erstatteten die Behörden auf den unermüdlichen Druck von Sashmeeta und ihrer Kollegen schließlich Strafanzeige gegen Herrn V. und seinen Sohn wegen Körperverletzung, Freiheitsberaubung, Einschüchterung, Vergewaltigung, Verschwörung und Schuldknechtschaft.

„Was geschah dann?“, frage ich weiter.

Sashmeeta fasst das Wichtigste zusammen: Das Gericht ließ Herr V. und seinen Sohn trotz der Gewaltverbrechen, die beiden vorgeworfen wurden, auf Kaution frei. Die Kaution wurde gewährt, weil der Anwalt der Verteidigung behauptete, seinen Klienten „gehe es nicht gut“. Dann verloren die Behörden die Waffen, mit denen die Täter die Opfer gefoltert hatten, sowie andere Sachbeweise, die am Tag der Razzia sichergestellt worden waren. Auch die Kopien der Fotos und Videos von der Befreiung der Geiseln sowie ihrer Aussagen über das Erlittene waren auf einmal verschwunden. Zudem stellte sich heraus, dass die Polizei weder die Fotos noch die Videos, die sie von IJM als Teil des Anklageprotokolls vor Gericht erhalten hatte, eingereicht hatte. Der Staatsanwalt versäumte, diese Beweise während der Aussage des Polizeibeamten vorzulegen, und schließlich unternahm das Gericht nichts, um die Sache in Ordnung zu bringen, obwohl es von den Fotos und Videos wusste.

Dennoch berichtete der bei der Befreiung anwesende Behördenbeamte im Prozess eindeutig, was er über die Straftaten der Angeklagten wusste und mit eigenen Augen gesehen hatte. Zahlreiche Opfer bestätigten alle wichtigen Anklagepunkte. Aber obwohl der ältere Sohn von Herr V. all dieser Verbrechen angeklagt war, verhaftete die Polizei erstaunlicherweise den falschen Sohn und führte ihn bei der Gerichtsverhandlung vor – so konnten die Zeugen nicht bestätigen, dass der *bei der Verhandlung anwesende* Angeklagte die Straftaten begangen hatte. Der Staatsanwalt, der die Polizei nicht in Verlegenheit bringen wollte, weigerte sich, dafür zu sorgen, dass der richtige Angeklagte vor Gericht erschien. Dieser vorsätzliche Betrug seitens der Täter und ihres Verteidigers und die Inkompetenz von Polizei und Staatsanwaltschaft erforderten eine Reihe von Einsprüchen bei den höchsten staatlichen Behörden, die eine Wiederaufnahme des Verfahrens gegen die richtigen Beschuldigten um weitere *drei Jahre* verzögerte.

Schließlich, sechseinhalb Jahre, nachdem die Opfer aus der Ziegelei befreit worden waren und erstmals bei den Behörden Strafanzeige gestellt hatten, fand eine vollständige Verhandlung statt. Die Opfer sagten nochmals aus und bestätigten die Anklage in allen wichtigen Punkten. Der Richter, der den Prozess leitete, wurde für eine neue Aufgabe abgeordnet; und obwohl genügend Zeit blieb, weigerte er sich in diesem Fall, ein Urteil zu sprechen – andere Prozesse brachte er später aber noch zu Ende. Der Fall wurde einem neuen Richter übertragen. Dieser sprach Mr. V. und seinen Sohn in allen Anklagepunkten frei, ohne die Beweise zu berücksichtigen oder die Zeugen zu hören.

„Das Schlimmste an allem ist", schließt Sashmeeta, „dass am Ausgang dieses Verfahrens nichts besonders oder außergewöhnlich ist. Es gibt keine Empörung, keinen Skandal – nichts davon gelangt in die Medien. Kein einziger Polizeibeamter, Staatsanwalt, Büroangestellter oder Justizbeamter wird gemaßregelt oder in irgendeiner Weise für dieses Versagen zur Rechenschaft gezogen werden. Wir haben Hunderte solcher Fälle bearbeitet, und so etwas ist *völlig normal*."

Tatsächlich war das einzig Besondere an diesem Fall die außergewöhnliche Unterstützung, die Sashmeeta und ihre Kollegen von IJM den Justizbehörden in Bangalore gewährten, um ihnen zu einem Erfolg zu verhelfen. In diesem *einen* Fall suchten Sashmeeta und ihr Team 26 Mal die Polizei und 53 Mal Beamte in anderen wichtigen Behörden auf. Im Lauf von sieben Jahren erschienen sie 73 Mal im Gericht (zu Verhandlungen, einschließlich einem Dutzend unerklärter Vertagungen) und trafen sich 79 Mal mit zehn verschiedenen Staatsanwälten.

Wenn die indischen Behörden die Gesetze gegen Entführung, Zwangsarbeit, Gruppenvergewaltigung und Körperverletzung trotz dieser massiven Unterstützung nicht durchsetzen konnten, wie hoch ist dann die Wahrscheinlichkeit, dass Arme *ohne* eine derartige Unterstützung von der Justiz vor Gewalt geschützt werden?

Außenstehende sehen die Gesetze, wie sie im Gesetzbuch stehen, sie sehen Polizisten in Uniform und Richter in schwarzen Roben. Doch für Arme wie Mariamma hat das keine Bedeutung. Und das wissen Menschen wie Herr. V.

„Die Ungerechtigkeit ist uns auferlegt, und das müssen wir irgendwie akzeptieren", meint Mariamma. „Die Polizei wird immer Herrn V. glauben und nicht uns, weil wir Sklaven von Herr V. sind. Was er sagt, das glaubt die Polizei."

Was die Behörden angeht, so erklärt Mariamma: „Wir sind niemand in ihren Augen – wenn wir ihnen Geld geben, schauen sie hin, sonst nicht."

Die Alarmanlage ist ausgeschaltet

In Yuris und Mariammas Geschichten sehen wir, wie die Wohlhabenden und Einflussreichen in armen Regionen in Entwicklungsländern das zerrüttete und korrupte Rechtssystem nutzen, um Arme zu unterdrücken – sei es, dass sie die Behörden direkt als Instrumente des Missbrauchs einsetzen, sei es, dass sie sich den behördlichen Schutz für ihren Missbrauch durch Bestechung erkaufen. In vielen armen Regionen dieser Welt sind die Räder des Justizsystems sogar so korrodiert, dass Gewalttäter sich *überhaupt keine* Gedanken über das Justizsystem machen müssen, wenn sie Armen Gewalt antun.

In diesen Milieus müssen Täter gar nicht dafür sorgen, dass das Rechtssystem versagt; das geschieht von ganz allein. Es ist wie bei einem Dieb, der ein Warnzeichen für eine Alarmanlage an einem Haus sieht, und dann merkt, dass die Anlage gar nicht angestellt ist. Er muss sie nicht umgehen, denn sie wird sowieso nicht losgehen.

Wenn Sie einen Eindruck von dieser Art Zerrüttung gewinnen wollen, stellen Sie sich eine Großstadt mit rund drei Millionen Einwohnern vor. Berlin hat beispielsweise rund 3,5 Millionen Einwohner. Stellen Sie sich vor, dass diese Stadt eine sehr hohe Rate an Vergewaltigungen hat. Wir gehen von einer Rate von zehn Prozent an, die folglich bedeuten würde: Jedes Jahr werden 150.000 Frauen und Mädchen vergewaltigt.

Um die Täter erfolgreich zu verfolgen, ist es wichtig, dass die Opfer von einem Arzt untersucht werden, um forensische Beweise zu sichern. Nun stellen Sie sich jedoch vor, dass es in der gesamten Stadt mit drei Millionen Menschen nur einen einzigen Polizeiarzt gibt, der für die Untersuchung der Opfer und die Aussagen zu *sämtlichen Fällen von Körperverletzung* vor Gericht zuständig ist.

Wenn Sie Opfer einer schweren Körperverletzung sind, müssen Sie sich zusammen mit rund 600 anderen Betroffenen von sexueller Gewalt anstellen, die diesen Arzt pro Tag aufsuchen müssen – zusätzlich zu den vielen hundert Opfern *nicht*-sexuell motivierter Körperverletzungen. Dazu kommen die unzähligen Gewaltopfer vom Vortag (und den Tagen davor), da der Arzt unmöglich am Tag 600 Patienten betreuen kann. Wenn Sie also Mitte des Jahres vergewaltigt werden, müssen Sie realistischerweise damit rechnen, dass ein Rückstau von 149.000 Patienten vor Ihnen in der Schlange steht – eine Menschenschlange von rund 90 Kilometer Länge. Damit eine Untersuchung auf Vergewaltigung jedoch wirklich von Nutzen ist, muss sie innerhalb von 72 – maximal 96 – Stunden nach der Tat erfolgen.

Das kann nicht wahr sein, denken Sie? Aber *genau* so sieht die Realität in der größten Stadt Ostafrikas aus.

Lauras Geschichte

Um Lauras Welt besser zu verstehen, verlassen wir die üppig grünen Felder rund um Mariammas Dorf bei Bangalore. *Google Earth* transportiert uns über den Indischen Ozean nach Ostafrika direkt zu Lauras Zuhause in Nairobi, Kenia. Viele erinnern sich wegen dem Film *Der ewige Gärtner* an diesen Slum – das Schachbrettmuster aus Wellblechdächern, die glitschigen Wege zwischen den Hütten, die Farbflecke von aufgehängter Wäsche und Plastikeimern verteilt über ein riesiges Gelände, dessen brauner, harter Erdboden Generationen menschlichen Mülls und Unrats wie ein Schwamm aufgesogen hat.

Laura hat große dunkle mandelförmige Augen und ihre Zähne blitzen, wenn sie lächelt (Abb. 1.6). Sie lebt mit ihrem Vater, ihrem neunjährigen Bruder Seth und ihrer vierjährigen Schwester Cantai in einem Raum von drei Quadratmetern, den sie in den Hüttenreihen gemietet haben (Abb. 1.7). Vor kurzem fuhr Lauras Mutter zu Besuch in ihr Heimatdorf, das etwa vier Stunden entfernt liegt. Sie kehrte nie zurück und verstarb als ein weiteres Opfer der AIDS/HIV-Katastrophe in Afrika.

In den Entwicklungsländern lebt einer von drei Stadtbewohnern in einem Slum – das heißt, fast eine Milliarde Menschen leben wie Laura in verwahrlosten, übervölkerten Ghettos ohne sicheren Besitzanspruch. Nach Schätzungen der Vereinten Nationen sind es 828 Millionen. In Afrika südlich der Sahara leben rund 62 Prozent der Städter in Slums. Das sind rund 200 Millionen Menschen.[15] Lauras Slum – er heißt Korogocho – umfasst ein Gebiet von nicht einmal eineinhalb Quadratkilometern. Darin drängen sich rund 120.000 Einwohner.[16] Sie verdienen durchschnittlich halb so viel pro Monat wie die Einwohner von La Unión, also nicht mal einen US-Dollar.

Auch hier in Korogocho finden wir eine Kulisse extremer Armut: ärmlichste Hütten, schlimmste hygienische Verhältnisse, hohe Arbeitslosigkeit und Hunger. Auf Außenstehende wirken Slums bereits beängstigend, doch wie furchterregend die Wohnviertel für die Bewohner selbst sind, ist vielen nicht einmal bewusst. Aus aktuellen UN-Berichten geht hervor, dass die Einwohner

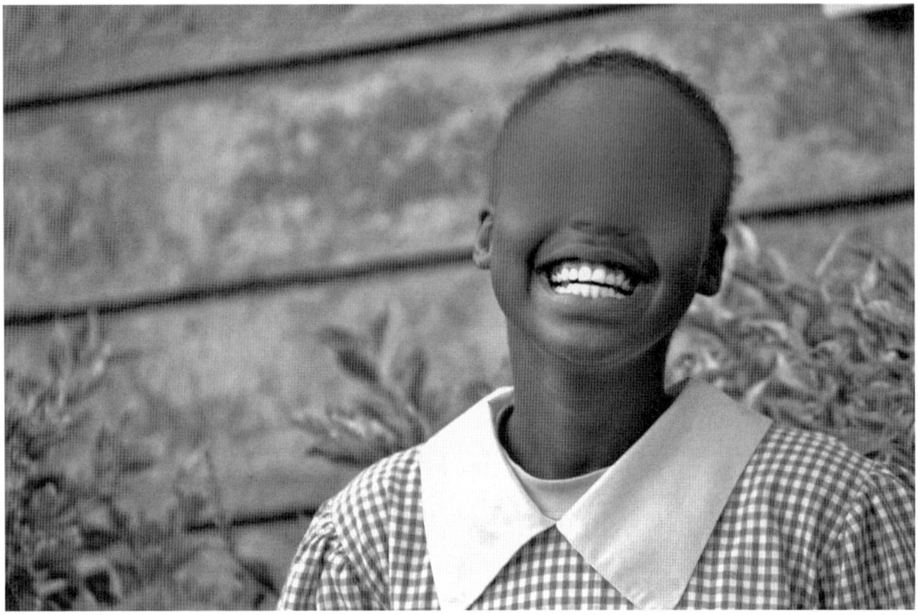

Abb. 1.6 Laura aus Nairobi, Kenia

sich weniger vor Zwangsräumung, Hunger oder Krankheit fürchten, als vor Verletzungen durch Gewalt. Tatsächlich werden „Gewalt und Sicherheitsfragen von armen Menschen häufig für beträchtlich wichtiger gehalten als Fragen der Behausung oder des Einkommens".[17]

Im Rahmen einer Studie über Slums wie in Nairobi nannten die Bewohner Gewalt als „Hauptproblem" in ihrer Gemeinschaft.[18] Hier fühlt sich niemand sicher. Das gilt besonders für Frauen und Mädchen.[19] Ein oft zitierter globaler Bericht über Slums sagt, dass die Lebensbedingungen in den riesigen Ghettos „alarmierend" sind, doch „ebenso beunruhigend, wenn nicht noch beunruhigender ist, dass Gewalt gegen Frauen in den Slums allgegenwärtig ist". Dieses Thema erwies sich als das wohl *bedeutendste Querschnittsthema* der Studie.[20]

Natürlich ist die grassierende Gewalt gegen Frauen und Mädchen für die zehnjährige Laura kein „Querschnittsthema" in einer Studie – sie ist der Alptraum des Lebens, in das sie hineingeboren wurde. Die sexuelle Gewalt, die Laura erdulden musste, begann für sie wie für so viele[21] in ihrem Zuhause. Nach dem Tod der Mutter vergewaltigte Lauras Vater seine Tochter fast jede Nacht. Die Nachbarn sagten später, sie hätten nachts ihre gedämpften Schreie hören können und dass Laura ihren Vater anflehte aufzuhören. Aber sie taten nichts. Das sei „Familiensache", meinten sie. Die Angelegenheit den Behör-

Abb. 1.7 Die zehnjährige Laura beim Seilspringen

den zu melden, war riskant. Und helfen würden die sowieso nicht. Irgendwann hörte Laura auf zu weinen, weil sie sich, wie sie sagte, „daran gewöhnte".

Frauen und Mädchen in Slums leben in ständiger Angst. So ist es beispielsweise nicht sicher, zur Toilette zu gehen: 75 Prozent der Slumhaushalte haben keine eigene Toilette,[22] daher müssen hunderttausende Frauen hunderte Meter durch die Slums gehen, um kommunale Grubenlatrinen und Bäder zu benutzen, denen es an Privatheit und nachts auch an Beleuchtung mangelt. In einer systemischen Studie der Slums in Lauras Stadt heißt es: „Unzureichende und unzugängliche Toiletten und Bäder wie auch das Fehlen einer effizienten Überwachung und die allgemeine Unsicherheit machen Frauen noch verwundbarer, was Vergewaltigung und andere Formen geschlechtsspezifischer Gewalt angeht. In den Slums und Siedlungen von Nairobi ist Gewalt gegen Frauen allgegenwärtig, bleibt weitgehend ungestraft und trägt entscheidend dazu bei, Frauen arm zu machen und arm zu halten."[23]

Auch Laura wurde nicht nur vom eigenen Vater geschändet. Eines Tages wollte das Mädchen am Kiosk einen Badeschwamm kaufen. Da packte sie ein Nachbar namens Joseph Irungu und vergewaltigte sie in einem der öffentlichen Bäder von Korogocho. Danach warf er ihr 50 Cent vor die Füße und wies sie an, niemandem etwas zu sagen.

Im Land der Straflosigkeit, in dem Laura und Millionen anderer sehr armer Mädchen leben, ist das Zuhause nicht sicher, das Bad nicht sicher – und selbst die Schulen sind nicht sicher. In den vergangenen Jahrzehnten wurde viel Aufklärungsarbeit geleistet. Kaum etwas wirke sich positiver auf das Leben eines Mädchens und ihrer Gemeinde aus als Bildung. Aber ohne eine *effiziente Durchsetzung von Gesetzen* sind diese Bildungsmaßnahmen praktisch wertlos.

So zeigen Studien in Entwicklungsländern inzwischen, dass Gewalt einer der Hauptgründe ist, warum Mädchen erst gar nicht zur Schule gehen. Eine aktuelle UN-Studie kommt zu dem Schluss, ein „wichtiger, wenn auch selten erwähnter Faktor, der hinter einer geringen Einschulungsrate in armen städtischen Nachbarschaften steckt, ist ein empfundener Mangel an Sicherheit, besonders für Mädchen".[24]

Laura musste auch das am eigenen Leib erfahren: Eines Morgens, Laura war gerade in die vierte Klasse gekommen, packte sie ein anderer Nachbar, Antony Mutokia, und vergewaltigte sie. Anschließend warf er ihr 75 Cent zu und befahl ihr, den Mund zu halten. In Lauras Welt war dies der einzige Preis, den ein Vergewaltiger für sein Verbrechen zahlte.

Scham, Angst und Hoffnungslosigkeit machen Mädchen wie Laura sprach- und wehrlos. Von La Unión über Bangalore bis Nairobi geht Armut einher mit schwersten Erniedrigungen und Verletzungen. Dieser Teufelskreis bestimmt das Leben der Ärmsten. Wir Übrigen wissen nicht mal, dass es ihn gibt. Wir sehen die Slums, wir sehen den Schmutz. Wir empfinden Mitleid, wenn wir uns eine Zehnjährige an einem solchen Ort vorstellen, doch die unvorstellbare Gewalt – das wahre Ausmaß des Elends – bleibt uns verborgen.

Zum Glück gibt es ein paar mutige Menschen, die ihre Augen nicht vor diesem Unrecht verschließen, die nicht angesichts der allgemeinen Hilflosigkeit resignieren. Eine von ihnen ist Naomi Wanjirus. Ihr Zuhause in Korogocho unterscheidet sich äußerlich in nichts von den anderen Slumhütten. Und doch betritt man durch ihre Tür eine andere Welt. Naomis Augen sind voller Leben, und ihre Begrüßung ist herzlich. Sie ist eine Frau von königlichen Proportionen; stolz trägt sie ihren schneeweißen Turban. Die rauen Wellblech- und Holzlattenwände ihres Zimmers sind von einem weißen Tuch bedeckt, und ein hoher kiefernfarbener Geschirrschrank dient als Fotogalerie, Stofftierherberge und Teestation. Naomi ist eine freiwillige Sozialarbeiterin in Korogocho, und viele verängstigte und erniedrigte Mädchen haben bei ihr Schutz und neue Hoffnung gefunden.

Als Laura an dem Morgen, nachdem sie von Mutokia vergewaltigt worden war, schließlich in der Schule eintraf, hatte sie so große Schmerzen, dass sie ihrer Lehrerin die Wahrheit sagte. Diese brachte das Mädchen zu Naomi. Mit der Zeit gewann Naomi Lauras Vertrauen und brachte sie ins Krankenhaus, damit ein Arzt die eindeutigen Belege für die sexuelle Gewalt, die sie so oft erlitten hatte, dokumentierte.

Naomi wusste aus Erfahrung, dass die Täter – vor allem der Vater – die Anschuldigungen heftig zurückweisen und die Glaubwürdigkeit dieses verängstigten und verwirrten kleinen Mädchens mit aller Macht in Zweifel ziehen würden. Naomi wusste auch, dass es keine anderen Zeugen gab, die bereit wären, über den Missbrauch auszusagen. Die Nachbarn – selbst die, die Laura nachts im Haus hatten schreien hören – wussten ihrerseits, dass Angeklagte häufig Banden in der Nachbarschaft dafür bezahlten, aussagewillige Zeugen zu bedrohen, und waren gelähmt vor Angst. Selbst Lauras Lehrerin würde zu viel Angst haben, um auszusagen. Daher wusste Naomi, dass ein medizinisches Gutachten unabdingbar sein würde, um Laura Gerechtigkeit zu verschaffen.

Aber an dieser Stelle kommt die vollständige Zerrüttung des Systems ins Spiel, die Gerechtigkeit für Laura unmöglich macht.

In Nairobi reicht der medizinische Befund, den Naomi in Händen hielt, nicht aus.

Warum? Hatte der Arzt einen Fehler gemacht? Waren die Beweise nicht richtig gesichert worden? Gibt es irgendein Gesetz oder eine Vorschrift, die verbietet, diese Beweise zu verwerten? Nein, der Grund ist, dass die Polizei der Stadt darauf besteht, dass *ein* bestimmter Arzt – der Polizeiarzt, nennen wir ihn Dr. K. – Gutachten erstellt. Anderenfalls wird die Polizei das Formular weder vor Gericht vorlegen, noch die Staatsanwaltschaft zur Verfügung stellen.

Daher akzeptiert die Polizei einen Befund nur dann, wenn er durch eine von Dr. K. vorgenommene und dokumentierte erneute Untersuchung des Opfers „verifiziert" wird.

Nairobi ist eine Stadt mit drei Millionen Einwohnern, wo Studien zufolge rund eine halbe Million Opfer physischer Gewalt pro Jahr zu erwarten sind, darunter 150.000 Vergewaltigungsopfer.[25] Dennoch verlangt die Polizei von Nairobi, dass alle Opfer von Körperverletzungen gleich welcher Art von Dr. K. – und nur von Dr. K. – untersucht werden, wenn sie wünschen, dass das medizinische Gutachten über ihre Körperverletzung dem Gericht zugeleitet wird.[26] Ein perfektes System, um sich nicht mit der Epidemie sexueller Gewalt in Nairobi befassen zu müssen.

Selbstverständlich kann es Monate dauern, bis ein Opfer von Körperverletzung Dr. K. sehen kann – zudem ist er häufig gar nicht in seiner Praxis, berichten Sozialarbeiter (Abb. 1.8). Einer sagte mir: „Es ist eine höchst traumatische Erfahrung für ein junges Mädchen. Es gibt keine umfassende medizinische Untersuchung oder einen entsprechenden Bericht. Er nimmt sich nicht mehr als zehn Minuten für die Behandlung."

Lauras Erfahrung war ganz ähnlich. Und das Ergebnis des langen Wartens und der demütigenden Untersuchung durch Dr. K. war ein Schlag ins Gesicht: Es gebe keine Anzeichen für einen sexuellen Missbrauch und Laura sei nach seinen Erkenntnissen nicht vergewaltigt worden.

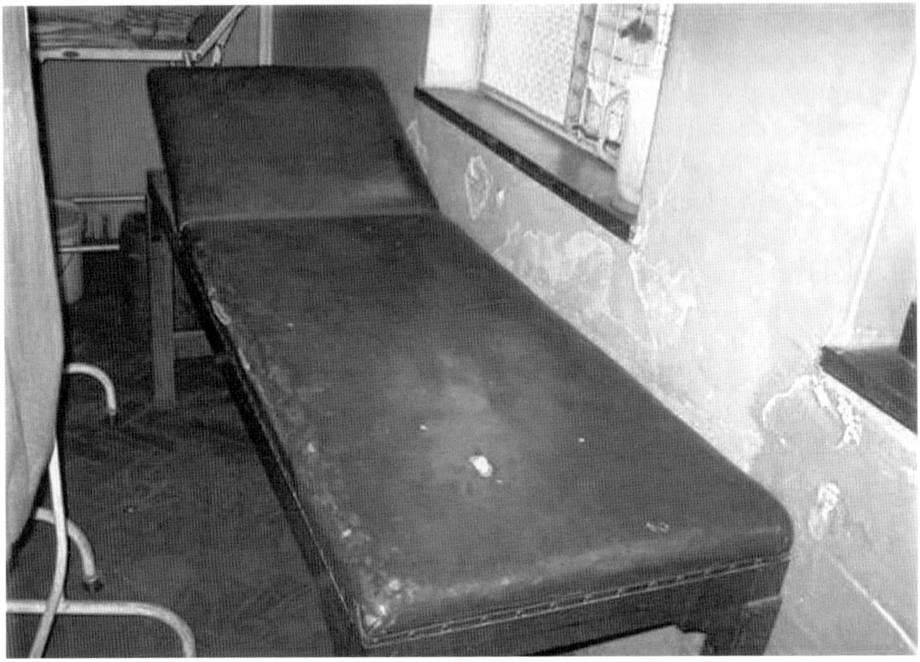

Abb. 1.8 Die Untersuchungsliege in Dr. K.s Praxis

Es spielte keine Rolle, dass Lauras Vergewaltigung von einem qualifizierten Arzt schriftlich bestätigt worden war. Es machte auch keinen Unterschied, dass ein solches Gutachten vor jedem kenianischen Gericht völlig ausreichen würde. Dies alles war irrelevant, weil die Polizei von Nairobi seit Jahren darauf besteht, dass jedes medizinische Gutachten über eine Körperverletzung, das dem Gericht vorgelegt wird, von Dr. K. persönlich erstellt wird.

Und was vielleicht noch schlimmer ist: Niemand weiß, warum. Nach jahrelangen Nachforschungen von Anwälten von IJM in Nairobi und klaren Bestimmungen im kenianischen Gesetz beharrt die Polizei weiterhin darauf, dass Dr. K. die Formulare ausfüllt, wenn sie vor Gericht verwendet werden sollen. Gegenüber IJM rechtfertigten sie dieses Vorgehen nur mit den Worten: „So machen wir das hier eben."

Daher kehren Mädchen wie Laura in den Slum zurück, wo Vergewaltiger die Justiz nicht einmal bestechen müssen, um ungeschoren davonzukommen. Menschen wie Naomi arbeiten, geschlagen von der Absurdität des Systems, in denselben engen Gassen von Korogocho, ohne zu wissen, wie sie dem nächsten jungen Opfer einer Vergewaltigung erklären sollen, warum es sich jemandem anvertrauen und um Gerechtigkeit kämpfen sollte.

Lauras Geschichte ist nicht nur ein Beispiel für die Gewalt, mit der Millionen der Ärmsten täglich konfrontiert werden, sondern auch für die himmelschreiende Verwahrlosung des Rechtssystems, das sie eigentlich schützen soll. Diese Verwahrlosung ist so tiefgreifend, dass das gesamte System in der größten Stadt Ostafrikas durch eine absurde Praxis, die niemand zur Kenntnis nimmt oder auch nur zu rechtfertigen versucht, praktisch außer Kraft gesetzt wird

Das fundamentale System von Gesetz und Ordnung erweist sich in einem Großteil der Entwicklungsländer schon so lange als nutzlos, dass Gewalttäter keinen zweiten Gedanken daran verschwenden. Und tragischerweise hat ein Großteil der Welt aufgehört, sich darum zu sorgen, wie sich dieser Zusammenbruch beheben lässt oder wieso es überhaupt dazu gekommen ist.

Die Konsequenzen sind ebenso tiefgreifend, wie sie unterschätzt werden. Laura, Mariamma, Yuri und Lucila repräsentieren nicht nur Milliarden Menschen in den ärmeren Ländern dieser Welt, die darum kämpfen, sich aus ihrer Armut zu befreien. Ihr Beispiel zeigt vor allem wie hoffnungslos ihr Kampf ist. Verschiedene Bewegungen haben die Armut in den Entwicklungsländern im Lauf der vergangenen 50 Jahre mit großen Anstrengungen und viel Kapital bekämpft. Aber sie haben nicht oder zu wenig beachtet, dass Gewalt den Armen jedes Mal den Boden unter den Füßen wegzieht, wenn sie versuchen, auf die Beine zu kommen.

2 Die verborgene Krise an einem historischen Wendepunkt

1981: Ronald Reagan ist gerade Präsident der Vereinigten Staaten geworden, Lady Diana Spencer und Prinz Charles haben geheiratet. Ägyptens Präsident Anwar as-Sadat wird ermordet, Bill Gates bringt sein MS-DOS-Betriebssystem für IBMs ersten Privatcomputer auf den Markt, MTV geht ans Netz, Wissenschaftler identifizieren das HI-Virus, *Jäger des verlorenen Schatzes* kommt ins Kino, der Zinssatz in den USA liegt bei 15,75 Prozent und ich mache meinen High-School-Abschluss. In den Entwicklungsländern lebt weltweit einer von zwei Menschen (52 Prozent) in extremer Armut – das heißt, diese Menschen haben weniger als 1,25 US-Dollar (etwa 1 Euro) am Tag zur Verfügung und müssen damit überleben.

2010: Inzwischen zählt nur noch jeder fünfte in den Entwicklungsländern zu den extrem armen Menschen (21 Prozent). Experten erwarten, dass sich der Trend fortsetzt und in den kommenden Jahren weniger Menschen als extrem arm gelten werden.[1] Das wäre ein enormer Fortschritt – doch die *schlechte* Nachricht bleibt: Selbst wenn die positive Tendenz anhält, sind es aktuell immer noch fast eine *Milliarde* Menschen (883 Millionen), die von 1,25 Dollar am Tag leben. Mit so wenig Geld bleibt nichts übrig für medizinische Versorgung oder Schulmaterialien.[2]

Mit Blick auf die entsprechenden Armutstrends, stellt sich die Frage: Ist das Glas halb voll oder halb leer (Abb. 2.1)?

Armut Während sich die Zahl der extrem armen Menschen reduzierte, stieg die Zahl der Menschen, die von 1,25 bis zwei Dollar am Tag leben, zwischen 1981 und 2008 von 649 Millionen auf 1,18 Milliarden. Sie hat sich fast *verdoppelt*. Auch diese Gruppe gilt als sehr arm. Wenn nun alle Menschen, die von zwei Dollar am Tag oder weniger leben, als absolute Zahl zusammengefasst werden, hat sich kaum etwas verändert von 2,59 Milliarden im Jahr 1981 auf 2,47 Milliarden im Jahr 2008. Zum Auslaufen der Millennium-Entwicklungsziele der UN im Jahr 2015[3], sollen es insgesamt noch immer rund zwei Milliarden sein. Allerdings machen sich innerhalb der Entwicklungsländer Fortschritte bemerkbar. Während 1981 noch 70 Prozent der Menschen mit

G. A. Haugen und V. Boutros, *Gewalt – die Fessel der Armen*, DOI 10.1007/978-3-662-47054-1_2

Abb. 2.1 Ist das Glas halb voll oder halb leer? Globaler Armutstrend 1981–2008

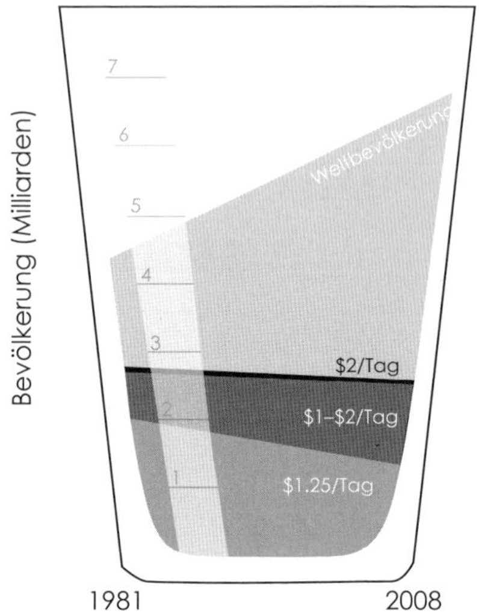

weniger als zwei Dollar am Tag auskommen mussten, waren es 2008 nur noch 43 Prozent.

Gesundheit 7,6 Millionen Kinder unter fünf Jahren sterben jedes Jahr aus Gründen, die leicht behoben werden könnten, denn die größten Gefahren für die Kinder sind Nahrungsmangel und fehlende medizinische Versorgung. Auch wenn diese Zahl noch immer hoch ist, zeigt der Kampf gegen die Kindersterblichkeit weltweit nachhaltige Erfolge: Innerhalb der vergangenen 30 Jahre konnte die Zahl von ursprünglich 15 Millionen halbiert werden.[4]

Wasser 780 Millionen Menschen haben keinen Zugang zu sauberem Trinkwasser. Aber seit 1990 haben immerhin zwei Millionen Menschen mehr sauberes Wasser zur Verfügung.[5]

Hunger Fast eine Milliarde Menschen (925 Millionen) hungern, und 16 Prozent der Menschen in Entwicklungsländern sind unterernährt. Im Vergleich zu 1981 zeigt sich hier allerdings eine positive Entwicklung, denn damals war noch jeder Vierte unterernährt.[6]

Bildung Weltweit gehen 67,5 Millionen Kinder nicht zur Schule. 775 Millionen Erwachsene können weder lesen noch schreiben.[7] Doch zwischen 1999 und 2008 konnten 52 Millionen Kinder die Schule besuchen, die zuvor keine Chance auf eine Grundschulausbildung hatten.

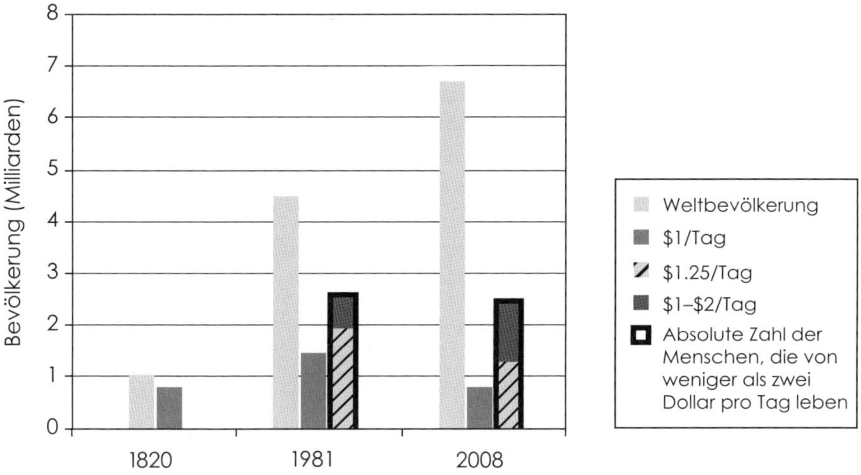

Abb. 2.2 Globaler Armutstrend 1820–2008

Unterkunft 1,6 Milliarden Menschen leben in unzureichenden Unterkünften, 100 Millionen sind obdachlos.[8] Allerdings sank der Prozentsatz der Slumbewohner insgesamt zwischen 1990 und 2010 von 46 auf 23 Prozent.[9]

Schaut man noch weiter zurück, erreicht der Kampf gegen Armut offenbar zum ersten Mal in der Geschichte der Menschheit einen kritischen Wendepunkt. Vor 200 Jahren lebten 75 Prozent der Menschen in bitterster Armut (von weniger als einem Dollar am Tag). Heute sind es nur noch 12 Prozent.[10] Das ist eine gute Nachricht. Aber aufgrund des Bevölkerungswachstums entsprechen diese 12 Prozent noch immer rund 800 Millionen Menschen – und das entspricht relativ genau der absoluten Zahl an Menschen, die vor 200 Jahren unter extremer Armut litten (Abb. 2.2).[11]

Doch es gibt einen Unterschied im Vergleich zu der Zeit vor 200 Jahren: Zum ersten Mal in unserer Geschichte stehen Milliarden Menschen kurz davor, aus der extremen Armut auszubrechen, die ihre Vorfahren so lange gefangen hielt. Es gibt aber auch Anzeichen, dass der Fortschritt allmählich stagniert, denn diejenigen, die einem Leben mit weniger als 1,25 Dollar pro Tag entfliehen können, gehören nun zu denjenigen, die von maximal 2 Dollar pro Tag leben.[12]

Wie wird es weitergehen?

Verstehen, wogegen wir kämpfen

Eines wissen wir sicher: Akute Armut kommt offen und verborgen, eindeutig und komplex daher. Das Problem eines hungrigen Kindes, beispielsweise, ist offensichtlich und eindeutig. Es sagt: „Ich habe Hunger!" Und natürlich braucht es etwas zu essen. Verborgen bleiben die Folgen des Hungers, die das Kind in seiner Entwicklung beeinträchtigen, und komplex sind die Gründe, warum es ihm an ausreichend Nahrung fehlt. Die Geschichte der weltweiten Bemühungen zur Armutsbekämpfung hat sich lange an den offensichtlichen und eindeutigen Auswirkungen von Armut orientiert und weniger die Wurzel von Armut ins Blickfeld genommen. Dabei stoßen wir irgendwann auf die verborgenen und komplexen Ursachen von Armut. Dann versuchen wir die nur scheinbar einfachen Lösungen so zu modifizieren, dass sie besser zu dieser Wirklichkeit passen.

Wer sich in den 1950er Jahren mit der Situation in Mexiko und Indien auseinandersetzte, dem schienen die Menschen zu hungern, weil sie nicht genug Weizen oder Reis anbauen konnten. Doch dann stellte sich heraus, dass sie vielleicht nur die falsche *Sorte* Weizen oder Reis anbauten. Agronomen wie Norman Borlaug führten in den Entwicklungsländern Hochertragssorten dieser Getreide ein und setzten damit eine Grüne Revolution in Gang, die Mexiko und Indien zu Nettoexporteuren dieser Getreidearten machten, was Milliarden Menschen vor dem Hungertod bewahrte. Drei Millionen Menschen in Bangladesch konnten auf diese Art aber nicht vor dem Verhungern gerettet werden. Der Grund: Es gab genug zu essen, nur die Armen bekamen fast nichts davon ab. Das Problem, so der Wirtschaftswissenschaftler Amartya Sen, liegt hier nicht in der *Produktion*, sondern in der *Ungerechtigkeit des Verteilungssystems*.

Der Zugang zu Nahrung löst das Hungerproblem, und eine bessere Ernährung verringert die Krankheitsanfälligkeit eines armen Menschen. Aber Gesundheitsexperten wissen, dass Nahrung kein Mittel gegen grassierende Infektionskrankheiten wie Kinderlähmung, Durchfallerkrankungen, Malaria oder HIV ist. Um diese Probleme zu lösen, brauchen Arme Zugang zu medizinischer Versorgung, Impfungen, Hygiene und Sanitärprogramme. Aber Menschen in einkommensschwachen Ländern werden diese Dienstleistungen vielleicht gar nicht angeboten. Die Gründe dafür können darin liegen, dass ihre Regierungen vorwiegend mit der Rückzahlung hoher Schulden beschäftigt sind, so dass für den Gesundheitssektor kaum etwas übrig bleibt, oder dass korrupte Behörden die Gelder stehlen.

Eine arme Mutter könnte vielleicht aus eigener Kraft Moskitonetze und bessere Sanitäranlagen für ihre Familie finanzieren, wenn sie einen Mikrokredit für eine Nähmaschine bekäme. Aber sehr wahrscheinlich wird sie gar nicht erst versuchen, eine Schneiderei aufzubauen oder die sanitären Verhältnisse zuhause zu verbessern, wenn sie befürchten muss, dass der Gemeinderat ihr Geschäft schließt oder sie von ihrem Land vertreibt, weil beides nicht ordnungsgemäß „genehmigt" wurde oder Freunde eines Lokalpolitikers keine Konkurrenz wollen. Selbst, wenn solche Ängste ihre Eigeninitiative nicht lähmen, könnte sie die nötigen Genehmigungen nicht ohne Hilfe einholen, weil sie nie eine Schule besucht hat und kein Formular ausfüllen kann. Der Schulbesuch war in der Tradition ihrer Familie nur für die Jungen vorgesehen und selbst wenn ihre Eltern sie zur Schule hätten schicken wollen, wäre kein Geld für die Bücher und die Schuluniform da gewesen. Deshalb wurde sie früh mit einem älteren Mann verheiratet und war seit ihrem 15. Lebensjahr praktisch permanent schwanger. Eine Arbeitsstelle außer Haus kann sie nicht annehmen, weil eines ihrer Kinder rund um die Uhr gepflegt werden muss. Das Kind wurde durch das verseuchte Wasser der Region vergiftet, wodurch es unheilbare Schäden davon trägt. Die Behörden ihrer kleinen Stadt haben Bestechungsgelder von einem internationalen Unternehmen angenommen, weshalb die Minen der Firma nicht mehr kontrolliert werden. Zuletzt verlor auch ihr Mann seine Arbeit unter Tage, weil Bürgerkriegsflüchtlinge aus dem Nachbarland noch billiger beschäftigt werden können.

Diese Schilderung soll Ihnen einen kleinen Einblick in die Komplexität von Armut geben. Ein derart vielschichtiges Szenario zeigt, wie eng jeder Aspekt der Armut mit anderen Problemen verknüpft ist. Im Kern betrifft Armut den ganzen Menschen und beschädigt seine Identität und sein Selbstwertgefühl. Arme fühlen sich vergessen und an den Rand der Gesellschaft gedrängt. Sie haben keinen Zugang zu rechtlich verbindlichen Dingen wie Bildung oder Gesundheit. Ein anderes Beispiel: Durchfall ist eine häufige Folge schlechter Sanitärverhältnisse und verschärft wiederum eindeutig das Hungerproblem, weil er die Aufnahme von Nährstoffen verhindert. Allerdings löst man das Hungerproblem nicht, wenn man zwar das Problem mit dem Durchfall und den Sanitäranlagen behebt, aber nichts zu essen hat. Ein Problem zu beheben, ohne das Kernproblem zu lösen, ist *stets unzureichend*.

Heute leiden arme Menschen – *aufgrund ihrer Armut* – nicht nur unter Hunger, Krankheit, Obdachlosigkeit, Analphabetismus und mangelnden Aufstiegschancen, sondern auch und vor allem unter Gewalt.[13] Unter Gewalt zu leiden, bestimmt ebenso, was es bedeutet arm zu sein, wie unter Hunger, Krankheit, Obdachlosigkeit und Arbeitslosigkeit zu leiden. Wie wir später noch sehen werden, bereitet gerade der Faktor Gewalt den Armen am meisten Sorgen. Gewalt ist eine der Hauptursachen, warum Menschen überhaupt arm sind und arm bleiben. Wenn wir dieses Problem nicht anpacken, werden wir den Kampf gegen die Armut niemals gewinnen.

Es geht uns an dieser Stelle nicht um jene Gewalt in Zusammenhang mit Kriegen oder kriegerischen Auseinandersetzungen, unter denen viele Arme weltweit leiden. Manche sehen genau darin den Hauptgrund für Armut und Entwicklungsstillstand, so etwa Paul Collier in seinem Buch *Die unterste Milliarde*. Stattdessen möchten wir die Aufmerksamkeit auf die Milliarden von armen Menschen richten, für die in ihren zwar einkommensschwachen, aber relativ stabilen Ländern Gewalt „alltäglich" geworden ist.

Der verborgene Schrecken der Armut

Die heimtückischsten Probleme sind die, die wir nicht sehen können. Mit der Gewalt in den Entwicklungsländern ist es wie mit der Trauer in den Industrieländern – es gibt sie überall, aber wir sehen sie nicht.

Ich erinnere mich an den Tag, als ich – damals ein junger, naiver Mitarbeiter einer großen Anwaltskanzlei – herausfand, dass einer der Seniorpartner wenige Tage zuvor seinen Sohn verloren hatte. Der Junge war auf der Intensivstation an einer unheilbaren Krankheit gestorben. Dennoch stand mein Chef um 9:40 vor mir – geduscht, rasiert, in einem frischen Anzug und regelte eine komplexe rechtliche Angelegenheit für unsere Firma. Überall in seinem Büro standen die Fotos seines Sohnes. Hätte mir nicht jemand gesagt, was passiert war, hätte ich *nichts* geahnt.

Es war, als wäre direkt unter der Oberfläche der Realität, in der ich mich bewegte, ein dünner Schleier zu einer anderen, schrecklichen Welt zurückgezogen worden. Ich war fasziniert von den beiden Realitäten in meinem soliden Arbeitsumfeld: Zum einen waren da Trauer und Schmerz, die zum Alltag aller Menschen gehören (Tod, Krebs, Selbstmord, Demenz, Untreue, Versagen, Süchte etc.), zum anderen war da die Tatsache, dass von alledem praktisch keiner etwas mitbekommt.

Genauso ist es mit Gewalt unter armen Menschen in Entwicklungsländern. Die Bedrohung ist Teil ihres Lebens, doch wir sehen dies meist nicht und sie erzählen uns meist auch nichts davon. Wir sollten uns davon aber nicht täuschen lassen – denn manchmal ist das, was wir nicht sehen, die größte Last – so wie der Kummer meines früheren Chefs.

Außenstehende erkennen die Not der Armen nicht, weil sie uns Menschen aus den Überflussgesellschaften fern ist, die Armen lächeln und die Zähne zusammenbeißen und wir oft Vermutungen anstellen, ohne genau hinzuschauen oder hartnäckig nachzufragen. Für die verborgene Natur der Gewalt gibt es darüber hinaus noch mindestens drei weitere Gründe: Erstens steht hinter jeder Gewalttat ein vorsätzlicher Täter, der häufig hart daran arbeitet, dass die Tat verborgen bleibt. Für das Verbrechen selbst gibt es zudem meist keinen außenstehenden Zeugen. Zweitens ist Gewalt ein Aspekt im Leben, über den Menschen nicht gerne reden, weil er für die Betroffenen traumatisch ist, da sie absichtlich durch Gewalt gedemütigt, verletzt, dominiert, entehrt und erniedrigt wurden. Paradoxerweise teilen Täter *und* Opfer also den Wunsch, das Geschehene geheim zu halten. Drittens ist die Bedrohung durch Gewalt für viele arme Menschen so alltäglich, dass sie sich ihr einfach beugen.

Erstaunlicherweise war es die Weltbank, die 1999 eine der umfangreichsten und erfolgreichsten Bemühungen unterstützte, armen Menschen Gehör zu verschaffen. Sie finanzierte die Studie „Stimme der Armen", die in drei Bänden veröffentlicht wurde. In 60.000 detaillierten Berichten sprechen sehr arme Menschen aus 60 Ländern für sich selbst und beantworten Fragen wie beispielsweise: Wie betrachten Sie Armut und Wohlergehen? Was sind Ihre Probleme und Prioritäten?

Eine der wichtigsten Beobachtungen der Studie war sicher die Tatsache, dass Gewalt den Alltag der Armen bestimmt – und zwar eine Form von Gewalt, die nicht aus Kriegen oder geopolitischen Auseinandersetzungen resultiert, sondern darauf beruht, dass Stärkere Schwächere unterdrücken. Die Studie eröffnete wichtige Einblicke in das Phänomen Armut, doch als die Weltbank die umfangreiche Studie ankündigte, hoben die Pressemitteilungen zwei übergreifende Aspekte hervor: Machtlosigkeit und Gewalt, vor allem gegenüber Frauen und Mädchen.[14]

Zum einen bestätigt der Bericht, dass selbst Experten mit einem umfassenden Verständnis für verschiedene Aspekte der weltweiten Armut Gewalt in alltäglichen, nicht-kriegerischen Szenarien leicht übersehen können, denn „in der ganzen Welt wird aus Angst vor Rückwirkungen der Mantel des Schweigens über das Thema Gewalt gebreitet." Außerdem fällt es armen Menschen aus Scham sehr schwer, über die Gewalt und den Terror zu sprechen, den sie erdulden.[15]

Zum anderen bestätigt der Bericht, dass Gewalt weltweit ein allgegenwärtiges Problem für Arme ist. Es spielt keine Rolle, ob sie in den einkommensschwächsten Ländern leben oder (zunehmend) in Schwellenländern mit mittlerem Einkommen. In jedem Land gilt: Wer arm ist, hat eine hohe Wahrscheinlichkeit Opfer von Gewalt zu werden.[16]

- Malawi: „In allen besuchten Kommunen beschreiben arme Männer und Frauen Diebstähle, Raubüberfälle, Einbrüche, Morde und andere Verbrechen, die eine Bedrohung für die körperliche Unversehrtheit der Menschen darstellen."[17]
- Brasilien: „Die Bewohner der brasilianischen Favelas berichten, dass Gewalt in ihrem Alltag besonders häufig ist."[18]

- Thailand: „Arme Leute erzählen, dass sie sich unsicher und schutzlos fühlen."[19]
- Nigeria: „Arme Leute in ländlichen wie städtischen Regionen fürchten sich vor Verbrechen; bewaffnete Überfälle und auch Nahrungsdiebstahl werden häufig erwähnt."[20]
- Ecuador: „Arme Leute werden von einer ganzen Bandbreite von körperlichen Gefahren bedroht … Raubüberfälle, Vergewaltigung und Mord."[21]

Diese Beispiele aus *Stimmen der Armen* bestätigen unseren Befund: Arme Menschen in ansonsten stabilen Entwicklungsländern und Ländern mit mittlerem Einkommen leiden viel stärker unter alltäglicher Gewalt als Bewohner der restlichen Welt.[22] Menschen in armen urbanen Regionen fürchten Gewalt zunehmend[23] und bezeichnen sie häufig als ihre „größte Angst" oder ihr „Hauptproblem".[24]

Das Problem verstehen, aber die Lösung missverstehen

Wie löst man das Kernproblem der Gewalt und nicht nur die sekundären Folgen? In modernen Gesellschaften gelingt dies durch die Durchsetzung von Gesetzen. Gewalttaten werden als „gesetzwidrig" erklärt. Damit ist der Staat als die Körperschaft, die das Gewaltmonopol ausübt, autorisiert, Zwangsmaßnahmen zu ergreifen, um das *Gesetz durchzusetzen* und Gewalttäter zur Rechenschaft zu ziehen.

Rechtsdurchsetzung ist nicht die einzige Antwort auf Gewalt. Es gibt verschiedene Maßnahmen, die moderne Gesellschaften einsetzen, um Gewalt zu reduzieren. Dazu gehören verbesserte Jobangebote, Bildung, Kulturangebote, kommunale Streitschlichtung und einfache, aber effektive Dinge wie Straßenbeleuchtung oder Freizeitangebote wie Fußball etc. Diese Maßnahmen richten sich gegen die Faktoren, die das Gewaltniveau in die Höhe treiben können, beispielsweise Arbeits- und Chancenlosigkeit, wirtschaftliche Ungleichheit, Bigotterie, Frauenfeindlichkeit, schlechte Beleuchtung oder Langeweile. Aber keine prosperierende Industriegesellschaft würde versuchen, das Problem der Gewalt anzupacken, indem sie diese indirekten, sekundären Faktoren angeht, *ohne* auf ein funktionierendes Justizsystem zurückgreifen zu können, das Gewalttaten ahndet und daher abschreckend wirkt.

Seltsamerweise wird in Entwicklungsländern genau das versucht: Die indirekten, sekundären Faktoren wie Unwissenheit, kulturelle Haltung, Mangel an wirtschaftlichen Aufstiegschancen oder Bildung werden bekämpft, ohne dass ein funktionierendes Rechtssystem die Armen vor Gewalt schützen könnte.

Aber ohne Rechtssicherheit für die Armen bleiben alle anderen Bemühungen langfristig wirkungslos.

Der Mensch ist schutzbedürftig

Menschen sind von Geburt an schutzbedürftig. Wir sind nicht autark. Aus uns selbst heraus könnten wir nicht überleben. Wir haben eine Reihe von metabolischen Bedürfnissen, die erfüllt werden müssen, weil unser Körper auf die Zufuhr von Kalorien, Nährstoffen, Sauerstoff, Wasser und Spurenelementen, die wir zum Überleben brauchen, angewiesen ist. Wir brauchen ein Dach über dem Kopf, Kleidung, Antibiotika und andere Medikamente, um uns vor Infektionen und anderen Krankheiten zu schützen. Außerdem können wir uns nur unzureichend aus eigener Kraft gegen Bedrohungen verteidigen. Deshalb gilt eine Person als arm, wenn sie keinen Zugang zu lebenswichtigen Ressourcen hat. In diesem Zusammenhang ist Armut Marginalisierung: die Existenz am Rand der Gesellschaft ohne Zugang zu den rechtlich verbürgten Lebensgrundlagen und ohne die nötige Unterstützung, sich zu entwickeln und die eigene Würde zu entfalten. Darüber hinaus brauchen Menschen zusätzlichen Schutz vor *anderen Menschen*. Ein einzelner kann sich nicht vor Gewalt durch andere schützen – er muss Schutz bei anderen suchen –, und dieser Schutz ist teuer.

Schutz vor Gewalt

Wenn Sie dieses Buch in einem relativ sicheren Umfeld lesen, in dem Sie nicht fürchten müssen, versklavt, eingesperrt, geschlagen, vergewaltigt oder beraubt zu werden, befinden Sie sich entweder weit weg von anderen Menschen auf einer einsamen Insel oder Sie profitieren von einem System, das Sie vor Gewalt durch andere Menschen schützt.

Wenn Sie sich also sicher fühlen, dann, weil Sie für die Dienstleistung „Schutz" bezahlt haben, sei es direkt für einen privaten Sicherheitsdienst oder (und das ist wahrscheinlicher) indirekt durch Steuern, die ein System öffentlicher Sicherheit finanzieren. Funktionieren diese Schutzdienstleistungen gut, denkt man praktisch nie darüber nach und vergisst, dass die Bevölkerung in unseren Städten ohne ein Korsett von Gesetzen und Rechtsdurchsetzungsmaßnahmen zu beträchtlicher Gewalt fähig wäre. Wahrscheinlich operieren die Kräfte, die Sie vor Gewalt schützen, wie ein guter Impfstoff: Schon bald nach der Verabreichung wirkt er so erfolgreich, dass Sie sich kaum mehr bewusst sind, wie anfällig Sie für ein Heer von Mikroben sind, die von diesem Impfstoff in Schach gehalten werden.

Was aber, wenn Sie in einer Gemeinschaft leben, die zu arm (oder nicht bereit) ist, für Dienstleistungen zur wirksamen Rechtsdurchsetzung zu zahlen? Dann ist es nur eine Frage der Zeit, bis Sie Opfer einer Gewalttat werden. Wie Keime in der Luft ist Gewalt in der menschlichen Gesellschaft endemisch, und wenn Sie nicht über die nötigen Ressourcen verfügen, um sich davor zu schützen, ist Ihr Wohlergehen bedroht.

Die meisten von uns sind so an Frieden und Sicherheit gewöhnt, dass wir die Keime der Gewalt, die überall in der Luft herumschwirren, fast vergessen haben. Wir denken nicht länger an die Kräfte der Gewalt, die Teil der menschlichen Natur sind und nur auf eine Gelegenheit zum Ausbruch warten. Deshalb fragen wir uns auch nicht: Wie können arme Menschen vor Gewalt geschützt werden?

Sexuelle Gewalt

Begleiten Sie meine Kollegin von IJM, Delmi Ramirez, und mich zu einigen der Mädchen, die sie in einem Stadtteil in Guatemala City betreut. Delmi ist eine zierliche Sozialarbeiterin in ihren Vierzigern, die Wärme, Weisheit und Lebensfreude ausstrahlt. Sie hat sich um Hunderte von armen Mädchen gekümmert, die von sexueller Gewalt betroffen sind. Wenn sie die Geschichten dieser Mädchen erzählt, hält sie sich den Handrücken vor den Mund, und es kann passieren, dass sie in Tränen ausbricht. Aber wenn sie bei ihnen ist, lacht sie, nimmt die Mädchen in den Arm und neckt sie – kurz gesagt, sie behandelt sie wie die Kinder, die sie oft noch sind.

Delmi hat für mich einen Besuch bei einigen dieser Kinder in einer Nachsorgeeinrichtung arrangiert. Ich sitze an einem Klapptisch mit einem molligen Einjährigen auf dem Schoß und bin umgeben von einem halben Dutzend kichernder Mädchen zwischen 8 und 15 Jahren, die rund um den Tisch mit Werkzeugen an verschiedenen Handwerksprojekten arbeiten.

Der kleine Junge, den ich halte, ist der Sohn der Elfjährigen, die neben mir sitzt. Sie ist ein zierliches Mädchen, gekleidet in Bluejeans und ein weißes T-Shirt mit bunten Cartoon-Figuren. Ihr krauses schwarzes Haar wird von einer blauen Haarspange an der Seite gebändigt. Ein hinreißendes Grinsen überstrahlt das schüchterne Lächeln, das sie normalerweise zeigt. Ich nenne sie Gloria. Sie stammt aus einer armen Familie, die von weniger als zwei Dollar am Tag leben muss.

Als Gloria zehn Jahre alt war, wurde sie vom Freund ihrer Mutter vergewaltigt, während diese bei der Arbeit war. Danach bekam sie den kleinen

Jungen, der jetzt auf meinem Schoß sitzt. Der Freund hatte Gloria und ihre *jüngere* Schwester über einen längeren Zeitraum missbraucht, und beide Mädchen waren in der Schule deutlich zurückgefallen. Sie waren gezwungen, mit diesem Mann zu leben. Ihr eigener Vater war einige Jahre zuvor ermordet worden. Auch die Großeltern, bei denen Gloria und ihre Schwester nach dem Tod des Vaters zunächst lebten, wurden ermordet. Keines dieser Verbrechen wurde jemals aufgeklärt oder vor Gericht gebracht. In Glorias Welt waren diese Umstände nichts Außergewöhnliches. Als ihr Vergewaltiger drohte, sie umzubringen, wenn sie jemanden etwas erzählte, glaubte Gloria ihm aufs Wort.

Da war sie: Die schockierende Gewalt im Alltag der Armen, die besonders hohe Verwundbarkeit von Kindern, vor allem von Mädchen, und die unbewusste Komplizenschaft von Schweigen und Scham, die normalerweise verhindert, dass das Grauen ans Licht kommt.

Wenn wir wirklich hilfreiche Maßnahmen gegen die Armut entwickeln wollen, müssen wir bei der Bekämpfung der sexuellen Gewalt anfangen – eine der allgegenwärtigsten und verheerendsten Quellen von Gewalt gegen die Armen. Warum vergessen wir so oft, wie unglaublich groß dieses Problem ist? Vielleicht, weil Grausamkeiten, die jeden Tag passieren, keine Neuigkeiten sind. Der Menschenrechtsjournalist und Pulitzer-Preis-Träger Nick Kristof und seine Frau Cheryl WuDunn, ebenfalls Journalistin, kommentieren:

> *Jede Woche* sterben in China unnötigerweise [aufgrund diskriminierender Vernachlässigung] ebenso viele kleine Mädchen, wie Menschen bei dem einzigartigen Massaker auf dem Platz des Himmlischen Friedens umgekommen sind. Diese chinesischen Mädchen kamen nie auch nur mit einer Zeile in der Berichterstattung vor, und wir begannen uns zu fragen, ob unsere journalistischen Prioritäten nicht reichlich verzerrt waren … Wenn in China ein prominenter Dissident festgenommen wurde, schrieben wir eine Titelgeschichte, wenn hunderttausend Mädchen routinemäßig gekidnappt und in Bordelle verschleppt wurden, hielten wir das nicht einmal für eine Nachricht.[25]

Kristof und WuDunn rückten das Problem sexueller Gewalt mit ihrem Bestseller *Die Hälfte des Himmels*, aus dem das Zitat stammt, auf den Radarschirm der Öffentlichkeit. Dies ist bislang niemand anderem so gut gelungen wie den beiden Journalisten. Und ihre eigene Geschichte zeigt, wie schwierig es ist, dieses allgegenwärtige Übel ins Blickfeld zu nehmen. Was müssen wir also über sexuelle Gewalt und die Armen der Welt wissen? Eigentlich nur zwei Dinge: Sexuelle Gewalt ist sowohl eine allseits grassierende Seuche als auch ein profitables Geschäft.

Die Epidemie sexueller Gewalt

Experten bezeichnen sexuelle Gewalt häufig als eine weltweit verbreitete Infektionskrankheit, die viele hundert Millionen Leben zerstört. Sie hat sich überall in den Entwicklungsländern ausgebreitet – in den Hütten, in den Schulen, auf den Straßen, am Arbeitsplatz, in den Waisenhäusern, Kirchen und Heimen. Sexuelle Gewalt gibt es natürlich auch in Industrieländern, doch die Ärmsten der Armen haben keine Chance, sich gegen diese Gewalt zu wehren, da das Rechtssystem gegen sie arbeitet.

Was berichten die Experten aus globaler Perspektive über diese Epidemie? Zunächst einmal ist sexuelle Gewalt Teil einer noch größeren Plage, die unter den Armen grassiert – *geschlechtsspezifische Gewalt*, bei der sexuelle Gewalt, häuslicher Missbrauch und andere Formen von Misshandlung zusammenkommen, die Frauen durch Männer erleiden. Auch wenn Männer und (vor allem Jungen) ebenfalls Opfer sexueller Gewalt werden, sind es überwiegend Frauen und Mädchen, die täglich Gewalt ausgesetzt sind, *einfach, weil sie weiblich sind*.

In sämtlichen armen Gemeinden der 60 Länder, die in *Die Stimme der Armen* untersucht wurden, „ist körperliche Gewalt gegen Frauen offenbar weit verbreitet und wird als alltäglich angesehen."[26] Von Pakistan über Äthiopien und Ghana bis Argentinien und Bangladesch erzählten Frauen und Mädchen von sexuellen Übergriffen, Schlägen, häuslicher Gewalt und Missbrauch.

Eine von drei Frauen weltweit wurde im Lauf ihres Lebens schon geschlagen, zum Sex gezwungen oder anderweitig missbraucht.[27] Unter armen Frauen und Mädchen ist die Rate der Gewalt noch höher.[28] Studien sprechen davon, dass 49 Prozent der Äthiopierinnen, 48 Prozent der Uganderinnen, 62 Prozent der Peruanerinnen, 35 Prozent der Inderinnen und 34 Prozent der Brasilianerinnen Opfer von Gewalt werden.[29] Ähnliche Missbrauchsstatistiken könnten wir überall auf der Welt in Entwicklungsländern sammeln. Man versteht nun, warum die Weltbank geschätzt hat, dass die Seuche der geschlechtsspezifischen Gewalt mehr Frauen und Mädchen zwischen 14 und 44 Jahren umbringt oder körperlich schädigt als die Folgen von Krebs, Verkehrsunfällen, Malaria und Kriegen zusammen.[30]

Diese bestürzenden Statistiken bestätigen sich umso mehr, je tiefer man in das Leben von Frauen und Mädchen, die in Entwicklungsländern leben, blickt. In Peru wurde nicht nur Lucilas Tochter Yuri vergewaltigt und ermordet, sondern auch Lucila musste ihr Elternhaus aufgrund häuslicher Gewalt verlassen. Ihre Mutter floh aus demselben Grund aus ihrem Zuhause. In Guatemala City waren Gloria und ihre Schwester vergewaltigt, ihre Mutter tätlich angegriffen und ihre Großmutter ermordet worden.

In den Entwicklungsländern nimmt geschlechtsspezifische Gewalt bedrohliche bis tödliche Formen an:

- Weltweit fallen jedes Jahr 5000 Frauen und Mädchen so genannten „Ehrenmorden" zum Opfer. Sie werden von Familienmitgliedern umgebracht, die sich entehrt fühlen, weil eine Schwester oder Tochter ihrer Ansicht nach unanständig gehandelt hat, sich in den falschen Mann verliebt hat oder vergewaltigt wurde und deshalb als „beschmutzt" gilt.[31]
- Geschätzte 15.000 Frauen und Mädchen werden in Indien jedes Jahr aufgrund von Familienstreitigkeiten um die Mitgift ermordet, die die Familie der Braut an die Familie des Bräutigams zu entrichten hat.[32]
- Jedes Jahr werden in Entwicklungsländern Millionen Mädchen (etwa jedes siebte) unter 15 Jahren zwangsverheiratet – eine Situation, in der es häufig zu Gewalttaten kommt und die ersten sexuellen Erfahrungen von Zwang, Angst und Schmerz geprägt sind.[33]
- Erhebungen der Vereinten Nationen zufolge erleiden jeden Tag weltweit rund 6000 Mädchen eine Genitalverstümmelung („weibliche Beschneidung"), bei der alle äußeren Teile des weiblichen Geschlechts entfernt werden – in der Regel ohne Betäubung.

Es muss hierbei betont werden, dass all diese Gewalttaten gegen Frauen und Mädchen in Entwicklungsländern – das Prügeln der Ehefrau, die Mitgiftmorde, die Säureattentate, die Kinderheiraten und die Genitalverstümmelungen – in fast allen Ländern, in denen sie auftreten, gesetzlich *verboten* sind. Diese Gesetze werden jedoch nicht durchgesetzt, so dass Frauen und Mädchen als Freiwild gelten. Wie Amnesty International nach Jahren weltweiter Erfahrungen mit *geschlechtsspezifischer Gewalt* feststellen musste:

> Die meisten Gewaltakte gegen Frauen und Mädchen werden niemals polizeilich untersucht, und die Täter begehen ihre Taten in dem sicheren Bewusstsein, dass sie niemals verhaftet, angeklagt oder bestraft werden. Straflosigkeit für Gewalttaten gegen Frauen trägt zu einem Klima bei, in dem solche Taten als normal und akzeptabel angesehen werden statt als kriminell, wo Frauen keine Gerechtigkeit suchen, weil sie wissen, sie werden sie nicht finden, wo der ursprüngliche Schmerz und das Leid verlängert und vertieft werden, weil geleugnet wird, dass eine schwere Verletzung der Menschenrechte stattgefunden hat.[34]

Aus diesem Kontext allgemeiner Gewalt gegen Frauen und Mädchen erwächst das epidemische Ausmaß *sexueller* Gewalt in armen Ländern. Die Epidemiologen am Center for Disease Control definieren sexuelle Gewalt als „eine weltweite Verletzung der Menschenrechte von enormem Ausmaß mit schlimmen gesundheitlichen und sozialen Folgen."[35] Wie bei den meisten Seuchen sind es zudem die Armen, die schutzlos bleiben und deshalb am schlimmsten zu leiden haben. Eine umfangreiche Studie der Weltgesundheitsorganisation WHO hat festgestellt, dass sexuelle Gewalt in allen sozialen Klassen auftritt, doch arme Frauen und Mädchen unverhältnismäßig häufig davon betroffen sind.[36]

Es ist schwierig, das Ausmaß sexueller Gewalt quantitativ exakt zu beziffern, doch aus allen Regionen der Entwicklungsländer gehen ständig Daten in verschiedener Form ein, die zusammen einen Eindruck dessen vermitteln, was arme Menschen erleben und erleiden. Als die WHO 22.656 Schüler und Schülerinnen aus fünf afrikanischen Ländern befragte, stellte sich heraus, dass durchschnittlich 1 von 4 Kindern (fast alle davon Mädchen) nach eigenen Angaben zum Sex gezwungen worden war. Aus ganz Afrika erhalten wir ähnliche Daten. In einer äthiopischen Studie berichten 59 Prozent der Frauen, Opfer sexueller Gewalt geworden zu sein, und in einer anderen Erhebung[37] geben 68 Prozent der äthiopischen *Mädchen* an, missbraucht worden zu sein.[38] 38 Prozent der Mädchen in Malawi und 30 Prozent der Mädchen in Ghana erzählen, dass ihr erster Sex „alles andere als freiwillig" war.[39] In Südafrika ist das häufigste an Kindern begangene Verbrechen offenbar Vergewaltigung; 40 Prozent aller Vergewaltigungen oder versuchten Vergewaltigungen werden von Mädchen unter 18 bei der Polizei angezeigt.[40] Und unter sexuell erfahrenen kenianischen Mädchen zwischen 10 und 19 berichteten 45 Prozent, dass sie mindestens einmal zum Sex gezwungen wurden.

Natürlich wütet die Seuche der sexuellen Gewalt auch außerhalb Afrikas. In Bangladesch erklärten 36 Prozent der Frauen auf dem Land, die erstmals Geschlechtsverkehr vor ihrem 15. Lebensjahr hatten, sie seien zum Sex gezwungen worden. In Lima, Peru, erging es 45 Prozent der Frauen so. In Thailand berichteten 30 Prozent der Frauen, sie seien Opfer einer versuchten oder tatsächlichen Vergewaltigung geworden. In Teilen Mexikos waren es 42 Prozent. Eine Übersicht über Studien zur sexuellen Gewalt in Lateinamerika kam zu dem Schluss, dass „sexuelle Gewalt ein ernstes und allgegenwärtiges Problem in der Region" ist, wobei die Prävalenz, wann im Leben es zu erzwungenem Sex mit einem Intimpartner kommt, zwischen 5 und 47 Prozent schwankt.[41]

Die verstreuten Daten über sexuelle Gewalt gegen die Armen erregen allmählich Aufmerksamkeit in der Weltöffentlichkeit. Doch Experten betonen, dass die Daten, über die sie verfügen, im Vergleich zum „globalen Ausmaß des Problems" nicht mehr als „die Spitze des Eisbergs" darstellen (Abb. 2.3).[42] Das heißt, der größte Teil der sexuellen Gewalt gegen die Armen bleibt unter der Oberfläche verborgen.

Abb. 2.3 Sexuelle Gewalt und die Spitze des Eisbergs. Adaptation und Veröffentlichung mit freundlicher Genehmigung der World Health Organization. "World Report on Violence and Health." Hrsg. Krug, Dahlberg, Mercy, Zwi und Lozano. Genf: World Health Organization 2002, 150.

Tausende von Frauen und Mädchen in den Entwicklungsländern erzählen meinen Kollegen, dass sie sich einfach nicht sicher fühlen – und dass sich sexuelle Gewalt wie eine allgegenwärtige Bedrohung anfühlt. So kommt es gerade dort, wo es am sichersten sein sollte, nämlich zuhause, in den oft beengten Quartieren der Armen, häufig zu sexueller Gewalt durch Verwandte (sowie Freunde und Sexualpartner dieser Verwandten). Das Zuhause ist für viele arme Frauen und Mädchen ein Ort gesetzloser Brutalität.

Laura war in ihren eigenen vier Wänden, als sie von ihrem Vater vergewaltigt wurde. Auch Gloria war zuhause, als der Freund ihrer Mutter sie wiederholt missbrauchte. Sexuelle Gewalt lauert darüber hinaus überall in der Nachbarschaft. In Korogocho, Nairobi wurde Laura in eine Nachbarshütte und später in die benachbarte Latrine gezerrt, als sie von zwei anderen Männern missbraucht wurde. Solche Geschichten bekommt man leider überall auf der Welt zu hören. Für viele weltweit operierende Nichtregierungsorganisationen (NROs, abgeleitet vom englischen Begriff *non-governmental organization, NGO*) ist die Epidemie sexueller Gewalt gegen die Armen kein verborgenes Phänomen. So auch nicht für „Ärzte ohne Grenzen" (MSF). Mitarbeiter solcher Organisationen sehen diese Gewalt täglich und erklärten sie zu einem „globalen Notfall."[43] Diese Erklärung betrifft nicht nur Kriegs- und Konfliktgebiete, sondern MSF betont, dass „sexuelle Gewalt auch Millionen Menschen betrifft, die in stabilen Verhältnissen leben."[44] In den ärmsten Kommunen der Welt „finden erzwungene sexuelle Vorfälle am ehesten in vertrauter Umgebung (Nachbarschaft, Zuhause, Schule) im Lauf von Routineaktivitäten statt, und meist stammen die Täter aus dem Umfeld der meist noch minderjährigen Person".[45]

Besonders tragisch ist, dass die Bedrohung durch sexuelle Gewalt in der Schule und auf dem Schulweg die vielversprechenden Aussichten zerstören, die Entwicklungsexperten als „Mädcheneffekt“ bezeichnen. Gemeint ist der außerordentlich positive Einfluss auf die Dorfgemeinschaft, wenn Mädchen aus den ärmsten Kommunen der Welt zur Schule gehen und Bildung erwerben. Gerade beginnen wir zu erkennen, wie unglaublich wichtig und vielversprechend Mädchenbildung ist, und müssen gleichzeitig begreifen, dass einer der Hauptgründe dafür, dass Mädchen in Entwicklungsländern *nicht* zur Schule gehen, die Bedrohung durch sexuelle Gewalt ist. Tatsächlich ist die Schule nach WHO-Erkenntnissen für einen großen Teil der Mädchen in der Dritten Welt der Ort, wo es zu den *meisten* sexuellen Übergriffen kommt[46] – Täter sind sowohl Lehrer als auch Mitschüler.[47] Und die Eltern in einkommensschwachen Ländern sind nicht anders als Sie und ich: Sie wollen ihre Töchter vor Vergewaltigungen bewahren. Diesen Grund geben Eltern sehr häufig an, wenn man sie fragt, warum sie ihre Töchter nicht mehr zur Schule gehen lassen – und da diese begründete Furcht weit verbreitet ist, sieht man die Folgen besonders deutlich in Südasien und in Afrika südlich der Sahara, wo der Schulbesuch von Mädchen nach Erreichen der Pubertät rapide sinkt.[48]

Damit der Mädcheneffekt seinen positiven Einfluss entfalten kann, muss es für ein Mädchen sicher sein, zur Schule zu gehen. Doch weil die Gesetze gegen sexuelle Gewalt nicht durchgesetzt werden, sind Schulen momentan *kein* sicherer Ort. Zudem hat diese besondere Form der Gewalt noch weitere verheerende Folgen für junge Mädchen: Sie führt zu physischen und psychischen Traumata, erhöht das Risiko für gesundheitliche Probleme bei Geschlechtsverkehr und Fortpflanzung und kann sogar tödlich sein. WHO-Experten erklären: „Sterblichkeit in Verbindung mit sexueller Gewalt kann durch Selbstmord oder HIV-Infektion eintreten oder durch Mord, sei es während des Angriffs oder anschließend in Form eines ‚Ehrenmords‘.“[49]

Frauen und Mädchen sind überall auf der Welt durch sexuelle Gewalt gefährdet, genauso, wie alle Frauen und Mädchen durch pathogene Keime gefährdet sind. Tatsächlich bezeichnen Anthropologen Vergewaltigung als eine „menschliche Universalie“ – eine Verhaltenstendenz, die allen menschlichen Gesellschaften ohne Ausnahme eigen ist.[50] Genauso, wie Keime in der Luft. Der Unterschied ist, dass einige Frauen und Mädchen durch Medikamente und Hygiene vor den Keimen geschützt sind, andere – die Ärmsten – hingegen nicht. Ebenso erleben einige Frauen und Mädchen, dass die Gesetze gegen sexuelle Gewalt, wenn auch nicht immer perfekt, so doch in der Regel wirksam durchgesetzt werden, während andere Frauen und Mädchen – die Ärmsten – dieser Gewalt schutzlos ausgeliefert sind.

Sexuelle Gewalt als Geschäft

Wir müssen eine zweite Tatsache im Zusammenhang mit sexueller Gewalt betrachten: Sie ist nicht nur eine Seuche, sondern auch ein *Geschäft*. Mit Vergewaltigung und sexuellem Missbrauch lässt sich viel Geld verdienen. Dies ist für arme Frauen und Mädchen in den Entwicklungsländern eine sehr schlechte Nachricht. Es ist schlimm genug, wenn persönliche Auseinandersetzungen, soziale Probleme und Engstirnigkeit in Gewalt umschlagen. Doch wenn diese Gewalt auch noch die Möglichkeit bietet, finanziellen Profit zu erzielen, dann haben viele Leute ein Interesse daran, dass sie sich ausbreitet. Kaum jemand glaubt durch mehr Malariainfektionen, mehr verseuchtes Wasser oder mehr Durchfallerkrankungen reich zu werden – aber eine Menge Leute wissen, dass mit sexueller Gewalt viel Geld zu machen ist.

Das mag zunächst übertrieben klingen, darum lohnt es sich, sich die Zahlen näher anzuschauen. Erstens werden jeden Tag Millionen Menschen im Rahmen eines Geschäftsvorgangs vergewaltigt oder sexuell genötigt. Glaubhafte konservative Schätzungen des globalen Sexhandels sprechen dafür, dass zwischen 4,2 und 11,6 Millionen Menschen kommerziell sexuell ausgebeutet werden – Menschen, die gewaltsam zu Sexualakten gezwungen werden, für die die Kunden zahlen.[51] Kristof und WuDunn haben sich die Zahlen angesehen und herausgefunden, dass es weltweit mindestens „drei Millionen Frauen und Mädchen (und eine sehr kleine Zahl von Jungen) gibt, von denen man zu Recht sagen kann, dass sie Sklaven im Sexgeschäft sind“. Sie fügen hinzu:

> Das ist eine konservative Schätzung, welche viele andere nicht einschließt, die durch Manipulation und Einschüchterung zur Prostitution gezwungen werden. Und sie schließt auch die Millionen mehr nicht ein, die unter 18 Jahren sind und gar nicht rechtsverbindlich einwilligen können, in einem Bordell zu arbeiten. Wir reden über drei Millionen Menschen, die tatsächlich das Eigentum einer anderen Person sind und in vielen Fällen von ihrem Besitzer getötet werden können, ohne dass dieser eine Strafe fürchten müsste.

Die Zahl der Opfer einer illegalen Aktivität präzise zu schätzen, ist schwierig, doch dank einer Reihe gründlicher Studien bekommen wir allmählich ein Gefühl für die Größenordnung des Problems. Die renommierte britische Fachzeitschrift *Lancet* schaute sich nur die *Kinder* an und kam zu dem Schluss, dass mindestens eine Million Kinder *pro Jahr* zur Prostitution gezwungen werden – weltweit sind es möglicherweise insgesamt zehn Millionen Kinder.[52] Das Kinderhilfswerk UNICEF erklärt, dass zwei Millionen Kinder im Sexgeschäft durch Gewalt sexuell ausgebeutet werden.[53] Die Internationale Arbeitsorganisation ILO schätzt, dass allein in Indien etwa 2,3 Millionen Frauen und Mädchen als Zwangsprostituierte arbeiten.[54]

Zweitens: Jeden Tag zahlen Millionen Menschen für diese erzwungenen Geschlechtsakte. Man kann davon ausgehen, dass viele der 4 bis 11 Millionen Zwangsprostituierten pro Tag mehrere Kunden haben, da der „Besitzer" dieser Prostituierten sicherlich möglichst viel an ihnen verdienen will. Unserer Erfahrung nach sind die Opfer von Zwangsprostitution in der Regel gezwungen, 3 bis 10 Kunden pro Tag zu „bedienen". Und wenn dies auch nur für die Hälfte der Opfer gilt, dann zahlen *jeden Tag* zwischen 6 und 50 Millionen Männer Geld für Geschlechtsverkehr, der durch Gewalt erzwungen wurde, oder für eine andere sexuelle Handlung, die ebenfalls durch Gewalt erzwungen wurde.

Die Haltung des Kunden gleicht der eines Käufers von Raubkopien. Sie wollen nicht *per se* einen „gestohlenen" Film – sie wollen den Film nur möglichst billig. Ähnlich wünscht nur eine relativ kleine Gruppe von Kunden im Sexgeschäft tatsächlich Sex, der gewaltsam erzwungen wurde. Die allermeisten Kunden wollen einfach nur Sex und sind bereit, den Zwang, der ihnen den billigen Sex ermöglicht, zu ignorieren oder zu leugnen. Tatsächlich stellen sich die Kunden im Allgemeinen lieber vor, dass das Opfer freiwillig und sogar gern mitmacht; daher gebraucht der Bordellbetreiber Gewalt oder Drohungen, damit die Opfer sich glücklich und bereitwillig geben, und bestraft sie, wenn sie dies nicht tun.

Drittens gibt es jedes Jahr weltweit Hunderttausende von Menschen, die Vergewaltigung und sexuelle Nötigung als Geschäftsmodell bewusst fördern und davon profitieren. Hinter jedem Opfer von Zwangsprostitution stehen im Allgemeinen mindestens drei Personen, die Geld verdienen: Der Anwerber erschleicht das Vertrauen des Opfers, während der Mittelsmann oder Schleuser die Verbindung zum Bordellbetreiber herstellt, der seinerseits für die nötige Kundschaft sorgt. Tatsächlich profitieren in der Regel weit mehr als drei Leute an Zwangsprostitution. Jedes Jahr ziehen viele hunderttausend, wenn nicht gar Millionen Menschen aus der globalisierten Zwangsprostitution ihren Nutzen.

Sexuelle Gewalt ist in unserer Welt ein höchst bedeutender *Wirtschaftsfaktor*. Konservativen Schätzungen zufolge werden mit Zwangsprostitution jährlich 18,5 Milliarden Dollar in Entwicklungsländern erwirtschaftet.[55]

Warum sollten wir dem Problem der Zwangsprostitution so viel Beachtung geben? Was die Anzahl der Betroffenen angeht, so ist es nicht das größte Problem der Armen weltweit. Dennoch sollten wir der kommerziellen sexuellen Ausbeutung aus mehreren Gründen Aufmerksamkeit schenken: Erstens handelt es sich um eine Form der Gewalt, die *ganz bewusst* vor allem die Armen ins Visier nimmt. Zweitens verstößt sie überall in den Entwicklungsländern gegen das Gesetz und erfordert die Begehung zahlreicher schwerer

Straftaten, die aber millionenfach ungestraft bleiben – *schließlich sind die Opfer arm.* Und drittens spielt sich Zwangsprostitution im Verborgenen ab. Man sollte meinen, dass ein riesiges globales Geschäft wie Vergewaltigung um des Profits Willen allgemein bekannt ist, aber das ist nicht so. Das ganze 20. Jahrhundert hindurch grassierte Zwangsprostitution, ohne dass die internationale Entwicklungshilfegemeinschaft davon wirklich Notiz genommen hätte. Das änderte sich erst in den 1990er Jahren, als sich die Menschenrechtsorganisation Human Rights Watch,[56] die Kinderschutzorganisation ECPAT und einige weitere kleine engagierte Gruppen daranmachten, den Horror ans Licht zu bringen. Als IJM 1998 begann, Überlebende aus armen Ländern nach Washington zu bringen, so dass sie zur Unterstützung des Trafficking Victims Protection Act 2000 (einem umfassenden Rechtspaket zu Opferschutz und Strafverfolgung) selbst aussagen konnten, gewann man den Eindruck, das Problem sei den Abgeordneten neu. Die öffentliche Aufmerksamkeit war neu auch für uns als IJM, das Problem jedoch nicht. Sein „plötzliches" Auftauchen auf der internationalen Bühne zeigte nur, dass extreme Gewalt, die sich gegen Arme richtet, völlig unterhalb der Aufmerksamkeitsschwelle bleiben kann – und das gilt selbst für gewöhnlich gut informierte Leute.

Um sexuelle Gewalt als Geschäftsmodell zu verstehen, muss man Motivation und Kalkül der Täter verstehen, denn es sind ihr Wille, ihre Absicht, ihr Denken, ihr Kalkül, ihre positiven und negativen Anreize, die diese Art Geschäft antreiben. Leider gelingt ein solcher Einblick in die Gemütslage der Täter nur sehr selten. Wie eines der höchsten UN-Gremien betonte, das sich mit dem Thema beschäftigte: „Für einen allgemein verurteilten, aber global erwiesenen Sachverhalt ist über Menschenhändler erstaunlich wenig bekannt – also über diejenigen, die den Handel mit und die Ausbeutung von menschlichen Individuen ermöglichen oder daran teilhaben."[57]

Seit 1997 hat IJM viele hunderttausend Stunden damit verbracht, kommerzielle Sexbetriebe in den Entwicklungsländern zu infiltrieren und Tausende von Einzeltätern unter die Lupe zu nehmen. Wir haben sogar eine außergewöhnliche Studie mit wegen Zwangsprostitution verurteilten Tätern durchgeführt und rund 60 Bordellbesitzer und Menschenhändler interviewt, die ihre Strafe im Gefängnis absaßen.[58] Zwangsprostitution ist ein höchst komplexes Verbrechen, bei dem menschliches Verhalten und sozioökonomische Phänomene eine große Rolle spielen, und wir geben nicht vor, mehr als einen Bruchteil von dem zu wissen, was es zu wissen gibt. Dennoch haben wir dadurch, dass wir viel Zeit mit den Kriminellen verbringen, eine Menge gelernt.

Nach dem, was wir gesehen und was Opferstudien gezeigt haben,[59] konzentrieren sich die Betreiber von Zwangsprostitution auf Frauen und Mädchen, die *in Armut* leben. Warum? Offenbar finden die Täter, dass sie sich *leichter zu etwas zwingen* lassen – weil sie leichter zu *täuschen* sind. Eine Person physisch zu zwingen, in einem Bordell zu arbeiten, wo sie vergewaltigt oder sexuell genötigt wird, ist schwierig; daher benutzen die Straftäter verschiedene Täuschungsmethoden, um Kooperation zu fördern und Widerstand zu verringern.

Unter den vielen tausend Fällen von Zwangsprostitution, die IJM rund um die Welt bearbeitet hat, gibt es wohl kaum einen Fall, bei dem es nicht irgendwann darum ging, das Opfer zu täuschen.

- Nilaya, einem Mädchen im Teenageralter aus einem Dorf in Nepal, wurde erzählt, es solle bei einer reichen Frau in Kathmandu eine Stelle als Dienstmädchen antreten – stattdessen landete es in einem Bordell in Kalkutta.
- Lien, einem Mädchen im Teenageralter aus Vietnam, wurde erzählt, es könne einen Job in einem Café in Poipet antreten – stattdessen landete es in einem Massagesalon, der als Bordell diente.
- Sangrawee, Son-Kiln und Prang, drei Thai-Mädchen im Teenageralter, wurden drei verschiedene Stellen in Malaysia angeboten, und zwar als Kellnerin, als Barkeeperin und als Angestellte in einem Kleidungsgeschäft – alle drei wurden entführt und landeten in einem Bordell in Johor Bahru, Malaysia.
- Maleah auf den Philippinen brauchte Geld für die medizinische Versorgung ihrer Mutter und erhielt ein Jobangebot als Sängerin in Malaysia, was sich als Zwangsaufenthalt in einer Bar herausstellte, die als Bordell diente.
- Nabilah und andere Teenager-Mädchen aus Nigeria glaubten, sie würden Stellen als Sekretärinnen an der Elfenbeinküste und später in Europa antreten, bevor sie in Abidjan, der größten Stadt der Elfenbeinküste, zur Prostitution gezwungen wurden.

Die Armen sind besonders anfällig für derartige Täuschungen, denn ihre verzweifelte wirtschaftliche Situation erhöht ihre Bereitschaft und die ihrer Eltern, Zweifel beiseite zu schieben und Risiken einzugehen. Da sie arm sind, haben sie keinen Zugang zu Bildung und Information, ihr Selbstbewusstsein ist oft sehr gering; sie sind deshalb naiver, weniger raffiniert, respektvoller gegenüber Leuten von höherem Status und weniger daran gewöhnt, sich durchzusetzen – sie lassen sich von Betrügern leichter täuschen. Aus leicht vorstellbaren Gründen gilt all dies in noch viel höherem Maße, wenn es sich um ein Kind handelt.

Aber wir dürfen keine falschen Schlüsse ziehen. Täuschung ist ein derart wichtiger Teil der Zwangsprostitution, dass viele den brutalen Zwang aus den Augen verlieren, der *stets* den Kern der *Zwang*sprostitution bildet. Um es klar zu sagen: Schließlich löst sich die Täuschung, die hinter jedem System des Menschenhandels steckt, in Luft auf, und das Opfer sieht sich einem Kunden gegenüber, der für Sex mit ihm bezahlt hat. Wenn sich das Opfer dann weigert (und das tun fast alle), muss der Täter Gewalt anwenden, um Gehorsam zu erzwingen, und aus der Transaktion ist eine geschäftsmäßige Vergewaltigung – und eine schwere Straftat – geworden. Das ganze Täuschungsmanöver ist völlig nutzlos, wenn der Täter nicht mit Gewalt Gehorsam erzwingen kann, und so wird Gewalt das letzte, definierende Kriterium des Handels.

Diese Klarstellung führt zum zweiten Grund, warum Täter es speziell auf die Armen abgesehen haben: Wenn die Phase der Täuschung vorbei und es Zeit für Gewalt ist, sind die Armen schutzlos. Diejenigen, die im illegalen Sexgewerbe tätig sind, wissen, dass sie irgendwann Gewalt anwenden müssen. Also halten sie nach Leuten Ausschau, die sich weniger wehren, weil sie schwächer oder nicht so selbstsicher sind – und weil sie kaum Chancen auf Unterstützung haben. Die Täter in dieser Branche sind selbstsüchtige Feiglinge. Sie wollen sich möglichst wenig anstrengen und ein möglichst geringes Risiko eingehen; daher haben sie kein Interesse daran, sich mit Menschen auseinanderzusetzen, die ihren Opfern zur Hilfe kommen. Der Täter möchte möglichst viele Mittäter auf seiner Seite versammeln und ein möglichst isoliertes Opfer ausbeuten.

Eine Durchschnittsperson hat theoretisch vier Verteidigungslinien gegen gewalttätigen Missbrauch: die Familie, die Gemeinschaft, private Sicherheitsdienste und staatliche Strafverfolgungsbehörden. Wenn ein Mädchen von Gewalt bedroht ist, wird seine Schutzlosigkeit im Allgemeinen durch die Wachsamkeit von Familie, Nachbarschaft, Gemeinde, Stamm oder Klan verringert. Was zusätzliche Verteidigungslinien angeht, so können reichere Leute andere Menschen dafür bezahlen, dass diese über sie wachen, sie verteidigen und, falls nötig, zusätzliche Hilfe herbeirufen. Die letzte Verteidigungslinie sind die staatlichen Strafverfolgungsbehörden, die genau deshalb über ein Gewaltmonopol verfügen, um die Bürger gegen Bedrohung durch Gewalt zu schützen.

Für eine arme Person in einem Entwicklungsland sieht die Sache ganz anders aus: Während der Schutz durch Familie und Gemeinde recht stark sein kann, existieren die dritte und vierte Verteidigungslinie so gut wie gar nicht. Eine arme Person kann sich keinen privaten Sicherheitsdienst leisten – und wie schon gezeigt, kann sie auch nicht auf den Schutz des Gesetzes hoffen.[60]

Daher wissen Täter im illegalen Sexgewerbe, dass sie lediglich die ersten beiden Verteidigungslinien – Familie und Gemeinde – überwinden müssen, um freie Bahn zu haben. Die Menschenhändler wissen, dass sie dann gewonnen haben, denn niemand wird dem Opfer zur Hilfe kommen, und ihre Taten werden zudem straffrei bleiben. Daher besteht ihre Hauptaufgabe darin, die Frau von der Familie und ihrer Heimat zu trennen – und an dieser Stelle kommen die Täuschungsmanöver ins Spiel.

Bei den Täuschungsmanövern der Mädchenhändler geht es fast immer darum, Frauen oder Mädchen von Familie und Gemeinde zu trennen, so dass sie sich an niemanden um Hilfe wenden können. Für einen Armen ist der dringendste Grund, Familie und Heimat zu verlassen, die Aussicht auf Verdienstmöglichkeiten anderenorts. Wenn die potenzielle Arbeitsstelle die Familie zudem mit einem Zusatzeinkommen versorgen könnte (und in diesem Licht werden die Jobaussichten eines jeden Familienmitglieds gesehen), dann wird die Familie das Mädchen oder die Frau sogar ermutigen, die Stelle fern der Heimat anzunehmen.

Natürlich wird der Job des Mädchenhändlers umso einfacher, je weniger Rückhalt das Opfer in Familie und Heimat hat – wiederum ein Grund für den Täter, die ärmsten Familien in den Entwicklungsländern ins Visier zu nehmen. Härte, Verzweiflung und Druck der Armut in den Entwicklungsländern führen dazu, dass viele Arme in Familie und Heimat nur wenig Schutz finden, zum Beispiel deshalb, weil sie viele Stunden weit entfernt leben oder Wanderarbeiter sind. Der Schutz der Gemeinschaft kann aufgrund von Geschlecht, Ethnie, Religion, Status oder Kastenzugehörigkeit und der Schutz der Familie durch häusliche Gewalt oder Drogen- oder Alkoholsucht weiter erodiert werden.

Dazu kommt, dass es selbst in Familien oder Gemeinden, die ihren Frauen und Töchtern einen gewissen Schutz bieten, Menschen gibt, die aus reiner Not und dem täglichen Kampf ums Überleben geneigt sind, für wenig Geld (wissentlich oder unwissentlich) das Spiel der Täter mitzuspielen und die potenziellen Opfer von ihren Beschützern zu trennen. All dies hat zwei mächtige und gefährliche Konsequenzen. Erstens wird eine arme Person aufgrund ihrer besonderen Verletzlichkeit in der grausamen Logik von Gewalt zu einem besonders attraktiven Ziel. Die Armen ziehen die Gewalttäter förmlich an.

Zweitens gilt: Anders als Leute, die sich private Sicherheitsdienste leisten können oder in Gemeinden mit funktionierenden Rechtssystemen leben, haben die Frauen und Mädchen, sobald sie erst einmal isoliert sind, niemanden, den sie zur Hilfe rufen können, wenn ihnen Gewalt angetan wird. Was es bedeutet, wenn der Moment gekommen ist, an dem eine Frau oder ein Mädchen zur Prostitution gezwungen wird, hätte ich mir nicht vorstellen können, wenn es mir die Überlebenden nicht persönlich beschrieben hätten: wie sie mit Stöcken, Schlägern, Elektrokabeln und Metallstangen geschlagen wurden, wie sie das Blut anderer Mädchen aufwischen mussten, die vor ihren Augen geprügelt, gefoltert oder sogar umgebracht wurden, wie ihnen Übelkeit erregende Betäubungsmittel injiziert wurden, die sie willenlos machten, dass sie zusehen mussten, wie man ihre Kinder mit Zigaretten verbrannte, bis sie sich nicht länger gegen die Vergewaltigung wehrten.

Abb. 2.4 Der „Moment des Zwangs": Dieses Filmmaterial aus IJM-Unterlagen zeigt einen angeklagten Zuhälter, der den Knüppel schwingt, mit dem er die Mädchen in seinem Bordell schlug

Wenn wir es aushalten können, sollten wir uns die Geschichten der Ärmsten genau anhören (Abb. 2.4).

So hätten wir beispielsweise nie erfahren, was mit Maya geschah, als die Täuschung endete und sie ihre Zwangslage verstand. Auf der Reise vom Haus ihres Bruders in einem Dorf im ländlichen Westbengalen, Indien, ins Dorf ihrer Eltern traf sie ein ihr bekanntes älteres Ehepaar, das sie bat, es bei einer kurzen Besorgung zu begleiten. Maya war zunächst einverstanden, doch dann erwies sich der Weg als viel weiter, als sie erwartet hatte. Da sie nicht unhöflich sein wollte, fragte sie nicht – die beiden waren für sie Respektspersonen, und sie vertraute ihnen. Schließlich erhielt sie von den beiden Essen und Tee. Daraufhin schlief sie rasch ein und erwachte schließlich in einem Hotel, ohne zu wissen, wie viel Zeit vergangen war.

Mayas Befürchtungen steigerten sich von einem Knoten im Magen zu Beklemmungen, als man sie allein in einen Raum schob und die Tür hinter ihr verschloss – von außen. Während sie da saß, hörte sie von unten ein Mädchen schreien. Schließlich kam eine Frau und öffnete Mayas Tür. Maya trat aus dem Zimmer und bemerkte sofort einen Strom junger Mädchen, die sehr freizügige Kleidung trugen. „Warum sind sie so angezogen?", fragte Maya ihre Begleiterin. „Alle Mädchen ziehen sich heutzutage so an", entgegnete die Frau.

„Sie führten mich in einen anderen Raum und ließen mich allein", erinnerte sich Maya später. „In diesem Moment erkannte ich, dass man mich verkauft und allein gelassen hatte. Ich weinte die ganze Zeit. Drei Mädchen brachten mir etwas zu essen. Sie stammten aus derselben Region wie ich. Ich fragte sie, wie ich Hilfe bekommen könne. Sie sagten, sie könnten mir nicht helfen, denn wenn sie es versuchten, würden sie umgebracht werden. Dann kam einer der Helfer in mein Zimmer und brachte eine Flasche Whisky, zwei Metallrohre und zwei Holzstangen. Als ich das sah, bekam ich furchtbare Angst."

Maya fand sich in einem Bordell am Rand von Kalkutta wieder, das von einem Mann namens Nakul Bera geführt wurde.

„Nakul kam ins Zimmer hinauf und trank Alkohol“, erinnerte sich Maya. Er war ein dünner, sehniger Mann in den Vierzigern mit kantigem Kinn und struppigem Bart. „Er fluchte und befahl seinen Freunden, ein Mädchen namens Madhuri zu holen. Sie brachten sie, indem sie sie an den Haaren hinter sich herzogen. Nakul füllte ein Glas bis zum Rand mit Alkohol und zwang sie, es zu leeren. Dann begann er, das Mädchen zu schlagen. Er entkleidete es und schlug es immer wieder mit den Rohren und Stöcken. Wenn es ohnmächtig wurde, begoss er es mit Wasser, um es wieder zu wecken. Ich erfuhr, dass er all dies tat, weil es versucht hatte zu fliehen.“

Für Maya sollte der Schrecken dieser Nacht erst beginnen. Nachdem Madhuri ohnmächtig und blutend am Boden lag, griff sich Nakul Maya und zwang sie, Alkohol zu trinken. Er packte sie, schleppte sie nach unten und vergewaltigte sie brutal. „Ich verlor das Bewusstsein“, sagte Maya. Als das Mädchen wieder zu sich kam, hatte es solche Schmerzen, dass es nicht gehen konnte.

Später in derselben Nacht wurde diese junge Frau, die zwölf Stunden zuvor lediglich eingewilligt hatte, Nachbarn bei einer kurzen Besorgung zu begleiten, ein winziger Datenpunkt in der Statistik über Zwangsprostitution in Entwicklungsländern. Maya wurde ins Erdgeschoss des Bordells geschafft, in knappe westliche Kleider gehüllt und den Männern angeboten, die Nakul für den Sex mit Mädchen in seinem Bordell bezahlten.

Fast ein Jahr erlebte Maya in diesem Bordell eine Wirklichkeit, die wir mit dem dürren Begriff Zwangsprostitution beschreiben. Schließlich gelang es meiner Kollegin Melita Fernandes zusammen mit anderen IJM-Mitarbeitern vor Ort und den indischen Behörden Maya und andere Mädchen aus dieser Hölle zu retten. Melita und Mayas Sozialarbeiterinnen von IJM waren beeindruckt von Mayas fester Entschlossenheit, Nakul vor Gericht zu bringen und der Öffentlichkeit zu zeigen, was ihr widerfahren war. Maya wollte, dass wir genau wissen, was passiert war, als ein älteres Mädchen bei dem Versuch erwischt wurde, einem jüngeren zur Flucht zu verhelfen. Sie erklärte uns davon so detailliert, dass ich ihre Worte nicht vergessen kann.

„Nakul brachte alle Mädchen im Bordell in einem Raum zusammen“, erklärte Maya. „Wir alle wussten, dass etwas Schlimmes passieren würde. Sie brachten eine Menge Alkohol, Rohre und Stöcke herbei. Ich fragte die anderen Mädchen, was das bedeutete, und sie antworteten: ‚Sei still. Schrei’ nicht, weine nicht, sag nichts – sieh nur zu.“

Die Zuhälter schleppten das Mädchen in den Raum. Es war das ältere Mädchen, das versucht hatte, dem jüngeren Mädchen zu helfen. Sie flößten ihm eine Menge Alkohol ein. Nakul erklärte ihm: ‚Du weißt, was für eine Art

Mann ich bin. Wenn ich jemandem vergebe, dann vergebe ich ihm. Wenn nicht, dann töte ich ihn.' Er entkleidete das Mädchen und begann es zu schlagen. Er hörte nicht auf, selbst als er die Arme des Mädchens gebrochen hatte. Alles war voller Blut.

Die junge Frau war halb tot und flehte um etwas Wasser. Nakul erklärte, wer aufstünde, würde der nächste sein. Er brachte sie in ihr Zimmer; dort starb sie noch in derselben Nacht. Man sagte, er habe ihren Körper in einem Sack auf dem Rücksitz seines Wagens gesteckt und die Leiche in den Fluss geworfen", endete Maya.

Melita und das IJM-Team unternahmen mehrere erfolglose Befreiungsaktionen, bis sie zusammen mit einer vertrauenswürdigen Einheit der indischen Polizei bis zu Maya vordrangen. Nach einer Verfolgungsjagd, an der sich das IJM-Team beteiligte, wurde Nakul schließlich von den indischen Behörden gefasst.

Während ich diese Zeilen schreibe, hat Maya vor einem indischen Gericht über das ausgesagt, was ihr und anderen Mädchen in Nakuls Bordell angetan wurde.[61] Es ist eine unvorstellbare Leistung, gegen einen gewalttätigen Kriminellen wie Nakul auszusagen, vor allem in einem System, in dem nur wenige Gewalttäter zu einer gerechten Strafe verurteilt werden.

„Wenn man mit eigenen Augen so viel Missbrauch und Folter gesehen hat, will man dann nicht, dass die Person, die all das verschuldet, zur Rechenschaft gezogen wird?", fragt Maya. „Wenn man nicht gegen das protestiert, was er getan hat, dann wird man ihn niemals aufhalten. Ich muss mutig sein. Wenn ich leben will, muss ich kämpfen. Ich setze all die Kraft ein, die ich in meinem Herzen trage. Ich will sicher sein, dass er bestraft wird."

Melita, die über all dies nachgedacht hat, meinte dazu: „‚Armut' für solche Verbrechen verantwortlich zu machen, ist bequem – dadurch scheint Mädchenhandel zu einem Problem ‚außerhalb unserer Kontrolle' zu werden. Aber ich bin fest davon überzeugt, dass Armut nur einer der Faktoren ist, der Menschen anfällig dafür macht, zur Ware zu werden – und dass der Menschenhandel noch immer existiert, weil es in meinem Land kein effizientes öffentliches Rechtssystem gibt. Mayas Geschichte und die Geschichten all meiner Klientinnen bestärken mich in diesem Glauben."

Zwangsarbeit

Eine zweite Kategorie massiver Gewalt, unter der die Armen in Entwicklungsländern leiden, ist Zwangsarbeit. Im Unterschied zur sexuellen Gewalt, bei der Gewalt „nur" ein Teil des Geschäfts ist, setzt Zwangsarbeit *ausschließlich* auf Gewalt als Betriebsmittel.

Es ist nichts Neues, dass Menschen mittels Gewalt beraubt werden. So funktionieren Verbrechen: Der Starke nimmt vom Schwachen, was er will. Nun haben die Armen nicht viel Besitz, den man ihnen rauben könnte, also bringt man die ganze Person in seine Gewalt.

Bei der Zwangsarbeit werden Menschen gewaltsam gestohlen, damit sie für den Profit des Täters arbeiten.[62] Sie stellen Ziegel her, schrubben Böden, ernten Reis, rollen Zigaretten, schaufeln Holzkohle, brechen Steine, säen Pflanzen, schlagen Holz, bauen Häuser, graben Gräben, nähen Kleider, weben Teppiche, hüten Vieh, züchten Rosen etc. Der Täter muss den erbeuteten Körper lediglich tränken, füttern und ihm einen Platz zum Schlafen geben, dann kann er sieben Tage die Woche von ihm profitieren. Und das bringt sehr viel Geld ein. Selbst in den Volkswirtschaften von Entwicklungsländern mit geringerem Einkommen bringt Zwangsarbeit – abgesehen von Zwangsprostitution – 7 Milliarden Dollar pro Jahr an Profit.[62]

Das erklärt zum Teil, warum Experten glauben, dass es *heute* weltweit mehr Sklaven gibt als jemals zuvor in der menschlichen Geschichte. Es stimmt zwar, dass ein geringerer *Anteil* der Menschheit in Sklaverei gehalten wird als je zuvor,[63] und ein geringerer *Anteil* der Weltwirtschaft durch Sklaverei erzeugt wird als je zuvor,[64] doch in absoluten Zahlen gab es nie zuvor so viele versklavte Menschen wie aktuell.[65]

Historiker schätzen, dass in den *400 Jahren* des transatlantischen Sklavenhandels rund 11 Millionen Sklaven aus Afrika geraubt wurden[66] – das sind weniger als ein Drittel der Menschen, die *im Jahr 2015* in unserer Welt als Sklaven gehalten werden (Abb. 2.5).

Wir leben in einer Ära von beispiellosem wirtschaftlichem Wohlstand, von Freiheit und Aufstiegschancen. Wer sind in unserer Zeit die Millionen Sklaven? Es sind in der Regel die Ärmsten der Armen – und in Ländern mit geringem Einkommen ist die Sklaverei im Allgemeinen am stärksten ausgeprägt.[67] Wie bereits erwähnt, verleitet ihre verzweifelte Situation die Armen besonders häufig, auf betrügerische Jobangebote einzugehen und auf Menschenhändler hereinzufallen. Vor allem führt aber die Rechtlosigkeit der Armen dazu, dass sie der Gewalt gnadenlos ausgeliefert sind. Der wohl renommierteste Experte für moderne Sklaverei, Kevin Bales, erklärt, wie Sklaverei auf die Armen abzielt:

> Die Obrigkeit schenkt diesen armen und entrechteten Menschen wenig Zeit und Aufmerksamkeit und behandelt sie als Menschen zweiter Klasse. Dieses Muster findet man in der ganzen Dritten Welt, und das Ergebnis ist, ob in Rio, Neu Delhi, Manila oder Bangkok, eine extreme Verwundbarkeit. Die Polizei beschützt sie nicht, das Gesetz ist kein Schutzschild, sie können sich nicht

Abb. 2.5 Millionen werden noch immer als Sklaven gehalten: über 500 Kinder, Frauen und Männer am Tag ihrer Rettung aus der Sklaverei in einer Ziegelfabrik bei Chennai, Indien, im Jahr 2011

durch Geld von Problemen freikaufen, und jedwede Waffe, die sie besitzen, ist denjenigen von Gangs und Polizei hoffnungslos unterlegen.[68]

Wenn wir Stimmen aus den Entwicklungs- und Schwellenländern hören, kommt die Realität der modernen Sklaverei allmählich ans Licht. In Pakistan erklärt Jawad Aslam gemeinsam mit der Kinderrechtsorganisation Society for the Protection of the Rights of the Child, dass die Landbesitzer in seiner Heimat fast 7 Millionen der ärmsten Bürger auf Plantagen und in ihren Häusern als Zwangsarbeiter halten – während andere in der Teppich-, Glas- und Fischereiindustrie in Schuldknechtschaft schuften. Allein in pakistanischen Ziegelfabriken arbeiten rund 1 Million Sklaven.[69] In Mauretanien gründeten Boubacar Messaoud und Abdel Nasser Ould Ethmane, ein früherer Sklave und ein früherer Sklavenhalter, eine Organisation namens S.O.S., um Versklavten in ihrem Land zu helfen. Wenn ihre Regierung ihnen erlauben würde, offen zu sprechen, könnten sie erklären, dass Hunderttausende ihrer Landsleute – 10 bis 20 Prozent der Bevölkerung – noch immer als Sklaven leben.[70] Lokale haitische Sprecher der Restavek Foundation können erklären, dass 250.000 bis 300.000 arme Kinder in Haiti bereits in jungen Jahren ihr Elternhaus verlassen müssen, um als Haushaltssklaven (*restaveks* genannt) im Haushalt der reicheren Familien des Landes zu arbeiten: Dort müssen sie ohne Lohn rund um die Uhr schuften, dürfen in der Regel nicht zur Schule gehen und sind häufig

Gewalt und sexuellem Missbrauch ausgesetzt.[71] Lokale Anwälte in Ghana haben meine Kollegen an die Ufer des Flusses Volta mitgenommen, wo Jungen 12 bis 16 Stunden pro Tag als Zwangsarbeiter unter gefährlichen Bedingungen auf kleinen Fischerbooten arbeiten müssen; viele von ihnen ertrinken jedes Jahr. Schätzungen zufolge müssen mehr als 200.000 Kinder in West- und Zentralafrika Zwangsarbeit in irgendeiner Form leisten.[72] In Afrika südlich der Sahara gibt es nach Schätzungen der ILO mindestens 660.000 Opfer von Zwangsarbeit. Xavier Plassat von der Pastoral Land Commission of Episcopal Conference of Brazil schildert, dass 25.000 brasilianische Landarbeiter jedes Jahr von Mittelsmännern oder Arbeitgebern mit falschen Versprechungen in die Sklaverei gelockt werden.[73] Diese landlosen, meist analphabetischen und völlig verarmten Arbeiter werden in abgelegene Gebiete im Nordosten von Brasilien gebracht und gezwungen, in der Forstwirtschaft, der Holzkohleproduktion, auf Farmen oder auf Zucker-, Baumwoll- oder Sojaplantagen zu arbeiten.[74]

Der heimtückischste Aspekt der modernen Sklaverei ist die Art und Weise, wie das Konzept der *Verschuldung* benutzt wird, um die wahre Sachlage zu verschleiern. Erinnern Sie sich, wie Mariammas Sklaverei begann, als sie und ihre Arbeitskollegen einen kleinen Vorschuss von Herrn V. akzeptierten, um zu seiner Ziegelei umzuziehen? Schaut man genau hin, ist offensichtlich, dass die Beziehung zwischen den Arbeitern und der Person, die das Geld verliehen hat, nichts mit Schulden zu tun hat (tatsächlich will der Gläubiger die Schuld ja nicht einmal zurückgezahlt haben). Vielmehr handelt es sich um einen Trick (wie die falschen Jobversprechen bei der Zwangsprostitution), um einen armen Menschen an einen Ort zu locken, wo der Verleiher den Arbeiter mit Gewalt kontrollieren kann – ein Ort, wo der Gläubiger zum Sklavenhalter und der Schuldner zum Sklaven wird.

Darüber sollten wir einen Augenblick nachdenken. Erstens bildet „Schuldknechtschaft" die bei weitem größte Kategorie der Zwangsarbeit,[75] und die übergroße Mehrheit der heutigen Sklavenhalter weltweit benutzt ein betrügerisches Schuldnerkonzept oder einen Vorschuss, um zu verschleiern, dass es sich um Sklaverei handelt. Zweitens bewerten auch gebildete Menschen eine Sachlage plötzlich anders, wenn das Stichwort „Geldschuld" in einer Diskussion über moderne Sklaverei auftaucht: „Oh, okay", sagen sie, „es handelt sich nicht um echte Sklaverei, sondern um ein Arbeitsverhältnis, das wahrscheinlich ausbeuterisch und unfair ist, aber doch nicht die Art Sklaverei, wo man alles verliert, inklusive seiner Freiheit und mit Gewalt gezwungen wird, für jemand anders zu arbeiten."

Doch genau das ist gemeint. Bei Sklaverei geht es um die vollständige gewaltsame Kontrolle eines anderen menschlichen Wesens; bei der Zwangsarbeit wird dies nirgendwo deutlicher als bei der Macht des Besitzers, seine Arbeiter ungestraft zu Tode zu prügeln. Als Pranitha Timothy – eine Sozialarbeiterin bei IJM Chennai, die an mehr als 50 Rettungsaktionen beteiligt war, bei der Tausende Sklaven befreit wurden – mit mir ihre Unterlagen über Zwangsarbeit durchgeht, finden sich darin Aussagen über schockierende Morde: Madur, ein zwölfjähriger Junge, der als Zwangsarbeiter in der Mohan Reddy Brick Factory schuften musste, erzählt, dass er Zeuge war, als sein Vater von den Aufsehern an einem Pfosten in der Mitte des Hofs gebunden und zu Tode geprügelt wurde, weil Madur versucht hatte zu fliehen. Lahari, eine Zwangsarbeiterin in der YBI Brick Factory, musste mit ansehen, wie ihr jugendlicher Sohn, der wegen Krankheit zu spät zur Fabrik zurückgekehrt war, vom Besitzer schwerstverprügelt wurde und an den Verletzungen starb. Eine andere Mutter, Chahna, die zusammen mit ihrer Familie als Zwangsarbeiterin in der SLN Brick Factory arbeitete, konnte ihren Teenager-Sohn, Adit, nach brutalen Schlägen des Aufsehers ebenfalls nicht mehr retten.

In all diesen Fällen wurden die Opfer mit einem Vorschuss für ihre Arbeit in die Fabrik gelockt. Einmal dort, konnten sie die Fabrik nicht mehr verlassen und waren dem Fabrikbesitzer auf Gedeih und Verderb ausgeliefert. Die Morde wurden niemals von der Polizei untersucht, und die Täter blieben straffrei.

Ich spüre die enorme Selbstkontrolle, die Pranitha aufbringen muss, wenn Behördenvertreter oder andere gebildete Leute herablassend über Zwangsarbeit oder Schuldknechtschaft reden. Ich denke dann an das, was Lincoln zur Oberflächlichkeit der Sklavereibefürworter seiner Zeit sagte: „Immer wenn ich höre, dass jemand für die Sklaverei eintritt, fühle ich das starke Bedürfnis, sie an ihm selbst auszuprobieren."

Ich kenne niemanden, der für Sklaverei eintritt, doch ich höre, wie manche Leute Zwangsarbeit und Schuldknechtschaft als „keine echte Sklaverei" klein reden. Und in solchen Momenten fühle auch ich das starke Bedürfnis, sie an ihnen selbst auszuprobieren, um zu sehen, ob sie ihre Meinung ändern. Ich bin absolut sicher, dass die Skeptiker, fänden sie sich selbst als Zwangsarbeiter wieder, sehr rasch zwei Dinge herausfinden würden: 1. dass es ohne Hilfe von außen keine Möglichkeit gibt, sich aus dieser Lage zu befreien, und 2. dass sie nicht länger bezweifeln würden, dass Zwangsarbeit Sklaverei ist.

Die Basis der Schuldknechtschaft ist sehr einfach. Der Kreditgeber bringt eine andere Person mithilfe eines Kredits dazu, für ihn zu arbeiten, und zwar unter Bedingungen, die es dem Kreditnehmer (1) unmöglich macht zu gehen, ohne den Kredit zurückzuzahlen, und ihm (2) keine Möglichkeit gibt, seinen Lohn auszuhandeln. Unter solchen Bedingungen ist es *unmöglich* für die Betroffenen, ihre Schuld abzubezahlen, weil ihnen der Kreditgeber niemals genug Lohn zahlt – und sie dürfen nicht weggehen, um mehr zu verdienen.

Und da sie nirgendwo hingehen können, müssen sie Essen und Unterkunft von dem Kreditgeber „kaufen", um am Leben zu bleiben – zu dem Preis, den der Kreditgeber vorgibt. So wächst die Schuld ins Unermessliche. Das alles basiert natürlich darauf, dass die Schuldner mit Gewalt am Gehen gehindert werden – was legal ist, weil sie „das Geld des Gläubigers" genommen haben und er sie lediglich davon abhält, es zu „stehlen".

So etwas kann Ihnen oder mir nicht passieren, weil wir in Gemeinschaften leben, wo Gläubigern nicht erlaubt ist, Schulden persönlich und gewaltsam einzutreiben. In Gemeinden überall in den Entwicklungsländern, wo die vielen hundert Millionen der Ärmsten leben, sind persönlicher Zwang und Einschüchterung jedoch das vorherrschende System im Umgang mit Verschuldung.[76] Und ohne Intervention von außen wird der Zwangsarbeiter seine Freiheit niemals zurückgewinnen. Das ist das Wesen der Sklaverei.

Ich habe viele tausend Seiten Berichte über Zwangsarbeit gelesen und viele hundert Stunden auf Konferenzen, Seminaren und Foren über Zwangsarbeit und Menschenhandel verbracht, aber all das ist nichts im Vergleich zu dem, was ich gelernt habe, als Pranitha mich in die Welt der Menschen einführte, die in dieser Hölle gelebt haben.

Gopinath ist einer dieser Menschen – ein junger Mann aus Tamil Nadu, dessen Abstieg in die Sklaverei begann, als er sich 10 Dollar für etwas Essen borgte. Aufgrund des irrwitzigen Prinzips der Schuldknechtschaft gab dieser Kredit dem Gläubiger das Recht, ihn 15 Jahre lang gewaltsam in einem Steinbruch festzuhalten. Als mich Pranitha beim IJM Freedom Training in Chennai mit Gopinath bekannt machte, war er seit drei Wochen wieder frei. Seine Haut spannte sich wie dunkles Reispapier über seine Wangenknochen, und seine freundlichen Augen waren von 15 Jahren, in denen sie ungeschützt Granit- und Eisenstaub ausgesetzt waren, blutunterlaufen und trüb. In den vielen Stunden, die wir zusammen verbrachten, ließen seine sehnigen Arme nie seinen kleinen, erschöpften Sohn los, der auf seiner Schulter schlief.

Vor 15 Jahren war Gopinath hungrig gewesen. Er arbeitete als Brunnengräber und fand gerade keine Aufträge, daher akzeptiere er einen Vorschuss von 10 Dollar vom Besitzer des Unternehmens Alamelu Blue Metals, wo er in einem Steinbruch mit Hammer und Meißel Steine brechen sollte. Unter brennender Sonne arbeiteten Gopinath und seine Frau den ganzen Tag, schwangen Vorschlaghammer und setzten Brechstangen an, um Felsblöcke zu Schotter zu zerkleinern und ihre Tagesquote – das Füllen eines ganzen Pritschenwagens – zu erfüllen. Bald erkannten sie, dass dies ein Ding der Unmöglichkeit war. Entgegen früherer Versprechungen zahlte ihnen der Besitzer nur 1 bis 2 Dollar *alle drei bis vier Wochen* und misshandelte sie, wenn sie protestierten. Außerdem mussten sie ihren kargen Lohn beim Besitzer gegen Nahrung eintauschen. Es war völlig klar, dass sie die magere Schuld von 10 Dollar niemals würden zurückzahlen können, und dass sie, wenn sie zu gehen versuchten, verfolgt und geschlagen werden würden.

Ihre einzige Nahrung war ein dünner Reisbrei, den sie vom Besitzer kaufen mussten – so wuchs ihre Schuld auf 325 Dollar. Als Gopinath fragte, ob er den Steinbruch abends verlassen könne, um Holz zu schlagen und so zusätzlich Geld zu verdienen, machte sich der Besitzer nur über ihn lustig und meinte: „Du kannst den Steinbruch verlassen und gehen, wohin zu willst, sobald du mir das Geld zurückgezahlt hast, das du mir schuldest" – und das war natürlich unmöglich.

Für arme Familien wie die von Gopinath gab es eine subventionierte Schule, die seine Kinder besuchen konnten, aber wie Millionen anderer Kinder in Schuldknechtschaft durften sie den Steinbruch nicht verlassen, um zur Schule zu gehen. Ebenso gab es ein Krankenhaus in der Nähe, in dem seine unterernährten Familienmitglieder ihre vielen Beschwerden und Krankheiten hätten behandeln lassen können, aber man verbot ihnen dorthin zu gehen, und schlug sie, wenn sie danach fragten. Das Ziel, soziale Dienstleistungen zur Verfügung zu stellen, um den Teufelskreis der Armut für Gopinaths Familie zu durchbrechen, wurde durch die Zwangsarbeit durchkreuzt. Außenstehende schauen vielleicht über die indische Landschaft und sehen die Armen fleißig bei der Arbeit – aber sie haben keine Ahnung, dass die Arbeit sie immer nur noch tiefer in Armut versinken lässt, statt sie daraus zu befreien.

Natürlich ist die brutale Gewalt im Rahmen der Schuldknechtschaft illegal und nur möglich, weil sie durch die Komplizenschaft lokaler Behörden legitimiert wird. Bei zahlreichen Gelegenheiten stießen Pranithas Kollegen im Rahmen von Undercover-Operationen in Betrieben mit Schuldknechtschaft auf Besitzer, die damit prahlten, dass sie die lokale Polizei dafür bezahlten, zu kommen und ihre Arbeiter zu schlagen oder wiederaufzuspüren, wenn sie davongelaufen waren.

> Besitzer: Alle meine Arbeiter sind schon von mir durchgeprügelt worden.
>
> IJM [sich als unerfahrener Besitzer ausgebend]: Alle?
>
> Besitzer: Ja, alle.
>
> IJM: Machen Sie das selbst?
>
> Besitzer: Ja, und auch der Wachmann. Ich muss es dem Wachmann nur sagen, und dann schlägt er sie kräftig. Dann muss ich ihn praktisch davon abhalten, sie weiter zu schlagen, so heftig schlägt er sie. Man schlägt sie, und sie gehorchen. Wenn nicht, dann arbeiten sie nicht und laufen davon. Wenn man sie wieder eingefangen hat, muss man sie durchprügeln, und dann verlassen sie die Fabrik nicht mehr, weil sie fürchten, dass sie überall gefunden und zurückgebracht werden … anfangs hatte ich auch Angst, sie zu schlagen. Sie sagten, sie würden sich bei den Behörden beschweren, wenn ich sie schlage. Aber später habe ich den nötigen Mut gefunden und gefragt: „Hat der Beam-

te euch geraten, mich zu prellen und euch ohne eure Schulden zu bezahlen davonzumachen?"

Ich sage der Polizei, sie soll meine Arbeiter schlagen.

IJM: Die Polizisten hier sind Ihre Freunde, aber wie können wir dasselbe erreichen?

Besitzer: Warum? Habt ihr bei euch keine Polizei?

IJM: Doch.

Besitzer: Dann gebt einem Polizisten 100 Rupien und sagt ihm, er soll kommen und eure Arbeiter schlagen, und er wird kommen und sie schlagen.

IJM: Ist die Polizeistation hier in der Nähe?

Besitzer: Ja, wenn ich sie anrufe, schicken sie sofort jemanden vorbei.

Einmal fragte ich einen Schuldsklaven, der illegal in einem Steinbruch festgehalten wurde, warum er sich nicht an die lokale Polizeistation um Hilfe wende. „Zur Polizei zu gehen, nutzt nichts", sagte er, „der Besitzer bezahlt die Polizei, damit sie kommt und uns schlägt."

Das ist die verborgene Welt des Terrors und der gesetzlosen Gewalt, in der die Ärmsten leben, ohne dass wir diese Schrecken sehen. Außenstehende sehen eine geschäftige Ziegelei, respektable Geschäftsleute, bezahlte Arbeiter, Schulen und Kliniken in der Nähe und das indische Wirtschaftswunder. Sie haben keine Ahnung, was sich in Wirklichkeit abspielt: dass die Arbeiter Sklaven und die Geschäftsleute brutale Kriminelle sind, die Schulen und Krankenhäuser für die Schuldsklaven nicht zugänglich sind und das Wirtschaftswunder für die von Gewalt bedrohten Armen einfach unerreichbar ist und bleibt.

Gewaltsame Landnahme

Der Schrecken der Armut liegt in der hohen Verletzlichkeit der Armen durch Gewalt. Die Armen sorgen sich um etwas zu Essen für sich und ihre Kinder. Sie fürchten die Schwäche und den Verfall, den Krankheiten mit sich bringen. Sie fühlen sich überwältigt und entmutigt durch fehlende Jobs oder Bildung oder Chancen. Aber sie empfinden tödliche Angst angesichts von Gewalt – wenn jemand, der stärker ist, voller Wut kommt, um sie zu verletzen. Und arm zu sein, heißt, vor diesem Schrecken niemals sicher zu sein – nicht an der Bushaltestelle, auf dem Markt, auf dem Schulweg, am Brunnen, auf den Feldern, in der Fabrik, in den Gassen. Am schlimmsten ist, dass man nicht einmal zu Hause sicher ist, nicht nur, weil der Schläger zur Familie gehört, sondern weil die Schläger jederzeit, Tag und Nacht, kommen und dieses Zuhause in Besitz nehmen können.

Für Susan wurde das abstrakte Phänomen des „Property Grabbing" an einem Tag zu einer alptraumhaften Realität von Gewalt und Obdachlosigkeit, der eigentlich ein Tag des Feierns hätte sein sollen. Susan war zu Fuß aus ihrem Dorf aufgebrochen, um an der Hochzeit einer Verwandten in einigen Kilometern Entfernung teilzunehmen. Als sich die ugandische Nacht herabsenkte, schliefen ihre drei Enkelkinder schon in dem kleinen Ziegelhaus ihrer Großmutter, das zwischen Kaffee- und Kassava-Sträuchern auf einem Flecken roter Erde lag. Plötzlich wurden sie von einem lauten Krachen geweckt. Sie setzen sich auf. Ein zweites Krachen und das ganze Haus wackelte. Sie schauten zur Decke und spürten, wie Mörtelstücke und Staub auf ihre Gesichter hinabregneten. Die Vorderseite des einräumigen Hauses riss und brach unter Schlägen zusammen. Durch die Löcher in der Wand konnten sie den Himmel sehen, während sich eine Stahlkante weiter durch die Ziegel- und Mörtelwand fraß. Zwischen den Stößen hörten sie die Stimme des wütenden Nachbarn: „Ich bringe die alte Hexe um!"

Die Kinder erkannten die Stimme als die des Nachbarn, der schon länger gedroht hatte, die Großmutter umzubringen, weil sie sich weigerte, ihr Land und Eigentum aufzugeben. Nun war er gekommen und arbeitete sich mit einer Spitzhacke durch die Wand. Rasch krochen die Kinder auf Händen und Füßen zum Hinterausgang und stolperten durch die Nacht zum nahen Haus ihres blinden Onkels.

Als Susan am nächsten Tag von der Attacke ihres Nachbarn hörte, galt ihr erster Gedanke ihren Enkeln. Sie war erleichtert, weil sie in Sicherheit waren. Aber als sie hörte, dass ihr Haus zerstört und ihr kleines Stück Land besetzt war, lähmte sie ein zweiter Gedanke: „Was nun?"

Sie war obdachlos. Ihr Stückchen Gartenland war ihre einzige Möglichkeit gewesen, Nahrung anzubauen, ihren verwaisten Enkeln Unterschlupf zu bieten, ein Schwein zu halten und Gemüse zu verkaufen, um das Schulgeld aufzubringen. Nun war das kleine Ziegelhaus, das sie ihr Zuhause nannte, ein Trümmerhaufen (Abb. 2.6), ihr Garten war besetzt, ihr Schwein tot, all ihr Besitz gestohlen oder zerstört, und ihr gewalttätiger Nachbar stieß noch immer Drohungen aus und erklärte öffentlich die Besetzung ihres Stück Landes. Was sollte eine ältere Frau bloß tun, der es bisher nur mit Mühe gelungen war, das Nötigste für sich und ihre Enkel zusammenzukratzen? (Abb. 2.7)

Vor dieser schrecklichen Frage stehen Millionen armer Menschen in aller Welt, die aus ihrem Heim und von ihrem Land vertrieben wurden. Persönlich erfuhr ich vom „Property Grabbing" durch einen höchst bemerkenswerten Armeeoberst. In einer Zeit, in der viele Menschen afrikanische Armeeführer damit assoziieren, Frauen und Kinder zu Witwen und Waisen zu *machen*, nutzte dieser sambische Oberst seine Karriere dazu, *sie zu schützen*. Was sich hinter dem Begriff „gewalttätiger Landraub" verbirgt, nahm für mich Ge-

Abb. 2.6 Susans kleines Haus, zerstört vom mächtigeren Nachbarn, der ihr Land raubte

stalt an, als mir der Oberst eines Nachmittags den Alptraum seiner eigenen Kindheit erzählte: Davon, wie seine verwitwete Mutter mit ihm und seinen Geschwistern aus dem Haus geworfen und all ihres Besitzes beraubt wurden.

„Sie nahmen sogar die kleine Bibel mit, die ich mir in der Sonntagsschule verdient hatte", erinnerte sich Oberst Mudenda. Clemens Mudenda war beim Tod seines Vaters 1964 neun Jahre alt. Wie in seiner Gemeinde in Südsambia üblich, kamen die Verwandten seines Vaters nach der Beerdigung, um den gesamten Besitz „für die Familie" zurückzufordern und seine Mutter und ihre Kinder auf die Straße zu werfen. Wie viele besitz- und landlose Familien gingen sie in die Hauptstadt Lusaka, wo Mudendas Mutter täglich für sich und ihre acht Kinder ums Überleben kämpfte. Eine katholische Schule ermöglichte Mudenda den Schulbesuch, und eine Weile spielte er mit dem Gedanken, Priester zu werden, entschied sich dann aber für ein Angebot aus der Armee. Außerordentlich intelligent, besonnen und redegewandt, stieg Mudenda rasch die Karriereleiter empor und wurde schließlich von der sambischen Armee zum Jurastudium geschickt; anschließend vertrat er die Armee in aller Welt bei verschiedenen UN-Einsätzen.

„Aber wenn ich mich zuhause umsah", erzählte mir Mudenda, „verspürte ich stets Mitleid mit diesen verletzlichen Müttern und ihren Kindern – denn ich erkannte mich und meine Mutter in ihnen." Mudenda hatte beste Chancen, einer der renommiertesten und respektiertesten Anwälte des Landes zu

Abb. 2.7 Susan mit zweien ihrer Enkel

werden. Aber er entschied sich dagegen und verteidigte die nächsten zehn Jahre die Rechte von bitterarmen Witwen und Waisen; zuerst bei der sambischen National Legal Aid Clinic for Women, und dann als Direktor des IJM-Büros in Lusaka.

Wir alle hatten Ehrfurcht vor dem Oberst. Er war hochintelligent – aber auch weise. Er war so ruhig und wortgewandt, so einfühlsam mit der armen alten Witwe und so energisch mit den mächtigsten Regierungsbeamten. Und mit seinem Schnauzbart, seiner Schnulzensängerstimme und seiner eleganten Rückhand auf dem Tennisplatz war er ganz einfach cooler als irgendjemand sonst. Er war ein außergewöhnlicher Leiter. Doch dann starb er ganz plötzlich an einer Hirninfektion. Wahrscheinlich starb er in Wahrheit deshalb, weil es in Sambia damals kein einziges funktionierendes CAT-Gerät gab. Wir brachten ihn sofort nach Südafrika, wo es die beste medizinische Hilfe auf dem ganzen Kontinent gab, aber da war es schon zu spät.

Zu seiner Beerdigung kamen viele hundert Witwen, Waisen und andere Gewaltopfer, die singend ihrem Kummer über den Tod des Mannes Ausdruck gaben, der für sie gekämpft hatte. Eine der Frauen war die Witwe Venus Soko. Der Oberst hatte mich einige Jahre zuvor auf einem Markt in den Slums von Lusaka mit Venus bekannt gemacht, wo sie uns an ihrem kleinen Stand aus grauen Schlackeziegeln Maisbrei servierte. Sie begrüßte den Oberst wie einen Bruder. Venus und ihr Mann hatten den Stand jahrelang betrieben und Essen verkauft; mit dem Verdienst konnten sie ihre Familie ernähren, kleiden und ein Dach über dem Kopf bezahlen. Als ihr Mann erkrankte und starb, bemerkten Stärkere im Slum jedoch, dass es nun eine Witwe ohne Beschützer gab. Ein Schlägertyp misshandelte sie, nahm ihr den Stand weg und stahl alles, was sie besaß. Venus konnte ihre Familie nicht mehr ernähren.

Ein Jahr später hörte sie von IJM und dem Oberst. Sie brauchte einen ganzen Tag, um sein Büro zu erreichen. Venus erschien in dem einzigen Outfit, das sie besaß – ein T-Shirt und eine Art Sarong, beides trug sie seit Monaten tagein, tagaus. Mudenda und das IJM-Team übernahmen ihren Fall, und nach längerem Kampf gelang es ihnen, ihr wieder zu ihrem Besitz zu verhelfen. Doch während sie an diesem Tag an ihrem Marktstand saß, erzählte sie uns, was es für sie bedeutet hatte, ein Jahr lang ohne Einkommen zu sein. Es bedeutete, dass sie einen Sohn verloren hatte. Ich hörte wie betäubt zu, als Venus erklärte, dass sie ohne Geld hilflos zusehen musste, wie ihre Kinder aufgrund der Unterernährung immer schwächer wurden und der jüngste Sohn, Peter, schließlich starb. Später traf ich einen von Venus' überlebenden Söhnen bei ihr zuhause. Er lächelte scheu und meinte, er würde gern aufstehen und mich begrüßen, doch dieses Jahr ohne ausreichend Nahrung hatte seinen Gliedern die Kraft genommen. Nach einem Tag mit Venus, ihren Kindern und dem Oberst sah ich „Property Grabbing" ganz anders.

Gewaltsame Landnahme sieht in Afrika und anderen Teilen der Dritten Welt so aus: Die bitterarmen Menschen leben unter Bedingungen, die erlauben, dass sie jederzeit aus ihrem Heim und von ihrem Land vertrieben werden, weil es kein zuverlässiges Dokumentationssystem gibt, anhand dessen sich nachweisen lässt, wem Land und Besitz gehören – und selbst wenn es so etwas gäbe, ist die Bereitschaft oder Fähigkeit gering, diese Rechte zugunsten der Armen durchzusetzen.

Die Vorstellung, dass nicht offiziell dokumentiert ist, wem was gehört, liegt für uns so fern, dass dieser Punkt in der westlichen Welt schlicht übersehen wurde, bis der peruanische Ökonom Hernando de Soto und andere darauf hinwiesen. Die Möglichkeit, beim örtlichen Vermessungsamt einen Nachweis zu finden, der klärt, wem ein Stück Land gehört, existiert dort, wo die meisten Armen leben, nicht. Venus konnte keine offizielle Besitzurkunde für ihr Land vorlegen, ebenso wenig wie ihre Nachbarn. Tatsächlich leben und arbeiten 90 Prozent der Afrikaner südlich der Sahara (von denen rund 370 Millionen als arm gelten) auf Land, das keinen offiziellen oder bestätigten Besitzer hat. Dasselbe gilt für 40 Millionen Indonesier, 40 Millionen Lateinamerikaner, 40 Millionen Inder und rund 350 Millionen armer Angehöriger indigener Völker in aller Welt. Ebenso leben rund 1,5 Milliarden arme Menschen in

Städten ohne gesicherte Eigentumsrechte in nicht genehmigten Siedlungen und Slums.[77]

Natürlich lädt dieses Chaos skrupellose Menschen mit mehr Macht geradezu ein, die Schwachen zu berauben. Auch die US Agency for International Development (Behörde der Vereinigten Staaten für internationale Entwicklung) hat erkannt, dass Millionen arme Menschen „ohne eindeutige Besitzrechte oft willkürlich oder mit Gewalt von ihrem Land verjagt“ werden.[78] Geschätzte fünf Millionen werden Opfer von Zwangsräumungen, und weitere Millionen werden einfach von mächtigeren Nachbarn von Haus und Hof gejagt.[79] Dr. Hamid Rashid, Bangladeschs bekanntester Ökonom und Leiter des UNDP-Rechtshilfeprogramms für die Armen (Legal Empowerment of the Poor) ist sich sicher: „Mit eingeschränkten und unsicheren Landrechten ist es für die Armen schwierig, wenn nicht gar unmöglich, sich aus der Armut zu befreien.“[80]

Und wieder einmal leiden die Frauen in der Dritten Welt am meisten unter dem gesetzlosen Chaos. Ohne dokumentierte gesetzliche Eigentumsrechte füllen zwei andere Kräfte das Vakuum und regeln, wer was bekommt: rohe Gewalt und traditionelle kulturelle Normen. Beide Kräfte machen Frauen in der Regel zu Verliererinnen. In einem Großteil der Entwicklungsländer sind Frauen traditionell weniger wert als Männer, ihnen untergeordnet oder werden sogar als deren Eigentum angesehen. In Afrika südlich der Sahara, beispielsweise, dürfen Frauen erst seit etwa 20 Jahren erben: Eine Frau gilt jedoch noch immer nicht als legitime Besitzerin, wenn ihr Mann stirbt oder die Familie verlässt – weshalb andere den von einer Frau geführten Haushalt gewaltsam enteignen können.

Das ist die Variante von Landnahme, bei der das Erbe einer Witwe angetastet wird. Für die meist sehr armen Opfer ist dieser Landraub eine nicht selten tödliche Katastrophe. Ohne einen Verteidiger, ohne Einkommensquelle und ohne Obdach sind die Überlebenschancen von Witwen und Waisen gering.

Das klingt alarmierend, doch wie groß ist das Problem wirklich? Erstens sei festgehalten, dass in Afrika südlich der Sahara 80 Prozent der Nahrungsmittel von Frauen produziert werden. Das Land, auf dem sie angebaut werden, *gehört* den Frauen praktisch nie; sie besitzen nur rund ein Prozent des bebaubaren Landes.[81] Wenn die primären Produzentinnen im Hinblick auf ihr Land chronischer Unsicherheit ausgesetzt sind, sind die Folgen für die Grundproduktion an Nahrungsmitteln daher schwerwiegend.

Zweitens gibt es aufgrund von HIV/AIDS und anderen Ursachen hoher Sterblichkeit in Entwicklungsländern sehr viele Witwen. Aktuellen Studien zufolge leben weltweit rund 115 Millionen Witwen in extremer Armut. Noch bedrückender ist die Tatsache, dass eine *halbe Milliarde Kinder* von der Fürsorge und Unterstützung dieser Witwen abhängig ist.[82] Tatsächlich gibt es

Länder, in denen die Mehrzahl aller Kinder der Nation von Witwen aufgezogen werden – 70 Prozent in Ruanda, 60 Prozent in Mosambik und immerhin noch 35 Prozent in Kambodscha.[83] Daher laufen mehr als 100 Millionen Witwen und eine halbe Milliarde Kinder Gefahr, von Haus und Hof vertrieben zu werden, weil es keine Nachweise gibt, mit denen sie sich gegen Landraub wehren könnten.[84]

Hilfe scheint es nirgends zu geben. Wie die Weltbank feststellte, sind in Afrika häufig die *Verwandten* der Witwe die Übeltäter, die ihr alles rauben.[85] Property Grabbing und Vertreibung von Witwen und ihren Familien geschieht weltweit unabhängig von ethnischer Gruppe, Kaste oder Kultur. Es passiert bei Animisten, Christen, Hindus und Muslimen.[86] Und überall stößt es bei der Polizei auf „Gleichgültigkeit" und bei den Gerichten auf „Feindseligkeit". Verhaftet wird für diese Gewalttaten demnach fast niemand.[87] Zudem leiden viele der vertriebenen Frauen unter demselben HI-Virus, das ihre Männer getötet hat: In vielen Fällen von IJM ist eine gewaltsam vertriebene Witwe gezwungen, sich an einem Ort neu anzusiedeln, wo sie so gut wie keinen Zugang zu medizinischer Versorgung hat. Was anfangs „nur" wie ein Eigentumsdelikt aussah, verwandelt sich rasch in ein Todesurteil.

Das Fehlen durchsetzbarer Besitzrechte bedeutet auch, dass den Armen bei steigendem Landbedarf oder steigendem Wert des Landes, auf dem sie leben, Zwangsvertreibung durch brutale Unternehmen, skrupellose Landentwickler und kriminelle Banden droht. Diese Leute werden häufig von korrupten Behörden unterstützt, oder die Regierung selbst ordnet die Zwangsräumung an.[88] Diese Zwangsräumungen werden häufig illegal, brutal und heimlich durchgeführt – mit verheerenden Konsequenzen für die Ärmsten und Schwächsten.[89]

Die Hilfsorganisation Oxfam, weltweit führend dabei, die brutale Enteignung der Armen in den Entwicklungsländern anzuprangern, möchte die Öffentlichkeit auf das Problem aufmerksam machen: „Viele der weltweit Ärmsten sind die Verlierer des beispiellosen Tempos von Grundstücksgeschäften und des fieberhaften Wettstreits um Land", erklärt Dame Barbara Stocking, Geschäftsführerin von Oxfam, bei der Vorstellung eines Berichts über Gewalt und Zwangsvertreibung der Armen aufgrund verschiedener dubioser Landgeschäfte in Indonesien, Guatemala, Südsudan, Uganda und Honduras.[90]

Für die Armen der Welt kommen Zwangsräumung und Landraub als weitere massive Bedrohung neben Zwangsarbeit und -prostitution hinzu, die von mächtigen wirtschaftlichen Anreizen angespornt werden und gegen die die Armen keine Verteidigung haben. Was die Sache noch schlimmer macht, ist die Art und Weise, wie die Institutionen, die die Armen eigentlich vor Gewalt schützen sollten, *selbst* Gewalt gegen die Armen ausüben und deren Lage verschlimmern. Statt durch Schutz und Abschreckung ein wichtiger Teil der

Lösung des Gewaltproblems zu sein, sind die Strafverfolgungsbehörden in Entwicklungsländern eine zentrale *Quelle* von Gewalt und Verlust für die Armen – und *häufig ein Schutz für die Gewalttäter*. Diese bizarre und verheerende Realität müssen wir als nächstes verstehen lernen.

Missbräuchliche Polizeigewalt und willkürliche Festnahmen

Die Institutionen der Strafverfolgung in den Entwicklungsländern, die Gewalt eigentlich bekämpfen und eindämmen sollen, tragen im Gegenteil dazu bei.

Das ist keineswegs trivial. Stellen Sie sich vor, die Öffentlichkeit fände heraus, dass die Krankenhäuser in den Entwicklungsländern die Armen *kränker* machen, die neuen Brunnen das Wasser *verseuchen*, die Schulen Kinder fürs Lernen *bestrafen* oder Antibiotika Infektionen *fördern*. Alle wären empört und würden Abhilfe fordern. Nun versuchen die Armen der Öffentlichkeit über die Strafverfolgungsbehörden in ihren Städten, Dörfern und Kommunen genau das zu sagen: Sie machen den Zustand der Schutzlosigkeit und mangelnder Sicherheit noch schlimmer. Zu diesem Schluss kam die bahnbrechende Studie der Weltbank, *Stimmen der Armen*:

> Vielleicht eine der erstaunlichsten Erkenntnisse der Studie ist das Ausmaß, in dem sich die Polizei und das offizielle Justizsystem mit den Reichen verbinden, arme Menschen verfolgen und sie *unsicherer, ängstlicher und ärmer* machen. Vor allem in städtischen Gebieten erleben arme Menschen die Polizei nicht als eine Institution, die Gerechtigkeit, Frieden und Fairness hochhält, sondern als Bedrohung und Quelle der Unsicherheit.[91]

Die Autoren der Studie schreiben weiter: „Arme Menschen sehen die Polizei als Unterdrücker, nicht als Schutzspender. Immer wieder betonten arme Menschen, dass es Gerechtigkeit und Polizeischutz nur für reiche Unternehmen, reiche Leute und solche mit den richtigen Verbindungen gibt."[92] Ich erhielt einen lebhafteren Einblick in diese Realität, als mich mein IJM-Kollege Benson mit Bruno und Caleb in Nairobi, Kenia, bekannt machte. Bruno ist Ende vierzig, Ehemann und Vater. Er ist ordentlich in Hemd und Hose gekleidet; sein glattrasiertes Gesicht zeigt die Spuren der Armut: Narben, abgebrochene Zähne und erschöpfte Augen. Bruno steht jeden Morgen um 6 Uhr auf und verlässt seine enge kleine Baracke in Nairobis zweitgrößtem Slum. Er lebt und arbeitet in der Stadt, um jeden Monat Geld an seine Frau und seine drei kleinen Kinder zu schicken, die in ihrer Heimat außerhalb von Nairobi geblieben sind.

Eines Morgens nimmt Bruno seine handbestickten, aus Rohlederstreifen gefertigten Gürtel, um sie auf dem lokalen Straßenmarkt zu verkaufen. Während er sich auf den Weg zum Markt macht, um einen guten Platz zu ergattern, nähert sich ihm von hinten ein Jeep. Es ist ein Polizeiwagen. Plötzlich packt ihn jemand von hinten. Bruno erinnert sich: „Als ich den Polizisten fragte, was nicht in Ordnung sei, zog er mich ins Auto." Seine Frau und seine Kinder, seine Mutter und seine Geschwister sollten wochenlang nicht wissen, was mit ihm geschehen war.

Ein paar Kilometer entfernt, in einem anderen überfüllten Slum in Nairobi, kommt Caleb gerade von seiner Arbeit als Nachtwächter heim. Er bewacht einen Marktstand, damit niemand die Tomaten stiehlt. Caleb ist ein hochgewachsener, schlanker Mann in den Dreißigern mit großen Augen und einem breiten Lächeln. Er trägt das blaue karierte Hemd, das seine Frau Adelina gewaschen und gebügelt hat, und liebt seine schwarze Baseballkappe mit dem Pinguinlogo. Adelina hat die winzige Hütte in den Slums schon verlassen, um ihrer Arbeit als Schuhverkäuferin und Teilzeitschneiderin nachzugehen. Caleb macht ihren kleinen Sohn Gerry für den Kindergarten fertig. Das Ehepaar arbeitet hart, um ihren drei Kindern eine gute Ausbildung zu finanzieren. Ihre älteste Tochter hat gerade die High-School beendet und sie sparen seit Jahren, um den Traum des Mädchens wahr werden zu lassen, das nahe gelegene College zu besuchen.

Heute sind Caleb und Gerry ein wenig später dran als sonst. Als Caleb seinen fünfjährigen Sohn zum Kindergarten bringt, wird er plötzlich auf der Straße von Polizisten mit Sturmgewehren angehalten. Eine Stimme herrscht ihn an: „Wir hören, du machst Probleme." Caleb weiß nicht, wovon sie reden. Die bewaffneten Beamten befehlen Caleb und mehreren anderen Männern auf der Straße, in den Polizeijeep einzusteigen.

Die Polizei reißt Caleb von seinem Sohn fort, der allein auf der Straße zurückbleibt. Caleb ist panisch und hilflos. Gerry schreit nach seinem Vater. Eine Passantin erkennt Gerrys Schuluniform und bringt ihn zum Kindergarten. Aber es soll noch Tage dauern, bis Gerry erfährt, was mit seinem Vater passiert ist.

Die Polizei fährt zu Calebs Hütte zurück. Während er hilflos zuschaut, durchwühlen die Polizisten die mageren Besitztümer der Familie, stehlen zwei Nähmaschinen, die seine Frau zum Schneidern braucht, und das Bargeld, das sie für den Collegebesuch ihrer Tochter gespart haben. Dann werfen sie Caleb zusammen mit sieben anderen Männern wieder in den Jeep; auf der Fahrt kommen noch weitere hinzu.

Hinten im Wagen treffen Caleb und Bruno zum ersten Mal aufeinander. Sie und die anderen Männer haben alle eine ähnliche Geschichte: Sie waren auf dem Weg zur Arbeit, wollten den Bus besteigen oder zum Markt gehen, als sie von der Polizei verhaftet, mit Handschellen gefesselt und in den Wagen geworfen wurden. Den ganzen Morgen besteigen Männer den Wagen und verlassen ihn wieder. Entlassen werden nur diejenigen, die die von der Polizei geforderte Bestechungssumme bezahlen können: 2000 Shilling (rund 20 Euro), die Hälfte von Calebs Monatslohn. Caleb und Bruno haben nicht genug Geld und können ihre Freilassung nicht erkaufen.

Nach mehreren Stunden bleiben die zwei Männer zusammen mit zwei weiteren eingeschüchterten Männern im Auto übrig. Die Beamten bringen sie auf eine örtliche Polizeistation, wo sie mit Metallrohren verprügelt werden. Dann fahren die Polizisten Caleb und Bruno zu einem Waldstück am Rand von Nairobi, wo auf einer Lichtung ein Fernsehgerät und mehrere Metallstangen liegen. Caleb und Bruno haben große Angst.

Die Beamten schreien die Männer nun an und behaupten, die beiden hätten das Gerät aus einem Hotel gestohlen. Wo sie die übrige Beute versteckt hätten, wollten sie wissen. Das TV-Gerät auf der Lichtung an diesem Mainachmittag war tatsächlich mehrere Wochen zuvor aus einem Hotel gestohlen worden. Die Polizei musste einen Sündenbock finden, um eine erfolgreiche Festnahme zu vermelden. Sie zwangen die beiden, sich mit dem Gesicht nach unten auf den Boden zu legen, und schlugen auf sie ein. „Es kam soweit", erinnert sich Caleb, „dass ich den Beamten sagte: ‚Wenn ihr mich töten wollt, dann tut's, denn ich weiß nichts über den Raub. Erschießt mich einfach, statt mich so zu quälen.'" Schließlich werden die beiden wieder zurück ins Gefängnis gebracht. Nach zwei Wochen Haft zerren die Polizisten die gebrochenen und erschöpften Männer vor Gericht und teilen dem Richter selbstsicher mit, die beiden seien des Raubüberfalls schuldig.

Der Richter verlangt keine Beweise von der Polizei. Caleb und Bruno wird kein Verteidiger gestellt und sie selbst können keinen bezahlen. Der Richter verurteilt sie allein aufgrund der haltlosen Anschuldigungen der Polizeibeamten zu unbegrenzt langer Untersuchungshaft, während sie auf ihren Prozess warten, der zu einem nicht bestimmten Zeitpunkt stattfinden soll. Nach einem Jahr im Gefängnis erfährt Bruno, dass seine Frau Schwierigkeiten hat, die Familie allein zu versorgen. Sie musste mit den Kindern in eine noch billigere Bleibe in den Slums ziehen, um zu überleben. Am schlimmsten ist für ihn, dass sich die Träume für seine älteste Tochter zerschlagen haben: Sie hat die Schule verlassen und sich eine unterbezahlte Teilzeitstelle als Verkäuferin gesucht, um die Familie zu unterstützen. Caleb kann nichts tun, während er in einem Gefängnis für Untersuchungshäftlinge vor sich hinsiecht.

Brunos und Calebs Geschichte ist nur *eine* von unzähligen aus der Dritten Welt (Abb. 2.8 und 2.9). Sie vereint die Elemente von Polizeigewalt, die viele

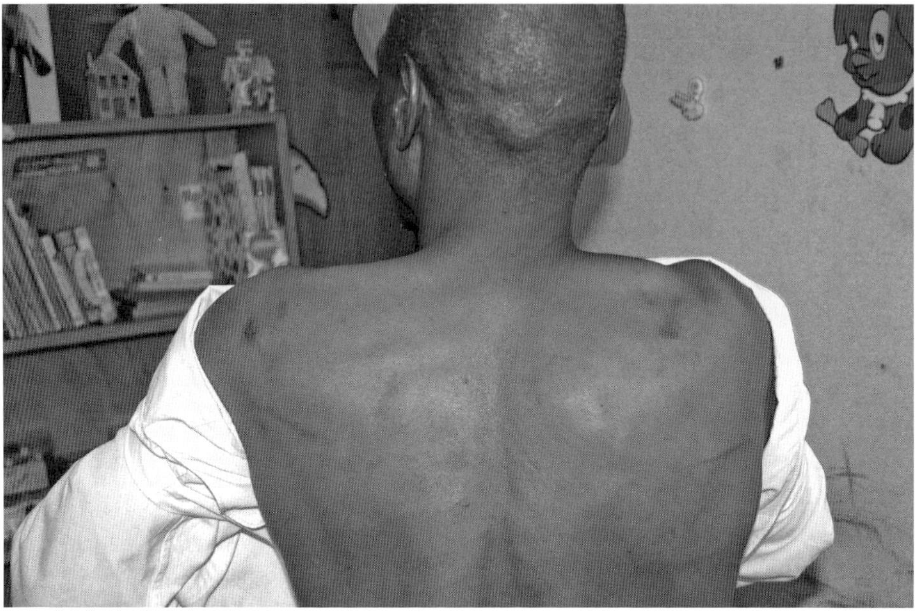

Abb. 2.8 Die kenianische Polizei schlug Bruno so heftig, dass Narben zurückgeblieben sind

hundert Millionen der Ärmsten täglich bedrohen: (1) Polizisten als Gewalttäter, (2) missbräuchliche Untersuchungshaft und (3) Folter.

Polizisten als plündernde Gewalttäter

Die Autoren der Studie *Stimmen der Armen* haben die Situation präzise zusammengefasst, als sie schrieben, dass die Polizei für viele Arme in Entwicklungsländern „nichts weiter als eine andere Diebesbande" ist.[93] Die Armen kennen sich aus mit brutalen kriminellen Banden in ihrer Nachbarschaft und müssen mit deren Angriffen, Einschüchterungen, Plünderungen und Schutzgelderpressungen leben. Für sie ist die Polizei nur eine weitere Bande in der Nachbarschaft, die stiehlt, vergewaltigt, erpresst und prügelt. Wahrscheinlich beraubt die lokale Polizei die Armen sogar regelmäßiger und erpresst mehr Geld von ihnen als irgendeine andere kriminelle Bande in ihrem Umfeld.

Stimmen der Armen stellt klar, dass räuberische Polizeiübergriffe in den Entwicklungsländern gang und gäbe sind.

- „Wenn die Polizei hierhin kommt, dann, um uns zu berauben … um jeden von uns zu demütigen." – *Brasilien*[94]

Abb. 2.9 Caleb vor seiner Behausung in einem Slum in Nairobi

- Die Polizisten sind nichts weiter als „illegale Gebühreneintreiber.“ – *Bangladesch*[95]
- „Wir fürchten die Polizei mehr als die Kriminellen.“ – *Argentinien*[96]
- „Für die meisten Polizeibeamten ist die Polizeiuniform ein Mittel, um Geld zu machen. Sie machen Geld, indem sie gesetzestreue Bürger erpressen.“ – *Nigeria*[97]
- „Die Armen kritisieren die Polizei scharf wegen ihrer Ineffizienz, Korruption und ihrer zerstörerischen Rolle in der Gesellschaft … Es ist üblich bei der Polizei, sich an Belästigungen, Nötigungen und Erpressungen zu beteiligen, und ihre Drohungen hindern die Armen, ein friedliches Leben zu führen.“ – *Indien*[98]

Überall in der Dritten Welt missbrauchen schlecht bezahlte Polizisten ihre Macht, um Geld von den Schwächsten zu erpressen. Mitunter wandert das Geld, das von einfachen Straßenpolizisten erpresst wurde, am Ende in die Taschen hochrangiger Beamter, die ein riesiges Erpressungssyndikat leiten, das sich über die gesamte Stadt bzw. das Justizsystem erstreckt. Meine Kollegen haben in Kambodscha, in Indien, auf den Philippinen, in Guatemala, Thailand, Kenia, Sambia, Bolivien, Malaysia, Honduras, Uganda und in vielen anderen Ländern, in denen sich ein System der Bestechung und Erpressung von Geldern etabliert hat, zahlreiche Gespräche durch alle Polizeiränge hindurch geführt. Sie machen deutlich, wie diese Gelder innerhalb der Befehlshierarchie von unten nach oben weitergereicht werden.

Die Polizei in Entwicklungsländern beutet die Armen nicht nur durch ein mitleidloses System der Erpressung aus, sondern übt auch häufig sexuelle Gewalt gegen Frauen und Mädchen in ihrem Zuständigkeitsbereich aus. Während die Männer in armen Gebieten fürchten müssen, von der Polizei aufgegriffen und geschlagen oder eingesperrt zu werden, um Geld zu erpressen, zeigen Umfragen unter den Armen, dass sich Frauen und Mädchen vor sexueller Nötigung und Vergewaltigung durch die Polizei ängstigen.[99]

Je verletzlicher eine Person ist und je mehr Schutz vor Gewalt sie *bräuchte*, desto mehr muss sie Gewalt *fürchten*. Dies ist die schreckliche Ironie in den meisten Entwicklungs- und Schwellenländern. Straßenkinder und Prostituierte, die regelmäßig von gewalttätigen Beamten angegriffen und bestohlen werden, sehen einen nur müde an, wenn man sie fragt, warum sie Straftaten nicht der Polizei melden. In vielen Kommunen in Entwicklungsländern laufen die Armen nicht *zur* Polizei, wenn sie in Schwierigkeiten sind, sondern sie laufen *vor ihr davon*, um keine Schwierigkeiten zu bekommen.

Willkürliche Untersuchungshaft

Das zweite Element polizeilicher Gewalt ist der Missbrauch der Untersuchungshaft. Brunos und Calebs Alptraum zeigt, dass Untersuchungshaft eine schreckliche Erpressungsmethode sein kann. Tatsächlich fürchten sich die Armen der Weltbankstudie zufolge sehr davor, unter falschen Beschuldigungen ins Gefängnis zu kommen, um Geld, sexuelle Gefälligkeiten, Besitz oder andere Güter und Dienste von ihnen zu erpressen.

Tatsächlich muss die Polizei nur einen kleinen Prozentsatz der Bürger unrechtmäßig einsperren, um ein allgemeines Bedrohungsszenario zu etablieren, das jedermann dazu bringt, die geforderte Bestechungssumme sofort auszuhändigen. Am schlimmsten trifft es wieder diejenigen, die zu arm sind, um den geforderten Preis zu zahlen.

Wieder einmal klingt all das sehr erschütternd, aber in einer Welt voller Schreckensmeldungen stellt sich die Frage, welches Ausmaß dieses Problem für die Armen in den Entwicklungsländern hat.

Wenn man die Gefängnisse in den Entwicklungsländern besucht, fällt auf, dass die große Mehrheit der Insassen niemals verurteilt oder auch nur angeklagt worden ist. Viele werden ohne jede rechtliche Grundlage festgehalten – das heißt, es gibt keinerlei Akten, die rechtfertigen könnten, warum sie dort sind. Manche werden heimlich festgehalten, ohne Erklärung und ohne dass jemand dafür die Verantwortung übernimmt. Die meisten Gefangenen wer-

Tab. 2.1 Prozentsatz der Untersuchungshäftlinge in Gefängnissen. Statistik aus: "Entire world–Pre-trial detainees/remand prisoners (percentage the prison population)." International Centre for Prison Studies. (http://www.prisonstudies.org/info/worldbrief/wpb_stats.php?area=all&category=wb_pretrial)

Land	Prozentsatz
Liberia	97 %
Mali	89 %
Bolivien	84 %
Benin	80 %
Nigeria	78 %
Niger	76 %
Congo-Brazzaville	70 %
Pakistan	70 %
Philippinen	66 %
Venezuela	66 %
Indien	65 %
Peru	58 %
Guatemala	54 %
Argentinien	53 %

den jedoch nicht einfach illegal inhaftiert, sondern als Untersuchungshäftlinge festgehalten. Das ist faktisch allerdings keinen Deut besser. Jedes Jahr sitzen in den Gefängnissen der Welt rund 10 Millionen Menschen in Untersuchungshaft.[100] In vielen der ärmsten Länder sind mehr als drei Viertel aller Insassen Untersuchungshäftlinge. Das bedeutet, die *Mehrheit* der Häftlinge ist gar nicht verurteilt – sondern wartet lediglich auf ihren Prozess.

Wie lange kann die Polizei in Entwicklungsländern eine Person inhaftieren, bis sie einer Justizbehörde Beweise vorlegen muss? Und wie überzeugend müssen diese Beweise sein, wenn die Untersuchungshaft verlängert werden soll? Wenn Sie in einem westlichen Land leben und verhaftet werden, muss die Polizei Sie innerhalb eines Zeitraums, der gewöhnlich nur *Stunden* beträgt, einem Richter vorführen, um die Rechtmäßigkeit der Verhaftung nachzuweisen. In vielen Entwicklungsländern sehen Untersuchungshäftlinge wie Bruno und Caleb einen Richter frühestens nach *Monaten oder Jahren.*[101] Die durchschnittliche Dauer der Untersuchungshaft beträgt in Nigeria 3,7 Jahre.

Meine Kollegen von IJM haben zahllose Fälle von unschuldigen, fälschlich angeklagten, armen Häftlingen wie Bruno und Caleb in Kenia bearbeitet, und festgestellt, dass es ohne Druck von außen in der Regel anderthalb Jahre dauert, bis die Beweislage in einem Fall überhaupt untersucht wird. Andere Rechtshilfeorganisationen haben erlebt, dass kenianische Häftlinge 17 Jahre inhaftiert waren, bevor es zu einem Prozess kam.[102] In Indien „hängen" 30 Millionen Fälle in dem hoffnungslos verstopften Gerichtssystem in der Schwebe, und die durchschnittliche Anhängigkeit eines Falles beträgt 15 Jahre.[103] Unter diesen Umständen ist es nicht ungewöhnlich, dass eine arme unschuldige Person länger im Gefängnis sitzt, als wenn sie verurteilt worden wäre und ihre Strafe abgesessen hätte.

Wird jemand letztlich als unschuldig entlassen, hat er keinerlei Anspruch auf Entschädigung für gestohlene Lebenszeit und Wohlergehen. Kürzlich erzielten meine Kollegen in Kenia nach mehr als einem Jahr in Haft die Freilassung eines unschuldigen Untersuchungshäftlings. Anschließend musste er erfahren, dass seine Frau gestorben war, ohne dass er sich hatte verabschieden können. Die Anwälte der Organisation Open Society Justice Initiative, die die Notlage von Untersuchungshäftlingen in Entwicklungsländern am besten kennen, fassen die Sachlage kurz zusammen: „Untersuchungshaft gehört zu den schlimmsten Dingen, die jemandem widerfahren können." Was die Untersuchungshaft so schrecklich macht, sind nicht nur der Umstand, dass sie unbegrenzt und praktisch ohne Überwachung durch das Justizsystem erfolgt, sondern auch die *Bedingungen, die dort herrschen.*

Wenn Sie schon einmal eine dieser Haftanstalten besucht haben und den wabernden Gestank von Krankheit, Dreck, Gewalt und Erniedrigung gerochen haben, brauchen Sie keine weiteren Erklärungen. Da aber nur wenige von uns diese Erfahrung gemacht haben, hilft es den Kontext genauer zu betrachten. Zunächst einmal waren die Haftanstalten, in denen die Untersuchungshäftlinge einsitzen, niemals dazu gedacht, unzählige Menschen über Jahre hinweg zu beherbergen, und haben sich daher in grauenvolle, überfüllte Löcher verwandelt.[104] Meine Kollegen und ich besuchten viele Untersuchungsgefängnisse, die so überfüllt waren, dass sich die Häftlinge nicht hinlegen konnten, sondern im „Eierkartonstil" auf dem Schoß des anderen sitzen mussten (Abb. 2.10). Geschlafen werden konnte nur im Wechsel. In vielen Fällen hängt die Wasser- und Essensversorgung der Häftlinge davon ab, was Familie und Freunde bringen, und davon, was die Mithäftlinge einem lassen oder eben stehlen. Das Internationale Komitee vom Roten Kreuz (IKRK) sagte uns, dass die Haftanstalten in den meisten Entwicklungsländern eine schlimmere Sterblichkeitsrate aufweisen – Anzahl der Toten pro 10.000 Menschen und Monat – als in Kriegs- oder Katastrophengebieten registriert werden.[105]

Eine globale Studie fasste die Lage so zusammen: „In Anstalten für Untersuchungshäftlinge sitzen fast nur arme Leute ein."[106] Und die Open Society Justice Initiative stellte fest: „Die Fähigkeit, die richtigen Hände mit Bargeld zu schmieren, macht häufig den Unterschied zwischen Freiheit und Haft aus."[107] Kenias früherer Gefängnisbeauftragter meinte einmal, seiner Meinung nach würde einer von fünf Inhaftierten in den Untersuchungshaftanstalten seines Landes freikommen, wenn er nur einen Anwalt hätte.[108] Eine Studie über Un-

Abb. 2.10 Eine völlig überfüllte Gefängniszelle in Manila, Philippinen

tersuchungshaft in Bangladesch fand heraus, dass (1) fast alle Häftlinge arm waren, (2) 73 Prozent niemals eines Verbrechens angeklagt worden waren, (3) viele länger in Untersuchungshaft waren, als die Maximalhaftstrafe für das Verbrechen betrug, das ihnen vorgeworfen wurde, (4) die meisten keinen Verteidiger hatten und (5) die meisten Untersuchungshäftlinge, die auf Kaution hätten freikommen können, diese Möglichkeit nie erhielten.[109]

Die psychologischen Folgen von willkürlichem Freiheitsentzug sind unabsehbar. Meine Kollegen und ich verbrachten unzählige Stunden in heruntergekommenen Gerichten damit, an einer Scharade kafkaesken Wahnsinns teilzunehmen, bei der Untersuchungshäftlinge wiederholt ergebnislosen Prozessen beiwohnen, die sie nicht verstehen, bis sie schließlich wieder in ihre Zelle zurückgebracht werden. Ihre Augen wirken völlig erschöpft und leer, wie tot. Sie hocken in sich zusammengesunken da. Dann wird der Prozess vertagt, weil der Richter nicht anwesend ist, das Verfahren aufgeschoben, weil der Staatsanwalt nicht verfügbar ist oder Akten verlegt wurden, oder das Urteil wird ohne Begründung ausgesetzt. Es scheint mir fast unmöglich, in einer solchen Hölle Mensch zu bleiben.

Auf der anderen Seite können meine Kollegen fast jede Woche die Entlassung ihrer Mandanten aus diesen schrecklichen Verhältnissen feiern – wie es schließlich auch bei Caleb und Bruno gelang. Doch diese Erfahrungen bringen uns auch mit den typischen *Nachwirkungen* der Untersuchungshaft in

Kontakt: Stellen Sie sich vor, Sie haben sich im Gefängnis mit HIV angesteckt und Ihre Familie kann die medizinische Behandlung nicht bezahlen. Sie haben Ihren Job verloren, weil Sie anderthalb Jahre nicht aufgetaucht sind. Dazu ist es hier wie dort schwierig eine Arbeitsstelle zu bekommen, wenn man zuvor im Gefängnis saß. Ihr Haus wurde verkauft oder vermietet und Ihre Kinder mussten die Schule verlassen, weil das Schulgeld fehlte. Im Moment sind Sie nur eine zusätzliche Belastung für die Familie. Was nun?

Die Liste der Probleme *nach* der Entlassung aus der willkürlich verhängten Untersuchungshaft lässt sich endlos fortführen.[110] Ich sage dies nicht, um Sie zu deprimieren, sondern um ein realistisches Bild von den Folgen zu zeichnen, die diese verborgene Gewalt für arme Menschen, ihre Familien und ihre Gemeinschaft, in der sie wohnen, hat. Wieder treffen die globalen Experten von Open Society Justice Initiative den Nagel auf den Kopf, wenn sie darauf verweisen, dass die 10 Millionen Menschen, die jedes Jahr in Untersuchungshaft kommen „die Spitze des Eisbergs [sind]: Von diesen 10 Millionen Einweisungen in Untersuchungshaft sind viele hundert Millionen Familien und Menschen in Gemeinwesen wie Slums betroffen".[111]

Folter

Ein sambischer Anwalt formulierte es so: „Eine Gefängnisstrafe ist selbst für jemanden eine harte Strafe, der sich eines Verbrechens schuldig gemacht hat, doch wenn der Staat Menschen so behandelt, die nur einer Straftat verdächtigt werden, wird der Staat selbst zum schlimmsten Kriminellen."[112]

Für manche klingt solch eine Aussage wie die Behauptung eines weiteren wütenden Menschenrechtsanwalts, der Strafverfolgungs- und Regierungsbehörden als das Hauptübel der Welt dämonisiert. „Zum schlimmsten Kriminellen" – wirklich? Es mag übertrieben klingen, bis wir zur dritten, eng mit der Untersuchungshaft verbundenen Unterkategorie der Gewalt kommen, die die Strafverfolgungsbehörden gegenüber den Armen anwenden – und das ist *Folter*.

Wenn wir an Folter denken, denken wir in der Regel an einen brutalen Diktator oder ein repressives System, das seinen Sicherheitsapparat dazu benutzt, Dissidenten, politische Gefangene und Oppositionsführer zu verhaften und zu foltern, um seine politische Macht und Kontrolle zu sichern. Als Menschenrechtsanwalt, der während des Kalten Krieges volljährig wurde, denke ich beim Stichwort „Folter" sofort an Freunde, die während des Apartheidregimes von der Spezialeinheit der südafrikanischen Polizei gefoltert wurden, an Freunde, die auf den Philippinen die Folterungen von Marcos' Militärschergen überlebten, und an die Fotos derjenigen, die die Folterfabriken des Pol-Pot-Regimes in Kambodscha nicht überlebten, an lateinamerikanische Studenten, die in den Folterkellern des Militärs verschwanden und niemals wieder auftauchten. Voller Scham denke ich auch an die „verschärften Verhörtechniken", die die US-Regierung gegen verdächtigte Terroristen einsetzte, um an wichtige Informationen zu gelangen; diese Verhörmethoden überschritten sämtliche zuvor allgemein akzeptierten Grenzen dessen, was Folter ausmacht.

Aber diese Art von politischer und staatssicherheitsdienstlicher Folter stellt tatsächlich nur einen winzigen Teil der Folter dar, die jeden Tag überall auf der Welt in großem Umfang stattfindet. Tatsächlich sind die allermeisten Folteropfer heutzutage ganz gewöhnliche arme Menschen in Entwicklungsländern – und der größte Teil der Folter findet in der Untersuchungshaft statt.[113] „Viele Leute glauben, Folter sei vor allem das Schicksal politischer und anderer ‚hochrangiger' Gefangener", erklärte Manfred Nowak, Spezialberichterstatter der UN über Folter nach seiner globalen Übersicht über die Folterbedingungen in aller Welt. „In Wirklichkeit sind die Opfer von willkürlicher Haft, Folter und unmenschlichen Bedingungen in der Regel gewöhnliche Menschen, die zu den ärmsten und am stärksten benachteiligten Schichten der Gesellschaft gehören."[114]

Wie Experten dokumentiert haben, wird „Folter in vielen Ländern rund um die Welt von der Polizei noch immer routinemäßig eingesetzt, um Geständnisse oder andere Informationen von ‚nicht kooperationswilligen' Verdächtigen zu erzwingen".[115] Die Polizei in Entwicklungsländern ist in der Regel sehr schlecht ausgebildet, was grundlegende Ermittlungstechniken angeht, die ihnen ermöglichen würden, ein Verbrechen zu lösen. Und wenn der Druck, einen Täter zu präsentieren, mit der grassierenden Korruption innerhalb des Polizeiapparats zusammenkommt, führt dies dazu, dass die Erpressung eines Geständnisses mittels Folter einem Polizisten als einfachster, vielleicht sogar einziger Weg erscheint, um einen Verdächtigen zu überführen.[116] Nowak stellt nach seiner sechsjährigen Studie über Folter in der Untersuchungshaft fest: „Leider wird die Folterung von Verdächtigen in Polizeigewahrsam in vielen Ländern so flächendeckend und systematisch betrieben, dass jeder zweite ‚Neuankömmling' in Untersuchungshaftanstalten klare Anzeichen von Schlägen und ähnlichen Formen der Folter aufweist."[117]

Rund um die Welt versagen Strafverfolgungsbehörden nicht nur darin, die Ärmsten vor sexueller Gewalt, Zwangsarbeit und Landraub zu bewahren, sondern sie üben ihrerseits brutale Gewalt gegen sie aus. Damit wird die Öffentlichkeit zunehmend konfrontiert und deshalb müssen wir uns fragen, was die Konsequenzen dieser unkontrollierten Gewalt für eine wirtschaftliche Entwicklung sind, durch die sich die Armen aus ihrer Not befreien könnten.

3
Der Heuschreckeneffekt

Für eine sechsköpfige Familie endete eine der traurigsten Geschichten ländlicher Armut im amerikanischen Mittelwesten 1875 in St. Clair County, Missouri, mit der Inschrift auf einer einfachen hölzernen Grabtafel: „Verhungert". Wie bei so vielen namenlosen Armen nennen die historischen Quellen nichts über die Identität der Opfer, sondern halten lediglich fest: „Sechs Personen starben innerhalb von sechs Tagen, weil sie nicht genug zu essen hatten, um Leib und Seele zu erhalten".[1]

Wie die meisten Familien des damaligen Mittelwestens war auch diese Familie an Mühsal und Not gewöhnt. Auf den Great Plains gab es nicht genügend Bäume, um richtige Häuser zu bauen. Daher lebten viele Familien zunächst einmal in Erdhöhlen und Unterkünften aus Grassoden. Sie pflügten den kargen Boden zuerst mit Menschen-, dann mit Pferdestärken, um die harten Winter zu überstehen. Wenn sie fünf Jahre durchgehalten hatten, erhielten sie von der Regierung ein Stück Land. Dann konnten sie das Land als Sicherheit für einen Kredit hinterlegen, um mehr Pferde zum Pflügen, Samen zum Säen und etwas Holz für den Hausbau zu kaufen.

Nach unablässigem Kampf, etwas Hilfe von der Regierung, ein wenig nachbarschaftlicher Kooperation und eisernem Durchhaltewillen sah die Zukunft im April 1875 auch für die Familien auf den ärmlichen Siedlerhöfen in Missouri ein wenig rosiger aus. Die Regenfälle waren ergiebig gewesen, die Weizenfelder versprachen eine gute Ernte, das Gemüse in den Gärten gedieh, und das Vieh würde sein Winterfutter bald nicht mehr brauchen. Mit einer guten Ernte konnte die drückende Schuldenlast endlich abgestreift werden. Ein Leben jenseits der Armut war zumindest für die Kinder der Farmer vorstellbar.

Doch innerhalb weniger Stunden wurden diese Hoffnungen zunichte gemacht. Eine riesige dunkle Wolke zog über St. Clair County, verfinsterte die Sonne, senkte sich auf das Land und zerstörte die gesamte Vegetation. Die Bauern mussten hilflos zusehen, wie die größte Heuschreckenplage in der menschlichen Geschichte alles vernichtete, was sie aufgebaut hatten. „Jeder Halm Weizen, Hafer, Flachs und Mais wurde bis zum Boden abgefressen. Kartoffeln und Gemüse erging es genauso, und wo dieses Heer durchzog, starrte der Ruin den Farmern ins Gesicht, und der Hungertod klopfte laut an ihre Tür."[2]

G. A. Haugen und V. Boutros, *Gewalt – die Fessel der Armen*, DOI 10.1007/978-3-662-47054-1_3

Im Jahr 1875 zog ein Schwarm von Milliarden Heuschrecken mit einem Gewicht von insgesamt 27 Millionen Tonnen und einer Ausdehnung von mehr als 500.000 Quadratkilometern – eine Fläche größer als Kalifornien – über den amerikanischen Mittelwesten hinweg und fraß alles. *Jeden Tag* vertilgten sie das Äquivalent dessen, was 2,5 Millionen Männer verzehren würden. Üppige Gärten und Felder verwandelten sie innerhalb von Stunden in Ödland. Die Heuschrecken fraßen Zaunpfähle, den Anstrich und die Verkleidung von den Häusern. Sie fraßen die Wolle vom Rücken lebender Schafe und die Kleider, die auf den Wäscheleinen hingen. Manche wollten ihre Gärten mit Decken schützen; da fraßen die Heuschrecken erst die Decken und dann die Pflanzen.[3] Das Vieh verhungerte und den Farmern blieb kaum etwas außer Wasser. Eine Zeitung berichtete damals: „Die Besitzer, die all ihr Geld ausgegeben haben ... haben nun nichts mehr zu essen, ihr Vieh ist verhungert, und sie stehen völlig mittellos da."[4]

Die Heuschrecken zerstörten alles. Nichts spielte eine Rolle mehr – weder die harte Arbeit, noch all die Opfer und Mühen dieser armen Familien, noch die Landzuteilung durch die Regierung. Für diejenigen, die miterleben mussten, wie „die Mühen und Opfer von Jahren innerhalb von zehn Tagen zunichte gemacht wurden", klang das Hilfsversprechen von Außenstehenden „wie blanker Hohn".[5]

Der Heuschreckenplage die Stirn bieten

Heute wirkt es „wie blanker Hohn", wenn wir die Wirtschaft ankurbeln und die Armut in Entwicklungsländern lindern, ohne das Problem der Gewalt anzupacken, das den Armen alles nimmt und ihr Leben zerstört. Laura und Yuri zu versprechen, sie könnten die Schule besuchen, ohne sich um die sexuelle Gewalt zu kümmern, die auf dem Schulweg lauert, wäre blanker Hohn. Caleb ein Jobtraining zu ermöglichen oder Bruno einen Kleinkredit für sein Gürtelgeschäft zu geben, ohne sie davor zu schützen, willkürlich ins Gefängnis geworfen zu werden, wäre blanker Hohn. Susan mit Werkzeugen, Samen und dem nötigen Wissen auszustatten, um bessere Erträge auf ihrem Land zu erzielen, ohne sie vor gewaltsamem Landraub zu schützen, wäre blanker Hohn. Laura und Mariamma über AIDS und sichere Verhütungsmethoden aufzuklären, ohne gegen die Gewalt in Slums und Fabriken anzugehen, wäre blanker Hohn. In der ländlichen Gegend, wo Gopinath als Sklave gehalten wird, eine Klinik zu errichten, ohne gegen die Gewalt anzugehen, die ihn daran hindert, den Steinbruch zu verlassen und sein sterbendes Kind zum Arzt zu bringen – alles blanker Hohn.

Für die Armen, die in den 1870er-Jahren im amerikanischen Mittelwesten lebten, spielte es in der Tat keine Rolle, wie hart sie selbst arbeiteten oder was andere an Land, Samen, Pflügen, Training, Bildung, Bewässerung, Vieh oder Kapital beisteuerten. Wenn wieder Heuschreckenschwärme kamen und alles verwüsteten, würde nichts von all dem den Farmern der Great Plains helfen können. Alle Bemühungen waren wichtig, sogar sehr wichtig, doch sie konnten den verheerenden Auswirkungen der Heuschreckenplage nichts entgegensetzen – *und* vor allem konnten sie die Heuschrecken nicht stoppen.

Aktuell scheint ein breiter Konsens zu entstehen: Die Armen in den Entwicklungsländern werden niemals eine gesunde, nachhaltige Entwicklung erleben und die Armut überwinden können, wenn wir das Problem der alltäglichen Gewalt nicht anpacken. Der Harvard-Wissenschaftler Christopher Stone, heute Leiter der Open Society Foundations, fasste die Situation in einem Bericht für die Weltbank folgendermaßen zusammen: „Was die soziale und ökonomische Entwicklung angeht, so kann es sein, dass die besten Pläne Armut zu mindern, die Regierungsführung zu verbessern und menschliches Leid zu lindern, an einem hohen Maß an Gewalt und Kriminalität scheitern."[6]

Während sich der größere Teil der Welt bei der Armutsbekämpfung noch immer auf andere Dinge konzentriert, bestätigen immer mehr Experten die verheerenden Folgen des „Heuschreckeneffekts" – Gewalt gegen Arme. Sie vertreten die Meinung, dass eine Bekämpfung der Gewalt die Voraussetzung für die wirtschaftliche Entwicklung in den Entwicklungsländern ist.[7] „Voraussetzung" heißt nicht, dass alle andere Maßnahmen zur Linderung der Armut und Förderung der wirtschaftlichen Entwicklung warten müssen, bis die Gewalt gestoppt ist. Vielmehr geht es um die Anerkennung dieser Tatsache. Man kann den Boden zwar eifrig pflügen, düngen und bepflanzen – aber wenn man nichts gegen die Heuschrecken unternimmt, lohnt all die Mühe nicht.

Fast ein Jahrzehnt lang betonte die Weltbank immer wieder, dass sich „Verbrechen und Gewalt in den letzten Jahren als Haupthindernisse für die Realisierung von Entwicklungszielen erwiesen haben".[8] Weiter heißt es: „In vielen Entwicklungsländern unterminiert ein hohes Maß an Verbrechen und Gewalt nicht nur die Sicherheit der Menschen im Alltag, sondern auch breitere Entwicklungsbemühungen, um die Regierungsführung zu verbessern und die Armut zu senken."[9] Zahlreiche Studien des Büros der Vereinten Nationen für Drogen- und Verbrechensbekämpfung (United Nations Office on Drugs and Crime, UNODC) kamen zu dem Schluss, dass die Einschränkung der Gewalt die Voraussetzung für die Linderung der Armut und den wirtschaftlichen Fortschritt ist. Sie betonen, es müsse ein „Grundmaß an Ordnung etabliert werden, bevor Entwicklungsziele realisiert werden können".[10] Die Leiter des britischen Department for International Development (Britisches Ministerium für Internationale Entwicklung, DFID) pflichten dem bei: „Arme Menschen wollen sich sicher fühlen, genauso sehr, wie sie Nahrung zum Essen, sauberes Wasser zum Trinken und einen Job brauchen, um ihren Lebensunterhalt zu verdienen. Ohne Sicherheit gibt es keine Entwicklung."[11] Beim Thema Gewalt sorgen sich Forscher zunehmend, dass Entwicklungsexperten den Rat von Amartya Sen vergessen: „Entwicklung [ist] ein Prozess, um den Freiraum zu erweitern, den Menschen genießen", und dass frei von Verbrechen und Gewalt zu leben Schlüsselkomponenten der Entwicklung sind. „Keine Furcht zu haben, ist ebenso wichtig wie keinen Mangel zu haben. Es ist unmöglich, eines dieser Rechte ohne das andere wirklich zu genießen."[12]

Das sagen auch die Armen selbst. Siddhi in Südindien weint, wenn sie sich daran erinnert, wie hart ihr Vater gearbeitet hat, um ihr eine bessere Zukunft zu ermöglichen, und wie dann von einem auf den anderen Tag alles verloren war, weil sie in ein Bordell verschleppt und zum Sex gezwungen wurde, wodurch sie an HIV erkrankte. Shanti ist froh, dass die Regierung in ihrer ländlichen Region Schulen gebaut hat, aber es schmerzt sie, dass diese Schulen ihren drei Kindern nichts nutzten, weil sie als Sklaven in einer Reismühle gefangen waren.

In den letzten 50 Jahren floss aus dem Westen Hilfe im Gegenwert von mehr als 3 Billionen Dollar in die Entwicklungsländer – doch dieses immense Kapital zur Armutsbekämpfung verpufft, wenn Gewalttäter nicht in ihre Schranken gewiesen werden. Wirtschafts- und Sozialwissenschaftler fangen gerade erst an, zu erforschen, welche Kosten konkret entstehen, weil Gewalt die wirtschaftliche Entwicklung, sowie andere Bemühungen zur Linderung der Armut in den Entwicklungsländern untergräbt.

Klar ist: „Wo es keine Sicherheit gibt, gibt es auch kein Leben."[13] so zitiert die Weltbankstudie *Stimmen der Armen* einen afrikanischen Dorfbewohner. Alle glaubwürdigen Entwicklungsökonomen von Amartya Sen bis William Easterly stimmen überein, dass eine gesunde marktwirtschaftliche Entwicklung davon abhängt, dass die Menschen und ihr Besitz geschützt werden.[14] Daron Acemoglu und James Robinson betonen in ihrem Buch *Warum Nationen scheitern* die Bedeutung rechtsstaatlicher (und anderer staatlicher) Institutionen, wenn Länder ein nachhaltiges wirtschaftliches Wachstum erleben sollen. Es braucht „inklusive" Systeme, die allen Bürgern die gleichen Rechte und Chancen bieten – im Gegensatz zu „extraktiven" Systemen, die die Ressourcen vieler einigen wenigen zuschanzen.[15] Soros und Abed warnen, dass aktuelle Fortschritte beim Zurückdrängen der Armut „zunichte gemacht werden könnten, wenn es uns nicht gelingt, dem Gesetz in den Entwicklungsländern Geltung zu verschaffen".[16]

Das Problem: Nur weil etwas offensichtlich ist, wird es nicht unbedingt auch entsprechend diskutiert oder gewürdigt. Das werden wir in den folgenden Kapiteln noch sehen. Wenn Gewalt alles auf einmal zugrunde richtet, wie es die Heuschrecken 1875 im Mittleren Westen getan haben, würde dies die Aufmerksamkeit der Öffentlichkeit vielleicht erregen. Gewalttaten wie Versklavung, Vergewaltigung, Erpressung und Enteignung fressen das Leben vieler hundert Millionen armer Menschen Tag für Tag jedoch nur langsam auf. Die Folgen dieser wachsenden Schäden lassen sich nur schwer beziffern.

Die Kosten berechnen

Im Jahr 2011 widmete die Weltbank ihren jährlichen Weltentwicklungsbericht dem Einfluss von Gewalt auf die Entwicklung. Der Bericht konzentrierte sich vor allem auf die Auswirkungen von Gewalt im Rahmen von Kriegen und Bürgerkriegen, doch er konnte die Auswirkungen alltäglicher krimineller Gewalt nicht ignorieren. Sie stellten fest, dass sehr hohe Raten an alltäglicher krimineller Gewalt denselben verheerenden Einfluss auf die wirtschaftliche Entwicklung haben wie ein Bürgerkrieg, plötzliche wirtschaftliche Erschütterungen oder die schlimmsten Naturkatastrophen. Ein sehr hohes Niveau an krimineller Gewalt verringert das Bruttoinlandsprodukt (BIP) einer Nation um 2 bis 3 Prozentpunkte – und: „Diese Schätzungen sind konservativ; andere Studien schätzen die Kosten des Verbrechens auf 3,1 bis 7,8 Prozent des BIP."[17]

Im Jahr 2005 beschrieb der guatemaltekische Vizepräsident die menschlichen Verluste und die wirtschaftliche Zerstörung, die der Hurrikan Stan mit seinen sintflutartigen Regengüssen und Schlammlawinen ausgelöst hatte, als „kolossal".[18] Ein späterer Bericht kam zu dem Schluss, dass die alltägliche kriminelle Gewalt in Guatemala pro Jahr geschätzte 2,4 Milliarden US-Dollar oder 7,3 Prozent der BIP kostet, *mehr als doppelt so viel* wie der Hurrikan Stan in jenem Jahr.[19] Alltägliche Gewalt sorgte auch nicht für Schlagzeilen, als Verbrechen das Wirtschaftswachstum in El Salvador und in Kolumbien um 25 Prozent und in Brasilien um 11 Prozent reduzierten.[20]

Schätzungen, die versuchen, die „Gesamtkosten" von krimineller Gewalt in Entwicklungsländern als Prozentsatz des BIP auszudrücken, sind noch immer sehr grob. Eine andere Weltbankstudie formulierte es so: Wenn es anderen Ländern in der Region gelänge, ihr Niveau an krimineller Gewalt auf die niedrigere Rate von Costa Rica zu senken, könnte ihr jährliches Wachstum um 1,7 bis 5,4 Prozentpunkte des BIP steigen – und das würde Milliarden Dollar an verzweifelt benötigtem wirtschaftlichem Wachstum bedeuten.[21] Eine weitere Studie schätzte, dass die Gesamtkosten von Verbrechen und Gewalt in Ländern mit geringem Einkommen, global gesehen, 14 Prozent ihrer Bruttoinlandsprodukte ausmachen.[22] Ökonomen erklären:

> Gewalt erzeugt eine Reihe signifikanter Multiplikationseffekte, die sich negativ auf die Wirtschaft auswirken, beispielsweise eine geringere Ansammlung von Humankapital, eine geringere Teilnahmerate am Arbeitsmarkt, geringere Produktivität am Arbeitsplatz, höhere Fehlzeiten bei der Arbeit, ein negativer Einfluss auf die zukünftige Produktivität der Kinder wie auch – auf der makroökonomischen Ebene – niedrigere Spar- und Investitionsraten.[23]

Um die Sache konkreter zu machen: Eine Möglichkeit, die Kosten der Gewalt zu messen, besteht darin, die Gesamtzahl der produktiven Lebensjahre zu bestimmen, die Gewalt den Menschen dadurch stiehlt, dass sie ihr volles Potenzial nicht mehr ausnützen können, weil die Gewalterfahrung zu psychischen oder physischen Behinderungen führt. Ökonomen nennen dieses Maß die behinderungsangepassten Lebensjahre (Disability Adjusted Life Years, DALY). Tatsächlich gehen *jedes Jahr* allein durch Vergewaltigung und häusliche Gewalt gegen Frauen weltweit 9 Millionen Jahre an behinderungsangepassten Lebensjahren verloren.[24] Denken Sie nun daran, dass die Nahrungsproduktion in Afrika zu über 80 Prozent auf den Schultern von Frauen lastet. Stellen Sie sich die Auswirkungen auf die Nahrungsmittelproduktion und auf die prekäre wirtschaftliche Situation der Armen vor, wenn Frauen in Afrika jährlich Millionen behinderungsangepasste Lebensjahre durch Gewalt gestohlen werden. In die gleiche Kerbe schlägt das Ergebnis einer Übersichtsstudie über Frauen im indischen Nagpur. Demnach konnten 13 Prozent der Frauen ihrer Lohnarbeit nicht nachgehen, weil sie zuhause geschlagen und misshandelt worden waren – pro Vorfall beliefen sich die Fehlzeiten durchschnittlich auf anderthalb Wochen.[25] In Nicaragua stellten Forscher fest, dass misshandelte Frauen *nur rund die Hälfte* dessen verdienten, was andere Frauen mit nach Hause brachten.[26]

Dies sind Beispiele dafür, wie Ökonomen die Auswirkungen von Gewalt auf das Humankapital berechnen, also das Produktionsvermögen, das in der Arbeitskraft, den Fertigkeiten und dem Wissen einer Frau oder eines Mannes steckt. Wie sich herausgestellt hat, ist Gewalt „ein Hauptgrund für die Unfreiheit in den Gesellschaften in den Entwicklungsländern, die die Bemühungen von Individuen, ihren Lebensstandard zu verbessern, direkt hemmt".[27] So ergaben Untersuchungen in Lateinamerika und der Karibik, dass „die Nettoakkumulation von Humankapital" in der Studienlaufzeit von 15 Jahren durch Verbrechen und Gewalt *halbiert* wurde.[28] Ebenso zeigten Erhebungen in Afrika, dass Verbrechen und Gewalt das Humankapital schädigten und die Aufnahme von Arbeit, die Ansammlung von Kapital und unternehmerische Aktivitäten behinderten.[29]

Ökonomen haben auch herausgefunden, dass Gewalt die Entwicklung des Humankapitals in armen Gemeinwesen zerstört, also den Prozess, durch den

Menschen ihre Fertigkeiten und Kenntnisse mehren, die sie aus ihrer Armut herausführen können. Ich habe erwachsene Sklaven kennengelernt, die nicht nur niemals Lesen, Schreiben oder Rechnen lernten, sondern die auch nicht wussten, was ein Meer, ein anderes Land oder ein Flugzeug sind – im 21. Jahrhundert! Mädchen können sich aufgrund sexueller Gewalt überall in den Entwicklungsländern nicht durch Bildung emanzipieren. Erika George von Human Rights Watch formuliert es so: „Mädchen lernen, dass sexuelle Gewalt und Missbrauch ein unvermeidlicher Teil des täglichen Schulbesuchs sind – daher gehen sie nicht zur Schule."[30] Manchmal, so eine Studie der Weltbank über Sambia, sind es auch die Lehrer, die Angst haben, zur Schule zu gehen, weil sie sich vor der Gewalt in den armen Gemeinwesen wie Slums fürchten.[31]

Und was passiert, wenn man die Kosten dieses zerstörten Humankapitals und der Furcht im Leben von Millionen armer Menschen addiert? Es kommen enorme soziale Kosten zusammen – Ökonomen sprechen in diesem Zusammenhang von der Vernichtung von *Sozialkapital* und meinen damit die sozialen Normen und Netze, die es Menschen ermöglichen, zusammen zu arbeiten und miteinander zu interagieren. Gewalt zerstört das soziale Gefüge der Gemeinwesen und Familien; sie höhlt soziale Beziehungen aus, schränkt die physische Mobilität ein und erhöht das Stressniveau.[32] Warum sollte Bruno das Risiko eingehen, seinen Ledergürtelverkauf wiederaufzunehmen, wenn die Polizei doch wiederkommt, ihm sein Geld stiehlt und ihn verprügelt? Mariamma hat längst die Idee begraben, ihre Kinder zur Schule zu schicken, weil sie sowieso als Schuldknechte enden werden. Gopinath fragt nicht mehr nach Lohn, weil er dann doch nur geschlagen wird.

Als UNODC-Forscher die Auswirkung von Gewalt auf die wirtschaftliche Entwicklung in Afrika untersuchten, fanden sie, dass selbst die Angst vor Gewalt „die soziale und ökonomische Entwicklung an der Basis lähmen kann. Und wenn Entwicklung bedeutet, eine funktionierende Gesellschaft aufzubauen, dann wirken Gewalt und Verbrechen wie eine Art ‚Antientwicklung', die die Vertrauensbeziehungen zerstören, auf denen eine Gesellschaft und das Gemeinwesen basieren."[33] Wie sich gezeigt hat, sind Menschen, die Angst vor Gewalt haben, dazu gezwungen, in unproduktiver Weise Ressourcen für Sicherheitsmaßnahmen, Schutz und die Zahlung von Bestechungs- oder Schutzgeldern auszugeben. Die dauernde Angst vor Bedrohung macht sie risikoscheu und weniger unternehmerisch. Aufgrund der großen Belastung neigen sie dazu, kurzsichtige ökonomische Entscheidungen zu treffen. Zudem fehlt ihnen die Motivation, Kapital anzusammeln oder ein Unternehmen zu gründen.[34]

Wenn Gewalttäter wie Heuschrecken ausschwärmen und den Erfolg der Arbeitenden zunichtemachen, erlahmt ein nicht unerheblicher Teil der wirtschaftlichen und sozialen Produktivität. Aber denken Sie an die Familien, die 1875 im Mittleren Westen auf den Great Plains lebten: Sie litten alle unter der Heuschreckenplage, aber nicht alle endeten im Armengrab. Für einige Familien waren die Heuschrecken ein zeitweiliger Rückschlag, für andere bedeuteten sie den Hungertod. In diesem Sinne ist Gewalt schmerzhaft und kostspielig, wo auch immer sie zuschlägt, doch für die Armen in der Welt wirkt sie sich doppelt schmerzhaft aus. Anders als die Heuschrecken auf den Great Plains, die über alle Bewohner gleichermaßen herfielen, zielen die Gewalttäter in den Entwicklungsländern zum einen *speziell* auf die Armen ab – weil sie leichte Beute sind. Zum anderen trifft Gewalt arme Haushalte viel schlimmer als wohlhabendere, weil die Armen ohnehin schon am Existenzminimum leben und schon das normale Leben ein täglicher Überlebenskampf ist.

Ich erinnere mich daran, wie mein alter Geschichtsprofessor Armut definierte: Die Armen seien diejenigen, die sich Pech einfach nicht leisten könnten. Sie dürfen nicht krank werden, weil sie sich keine Medikamente leisten können. Sie dürfen den Bus nicht verpassen oder sich verletzen, weil sie dann ihren Job verlieren. Sie dürfen ihr Kleingeld nicht verlegen, weil es alles ist, was sie haben. Ihre Ziegen dürfen nicht krank werden, weil sie sonst keine Milch haben. Und so weiter und so weiter. Aber: Jeder hat mal Pech. Zum Glück haben die meisten von uns gewisse Ressourcen, mit denen wir Krisensituationen überstehen. Wer von zwei Dollar am Tag leben muss, kann das nicht.

Körperliche Verletzungen, Krankheiten und Behinderungen durch Gewalt sind für die Armen besonders schlimm, weil sie keinen Zugang zu medizinischer Versorgung haben und ihr Immunsystem durch Mangelernährung ohnehin geschwächt ist. Infolgedessen werden Menschen in diesem Kontext viel häufiger krank.[35] Selbst relativ geringe Eigentumsverluste durch Diebstahl oder Erpressung können arme Haushalte an den Rand des Ruins bringen – vor allem dann, wenn es sich um eines ihrer wenigen produktiven Besitztümer handelt wie ein Werkzeug, ein Fahrzeug oder Vieh.[36] Sie haben keine Reserven. Wenn der Ernährer oder die Ernährerin Opfer einer Gewalttat – eingesperrt, versklavt, angegriffen – wird und nicht arbeiten kann, hat dies weitreichende Auswirkungen. Bei armen Leuten sind in der Regel mehr Menschen von der Person des Ernährers abhängig als bei Wohlhabenderen. Der Verlust von Vieh, Land oder Gesundheit kann sich auf eine Weise verheerend auswirken, die sich Wohlhabendere kaum vorstellen können.[37]

Die verborgenen Kosten traumatischer Ereignisse

Zusätzlich zu den massiven direkten und indirekten finanziellen Kosten der Gewalt versuchen Experten inzwischen auch die tiefgreifenden persönlichen *nicht-monetären* Kosten der Gewalt zu beziffern – die Art und Weise, wie Gewalt und die daraus resultierenden traumatischen Störungen das Leben eines Menschen für immer verändern können. Gewalt erhöht die Rate von Depressionen, Selbstmorden, Panikstörungen, Alkoholismus, Drogenabhängigkeit und posttraumatischen Belastungsstörungen signifikant[38] – und zwar so sehr, dass psychische Schäden bei Armen so häufig sind wie sonst nur in Kriegsgebieten.[39] Die Gewalttäter zerstören nicht nur ihre finanziellen Hoffnungen – sie zerstören oftmals das ganze Leben der Armen.

Das ist vielleicht die größte Katastrophe. Der schlimmste Schaden der Gewalt ist *unsichtbar* – die Zerstörung eines Menschen *von innen*. Opfer von Sklaverei, Zwangsprostitution, sexuellem Missbrauch und anderen Formen extremer und brutaler Unterdrückung erleiden unsichtbare psychische Wunden. In armen Gemeinwesen erhalten sie so gut wie keine psychologische Hilfe[40], und so tiefe Wunden heilen meist auch nicht mit der Zeit „ganz von selbst".

Meine Kollegen Benson, Delmi und Pranitha wissen ebenso wie die Mediziner von Organisationen wie „Ärzte ohne Grenzen" und anderen, die direkt mit Überlebenden von lang anhaltenden, wiederholten seelischen Verletzungen arbeiten, dass Gewaltopfer eine „heimtückische progressive Form der posttraumatischen Belastungsstörung entwickeln können, die ihre ganze Persönlichkeit erfasst und aushöhlt".[41] Sozialarbeiter und Therapeuten, die in Entwicklungsländern arbeiten, erleben, wie Opfer in einen psychisch lähmenden Zustand von Verleugnung oder Fragmentierung verfallen, wenn sie die Erinnerungen an das schreckliche Geschehen unterdrücken oder verdrängen. Häufig werden sie von „aufdringlichen, heftigen und klaren Erinnerungen aus der Vergangenheit" heimgesucht, diese posttraumatischen Störungen hindern sie, sich auf die Gegenwart zu konzentrieren und Initiative zu ergreifen.[42] „Diese enormen psychischen Verluste", schreibt die Psychiaterin Judith Herman in ihrem bahnbrechenden Werk *Die Narben der Gewalt*, „können zu einer dauerhaften schweren Depression führen."[43]

Ein beträchtlicher Teil der Armen in aller Welt leidet unter akutem traumatischen Stress und hat praktisch keinen Zugang zu psychotherapeutischer Hilfe, die wir als Voraussetzung für eine Wiederherstellung und die Rückkehr zu einem gesunden, produktiven Leben ansehen. Würden sie in unserer Wohlstandgesellschaft leben, hätten sie sofort Zugang zu professioneller und intensiver psychologischer Betreuung. Wir sind uns bewusst, dass es ein unrealistisches Ziel ist, in Slums und armen Gemeinwesen, in denen die Menschen kaum satt werden, hochkarätige psychologische Dienstleistungen anzubieten. Aber wir müssen die Situation verstehen, um die Erfolgsaussichten unserer Bemühungen, den Armen bei der Verbesserung ihrer wirtschaftlichen Situation zu helfen, realistisch einzuschätzen. Wir müssen vorrangig das Gewaltproblem angehen. Wir können Programme aller Art zur Stärkung von Personen und Kommunen ins Leben rufen – aber wenn es uns nicht gelingt, das Problem der Gewalt in den Griff zu bekommen, wird die daraus resultierende Traumatisierung der Menschen in den Gemeinwesen sämtliche Erfolge unseres Tuns zunichtemachen.

Wir wissen genug, um Alarm zu schlagen

Wenn uns der Kampf gegen die globale Armut ein Anliegen ist, muss darüber gesprochen werden, wie gesetzlose Gewalt den wirtschaftlichen und sozialen Fortschritt sowie Human- und Sozialkapitel zerstört, auf die sich ein höherer Lebensstandard gründet. Wir wissen beispielsweise, dass geschlechtsspezifische Gewalt und Landraub Frauen und Mädchen aus stabilen häuslichen Verhältnissen aus ländlichen Regionen in städtische Slums treibt, wo ihre Situation noch unsicherer ist. Wie Studien zeigen, ziehen viele Frauen nicht deshalb in die städtischen Slums, „weil sie auf der Suche nach etwas sind, sondern weil sie auf der Flucht vor etwas sind, das droht, ihnen Schaden zuzufügen."[44] Wir wissen inzwischen, dass Mädchenbildung ein hervorragendes Mittel ist, um armen Kommunen in Entwicklungsländern zu helfen, der Armut zu entkommen. Wir wissen aber auch, dass sich die Gewalt gegen Mädchen verheerend auf ihren Schulbesuch, ihre schulischen Leistungen, ihr Selbstbewusstsein sowie ihre körperliche und seelische Gesundheit auswirkt.[45] Wir wissen inzwischen, dass sexuelle Gewalt eine der Haupttriebfedern für die Ausbreitung der HIV/AIDS-Epidemie ist. Diese Gewalt trifft überdurchschnittlich häufig Frauen und Mädchen in den Entwicklungsländern (vor allem in Afrika) und führt zu beispiellosen wirtschaftlichen Verlusten.[46]

Aus zuverlässigen Studien wissen wir, dass Zwangsarbeit in den Entwicklungsländern direkt zu extremer Armut führt – sie hält Menschen „in einem Kreislauf der Armut fest, aus dem sie sich nicht selbst befreien können".[47] Ökonomisch gesprochen beeinflusst Zwangsarbeit „Effizienz und Eigenkapital" negativ und unterminiert die ökonomische Entwicklung durch niedrigen bzw. gar keinen Lohn, Einbehaltung von Lohn sowie fehlende Barauszahlungen von Lohn. Zudem können die Kinder nicht zur Schule gehen, und den Arbeitern fehlen die Mittel, um in ihren Lebensunterhalt, in ihr Humankapital oder in die Zukunft ihrer Kinder zu investieren.[48]

Wir wissen inzwischen, dass willkürliche Verhaftungspraktiken in den Entwicklungsländern durch verlorenes Einkommen in Milliardenhöhe, verlorene Jobs, Bildung, Ernten und Marktplätze für die Armen verheerende wirtschaftliche Auswirkungen haben. Dazu kommen immense Kosten für Gebühren, Bestechungsgelder und Besuche im Gefängnis sowie ein erhöhtes Risiko für Bankrott, Diebstahl von Eigentum und familiäre Zerrüttung für Menschen, die am Rand des Existenzminimums leben.[49]

Und wir wissen mit Sicherheit, dass die Gewalt die wirtschaftliche Entwicklung hemmt und es den Armen schwerer macht, ihren Lebensstandard durch besseres Einkommen, medizinische Versorgung und Bildung zu erhöhen. Die Algorithmen von Wirtschaftswachstum und Entwicklung sind jedoch außerordentlich komplex, und die Auswirkungen dieser Gewalt auf Wachstumsraten, Einkommensentwicklung oder Armutsminderung zu isolieren und präzise zu bestimmen, kann sich als äußerst schwierig erweisen. Daher müssen wir Alarm schlagen, auch wenn wir nicht behaupten, *alles* über den Zusammenhang von Armut und Gewalt zu wissen.

Zunächst einmal ist es sehr mühsam, präzise Daten über Häufigkeit und Maß von Gewalttaten und Verbrechen zu ermitteln, denn diese geschehen in der Regel im Verborgenen. Man muss auf offizielle Statistiken über angezeigte Verbrechen, auf Opferbefragungen, Ersatzangaben – wie die Zahl der Tötungsdelikte als Hinweis auf die Zahl von Gewalttaten im Allgemeinen – oder andere Datenquellen zurückgreifen, die notorisch ungenau und unzuverlässig sind. Gelehrte Abhandlungen über die Schwierigkeiten, Gewalt und Verbrechen statistisch zu erfassen, füllen ganze sozialwissenschaftliche Bibliotheken quer durch alle Kontinente.

Selbst wenn es möglich wäre, große Datenmengen über das Ausmaß an Gewalt zu sammeln, ist es schwierig, diese spezielle Form der Gewalt von all den anderen Faktoren zu trennen, die Wirtschaftswachstum oder Armut in einer bestimmten Region oder einem Land beeinflussen, und einen Kausalzusammenhang nachzuweisen. Zudem lassen sich manche sehr spezifischen Kausalzusammenhänge zwischen Gewalt und Armut, die intuitiv offensichtlich erscheinen, durch empirische Studien nicht belegen. So konnte die These, dass Gewalt gegen arme Frauen deren Chancen reduziert, Lohnarbeit außerhalb ihres Zuhauses zu finden, durch sorgfältige Untersuchungen nicht gestützt werden.[50] Die Kausalzusammenhänge zwischen Gewalt und Armut, die offensichtlich erscheinen, sind daher manchmal einfach nicht bewiesen, oder sie sind zu kompliziert, um sie eindeutig zu belegen.

Schließlich haben wir bei weitem nicht genug Daten, um die Auswirkungen von Gewalt auf bestimmte Programme zur Armutsbekämpfung aufzuzeigen. Wie schon gesagt, verfügen wir über eine Menge empirischer Daten, beispielsweise darüber, wie sexuelle Gewalt Bildungs- und Gesundheitsprogramme für arme Mädchen in Entwicklungsländern konterkariert. Aber wie genau wirkt sich Landraub auf Programme aus, die darauf abzielen, die Nahrungsproduktion von Frauen in Afrika zu erhöhen? Wie wirkt sich Schuldknechtschaft auf Gesundheitsprogramme für die Armen in Südasien aus? Wie wirkt sich geschlechtsgebundene Gewalt auf den Zugang zu neuen sauberen Wasserquellen aus? Wie wirken sich „Patenschaftsprogramme" auf die sexuelle Gewalt gegen Kinder aus? Wie wirken sich Kleinkreditprogramme auf Erpressung von Familien in Armenvierteln durch die Polizei aus?

Entwicklungsexperten, die diese verschiedenen Programme vor Ort durchführen, sagen offen, dass sich Gewalt sehr negativ auf die Wirkung der Projekte und die Gemeinwesen, in denen sie tätig sind, auswirken. Doch außerhalb von kriegerischen Konflikten, die im Fokus der Öffentlichkeit stehen, kennen sie kaum systematische Studien über die wahren Kosten, die Gewalt auf ihre Bemühungen zur Armutsminderung in einem stabileren Umfeld hat, in dem die *überwiegende Mehrheit* der Ärmsten lebt. Da nur wenige der traditionellen Programme zur Linderung der Armut in den Entwicklungsländern von sich behaupten, die Verletzlichkeit der Armen gegenüber Gewalt messbar zu verringern, gibt es nach Meinung mancher Fachleute kaum Anreize, ein Phänomen zu untersuchen und zu diskutieren, das den Nutzen ihrer Programme infrage stellt, auf das sie aber keine geeignete Antwort haben.

Aber Verleugnen ist keine Lösung. Auch die Schwierigkeiten im Zusammenhang mit Datenerhebung und die empirische Komplexität sind kein Grund, über das zu schweigen, was wir *tatsächlich* wissen. Die Lücken in unseren Daten und unserem Wissen sind gute Gründe, Studien voranzutreiben, die uns helfen, die Wirklichkeit so genau wie möglich zu verstehen. Sie sind kein Grund, nicht Alarm zu schlagen. Es gibt noch immer enorm komplexe Fragen zu Daten über Themen wie globale Erwärmung, AIDS, Fettleibigkeit und andere allgemeine Problemfelder. Doch nur verantwortungslose Skeptiker würden diese Themen aufgrund der Datenkomplexität aus der öffentlichen Diskussion verbannen.

In der bequemen westlichen Kultur verweisen Intellektuelle oft lieber auf Komplexität, als die Risiken verantwortlichen Handelns auf sich zu nehmen. Das ist eine echte Gefahr. Tatsache ist, dass unsere soziale Realität so komplex ist und unsere Analysewerkzeuge so ausgefeilt sind, dass es inzwischen fast unmöglich ist, im sozialwissenschaftlichen Bereich einen Ursache-Wirkungs-Zusammenhang zweifelsfrei zu belegen, damit er unseren hohen empirischen Standards genügt.

Neuste Studien zum Beispiel belegen einen Zusammenhang zwischen Fettleibigkeit, Portionsgröße und Bewegungsmangel. Experten feiern dieses Ergebnis, weil der Nachweis einer solchen Korrelation bei Erfüllung moderner empirischer Standards erstaunlich schwierig ist – tatsächlich steckt die präzise Messung der Beziehung zwischen Gewichtszunahme, Kalorienverzehr und körperlicher Bewegung voller Missverständnisse, Modetheorien und falschen Korrelationen. Normale Menschen haben das zugrundeliegende Prinzip jedoch wahrscheinlich schon lange begriffen.

Wenn es um Gewalt und den Kampf gegen die bitterste Armut in den Entwicklungsländern geht, wissen wir ebenfalls genug – auch wenn wir sicherlich noch viel zu lernen haben. Der Harvard-Wissenschaftler Christopher Stone meinte, nachdem er sich einen Überblick über den Wissensstand auf diesem Gebiet verschafft hatte:

> Ganz gleich, ob das Ziel von Entwicklungshilfe das Wachstum der nationalen Wirtschaft, die effektive Administration nationaler und lokaler Behörden oder einfach die Verbesserung der Lebensbedingungen ist, die Reduzierung von Verbrechen und Gewalt ist wichtig.[51]

Für Millionen armer Männer, Frauen und Kinder in den Entwicklungsländern, die nicht zur Schule oder ins Krankenhaus gehen können, ihren Lohn, ihr Land oder ihren Job nicht behalten können, kein Geschäft aufmachen oder nicht zum Brunnen gehen können, weil sie versklavt, verhaftet, geschlagen, vergewaltigt oder beraubt werden, ist „Gewalt wichtig" – und zwar in dem Sinne, wie das Problem der Heuschrecken für jene sechs Familienmitglieder in dem Armengrab in Missouri 1875 „wichtig" war.

Zum Glück für die Überlebenden der Plage von 1875 schwärmten die Rocky-Mountains-Heuschrecken niemals wieder in so verheerender Weise. Die Art war zur Jahrhundertwende aus unbekannten Gründen sogar ausgestorben. Die brutale Gewalt, unter der die Armen in Entwicklungsländern leiden, wird leider nicht einfach aussterben. Im Gegenteil: Wird diese Gewalt nicht eingeschränkt, stirbt lediglich die Hoffnung der Armen. All unsere bisher angewandten Hilfsprogramme werden daran nichts ändern.

Wie können wir die Gewalt stoppen?

Um diese Frage zu beantworten, müssen wir zunächst einige andere Fragen stellen: Warum leiden die Armen in den Entwicklungsländern so massiv und unverhältnismäßig unter Gewalt? Wie ist es möglich, dass Gewalt gerade die Armen der Welt so brutal und mitleidlos trifft und ihr Leben ruiniert? Diesen Fragen wenden wir uns als nächstes zu.

4

Ein Versteck für Schlangen und Spinnen

Viele Intellektuelle, Politiker und Meinungsführer bestätigen, dass jede Gesellschaft ein Rechtssystem haben muss, das Gewalt in Schranken hält. Aber nur wenige haben jemals mit eigenen Augen gesehen, wie ein Justizsystem für eine arme Person in Entwicklungsländern tatsächlich funktioniert. Begeben wir uns in einen kenianischen Gerichtsaal, in dem Dan gleich erscheinen wird. Sie werden Dinge lesen, die Sie ungläubig den Kopf schütteln lassen; auch westlichen Juristen geht es angesichts der Absurdität nicht anders. Für arme Menschen in Entwicklungsländern scheint es jedoch völlig alltäglich.

Ostafrika: Ich begleitete meinen IJM-Kollegen Joseph Kibugu in die Welt der Strafgerichte von Nairobi. Joseph ist ein ernster, junger einheimischer Anwalt, der einer harten und ausweglosen Zukunft in ländlicher Armut entgehen konnte, weil ihm eine private Ausbildung finanziert wurde. Er hat nie vergessen, woher er stammt und wo er heute wäre, wenn andere ihn nicht so großzügig unterstützt hätten. Deshalb widmete er seine juristische Karriere ausschließlich Mandanten, die sich keinen Anwalt leisten können.

An jenem Tag will mir Joseph zeigen, was „vor Gericht stehen“ für arme Menschen in seinem Land bedeutet – denn er vermutet, dass ein Außenstehender wie ich sich darunter wohl etwas anderes vorstellt. Wir fahren in einen Randbezirk der riesigen Kibera-Slums in Nairobi, zu einer Reihe niedriger Ziegelgebäude. Sie erinnern ein wenig an eine Grundschule, aber einem Schild zufolge handelt es sich um die Kibera Law Courts. Ich quetsche mich in die zweite Bankreihe eines schlichten Saals, der nicht größer als ein Klassenzimmer ist. Auf den Zuschauerplätzen vor dem Richter sitzen Kenianer, die sehr müde aussehen.

Nachdem wir eine halbe Stunde gewartet haben, wird schließlich ein Junge namens Dan durch eine Seitentür zur Anklagebank geführt. Der Kopf des schmalen 17-jährigen ist geschoren, seine Augen blicken traurig. Er wirkt krank. Die Jeans, die er trägt, ist alt. Sein verblasstes T-Shirt zeigt eine Karte von Kenia, Löwen und Elefanten sowie den Schriftzug *Hakuna Matata* – Suaheli für „sich keine Sorgen machen“. Aber Dan hat Sorgen: Er ist eines Kapitalverbrechens angeklagt und saß die vergangenen acht Monate im Gefängnis. Sein Alptraum begann, als er und zwei weitere Jungen den Schlauch bewachen sollten, der das knappe Trinkwasser für seinen Slum liefert. Als ein

G. A. Haugen und V. Boutros, *Gewalt – die Fessel der Armen*, DOI 10.1007/978-3-662-47054-1_4

fremder, älterer Mann erschien und Wasser klauen wollte, kam es zu einem Streit. Wütend holte der Mann einen befreundeten Polizisten herbei und ließ die Jungen wegen „Raubüberfall" verhaften.

Man muss drei Dinge wissen, um zu verstehen, was für Dan in diesem kleinen, weiß getünchten Gerichtssaal auf dem Spiel steht. Erstens war „Raubüberfall" zum Zeitpunkt von Dans Verhaftung ein Vergehen, bei dem der Beschuldigte eigentlich nicht auf Kaution freikommen kann. Er muss also, ganz gleich, wie absurd die Anklage ist, monate- oder jahrelang in einem kenianischen Gefängnis in Untersuchungshaft auf seinen Prozess warten. Zweitens ist Raubüberfall ein Kapitalverbrechen, das besonders harte Strafen nach sich zieht. Drittens nutzen korrupte Polizisten das Vergehen „Raubüberfall" häufig, um Schmiergelder zu erpressen.[1] Wenn sie es sich leisten können, zahlen Familien fast jeden Preis, um ihren Lieben die Inhaftierung zu ersparen, die ihnen schon bei bloßer Anschuldigung durch die Polizei droht – einer Polizei, die bei öffentlichen Umfragen stets als der korrupteste Teil der kenianischen Gesellschaft bezeichnet wird.

Bevor Dan erstmals zur Anklage gegen ihn Stellung nehmen kann, hat er bereits im Gefängnis die bislang schwerste Zeit seines Lebens durchgemacht. Nun geht es um sein Leben. Dan kann sich keinen Anwalt leisten. Es geht ihm wie den meisten Armen in Entwicklungsländern, wenn sie vor Gericht stehen: Sie bekommen nicht einen zweitrangigen, inkompetenten oder schläfrigen Rechtsbeistand, sondern *überhaupt keinen.*

Dan muss sich selbst verteidigen, selbst wenn ihm eine „lebenslängliche" Strafe droht. Aber das ist schwierig, weil der gesamte Prozess in den Kibera Law Courts (wie in jedem anderen kenianischen Gericht damals) in Englisch abgehalten wird. Dan kann kein Englisch. Er spricht Suaheli. Um es nochmals zu sagen: Dans Situation ist keine Ausnahme. Niemand nimmt Anstoß daran; ein solcher Prozessverlauf ist Routine. So *funktioniert* das System eben.

Weil Joseph sagte, wir würden zum Gericht gehen, hatte ich gedacht, wir würden einem Prozess beiwohnen, bei dem der Angeklagte einen Verteidiger hat – oder zumindest einem Prozess in einer Sprache, die der Angeklagte versteht. Ich hatte angenommen, der Ankläger in der Rolle des Staatsanwalts wäre ein Jurist, aber auch da sollte ich mich irren. Die meisten Ankläger in Kenia sind Polizeibeamte mit wenig bis gar keiner juristischen Ausbildung. Versierten Verteidigern haben sie nichts entgegenzusetzen, auch dann nicht, wenn diese die Verbrechen von einflussreichen Kriminellen vertuschen.[2] Das erklärt zumindest teilweise, warum Beobachtern zufolge viele Täter, die des Diebstahls hoher Summen oder der Korruption angeklagt sind, „stets ungeschoren davonkommen" und weshalb 87 Prozent der Mordverdächtigten wieder freigelassen werden.[3]

Angesichts der vielen Gewaltverbrechen in Nairobi ist der Druck auf die Polizei groß, ein paar Verurteilungen vorzuweisen. Ein 17-jähriger Junge aus den Slums ohne Anwalt und Englischkenntnisse sieht nach einem leichten Erfolg aus. Sollte sich irgendwann herausstellen, dass Dans Verurteilung ein grotesker Fehler war, gibt es keine Mitschrift des Gerichtsverfahrens, die die Basis eines Wiederaufnahmeverfahrens bilden könnte. Die einzigen Aufzeichnungen über das Verfahren sind die Notizen, die der Richter *per Hand* anfertigt, und Richter machen selten detaillierte Aufzeichnungen über die offensichtlichen Fehler und Absurditäten, die sie in ihrem Gerichtssaal zulassen. Doch genau so funktioniert das Strafgerichtssystem in Ostafrikas größter Stadt und reichster Nation.

Lateinamerika: Bei Maria in Peru „funktioniert" das System ein wenig anders. Maria ist 14 Jahre alt und wurde im letzten Monat drei Mal vom selben Taxifahrer vergewaltigt. Was dann geschah, scheint unvorstellbar. Als das Mädchen sich überwindet zur Polizei zu gehen, wird es gedemütigt: „Was hast du getan, um ihn zu verführen?", brüllen die Polizisten Maria an. „Warum belästigst du diesen Mann?", „Warum willst du Schande über deine Familie bringen?" Die „Befragung" endet damit, dass die Polizisten sich schlicht weigern, in der Angelegenheit zu ermitteln oder den Vergewaltiger festzunehmen. Keiner der Polizisten aus Marias Heimatstadt hat je gelernt, wie man in einem Vergewaltigungsfall ermittelt oder ein minderjähriges Opfer eines Sexualverbrechens befragt. Von der Möglichkeit, nach einer Vergewaltigung in einer gynäkologischen Untersuchung forensische Beweismittel sicherzustellen, haben diese Polizisten noch nie etwas gehört.

Südasien: Begleiten wir Sashmeeta (die Anti-Sklaverei-Anwältin in Bangalore, die Mariamma vor Gericht vertrat) zum Büro des Lokalbeamten, der für die Durchsetzung des Bonded Labour Abolition Act, das Gesetz zur Abschaffung der Schuldknechtschaft, von 1976 zuständig ist. Sashmeeta legt überzeugende Beweise – samt Videoaufnahmen – für einen Fall von Sklaverei vor. Als Antwort erhält sie eine Litanei von Gründen, die dieser Beamte vorbringt, um *nicht* tätig zu werden: Der Beamte ist mit den Details des Bonded Labour Abolition Act nicht vertraut, sein Terminkalender ist zu voll, er wird sich „nächste Woche" darum kümmern, er glaubt den Arbeitern nicht, er braucht „mehr Beweise", es ist gerade ein gesetzlicher Feiertag oder Wahlkampf, ihm fehlt das Geld für die Entschädigungszahlung oder er hält die Sklavenhalter für zu mächtig …

Südostasien: Man könnte auch meinen Anwaltsfreund fragen, wie das Strafrechtssystem in seinem Land in Südostasien funktioniert – zu seinem Schutz werde ich den Ort nicht genauer angeben. Er nimmt Sie mit zu einem Besuch auf eine Polizeistation in der Provinz. Unterm Arm trägt er einen ausführlichen Bericht über die Notlage dreier junger Mädchen, die in einer Bar, die als Bordell dient, ihre „Schulden“ abbezahlen sollen – mit Sex. Auf Ihrer Fahrt zur Polizeistation gehen Sie den Bericht durch, in dem sich Bilder der Mädchen in der Bar, die Namen der Betreiber, die Adresse und eine Skizze der Räume der Bar befinden. Vor dem Aussteigen fragt der Anwalt: „Wenn Sie Ihrer Polizei zuhause solche Informationen über solche Verbrechen in Ihrer Nachbarschaft vorlegen würden, was würde die Polizei dann tun?“

Sie denken: Eine Karte und Fotos von Kindern, die reihenweise für Geld vergewaltigt werden? Da wird die Polizei keine Sekunde zögern.

Auf der südostasiatischen Polizeistation wird der Anwalt hingegen erst einmal stundenlang ignoriert. Schließlich überzeugt er die Beamten, dass die Mädchen befreit werden müssen. Aber sie versprechen nur, *in ein paar Tagen* aktiv zu werden – was ihnen genügend Zeit für einen gezielten Tipp lässt. Und tatsächlich, als der Anwalt und die Polizisten schließlich beim Bordell ankommen, um die Mädchen zu befreien, ist die Bar geschlossen und leer. Keine Spuren von irgendwelchen Mädchen. Später erklärt mein Freund Ihnen, dass dieses Bordell nur eins von fünf Etablissements ist, die demselben Mann gehören – der 500 Dollar pro Monat von seinen Geschäftsführern einsammelt, um für Polizeischutz und solche Tipps zu zahlen.

Wenn ich daran denke, wie die öffentlichen Rechtssysteme in vielen Entwicklungsländern für viele hundert Millionen der weltweit Ärmsten funktionieren, kommt mir der kaputte Laster in den Sinn, der in meiner Kindheit auf der Himbeerfarm meines Großvaters in einer Ecke voller Unkraut vor sich hin rostete und langsam zerfiel. Wenn man meinen Opa fragte, ob er einen Laster habe, antwortete er: „Na klar!“ Fragte man ihn, ob er auch funktionierte, lächelte er leise und meinte: „Oh nein. Jahrzehntelang ist ihn niemand gefahren. Ich geh lieber gar nicht erst in seine Nähe, er ist inzwischen nur noch ein Versteck für Schlangen und Spinnen.“

Ja, auf der Farm meines Großvaters gab es einen Lastwagen; ebenso gibt es in Entwicklungsländern Polizisten, Gerichte, Gesetze und Anwälte. Aber diese nützen ihnen genauso wenig wie meinem Großvater sein Laster. Genauso wenig, wie sich meine Familie daran erinnern kann, dass Opa seinen Laster jemals zur Beförderung von Lasten eingesetzt hätte, können sich die Armen daran erinnern, dass ihnen das Rechtssystem jemals zu ihrem Recht verholfen hätte. Polizei, Gerichte, Gesetze und Anwälte sind zu etwas verkommen, von dem man sich fernhalten sollte.

Die kurzen Einblicke in die öffentlichen Strafrechtssysteme in den Entwicklungsländern legen eine überraschend einfache Antwort auf folgende Fragen nahe: *Warum* leiden die Armen in den Entwicklungsländern so massiv und unverhältnismäßig unter Gewalt? *Warum* macht sie Hoffnungen und Aufstiegschancen so brutal zunichte? Weil die Armen keinerlei gesetzlichen Schutz erhalten. Die Rechtssysteme in den Entwicklungsländern sind in einem derart schlechten Zustand, dass die meisten Armen, wie die globale UN-Studie feststellte, trotz aller geschriebenen Gesetze in einem Zustand der Rechtlosigkeit leben.

Einen ähnlichen Fehler könnte man im Hinblick auf die weltweit verbreitete Malaria begehen, die jährlich bis zu rund einer Million Menschen tötet, meist Kinder unter fünf Jahren.[4] Rund 90 Prozent der Malariatoten weltweit gehören zu den Ärmsten der Armen. Man könnte also auf den Gedanken kommen: „Armut führt zu Malaria." Das ist natürlich nicht so, der Erreger ist ein einzelliger Parasit, der von Mücken übertragen wird. Der Unterschied liegt darin, dass die Armen die Moskitos nicht mit Prophylaxemedikamenten, Sprays oder Netzen bekämpfen können. Infolgedessen sterben sie an Malaria, die Wohlhabenderen hingegen nicht. Ebenso ist nicht Armut die Ursache für Gewalt gegenüber Armen, sondern die Ursache sind gewalttätige Menschen. Aber wer arm ist und in einem Land ohne funktionierendes Rechtssystem lebt, kann nicht auf das zählen, was für viele Menschen auf der Welt selbstverständlich ist – der Schutz des Gesetzes vor Gewalttätern.

Das Unvermögen, die einzelnen Probleme, denen sich arme Menschen gegenübersehen, unabhängig voneinander zu betrachten, kann dazu führen, dass wir Gelegenheiten zum Helfen verpassen. So muss man beispielsweise nicht erst die Armut weltweit beseitigen, um die Zahl der Malariatoten unter den Armen deutlich zu senken (die Malaria muss erst recht nicht zuerst ausgerottet werden). Man muss die ärmsten Kinder lediglich mit imprägnierten Moskitonetzen, Insektiziden und Arzneimitteln vor den Mücken schützen.[5] Dabei stellt man natürlich fest, dass andere, mit der Armut verknüpfte Probleme die Lage verkomplizieren, doch das sollte uns nicht daran hindern, die Kinder vor den Erregern zu schützen – sie sollten uns lediglich veranlassen, klüger vorzugehen.

Wie müssen nicht warten, bis wir das Armutsproblem gelöst haben, um die Gewalt signifikant zu reduzieren, unter der so viele Arme gegenwärtig leiden. Vielmehr müssen wir die Armen vor den Gewalttätern schützen, indem wir Systeme zur Durchsetzung grundlegender Rechte schaffen, die Kultur der Straffreiheit beenden, die Täter vor Gericht bringen und sie von Gewalttaten gegen Arme abhalten. Dabei werden wir sicher auf armutsbedingte Umstände stoßen, die eine Durchsetzung solcher allgemeinen Rechtsprinzipien erschweren – aber das ist kein Grund, die Sache aufzugeben, sondern nur ein Ansporn, noch einfallsreicher vorzugehen.

Meine Kollegen auf den Philippinen haben demonstriert, was das bedeutet. Im Jahr 2007 finanzierte die „Bill and Melinda Gates Foundation" ein Projekt, um in der zweitgrößten Stadt der Philippinen, Cebu, gegen kommerzielle gewalttätige sexuelle Ausbeutung von Minderjährigen vorzugehen. Das „Project Lantern" (Projekt Laterne), wie es schließlich genannt wurde, mobilisierte eine Gruppe philippinischer Anwälte, Ermittler, Sozialarbeiter und Aktivisten. Dieses Team bündelte Kräfte in der Stadt, die die örtliche Polizei, Ankläger, Gerichte und Sozialdienste schulten, ausrüsteten und unterstützten, um die existierenden Gesetze gegen die sexuelle Ausbeutung von Kindern durchzusetzen. Nach vier Jahren harter Arbeit wurden mehrere hundert Kinder gerettet und rund hundert Menschenhändler festgenommen und angeklagt. Nun sollten außenstehende Beobachter feststellen, wie nachhaltig der Erfolg der letzten vier Jahre war. Ergebnis: Die Anzahl der Minderjährigen in der Sexindustrie sank in der Stadt Cebu um 79 Prozent – *obgleich die Armut in der Stadt im selben Zeitraum nicht signifikant zurückgegangen war.* (Mehr über dieses Projekt und die Gründe, warum es erfolgreich war, beschreiben wir in Kap. 11.)

Brauchen die Armen wirklich eine Rechtsdurchsetzung?

Die bemerkenswerten Erfolge in Cebu und andere aktuelle Projekte (wir kommen später darauf zurück) machen Mut. Aber: Der Aufbau von effizienten öffentlichen Rechtssystemen in den Entwicklungsländern ist kostspielig, schwierig, gefährlich und wahrscheinlich nicht immer vom gewünschten Erfolg gekrönt. Im Lauf der vergangenen 50 Jahre haben ein paar halbherzige und weitgehend schlecht durchdachte und durchgeführte Versuche viele Hoffnungen zunichte gemacht. Allein die Vorstellung, die Leistungsfähigkeit der korrupten und willkürlichen Strafverfolgungsbehörden in Entwicklungs- und Schwellenländern zu stärken oder wiederherzustellen, lässt jedem erfahrenen Fürsprecher der Armen aufgrund der fast unlösbaren Herausforderungen graue Haare wachsen. Um solche Maßnahmen engagiert durchzustehen, müssen wir sicher sein, dass sich die Kosten, Mühen und Risiken auch lohnen. Das heißt, wir müssen zum einen überzeugt sein, dass leistungsfähige Strafverfolgungsbehörden *unverzichtbar* sind, um die Gewalt zu stoppen. Zum anderen müssen wir einsehen, dass für die übergroße Mehrheit der Armen in den Entwicklungsländern solche Systeme *gegenwärtig nicht existieren.*

Je nachdem, welchen Hintergrund Sie haben, wird Ihnen die Idee, dass Rechtsdurchsetzung unverzichtbar ist, um Gewalt zu stoppen, entweder sofort einleuchten, oder etwas sein, über das Sie noch nicht nachgedacht haben, oder aber als zweifelhaft erscheinen.

Den meisten Leuten erscheint die Vorstellung, dass die Armen Systeme zur Durchsetzung ihrer grundlegenden Rechte benötigen, einsichtig und unstrittig. Wenn José und Richard in Peru, Sashmeeta in Indien und Joseph in Kenia erklären, dass das, was die Armen in ihrem Land am Nötigsten brauchen, ein funktionierendes Strafrechtssystem ist, verstehen wir, die wir aus wohlhabenderen Gesellschaften kommen, das gut. Denn wenn Sie selbst sich durch eine Serie von Autodiebstählen, Überfällen oder Vergewaltigungen in ihrer eigenen Nachbarschaft bedroht fühlen, alarmieren Sie sofort die Polizei – und verlangen, dass etwas unternommen wird. Vielleicht möchten Sie anschließend auch mit Verantwortlichen der Kommune oder Stadt, in der Sie leben, über Jugendarbeitslosigkeit, Selbstverteidigungskurse für Frauen oder bessere Straßenbeleuchtung reden – doch Sie kämen nie auf die Idee, solche Maßnahmen seien genug – ohne Polizeikräfte, die Streife gehen, Verbrechen untersuchen, Gewalttäter verhaften und vor Gericht bringen. Wenn Ihnen klar wird, dass die Armen in den Entwicklungsländern ihr Leben *ohne* einen solchen Schutz bewältigen müssen, erscheint Ihnen dieser Zustand untragbar.

Für andere liegen diese Probleme jedoch so fern, dass ihnen der dringende Bedarf an Systemen zur Rechtsdurchsetzung nicht direkt ersichtlich ist. Gewalt taucht gelegentlich in den Abendnachrichten oder in der Zeitung auf, doch meist erscheinen diese Vorfälle wie exotische, unangenehme Ereignisse, um die sich die verantwortlichen Stellen schon kümmern werden und die keine besondere Aufmerksamkeit erfordern. Gewalt hat für ihr persönliches Sicherheitsgefühl bislang keine große Rolle gespielt. In den Straßen, in denen sie leben, ihre Hunde ausführen und ihren Kindern beim Spielen zusehen, ist Gewalt kein Problem, mit dem sie sich je beschäftigen mussten. Infolgedessen erscheint ihnen die Subkultur der Menschen und Institutionen, die an der Lösung von Gewaltproblemen arbeiten (Rechtsdurchsetzungsorgane, Polizeiarbeit, Strafgerichtsbarkeit, Strafvollzug etc.) wie von einem anderen Stern. Wenn Delmi in Guatemala oder Pranitha in Indien erklären, dass die Armen weltweit nichts so sehr wie Rechtssicherheit benötigen, erscheint ihnen dies im ersten Moment durchaus vernünftig, doch wahrscheinlich wird es ihre Fantasie und ihr Herz nicht in gleicher Weise packen wie andere, vertrautere Facetten der globalen Armut, beispielsweise Hunger, Krankheit, Obdachlosigkeit, Analphabetismus und Arbeitslosigkeit.

Und schließlich gibt es noch eine dritte Gruppe von Leuten, denen es besonders schwer fällt, Joseph aus Kenia und Richard aus Peru Glauben zu schenken, wenn diese betonen, dass Rechtsdurchsetzung das ist, was die Armen in ihrem Land am dringendsten brauchen. Diese Skeptiker sind sich nur allzu bewusst, dass die Justizbehörden in den Entwicklungsländern eine der wichtigsten *Quellen* von Gewalt gegen Arme sind. Die Vorstellung, dass die gegenwärtige Ursache des Problems zugleich auch die wichtigste Lösung sein kann, klingt in ihren Ohren absurd. Das Strafrechtssystem hat nie zuvor den Interessen der Armen gedient, und die Idee, diese Kräfte in den Entwicklungsländern zu trainieren, auszurüsten und zu stärken, erscheint bestenfalls idealistisch, schlimmstenfalls gefährlich. Zudem neigen sie dazu, Befürworter dieser Idee als Eiferer abzutun, die ein Problem mit aller Macht lösen wollen, frei nach dem Sprichwort: „Für einen Hammer sieht jedes Problem wie ein Nagel aus." Nach Ansicht dieser Skeptiker vernachlässigen die „Recht und Ordnung"-Befürworter die „tieferen Wurzeln" der Gewalt, deren Ursache in kulturellen Eigenarten, wirtschaftlicher Not, Entwurzelung, kommunalen Konflikten, geschlechtsspezifischen Verzerrungseffekten (Gender Bias), Vernachlässigung traditioneller Konfliktlösungen, Zerstörung indigener Kulturen, politischer Marginalisierung usw. liegen.

Es dürfte auch noch andere Skeptiker geben. Einige westliche, insbesondere US-amerikanische Politiker, die unsere hoch entwickelten, gut ausgestalteten und leistungsfähigen Systeme zur Strafverfolgung kennen, setzten sich mitunter allein aus wahltaktischen Gründen für eine noch stärkere Verbrechensvorbeugung mit mehr Polizisten, härteren Strafen, schärferen Sicherheitsmaßnahmen und längeren Haftzeiten ein – all das, ohne die tief liegenden sozialen Probleme anzugehen, die zu Gewaltverbrechen führen. Wenn sich nun Experten, die dies kritisieren, mit der Gewalt in Entwicklungsländern beschäftigen, gewinnt höchstwahrscheinlich ihre wohlbegründete Skepsis gegenüber der Effizienz von mehr „Recht und Ordnung" die Oberhand. Einige amerikanische Strafrechtsexperten sorgen sich vor allem, dass Versuche, die Rechtssysteme zu stärken, zum gedankenlosen Export von Strafrechtspraktiken aus den USA führen, die sie kritisieren, weil sie zu sehr hohen und kontraproduktiven Inhaftierungsraten in ihrem Land geführt haben.

Andere Experten wissen, wie schwierig es ist, mit modernen quantitativen Methoden eine Kausalbeziehung zwischen einer bestimmten Maßnahme zur Rechtsdurchsetzung und einer bestimmten quantitativen Verringerung von Gewaltverbrechen herzustellen. Sie bezweifeln, dass größere Investitionen in Rechtssysteme die Art messbarer Resultate erzielen. In den Entwicklungsländern findet eine heftige und komplexe sozialwissenschaftliche Debatte über die Wirksamkeit von Rechtsdurchsetzung zur Minderung von Gewalt statt – eine Debatte, deren Spannbreite von Experten wie David H. Bayley, der kurz und knapp erklärt „Polizei verhindert keine Verbrechen", bis zu dem Soziologen Carl B. Klockers reicht, der mit gleicher Selbstsicherheit behauptet, es sei „praktisch unbestreitbar",[6] dass die Polizei Verbrechen verhindern kann. Wenn sich schon gestandene Experten offenbar nicht einigen können, verwundert es nicht, dass sich viele scheuen, die Risiken, Schwierigkeiten und Kosten für den Aufbau von Strafrechtssystemen in Entwicklungsländern auf sich zu nehmen.

Die Grundlagen der Abschreckung

Wollen wir die Armen durch Rechtsdurchsetzung wirksam vor Gewalt schützen, müssen wir davon überzeugt sein, dass Rechtsdurchsetzung ein *unverzichtbarer* Teil der Lösung des Gewaltproblems ist. Auch wenn es immer wieder zu heftigen Debatten kommt, gibt es praktisch keinerlei überzeugende sozialwissenschaftliche Belege, die die Vorstellung stützen, dass Gewalt in der Gesellschaft ohne ein Gewaltmonopol des Staates, der seine Gesetze durchsetzt, wirksam bekämpft werden kann. Wie ein Experte beobachtete:

> Hier geht es nicht primär darum, ob die Polizei Verbrechen verhindert, sondern in welchem Ausmaß sie dies tut. Darüber herrscht unter Kriminologen weitgehend Einigkeit. Selbst Bayley stimmt dieser Aussage zu, sonst hätte er kein Buch geschrieben, voll mit Hinweisen, dass die Polizei in der Tat Verbrechen verhindern kann, und mit zahlreichen Vorschlägen, wie sie das tun könnte.[7]

Die neuesten quantitativen Studien über Gewalt im Lauf der menschlichen Geschichte zeigen, dass das Aufkommen des Staates als bewaffneter unparteiischer Schiedsrichter den Einsatz von Gewalt in der Gesellschaft regelte – Hobbes' *Leviathan*, der ein Monopol auf den legitimen Gebrauch von Gewalt hat. Der Staat reduzierte die Zahl der gewaltsamen Todesfälle im Vergleich zu vor-staatlichen Stammesgesellschaften um 80 Prozent. Später senkte die Konsolidierung der Rechtsdurchsetzung im modernen Staat die Mord- und Totschlagrate um weitere 96,7 Prozent.[8]

Die Ergebnisse der zeitgenössischen sozialwissenschaftlichen Forschung sprechen dafür, dass durch eine konsequente Durchsetzung von Gesetzen die Kosten für den Straftäter steigen und sich sein Risiko erhöht. Das wiederum senkt seine Bereitschaft zur Begehung von Straftaten.[9] Wie Steven Pinker in seinem beeindruckenden Buch *Gewalt* schreibt:

> Analysen von Levitt und anderen Kriminalstatistikern legen den Verdacht nahe, dass die Abschreckung funktioniert. Wer Experimente aus dem wirklichen Leben ausgefuchster Statistik vorzieht, der sollte den Streik der Polizei von Montreal aus dem Jahr 1969 zur Kenntnis nehmen. Innerhalb der wenigen Stunden, in denen die Polizisten ihre Posten verließen, erlebte die Stadt, die für ihre Sicherheit berühmt war, sechs Banküberfälle, zwölf Brandstiftungen, Hunderte von Plünderungen und zwei Morde, bevor die berittene Polizei gerufen wurde, um die Ordnung wiederherzustellen.[10]

Die abschreckende Wirkung von Strafrechtssystemen reduziert Gewalt so effizient wie nichts anderes. Das macht sie unverzichtbar. Zugegeben, es handelt sich auch um eine gefährliche Macht – was erklärt, warum Leute so sehr bemüht sind, einen anderen Weg zu finden, die Gewalt gegen die Armen in Entwicklungsländern zu reduzieren. Aber Wunschdenken sollte uns nicht glauben machen, wir könnten etwas anderes an die Stelle des staatlichen Gewaltmonopols setzen, um Gewalttaten zu minimieren und zu bestrafen.

Um es klar zu sagen: Die Reaktion auf Gewalt mittels Rechtsdurchsetzung wird für sich allein niemals genügen. Sie ist auch nicht hinreichend, um Gewalt adäquat zu verringern, aber *notwendig*. Um effizient zu sein, muss Rechtsdurchsetzung parallel zu weiteren Maßnahmen erfolgen, die gegen andere komplexe soziale Gründe für Gewalt kämpfen. Ohne ein funktionierendes Rechtssystem sind alle Maßnahmen zum Scheitern verurteilt. So betonen die Forscher der Weltbank:

> Auch wenn es üblich ist, als Antwort auf Verbrechen und Gewalt entweder für Vorbeugung oder für Kontrollen zu plädieren, sind beide Formen der Intervention tatsächlich zwei Seiten einer Medaille. Ein effektiveres und professionelleres Strafrechtssystem – und vor allem ebensolche Polizeikräfte – sind unabdingbar, um die hohe Rate der Straffreiheit zu senken.[11]

Wie bereits erwähnt, gibt es viele Faktoren, die Hunger verschärfen, doch für das Problem gibt es eine primäre und unverzichtbare Lösung: Nahrung. Bei der Ernährung von Mädchen und Jungen muss man sich mit Durchfall, Problemen der Lebensmittelverteilung und kulturellen Präferenzen auseinandersetzen, doch das Entscheidende ist und bleibt Nahrung. Ebenso muss man beim Problem der Gewalt die sozialen Faktoren angehen, die die Gewalt gegen Arme und ihre Verwundbarkeit vergrößern, doch das Entscheidende ist und bleibt das Gewaltmonopol des Staates, das Gewalt eindämmt und diejenigen glaubhaft abschreckt, die ihre Interessen mit Gewalt durchsetzen wollen.

Sicherlich müssen auch kulturelle Normen und Haltungen angesprochen werden – beispielsweise die Überzeugung, es sei in Ordnung, seine Frau zu schlagen, es sei eine „Familienangelegenheit", die Nichte zu vergewaltigen, die Dalis (Unberührbare) könnten nur niedrige Tätigkeiten im Dienst einer höheren Kaste ausüben oder Frauen seien vererbbarer Besitz. Solange solche Vorstellungen in einer Gemeinschaft herrschen, kommt jeder Versuch, Verhaltensänderungen durch gesetzliche Abschreckung und Strafen allein durchzusetzen, einem fast aussichtslosen Kampf gleich.

Auf der anderen Seite muss man nicht warten, bis sich die kulturellen Normen in einer Gemeinschaft vollständig geändert haben, bevor man die im Gesetz formulierten kulturellen Ziele umsetzt. In den Vereinigten Staaten warteten die Amerikaner nicht darauf, dass sich die kulturelle Einstellung gegenüber der Rassentrennung im Süden (die vorherrschende rassistische kulturelle

Norm) durch allmähliche Aufklärung veränderte, bevor die Bundesbehörden begannen, ein konkurrierendes kulturelles Ziel umzusetzen, nämlich das verfassungsmäßige Recht auf Gleichheit vor dem Gesetz. Wie Martin Luther King Jr. mit der ihm eigenen Einfachheit und Klarheit sagte:

> Es stimmt vielleicht, dass das Gesetz die Herzen nicht verändern kann, aber es kann die Herzlosen im Zaum halten. Es stimmt vielleicht, dass das Gesetz niemanden dazu bringen kann, mich zu lieben, aber es kann ihn davon abhalten, mich zu lynchen, und ich halte das für ziemlich wichtig.[12]

Tatsächlich kann eine Rechtsdurchsetzung die Wandlung von kulturellen Einstellungen stark beschleunigen, indem sie öffentlichen Druck hervorruft – die US-Amerikaner erlebten dies im Hinblick auf Rassentrennung, häusliche Gewalt, Autofahren in betrunkenem Zustand und Rauchen. Solche Synergieeffekte zwischen Rechtsdurchsetzung und der Wandlung schädlicher kultureller Normen wurden von der Weltbank in ihrem Weltentwicklungsbericht „World Development Report on Equity and Development“ angesprochen, worin es heißt: „Das Gesetz kann auch die Verschiebung von Normen beschleunigen, und Rechtssysteme können als progressive Kraft für Veränderungen im sozialen Bereich sorgen, indem sie ungerechte Praktiken infrage stellen.“[13]

Einfach unverzichtbar

Einige Experten vermuten, dass formale staatliche Strafrechtssysteme nicht so wichtig sind, weil indigene Gemeinschaften ihre eigenen traditionellen Foren und Vorgehensweisen haben, um Konflikte nach ihren eigenen Normen und Gebräuchen zu lösen und Verhalten zu regulieren. Tatsächlich wenden sich arme Menschen in den Entwicklungsländern, besonders in ländlichen Gebieten, bei Auseinandersetzungen und selbst bei gewalttätigen Vorfällen nur selten (gewöhnlich in weniger als 10 Prozent der Fälle[14]) an die Polizei. Häufig sind die formalen im Strafgesetzbuch formulierten Regeln nämlich unvereinbar mit den vorherrschenden lokalen Ansichten über Recht und Unrecht, darüber, wer für eine Handlung verantwortlich ist, und wie Konflikte gelöst werden sollten. Beispielsweise ist die Einrichtung lokaler „Friedenskomitees“, wie sie bei Hirtenvölkern im trockenen Norden von Kenia üblich sind, als innovatives Mittel zur Streitschlichtung, bei Viehdiebstahl und Weiderechten vorgeschlagen worden, ohne Polizei und Gerichte einzubeziehen – letztere sind weit weg, teuer und setzen manchmal gesetzliche Normen durch, die in Konflikt mit lokalen Normen und Gebräuchen stehen.[15]

Indigene, nicht-staatliche Mechanismen und informelle lokale Vorgehensweisen können tatsächlich sehr wirksam Funktionen übernehmen, die ein formelles öffentliches Justizsystem in anderen Umfeldern übernimmt. Ausreichend für den Schutz von Armen oder traditionell Benachteiligten sind sie jedoch nicht. Beispielsweise verhandelte ein lokales „Friedenskomitee" in Nordkenia, ob der Mord an einem Mann grundsätzlich nicht durch eine Gefängnisstrafe, sondern durch die Zahlung von 100 Kühen zu sühnen sei, zu leisten von der Familie des Täters. Die Strafe für den Mord an einer Frau hingegen sollte nur 50 Kühe betragen. Solche monetären „Wiedergutmachungen" für Gewalttaten sind zwar in traditionellen Gesellschaften weit verbreitet, werden in modernen Gesellschaften auf der ganzen Welt jedoch aus verschiedenen Gründen abgelehnt – nicht zuletzt deshalb, weil sie die Armen benachteiligen, während sie Wohlhabenden erlauben, so viele Gewalttaten zu begehen, wie sie sich leisten können. Darüber hinaus werten sie gewisse Mitglieder der Gemeinschaft stark ab (beispielsweise Frauen, deren Leben in der Kuhwährung nur halb so viel wert ist wie das eines Mannes). Im Fall der „Friedenskomitees" in Nordkenia wurde schließlich entschieden, dass Mordtaten eine Sache der Polizei und der Strafjustiz seien.[16]

Wenn es um Gewalt gegen Arme geht, brauchen Gesellschaften letztlich Zugang zu den spezifischen Dienstleistungen eines Strafrechtssystems, das die Gesetze *durchsetzt*, die brutale Gewalt verbieten. Rechtsdurchsetzung ist unverzichtbar – und ganz gleich, wie kostspielig und riskant es sein mag, ist es unrealistisch und gefährlich zu glauben, die Armen in den Entwicklungsländern könnten irgendwie ohne sie auskommen.

Experten, die die komplexen Unwägbarkeiten und Risiken im Zusammenhang mit dem Aufbau von Strafrechtssystemen in Entwicklungsländern genau kennen, bestätigen, dass „ein gut funktionierender Apparat zur Rechtsdurchsetzung nötig [ist], um Individuen mit einem stabilen und geordneten Lebensumfeld auszustatten und sie vor Gewalt und Ausbeutung zu schützen."[17] Eine effektive und legitime Rechtsdurchsetzung ermöglicht „Entwicklung und Armutsminderung."[18] Ebenso sind sich die Armen selbst der Risiken und Missstände im Rechtssystem bewusst – und dennoch wünschten sie sich Polizei und Strafverfolgungsbehörden auf ihrer Seite, um sie vor Gewalt zu schützen. Wie die Autoren von *Stimmen der Armen* betonen: „Arme Menschen brauchen und wollen eine Polizei, aber es soll eine gute Polizei sein." [19]

Doch nur weil die Armen sich eine gute Justiz wünschen, heißt das nicht, dass sie diese auch bekommen.

5
Wenn Unrecht System hat

In Bolivien, einem Land mit zehn Millionen Einwohnern, kommt es jedes Jahr zu mehreren zehntausend Fällen von Kindesmissbrauch.[1] Angesichts dieser Zahlen könnte man meinen, in Bolivien sei es kein Verbrechen, ein Kind zu missbrauchen. Das stimmt so natürlich nicht. Es gelang dem bolivianischen Strafrechtssystem zwischen 2000 und 2007 allerdings nicht, mehr als durchschnittlich drei Täter pro Jahr zu verurteilen. Wenn man in Bolivien ein Kind vergewaltigt, ist es statistisch wahrscheinlicher, in der Dusche oder Badewanne auszurutschen und zu sterben, denn als Sexualstraftäter zu einer Gefängnisstrafe verurteilt zu werden.

In Indien sind die Armen trotz eindeutiger Gesetzeslage vor Zwangsarbeit und Sklaverei nicht sicher, weil die Gesetze nicht durchgesetzt werden. Während Millionen arme Menschen in Indien als Zwangsarbeiter schuften müssen, saßen in den letzten 15 Jahren maximal fünf Täter wegen dieses Tatbestands längere Zeit im Gefängnis. Wenn man sich nur die „richtigen" Leute, zum Beispiel Menschen einer niedrigen Kaste, auswählt und es „richtig" anstellt, indem man Sklaverei mit erfundenen Schulden kaschiert, kann man ohne jede strafrechtliche Konsequenz Leute zwingen, ohne Lohn zu arbeiten. Das ist zwar eine schwere Straftat, doch statistisch gesehen ist es wahrscheinlicher, durch einen Blitzschlag zu sterben, als für dieses Verbrechen im Gefängnis zu landen.

Es verwundert nicht, dass nur ein winziger Bruchteil aller Verbrechen bei der Polizei angezeigt werden, wie Studien der UNODC belegen.[2] In Lateinamerika wird sexueller Missbrauch fast nie bei der Polizei angezeigt, denn es „wird erwartet, dass das Gesetz nicht wirksam durchgesetzt wird".[3] Natürlich wissen auch die Kriminellen in diesen Ländern, dass die Gesetze nur Papiertiger sind. Viele von ihnen geben sich daher nicht die geringste Mühe, ihre Verbrechen zu verbergen.

In der Pipeline

Wenn ich in die Küche gehe, den Hahn aufdrehe und mir ein Glas Wasser hole, mache ich mir in der Regel keine Gedanken über das riesige unterirdi-

G. A. Haugen und V. Boutros, *Gewalt – die Fessel der Armen*, DOI 10.1007/978-3-662-47054-1_5

sche System von Grundwasserleitungen, Pumpstationen, Filtersystemen und Wasserreservoiren, die mir zu meinem Glas Wasser verhelfen. Warum sollte ich auch darüber nachdenken?

Mit dem Gesetz ist es genauso. Wie das Wasserversorgungssystem arbeitet das Strafrechtssystem wie ein ineinandergreifendes „Röhrensystem". Wenn Sie das Opfer einer Gewalttat sind, beginnt die Leitung im Allgemeinen bei der Polizei – sie kommt Ihnen als erste zur Hilfe, rettet Sie ganz praktisch vor Gewalt, nimmt den Täter fest, führt eine Ermittlung durch und übergibt die Sachbeweise für die Tat der Staatsanwaltschaft. Der Staatsanwalt schaut sich die Beweislage an, vergleicht sie mit dem, was das Gesetz erlaubt bzw. nicht erlaubt, und legt vor Gericht dar, dass der Angeklagte das Gesetz verletzt hat. Dann liegt es in der Verantwortung des Gerichts, über Schuld oder Unschuld zu entscheiden und gegebenenfalls eine angemessene Haftstrafe auszusprechen, die der Verurteilte anschließend in einem Gefängnis absitzen muss.

In Entwicklungsländern nimmt der Prozess von Ermittlung, Anklage und Urteil oft viele Jahre in Anspruch, ist teuer (Kosten für Reisen und Dokumente, verlorene Arbeitstage usw.), psychisch belastend und einschüchternd. Daher ist es wesentlich, einen anderen unverzichtbaren Akteur ins System aufzunehmen – die Sozialdienste, die den Betroffenen durch die verschiedenen Abschnitte der Pipeline helfen, bis der Gerechtigkeit Genüge getan ist. Ohne Sozialarbeiter und Sozialdienste, die sicherstellen, dass die Betroffenen noch am Leben, erreichbar und willens sind, den Fall durchzufechten, wird die Anklage scheitern.

Das ist also die „Pipeline" des Strafrechts.[4] Ein Leck oder eine Blockade in nur einem Abschnitt eines solchen Rohrsystems kann die Leistung des ganzen Apparats massiv beeinträchtigen. Zudem ist jedes Segment weitgehend autonom und hat seine eigene separate Rechenschaftsstruktur – so hat das Gericht in Kambodscha generell nicht die Macht, die Polizei disziplinarisch zu maßregeln, wenn sie beispielsweise Bordellbesitzer nicht festnimmt, obwohl Prostitution gesetzlich verboten ist. Auf den Philippinen kann die Polizei den Richter nicht maßregeln, wenn er nicht zu einer Anhörung erscheint. In Peru kann der Richter dem Ankläger nichts anlasten, weil dieser nicht fähig und zu überlastet ist, um die Beweislage richtig darzustellen. Die verschiedenen Akteure können sich jedoch gegenseitig für das allgemeine Versagen verantwortlich machen und schwierige Veränderungen oder Reformen auf die lange Bank schieben.

Diese Dynamik von Autonomie und gegenseitiger Abhängigkeit trifft auf so gut wie jedes öffentliche Justizsystem in der Welt zu. Es grenzt an ein Wunder, dass es überhaupt funktionierende öffentliche Justizsysteme gibt. In wohlhabenden Gesellschaften werden sie im Allgemeinen sogar immer leistungsfähiger, und die Sicherheit der Bürger steigt beständig.[5] Das gilt jedoch *nicht* für die öffentlichen Rechtssysteme in Entwicklungsländern.

Die Entwicklungsländer haben in vielerlei Hinsicht gegen marode Systeme zu kämpfen – wie Nahrungsversorgungssysteme, Gesundheitssysteme, Bildungssysteme, Sanitärsysteme und Wasserversorgungssysteme. Doch das grundlegendste und *marodeste* System ist das öffentliche Justizsystem. Es ist das grundlegendste, weil es die Basis für Stabilität und Sicherheit liefert, auf der alle anderen Systeme aufbauen. Leider versagen die öffentlichen Justizsysteme in den Entwicklungsländern nicht nur, wenn es darum geht, die Armen vor Gewalt zu schützen, sondern üben selbst Gewalt aus und schützen Täter. Andere Systeme in den Entwicklungsländern mühen sich mit vielen Problemen, aber in der Regel macht das Bildungssystem die Leute zumindest nicht ungebildeter, das Straßensystem die Leute nicht weniger mobil und das Wasserversorgungssystem das Wasser nicht schmutziger, als es schon ist.

Um die ganze Sache konkreter zu machen, müssen wir in die Tiefen der Strafjustiz in den Entwicklungsländern eintauchen – und *einen Abschnitt* der Pipeline nach dem anderen untersuchen.

Der erste Abschnitt der Rechtspipeline: Die Polizei

Der erste – und wichtigste – Abschnitt der „Pipeline" des öffentlichen Rechtssystems ist die Polizei. Das hat zwei Gründe: Nichts kann *in* die Pipeline gelangen, ohne diesen Abschnitt zu passieren. Zudem besitzt nur sie die Mittel, um Gewalt aktiv zu stoppen (oder im korrumpierten Sinne, um Menschen zu verletzen).

Leider ist dieser erste und wichtigste Abschnitt des staatlichen Systems auch am wenigsten funktionstüchtig. Die Polizisten verfügen kaum über Ausbildung zur Verbrechensaufklärung und können mehr Geld verdienen, wenn sie Menschen verletzen, als wenn sie ihnen helfen. Es fehlt im Allgemeinen schon an der primitivsten Ausrüstung, und Jahr um Jahr macht ihre Präsenz die Wohngegenden armer Menschen *noch* unsicherer.

Das ist natürlich keine präzise Beschreibung der *gesamten* Polizei und *aller* Polizisten in den Entwicklungsländern, doch es ist eine präzise Beschreibung der Qualität von Polizeiarbeit und Polizisten, wie sie *arme* Menschen in den Entwicklungsländern im Allgemeinen erleben. Natürlich gibt es an allen Orten einzelne Polizisten und Polizeieinheiten, die gut ausgebildet und ausgerüstet, motiviert, hochintelligent und kompetent sind. Aber soweit sie existieren, besteht ihre Aufgabe nicht darin, die Armen vor Verbrechen und Gewalt zu schützen; vielmehr werden diese wenigen Eliteeinheiten fast ausschließlich in drei Bereichen eingesetzt: (1) zur Staatssicherheit, (2) zum Schutz ökonomischer und kommerzieller Vermögenswerte und (3) zur Teilnahme an *internationalen* Programmen zur Rechtsdurchsetzung, bei denen es um die Bekämpfung von Terrorismus, Drogenhandel und Waffenschmuggel geht.

Alle drei sind wichtige und legitime Funktionen der Polizei in den Entwicklungsländern, und möglicherweise sickert davon auch etwas nach unten durch, das den Milliarden Armen in diesen Ländern zugutekommt. Aber die Frage ist: Was bleibt übrig, um eine gewöhnliche arme Person vor alltäglicher brutaler Gewalt zu schützen?

Unwissenheit

Die vielleicht größte Diskrepanz zwischen dem, was Sie und ich von der Polizei erwarten, und der Realität für arme Menschen in den Entwicklungsländern ist schlichtweg *Wissen*. Gewaltverbrecher dingfest zu machen und genügend Beweise zu sammeln, um ihre Schuld zu belegen, ist eine schwierige Aufgabe. Deshalb erwarten wir auch, dass die Polizei über spezielle Kenntnisse verfügt, vor allem in der Kriminalermittlung. Die moderne Polizeiarbeit in wohlhabenden Ländern ist hochspezialisiert und lebt von ständiger Fortbildung. Im Gegensatz dazu wissen die meisten Polizisten in den Entwicklungsländern wahrscheinlich nicht mehr als Sie und ich über die Durchführung einer Kriminalermittlung, denn sie haben in dieser Hinsicht so gut wie kein spezielles Training erfahren. Wenn Sie sich im Fernsehen gerne Krimis ansehen, wissen Sie wahrscheinlich sogar mehr über Kriminaluntersuchungen als der durchschnittliche Polizeibeamte in einem Entwicklungsland. Um nicht missverstanden zu werden: Es gibt vielleicht spezialisierte Polizeiteams in Entwicklungsländern, aber der durchschnittliche Polizist, der dem Gesetz in Dörfern, Slums, Barrios und auf den belebten Straßen von Millionenstädten Geltung verschaffen soll, hat praktisch keinerlei derartige Ausbildung.

In Indien kümmern sich beispielsweise mehr als eine Million Polizisten um über eine Milliarde Menschen, doch 85 Prozent von ihnen sind einfache Streifenpolizisten ohne Kenntnisse über Verbrechensaufklärung.[6] Ihre Einarbeitung und Ausbildung umfasst lediglich ein mehrmonatiges quasi-militärisches kolonialzeitliches Training samt einiger sehr kurzer und elementarer Vorträge über das Gesetz und polizeiliche Dienstvorschriften.[7] Selbst höherrangige Kommissare erhalten nur eine rudimentäre investigative Ausbildung und kennen gewöhnlich das grundlegende legale Rahmenwerk des Kriminalstrafrechts nicht.[8] Wie ein Polizeibeamter aus Bangalore, dem indischen Silicon Valley, bestätigte: „Wir müssen uns an eine immer moderner werdende Welt anpassen. Aber man vermittelt uns nicht die nötigen Fertigkeiten dazu.“[9] Tatsächlich meinen indische Experten, die Lage habe sich verschlimmert. Kurz nach der Unabhängigkeit von den Briten beschrieben Experten den schlechten Zustand der indischen Polizeikräfte so: „[Seit der Unabhängigkeit] haben sich die Ermittlungsmethoden oder die Anwendung von wissenschaftlichen Methoden in der Polizeiarbeit nicht verbessert. In keiner der ländlichen und in kaum einer der städtischen Polizeistationen gibt es die nötigen technischen Voraussetzungen für wissenschaftliche Untersuchungen." Das war 1953. Erstaunlicherweise stellte der renommierte Kommentator Praveen Swami 60 Jahre später fest: „Die Fähigkeit der Polizei zur Untersuchung von Straftaten hat sich schrittweise *verringert*."[10]

Als meine Kollegen in Kambodscha vor zehn Jahren begannen, mit der Polizei zusammenzuarbeiten, erhielten einfache Rekruten eine Uniform und eine Ausbildung am Arbeitsplatz praktisch ohne formelles Training in grundlegender Polizeiarbeit oder Verbrechensermittlung. Die Polizei sollte Mädchenhändler verhaften, wusste aber kaum, wie man Informationen sammelt, mit Informanten umgeht, Überwachungen vornimmt oder eine Razzia plant und durchführt. Die Polizei in Peru sollte Beweise in Fällen von Kindesmissbrauch sichern, hatte aber niemals gelernt, wie man bei einer Vergewaltigung ermittelt oder Zeugen im Kindesalter befragt. Die Polizei in Uganda sollte Landraub verhindern und die Täter festnehmen, besaß aber praktisch keinerlei Ausbildung, die ihr erlaubt hätte, einen Verdächtigen zu verhaften.

Welche Schulung erhalten Polizisten in den Entwicklungsländern tatsächlich?

Die Antwort lautet: Sie werden so geschult, dass die dysfunktionalen Systeme erhalten bleiben. Da es an hilfreichen, professionellen und modernen Polizeimethoden mangelt, wird dieses Ausbildungsvakuum mit einer bunten Mischung aus Meinungen, Werten, Methoden, Standardvorgehensweisen und Praktiken gefüllt, die geprägt sind von der Willkür der alten Kolonialregime, überholten paramilitärischen Modellen, Selbsterhaltungstrieben und zufällig aufgeschnapptem Unsinn. Diese Faktoren sind so dominant, dass sie das minimale formelle Training, das die Polizisten erhalten, in den Hintergrund drängen. Ein indischer Polizeibeamter berichtete: „Als ich nach der Ausbildung in meine erste Polizeiwache kam, lachten mich meine Vorgesetzten aus und erklärten mir, nun solle ich erst einmal alles vergessen, was ich gelernt hatte."[11]

Die Polizei, die sich ihrer eigenen Fähigkeiten nicht sicher ist – und zum Sündenbock für fast alles gemacht wird, von der Öffentlichkeit nicht respektiert und von kriminellen Gewalttätern bedroht wird – verbirgt ihre mangelnde Ausbildung und fehlende Kenntnisse, indem sie Außenstehende durch Einschüchterung, Grobheit und einen ausgeprägten Mangel an Transparenz auf Abstand hält. Ihre Defizite machen die Polizei so schwach und unsicher, dass sie es sich nicht leisten kann, die Leute hinter die Kulissen schauen zu lassen.

Das nahe liegende Ergebnis von fehlender Ausbildung und Spezialkenntnissen ist ein vorhersehbares, aber nichtsdestoweniger bestürzendes Maß an Inkompetenz. Die Kombination von Erwartungsdruck und Ignoranz ist für die vielen armen Menschen hoch gefährlich.

Wenn die Polizei keinen Verdächtigen findet, kann es sein, dass sie eine Gruppe von Menschen in der Nähe zusammentreibt und foltert, bis einer von ihnen gesteht. Oder sie verhaftet *Verwandte* von Verdächtigen an deren Stelle. Manchmal wird die Familie auch, wenn der Schuldige wirklich gefunden wird, als Dreingabe ins Gefängnis geworfen. Die Polizei der Elfenbeinküste warf eine 16-jährige Kindsbraut ins Gefängnis, weil ihr *Ehemann* unter Mordverdacht stand. Ohne irgendeine Anklage verbrachte sie mehr als ein Jahr im Gefängnis, bevor jemand auf sie aufmerksam wurde.

Wenn sich die Vernehmung von verängstigten und schüchternen Missbrauchsopfern schwierig gestaltet, ohrfeigen die Polizisten die Betroffenen und schreien sie an, als verhörten sie den Tatverdächtigen. IJM-Mitarbeiter in Südostasien mussten eingreifen, als Polizisten minderjährige Opfer des Sextourismus mit Schlägen drohten oder ihnen Essen oder den Gang zur Toilette verweigerten, damit sie „die Wahrheit sagen". In Ostafrika mussten wir intervenieren, als Polizisten mitten in schwierigen Vernehmungen ihren Frust an den Eltern von minderjährigen Missbrauchsopfern ausließen. Die Polizisten verloren die Geduld und brachten die Eltern dazu, ihren Kindern mit Schlägen zu drohen, falls sie nicht „sagen, was passiert ist".

Wenn die Polizisten Razzien bei Menschenhändlern oder Sklavenhaltern durchführen, tauchen sie zwar der Form halber am Ort des Verbrechens auf, unternehmen aber nichts. Viele Male haben wir bei Razzien in Südasien und Südostasien beobachtet, dass die Polizei am Vordereingang wartete, während sich die Menschenhändler samt ihrer Opfer durch den Hintereingang davonmachten. Dies passierte *nicht,* weil die Polizisten bestochen waren, sondern weil sie einfach nicht wussten, was sie tun sollten. Wenn Besitzer von Steinbrüchen, Ziegelbrennöfen und -fabriken Schlägertrupps schickten, um Polizeieinsätze auf ihrem Gelände zu stören, liefen die Beamten einfach davon. Falls es der Polizei in den Entwicklungsländern tatsächlich gelingt, Verdächtige zu verhaften, bringt sie Opfer und Täter auf der Polizeistation gewöhnlich im selben Raum unter, bis es zur Anhörung kommt. Dort schüchtern die Täter die Opfer natürlich ein, um sie von einer Zusammenarbeit mit der Polizei abzuhalten.

Oft verlässt sich die Polizei auf die Familien der Betroffenen oder auf die Betroffenen selbst, wenn es darum geht, die Gewalttäter aufzuspüren und festzusetzen. Wir haben erlebt, wie die Polizei den Eltern und Verwandten von

Kindern, die sexuell missbraucht worden waren, und gebrechlichen älteren Witwen, deren Zuhause gestohlen worden war, erklärt hat, sie müssten die Täter selbst zur Polizeistation bringen, damit sie dort vernommen werden könnten. Ein afrikanischer Bürger erklärte in dem Bericht *Stimmen der Armen*: „Normalerweise schicken sie uns zurück, um die Mörder und Diebe zu finden und zur Polizeistation zu bringen."[12]

Die mangelnde Ausbildung zieht vorhersehbare Schrecken und Absurditäten nach sich: verlorene Akten und Beweismittel, gefährliche Verdächtige, die aus der Zelle verschwinden, Fehlanwendung von grundlegenden Gesetzen, Versäumnisse beim Sichern von wichtigen Beweismitteln am Tatort, Vertuschen von Fehlern durch gefälschte Berichte sowie gefährlicher und exzessiver Einsatz von Zwang. Diese Erfahrungen sind oft auch für die unzureichend ausgerüsteten Polizisten belastend. Slumbewohner in Bangladesch fassten das Verhalten der Polizei so zusammen: „Die Polizei fängt immer die Unschuldigen und nie die Schuldigen."[13]

Korruption

Wenn Außenstehende salopp erklären, die Polizei in den Entwicklungsländern sei „völlig korrupt", überschätzen sie häufig die allgemeine Verbreitung der Korruption und unterschätzen gleichzeitig das wahre Ausmaß der Bestechlichkeit im Justizapparat. Erstens sind nicht alle Polizisten in Entwicklungsländern korrupt. Ich traf viele äußerst mutige und integre Polizeibeamte, die tagtäglich große Risiken eingehen, um gefährdete Bürger zu schützen und die vorherrschende Kultur von Korruption und Willkür zu bekämpfen. Zweitens sind Korruption und Willkür die beherrschende Kultur bei der Polizei, und die Konsequenzen sind viel schlimmer als das, was die Leute gemeinhin glauben.

Korruption ist ein Verbrechen. Es ist Diebstahl, sei es durch (1) Erpressung oder durch (2) Verkauf der Unterlassung einer Leistung, für die man bezahlt wird und auf die die Öffentlichkeit Anspruch hat. Wenn Korruption in einer Polizeitruppe endemisch wird, verwandelt sich diese in eine kriminelle Truppe, die *gegen* die Durchsetzung der Gesetze arbeitet.

Der renommierte Armutsexperte Charles Kenny schreibt, Erpressung und die Annahme von Bestechungsgeldern in Entwicklungsländern sind „die erwartete Norm" für die wechselseitigen Beziehungen zwischen Bürgern und Polizei.[14] Falls das tatsächlich stimmt, haben die Armen keine Chance auf Rechtsdurchsetzung, denn das bedeutet, dass sich die Armen den Schutz der Polizei nicht leisten können. Forscher in Indien stellten fest, dass die Armen sich die Bestechungsgelder nicht leisten konnten, die die Polizei für die Erfassung einer Strafanzeige oder für die Kosten der Ermittlung verlangte.[15]

Korruption zwingt die Armen zu einem Bieterkrieg gegen die Straftäter, die der Polizei ihrerseits Angebote machen, damit diese das Gesetz *nicht* durchsetzt. Missbrauchsopfer aus den Slums von Nairobi erklärten gegenüber Mitarbeitern von Amnesty International, sie hätten die wiederholten sexuellen Übergriffe ihrer Arbeitgeber (bei denen eine der Frauen geschwängert und mit HIV infiziert wurde), nicht bei der Polizei gemeldet „weil unsere Arbeitgeber die Polizei hätten bestechen können".[16] Praktisch erlaubt Korruption Gewalttätern, von den Behörden eine Jagdlizenz zu erwerben, mit deren Hilfe sie die Armen zur Strecke bringen können.

Angesichts der Erwartung, polizeiliche Dienstleistungen seien nur für zahlende Kunden da, gibt es wenig Anreiz, den Gesetzen Geltung zu verschaffen. Meine Kollegen haben wiederholt miterlebt, dass sich Polizeibeamte in den Entwicklungsländern weigerten, einen flüchtigen Verdächtigen zu verfolgen, die Anzeigen eines Gewaltopfers aufzunehmen, den Schauplatz eines Verbrechens aufzusuchen, einen wichtigen Augenzeugen anzuhören oder die Polizeistation zu verlassen, um einen Verdächtigen festzunehmen.

Dazu kommt: Wenn man unter Druck steht, „Verbrechen zu reduzieren", aber so wenig Verbrechensbekämpfung wie möglich leisten möchte, kann man die Statistik schönen, indem man Meldung, Registrierung und Untersuchung von Verbrechen weitgehend unterdrückt.[17] Statt Straftaten aufzudecken, deckt die Polizei kriminelle Aktivitäten zu und reduziert so die Zahl der Straftaten *auf dem Papier*. Sobald sich die Korruption innerhalb der Polizei einmal breitgemacht hat, kehrt sich das Konzept der „Rechtsdurchsetzung" um und dient dem Profit. Jedes Gesetz und jede Dienstvorschrift wird nicht länger als Vollmacht angesehen, ein sozial schädliches Verhalten einzudämmen, sondern als Gelegenheit, von der Allgemeinheit Geld zu erpressen. Unter dem Mantel des Gesetzes betreibt die Polizei sogar ihre eigenen kriminellen Geschäfte, wie Menschenhandel, Drogenschmuggel, illegaler Bergbau oder Abholzung. Polizisten sammeln Informationen für Gangs und arbeiten als Auftragsmörder.

In armen Gebieten in Entwicklungsländern dient die Ausübung polizeilicher Gewalt nicht mehr den Schwachen und Verletzlichen, sondern vielmehr deren Ausbeutung. Das zeigt sich vielleicht am deutlichsten darin, wie die Polizei regelmäßig auf Gewalt gegen Frauen reagiert: Sie wird *geduldet*.[18]

Da die Polizei den ersten Abschnitt in der Pipeline des öffentlichen Rechtssystems bildet, fungiert sie letztlich als Torwächter, der darüber entscheidet, für wen sich die Tür zur Justiz öffnet und für wen nicht.[19] Wie ein Polizeikommissar erklärte, nachdem er abgelehnt hatte, die Anzeige einer Frau wegen sexuellem Missbrauch aufzunehmen: „In dieser Gegend kommen die Frauen ständig hierher und machen allerlei Anschuldigungen. Wir hören uns das an und schicken sie dann wieder nach Hause. Gewöhnlich handelt es sich um

Lügen und Übertreibungen. Wir haben Erfahrung und wissen, wie man das unterscheidet."

In den Slums von Nairobi stellten Forscher fest, dass „die meisten der befragten Frauen nicht glaubten, dass weibliche Gewaltopfer [von der Polizei] irgendeine Form von Gerechtigkeit erwarten können".[20] Wenn Frauen in Tansania von ihrem Land vertrieben und enteignet werden, konstatierten Forscher ebenfalls, dass „die Frauen schlecht behandelt werden und die Polizei die Fälle oft selbst beurteilt und entscheidet, nichts zu unternehmen".[21] Anwälte von Vergewaltigungsopfern in Indonesien beschreiben den Spießrutenlauf und die erniedrigenden Fragen, die junge Frauen bei der Polizei häufig erleben, wenn sie eine solche Tat anzeigen: „Die Polizisten fragen die Frau, ob es ihr Spaß gemacht hat, was sie damals anhatte, und was sie um diese späte Zeit überhaupt draußen gemacht hat."[22] Diese Kaltschnäuzigkeit kann die Opfer solcher brutaler Verbrechen retraumatisieren und stellt für zukünftige Opfer eine Warnung dar, gar nicht erst zu versuchen, auf diesem Weg zu ihrem Recht zu kommen.

Im Lauf der Jahre haben zahllose traumatisierte Frauen und Mädchen aus armen Gemeinden in Lateinamerika und Afrika weinend an die Bürotür meiner IJM-Kollegen geklopft, nachdem sie all ihren Mut zusammengenommen und ein Sexualverbrechen bei der Polizei angezeigt hatten, dann aber von Polizisten brutal mit der Erklärung abgewiesen wurden, das sei kein Verbrechen, sondern eine „Familienangelegenheit". In Indien haben NGOs und auch Polizisten selbst berichtet, dass die Polizei weiblichen Opfern oft rät, einen „Kompromiss" mit den beteiligten Familien oder Verwandten zu schließen – obwohl das Opfer wiederholt schwer missbraucht wurde.[23]

Auch auf andere Weise gelingt es der Polizei, Gewalttaten aus der Pipeline des öffentlichen Rechtssystems herauszuhalten: Indem sie die Familie des Opfers mit mehr oder weniger subtilen Mitteln zwingt, für die Gewalttat eine finanzielle Wiedergutmachung von der Familie des Täters zu akzeptieren, statt Strafanzeige zu stellen. Dadurch können sich wohlhabendere Leute Straffreiheit für Vergewaltigungen und Misshandlungen ärmerer Leute erkaufen. Opfern macht diese Praxis klar, dass ihre Würde und körperliche Unverletzlichkeit nicht viel wert sind. Solche Vergleiche sind besonders heimtückisch, weil die Polizei häufig einen Prozentsatz der vereinbarten Entschädigung einstreicht und deshalb die Familie des Opfers bedrängt, das Geld zu nehmen, statt Gerechtigkeit zu suchen. Anwälte in Entwicklungsländern erleben immer wieder, wie die Eltern von Vergewaltigungsopfern von der Polizei fälschlicherweise verhaftet, eingesperrt und geschlagen werden, weil sie sich weigern, für die Vergewaltigung eines Familienmitglieds eine finanzielle Entschädigung zu akzeptieren, von der die Polizei kräftig profitieren würde.

Knappheit

Der Zugang zum Rechtssystem ist für arme Menschen gefährlich und beschwerlich. Aber in vielen Fällen ist er auch so blockiert, dass eigentlich gar nichts in die Pipeline des Rechtssystems hineingelangen kann. Das heißt, dass Recht und Gesetz für die meisten Armen weltweit nicht nur wegen Inkompetenz, Fehlfunktion und Korruption in *qualitativer* Hinsicht nicht existent sind, sondern auch in *quantitativer* Hinsicht.

Rechtsdurchsetzung ist teuer, was sie zu einer knappen Ressource macht. Meine Heimatstadt, Washington DC, gibt jedes Jahr rund 850 Dollar pro Person für die Polizei aus; das sind 2,30 Dollar pro Tag. In Bangladesch wendet die Regierungen weniger als 1,50 US-Dollar pro Person und Jahr für die Durchsetzung von Gesetzen auf. So kommt ein Polizeibeamter auf 1800 Bürger, in manchen Distrikten gar nur ein Polizist auf 8000 Bürger.[24] Auf den Philippinen erklärte der Leiter der National Police, er habe nur einen Polizisten pro 1400 Einwohnern, dies sei „viel zu wenig, um die Anforderungen zu erfüllen, die an die Polizei gestellt werden".[25] Indien wendet weniger als 13 Cent pro Person und Tag für Polizeiarbeit auf,[26] was im Schnitt rund einen Polizisten auf 1037 Bürger ergibt.

Ein Land wie Kenia verfügt über noch weniger Polizisten pro Person als Indien – und insgesamt weist Afrika ein signifikant geringeres Verhältnis von Polizei zu Bevölkerung auf als irgendeine andere Region der Welt. Was diese Zahlen noch verschlimmert, ist die Tatsache, dass ein höheres Maß an Gewalt eigentlich mehr Stunden an Ermittlungsarbeit erfordern würden. Während der weltweite Durchschnitt für die Ermittlung eines Tötungsdelikts bei 188 Polizisten liegt, beträgt der Mittelwert in afrikanischen Ländern nur 22 Polizisten pro gemeldetem Tötungsdelikt. [27] Wir wissen, dass es ein Mindestmaß an Polizeipräsenz gibt, unterhalb dessen „das Strafjustizsystem zukünftige Straftäter nicht wirksam abschrecken kann", und es ist inzwischen offenkundig, dass „diese Schwelle in vielen afrikanischen Ländern unterschritten wird".[28] Lateinamerikanische Länder weisen bessere Polizei-zu-Bürger-Quoten auf, doch wie sich herausgestellt hat, verfügen viele Länder nicht über genügend Personal, Ausrüstung oder Infrastruktur, um mit dem Maß an Gewalt zurecht zu kommen, dem sich die Polizei in diesen Ländern gegenübersieht.[29]

Zudem neigen die Regierungen *in* ärmeren Ländern dazu, ihre knappen Polizeikräfte zum Schutz der Dinge einzusetzen, die ihnen am wichtigsten sind – und das sind in der Regel *nicht* die Belange der armen Leute. In Indonesien kommt im Touristenmekka Bali beispielsweise rund ein Polizist auf 300 Personen (eine Quote ähnlich der in den USA), in Kalimatan (wo sehr viele Arme leben) hingegen nur ein Polizist auf 2500 Personen.[30] Ebenso findet sich im Kibera-Slum in Nairobi mit rund einer Millionen Einwohner praktisch kein einziger regulärer Polizeiposten. In den benachbarten, wohlhabenderen Wohnvierteln mit einem Zehntel der Einwohnerzahl sind es hingegen mindestens drei.[31]

Natürlich ist die Zahl der Polizisten nur der Anfang, wenn es um das Knappheitsproblem bei der Polizeiarbeit in den Entwicklungsländern geht. Ein Chirurg ohne Skalpell oder ein Apotheker ohne Arzneimittel hilft nicht viel. Ebenso können Polizeibeamte nicht viel tun, wenn sie nicht einmal über eine Grundausstattung für ihre Arbeit verfügen.

Eine typische Polizeistation in den meisten Entwicklungsländern erhält rund 100 Dollar, um alle nicht-lohnbedingten Ausgaben für ein ganzes Jahr zu bestreiten, soviel gibt ein guter Starbucks-Kunde in den USA pro Monat für Kaffee aus.[32] Polizisten fehlt es unter anderem an Transportmitteln, um in das Dorf zu fahren, wo die Witwe von ihrem Land vertrieben wird, oder zu dem entlegenen Steinbruch, wo die Sklaven festgehalten werden, oder um die bei einer Razzia im Bordell befreiten Mädchen zu transportieren, um den Zeugen einer Vergewaltigung aufzusuchen oder um vor Gericht zu erscheinen und auszusagen. Es mangelt an einfachen Büromaterialien und technischen Voraussetzungen wie Formularen für eine Anzeige, Papier für Kopien von Dokumenten oder Ordnern zum Sammeln von Akten, an Telefonen, um Opfer oder Zeugen zu kontaktieren, und an Computern, um Daten zu recherchieren oder Berichte zu schreiben. Wenn schon Kopierpapier fehlt, ist es nicht überraschend, dass die Polizei zudem weder über eine elementare Ausrüstung zur Beweissicherung verfügt noch über forensische Kapazitäten, Möglichkeiten zu DNA-Tests, Aufnahmegeräte für verdeckte Einsätze oder eine simple Fotoausrüstung.

Der Gipfel der Knappheit ist die Tatsache, dass Polizisten in den Entwicklungsländern einen Lohn erhalten, der nicht einmal das Existenzminimum sichert und sie so praktisch zur Kleinkorruption zwingt. In der Studie *Stimmen der Armen* beschrieben arme Menschen wiederholt die durch Inkompetenz und Bestechlichkeit hervorgerufenen Probleme, aber sie betonten häufig auch, dass sie nicht den Polizisten die Schuld an ihrem Versagen geben, weil diese so schlecht bezahlt werden.[33]

Die Lage der Armen in Entwicklungsländern hat sich im Lauf der letzten 50 Jahre in vieler Hinsicht verbessert, im Hinblick auf die Durchsetzung ihrer grundlegenden Rechte hat sie sich jedoch ständig verschlechtert. Der Kern des Systemversagens besteht darin, dass der Polizeidienst für die Armen in den weniger entwickelten Ländern nicht funktioniert, ja die Lage für sie noch schlimmer macht. Das hat zu einer Kultur doppelter Straflosigkeit geführt – nicht nur die Gewalttäter bleiben straflos, sondern *auch* die Vertreter der Regierung, die für diesen Zustand verantwortlich sind.

Der zweite Abschnitt der Rechtspipeline: Die Staatsanwaltschaft

„Das Rechtssystem kennt zwei wichtige, voneinander unabhängige Behörden, die dem Schutz der Bürger dienen: die Polizei, die begangene Straftaten aufklärt, und die Staatsanwaltschaft, die die Täter anklagt. Dies sind ihre Geschichten." So beginnt *Law & Order* – eine amerikanische Fernsehserie, die in Großbritannien, Südafrika, Russland, Frankreich und auch in Deutschland lief. Die Serie machte Staatsanwälte zu Helden, weil das, was sie tun – oder nicht tun – eine zentrale Rolle spielt, auch im wirklichen Leben.

Interessant wäre sicher, was die Drehbuchautoren der Serie aus der Story des Journalisten der *New York Times*, Michael Wines, gemacht hätten: Wines schrieb über den Fall zweier Männer aus Malawi, Lackson Sikayenera und Ismael Wadi. Ihr Leben verbindet eine gemeinsame Tragödie, obwohl sie sich noch nie getroffen haben und wahrscheinlich auch nie treffen werden.[34]

Lacksons Fall ließe sich im Fernsehen vermutlich nicht interessant darstellen, denn er verbrachte die letzten sechs Jahre 14 Stunden pro Tag auf einem Betonboden, unfähig, sich zu rühren. Er lebt in einer Zelle, die so überfüllt ist, dass er und die 160 anderen Männer, die mit ihm dort einsitzen, sich nicht bewegen können. Einmal am Tag bekommt er eine Schüssel Haferbrei und etwas schmutziges Wasser. Im Lauf der letzten sechs Jahre verließen rund 180 seiner Mitgefangenen die Zelle, weil sie die Bedingungen im Gefängnis nicht überlebten, aber es kamen stets neue Häftlinge nach. Seine Familie hat Lackson inzwischen seit 2100 Tagen nicht gesehen. Er war der einzige Verdiener und hat erfahren, dass seine Frau gezwungen war, ihn zu verlassen und einen anderen Ehemann zu finden, um zu überleben.

Wie viele andere der 10.000 Gefangenen in Malawi ist Lackson nicht wegen irgendeines Verbrechens verurteilt worden. Er wartet lediglich seit sechs Jahren auf seinen Prozess. Aber seine Chancen stehen schlecht – wahrscheinlich wird es nie dazu kommen. Denn das malawische Rechtssystem weiß gar nicht, dass Lackson existiert. Die Gefängniswärter erhielten vor sechs Jahren den Befehl, den Mann einzusperren, bis der Ankläger ihn vorlädt. Doch manchmal gehen Akten verloren – so auch im Fall Lackson. Deshalb weiß der Ankläger nicht, dass Lackson überhaupt existiert. Er kann ihn also auch nicht vor Gericht zitieren. Lackson ist wie fast alle seine Landsleute zu arm, um einen Anwalt zu bezahlen, der ihn aus dem Gefängnis herausholen und seine Unschuld nachweisen könnte. Im Fernsehen stünde uns eine einstündige Folge bevor, in der ein Mann allmählich in einer stinkenden Zelle krepiert, weil seine Akte verloren ging.

Wechseln wir zu Ismael Wadi – unserer anderen Hauptperson. Er ist letztlich für den Verlust von Lacksons Akte verantwortlich. Als Leiter der Staatsanwaltschaft in Malawi sollte Ismaels Büro Lacksons Akte nach dessen Verhaftung von der Polizei erhalten haben, doch wie die meisten Büros der Staatsanwaltschaft in den Entwicklungsländern ist Ismaels Büro völlig überlastet. Sein Büro ist verantwortlich für *alle* Strafverfolgungen im *ganzen* Land. Während im Büro der New Yorker Staatsanwaltschaft, das in der Serie *Law & Order* porträtiert wird, im wirklichen Leben rund 500 Anwälte arbeiten, muss Ismael ein Territorium, das sieben Mal größer ist und die doppelte Einwohnerzahl aufweist, mit nur zehn Anklägern abdecken. Die dreifache Zahl an Stellen ist unbesetzt, doch die Gehälter sind so niedrig, dass Ismael keine Juristen findet, die für ihn arbeiten möchten – und im ganzen Land gibt es höchstens 300 Anwälte.[35] Diese zehn Ankläger schauen auf einen Rückstau von 1500 Kapitalverbrechen, darunter zirka 900 Mordfälle, zu denen jedes Jahr rund 600 neue Morde hinzukommen.

„Wenn Straftaten geschehen, senden sie die Akten in dieses Büro", erzählte Ismael einem Reporter. „Ständig kommen neue Akten hinzu, daher steigt ihre Zahl immer weiter an. Was also tun? Man sammelt die Akten und stellt sie ordentlich in die Regale."

Zumindest eine Akte wurde nicht ordentlich ins Regal gestellt – die von Lackson. Und mit nur einem Ankläger pro anderthalb Millionen Einwohner in Malawi kann man sicher davon ausgehen, dass auch noch andere Akten verlegt wurden. Und so schlimm der Engpass in Malawi auch ist – in anderen Teilen Afrikas ist die Situation noch schlimmer. Zwei Drittel von Ugandas 18.000 Gefängnisinsassen wurden bisher nicht vor Gericht gestellt; gleiches gilt für drei Viertel der Häftlinge in Mosambik und vier Fünftel derjenigen in Kamerun. Sie alle müssen die harten Arrestbedingungen ertragen, ohne jemals verurteilt worden zu sein.[36]

Die zweite Hälfte der Tragödie

Die nicht funktionierenden staatsanwaltschaftlichen Systeme in den Entwicklungsländern führen nicht nur dazu, dass Unschuldige im Gefängnis sitzen, sondern auch, dass Täter auf freiem Fuß bleiben. Wie in Dans Fall in Kenia vertreten auch in Malawi meist Polizisten ohne juristische Ausbildung die Anklage. Selbst der Leiter des Obersten Gerichtshofs in Malawi gibt zu, dass Fälle gegen Schwerverbrecher „für Leute ohne ausreichende juristische Ausbildung außerordentlich schwer zu führen sind. Es kommt zu Verurteilungen, die nicht sein dürften, und zu Freisprüchen, die ebenfalls nicht sein dürften."[37]

In einem Großteil der Entwicklungsländer ist der Bereich der Staatsanwaltschaft innerhalb der Rechtspipeline inzwischen zu einer fast undurchdringli-

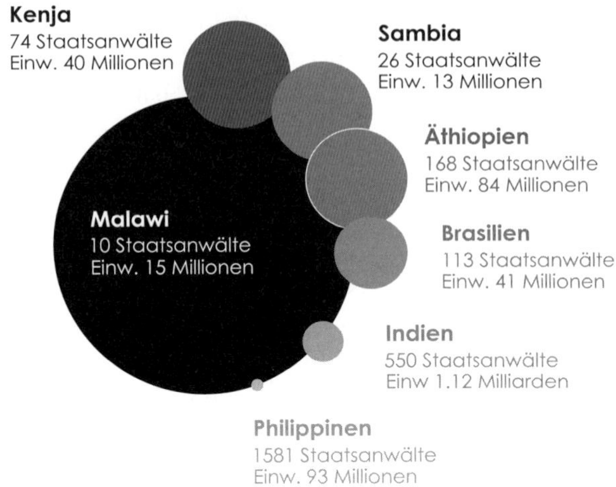

Abb. 5.1 Zahlenverhältnis Einwohner pro Staatsanwalt in verschiedenen Entwicklungsländern

chen Barriere für eine sinnvolle Rechtsdurchsetzung geworden.[38] Der Mangel an Staatsanwälten wird in ärmeren Ländern durch den unverhältnismäßig großen Anteil an krimineller Gewalt *und* den bereits existierenden Rückstau verschlimmert. Das Endergebnis ist eine ungeheure Farce.[39]

Allein die Zahlen erzählen bereits einen Teil der Geschichte. So kommen in den USA und Kanada beispielsweise im Schnitt 10,2 Staatsanwälte auf 100.000 Einwohner. In den USA bedeutet das rund 27.000 Staatsanwälte für 312 Millionen Einwohner oder ein Staatsanwalt pro 12.000 Bürger. In den Entwicklungsländern sehen die Verhältnisse so aus (Abb. 5.1).

Diese Zahlen verdeutlichen nur einen Bruchteil des Desasters. Ein Strafrechtssystem ist wie ein Fließband, das ununterbrochen Kriminalfälle aus der Gesellschaft „zur Weiterverarbeitung“ anliefert. Wenn es nicht genug Ankläger gibt, um die Fälle zu verhandeln, geraten die vorhandenen immer mehr in Verzug und Einzelfälle erhalten weniger Aufmerksamkeit.

Aus den oben genannten Zahlen könnte der Eindruck entstehen, die Situation auf den Philippinen sei mit einem Staatsanwalt pro 60.000 Einwohner recht komfortabel, vor allem verglichen mit den Verhältnissen in vielen afrikanischen Ländern. Aber mit einer personellen Ausstattung, die nur ein Fünftel derjenigen in den Vereinigten Staaten beträgt und einer vergleichbaren oder höheren Kriminalitätsrate müsste jeder philippinische Staatsanwalt seine Fälle fünf Mal so schnell bearbeiten. Durch den Rückstau vieler Fälle wird die Situation jedes Jahr schlimmer. Wenn Staatsanwälte derart überlastet sind, so Experten, „werden sie zu einem Haupthindernis, statt zu einer Hilfe bei der Beseitigung“ von Missständen.[40] Tatsächlich zeigen Studien inzwischen, dass es durchschnittlich fünf bis sechs Jahre dauert, bis ein Fall auf den Philippinen vor Gericht kommt. In vielen Fällen können es auch zehn Jahre sein.[41]

Und wie wir an den Zahlen ablesen können, ist die Staatsanwaltschaft auf den Philippinen insgesamt in viel besserer Verfassung als in den meisten Entwicklungsländern. Dennoch wissen die Filipinos, dass das System so überlastet ist, dass ein Opfer nur dann zu seinem Recht kommen kann, wenn es einen privaten Ankläger anheuert. Er übernimmt alle Ermittlungen, die (administrative) Kleinarbeit sowie die juristische Analyse und Begründung des Falles für den öffentlichen Ankläger. Wenn jemand jedoch zu arm ist, diese Dienstleistung zu bezahlen – was sicherlich für die 25 Millionen Filipinos gilt, die von weniger als 1,25 Dollar pro Tag leben[42] –, kommt es schlicht nicht zu einer Anklage.

Experten der UNODC haben sich die immensen Fallzahlen angeschaut, denen sich die kleine Gruppe der Ankläger in Kenia gegenübersieht, und sind zu dem Schluss gekommen, dass es für einen kenianischen Ankläger so gut wie unmöglich ist, eine Anklage entsprechend vorzubereiten.[43] Der indische Oberste Gerichtshof beklagt die „ausgeprägte Unterversorgung mit Staatsanwälten“[44] und prangert Zustände in Bundesstaaten wie Maharashtra (mit der Megametropole Bombay) an, wo es den Staatsanwälten bei 91 Prozent der Verdächtigen, die sie vor Gericht bringen, nicht gelingt, eine Verurteilung zu erreichen.[45] Tatsächlich sinkt die Rate der Verurteilungen, die Ankläger in Indien erzielen, seit 40 Jahren stetig, was nach Ansicht des Leiters der indischen Eliteabteilung „Criminal Bureau of Investigation“ die „Nichteffizienz des öffentlichen Justizsystems“ belegt.[46] In Lateinamerika kommen in Guatemala 94 Prozent der Angeklagten frei, wobei die übergroße Mehrheit der Fälle fallengelassen wird, bevor der Fall überhaupt in erster Instanz vor einen Richter gebracht wird.[47] In Bolivien führen 86 bis 88 Prozent aller Anklagen nicht zu einer Verurteilung.[48] Was Brasilien angeht, so meint das US-amerikanische Außenministerium lapidar, dass „Verurteilungen für Verbrechen durch Gerichte selten“ sind.[49]

Es ist unnötig zu erwähnen, dass die Funktionsunfähigkeit der staatsanwaltschaftlichen Systeme dennoch fast unbeachtet bleibt. Wie alles Übrige in den maroden Strafjustizsystemen in den Entwicklungsländern wird auch dieser Bereich nicht in Angriff genommen.

Der letzte Abschnitt der Rechtspipeline: Die Gerichte

Ein glaubwürdiges Gerichtssystem muss zügig und zuverlässig arbeiten. Schuld oder Unschuld herauszufinden ist jedoch ein sehr komplexer Prozess, an dem Gesellschaften seit Jahrtausenden feilen. Gerichte müssen qualitativ gute Arbeit leisten, sonst fällen sie ein falsches Urteil. Geschieht das häufig, richtet es mehr Schaden als Nutzen an. Zudem muss das Gericht in einem vernünftigen Zeitrahmen zur Urteilsfindung kommen. Erstens, weil Menschen aufgrund des staatlichen Gewaltmonopols bis zur Entscheidung ihres Falles gefangen gehalten werden, zweitens, weil der Abschreckungswert von strafrechtlichen Sanktionen von deren Häufigkeit und Zuverlässigkeit abhängt und drittens, weil ständig weitere Fälle hinzukommen.

Wie gut ein öffentliches Rechtssystem funktioniert, kann nicht daran gemessen werden, ob es (gelegentlich) für wohlhabende Menschen ordentlich arbeitet, sondern daran, ob es auch den schwächeren Mitgliedern der Gesellschaft dient, die kein Geld in die Bearbeitung ihres Falls investieren können. Wenn ich Prozessen in Entwicklungsländern beiwohnte, fühlte ich mich oft wie Lewis Carrolls *Alice im Wunderland*, als sie Zeugin wurde, wie der Herzbube in einer Gerichtsverhandlung des Törtchendiebstahls angeklagt wurde. Alice, die einiges über Gerichtsverfahren gelesen hatte, „war recht stolz, dass sie für alles den richtigen Namen wusste". „Das ist der Richter", sagte sie vor sich hin, „weil er eine Perücke trägt." Sie identifizierte die „Schöffenbank" und die „Schöffen", und sie „hielt sich einiges darauf zugute, denn sie fand, und da hatte sie ganz recht, dass wahrscheinlich nur die wenigsten Kinder in ihrem Alter wüssten, was ‚Schöffen' sind". Genauso betrat ich diese Gerichtssäle mit meinen Kollegen in der Gewissheit: „Ich bin Anwalt. Ich verstehe, was hier geschieht."

Doch als die Prozesse begannen, fühlte ich mich wie Alice völlig verloren angesichts des Durcheinanders und der unlogischen Schlussfolgerungen. In Carrolls Geschichte verfolgt Alice staunend, wie die Herzkönigin und der Herzkönig ein wirbelndes Chaos absurder Wortwechsel und leidenschaftlichen Unsinns anführen, die in raschem Schlagabtausch durch den Gerichtssaal schwirren. Schließlich wird Alice als Zeugin vernommen – und die Königin droht, sie zu enthaupten, weil sie auf Logik beharrt. Da wacht Alice auf.

Die Geschichte liest sich, als hätte Mr. Carroll beim Schreiben etwas geraucht – oder als hätte er Erfahrung mit der „Logik" von Gerichten, denen die Armen auf Gedeih und Verderb ausgeliefert sind. Szenen, die ebenso surreal wirken wie in Carrolls Buch, erlebt man in den Gerichtssälen von Entwicklungsländern jeden Tag. In Uganda muss eine mittellose Witwe große Mühen und Kosten aufwenden, um dem Prozess beizuwohnen, in dem über das Land verhandelt wird, das ihr gewaltsam enteignet wurde – doch der Richter erscheint *neun Mal* nicht zur Verhandlung, ohne sich dafür rechtfertigen zu müssen. In Bolivien werden Anhörungen in einem Fall gegen einen Lehrer, der Schüler vergewaltigt haben soll, *80 Mal* vertagt – weil der Verteidiger nicht erschien, der Beschuldigte Unwohlsein vortäuschte oder sich im Gefängnis versteckte sowie aus einer weiteren endlosen Reihe unerklärlicher Gründe. In einem Gerichtssaal in Kalkutta greift ein Mob von Verteidigern ungehindert den Anwalt eines Menschenhandelsopfers an und schlägt sogar das entsetzte

Boo wollte damit nicht sagen, dass das amerikanische Rechtssystem perfekt oder das perfekte Modell für Indien oder irgendein anderes Land wäre. Sie betont, dass es für die armen Familien, die sie kennen gelernt hatte, überhaupt kein einigermaßen funktionierendes Rechtssystem gibt. Diese Tatsache ist wichtig, denn sie lässt uns nicht nur die enormen Nachteile der Gesetzlosigkeit erkennen, sondern auch die enormen *Vorteile* eines vernünftigen Rechtssystems, das die Armen auf ihrem Weg aus der Armut schützt. Wir haben im dritten Kapitel gesehen, dass gesetzlose Gewalt die wirtschaftlichen Chancen der Armen zerstören und sie in Armut gefangen halten kann und dass zwar existierende, aber marode Rechtssysteme die Situation verschärfen. Aber auf der anderen Seite argumentiert eine umfangreiche ambitionierte, kaum bekannte Studie der Weltbank, dass Rechtssysteme selbst ein Schlüsselfaktor für die Entwicklung des wirtschaftlichen Wohlstands einer Nation sind. Demnach könnte die Wiederherstellung nicht funktionierender Rechtssysteme eine der größten Chancen für die Armen bieten, ihrer Misere zu entkommen.

In ihrer Studie *Where is the Wealth of Nations?* (Wo ist der Wohlstand der Nationen?) untersuchte die Weltbank, wie verschiedene Formen von Kapital zur wirtschaftlichen Entwicklung einer Nation beitragen (Abb. 5.2). Die Regressionsanalytiker der Bank begannen mit den bekannten Kapitalquellen einer Nation: (1) natürliche Ressourcen (Öl, Gas, Mineralien, Wälder, Ackerland, Fischbestände etc.) und (2) produziertes Kapital (Maschinen, Ausrüstung, Infrastruktur etc.). Die Ökonomen fanden jedoch heraus, dass diese beiden Quellen materiellen Reichtums nur für 20 bis 40 Prozent des nationalen Wohlstands verantwortlich waren. Wohlstand erwuchs größtenteils aus dem *immateriellen* Kapital von Institutionen (Bildung, Regierungsführung, Qualität der Behörden, der Gesundheits- und Rechtssysteme etc.), die das Humankapital sowie natürliches und produziertes Kapital zunehmend produktiver machen.[67]

Das ergibt beispielsweise beim Thema „Bildung" intuitiv durchaus einen Sinn, nicht wahr? Eine Nation, reich an natürlichen Ressourcen, ausreichend Produktionsmitteln sowie einer guten Infrastruktur, deren Bevölkerung nicht lesen kann oder die keine Ingenieure oder Experten für technische Neuerungen hat, wird nicht so rasch prosperieren wie ein Land mit Institutionen, die am laufenden Band eine gut ausgebildete Erwerbsbevölkerung hervorbringen. Das erklärt, warum diejenigen, die die wirtschaftliche Entwicklung, Minderung der Armut oder Stärkung von Mädchen in einem Land fördern wollen, so viel Wert auf Bildung legen. Bildung ist ein entscheidender Faktor.

Tatsächlich sind Bildungseinrichtungen der zweitgrößte Faktor, der beim immateriellen Kapital eines Landes zu Buche schlägt (36 Prozent), und eine 1-prozentige Erhöhung im Wert der landeseigenen Bildungsinstitutionen stei-

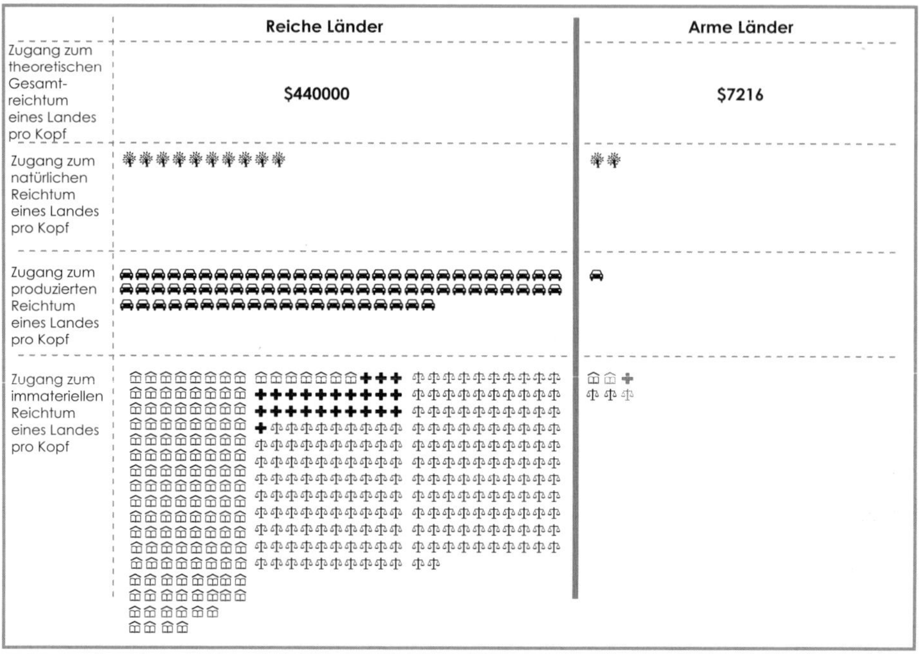

Abb. 5.2 Der Reichtum der Nationen. Um den Reichtum eines Landes zu bemessen, kann man den theoretischen Reichtum eines Landes pro Einwohner vergleichen. In ihrer Studie *Where is the Wealth of Nations?* http://siteresources.worldbank.org/INTEEI/214578-1110886258964/20748034/All.pdf berechnet die Weltbank den Geldwert von Naturressourcen, von produziertem Kapitel und von immateriellem Kapital wie beispielsweise von Bildung und von einem funktionierenden Rechtssystem. In den USA, Japan und in Westeuropa kommen Menschen im Durchschnitt in den Genuss von Reichtümern mit einem Geldwert von durchschnittlich 440.000 Dollar. In den ärmsten Ländern der Welt beträgt der durchschnittliche pro-Kopf-Geldwert lediglich 7216 Dollar. Während in Entwicklungsländern ein Drittel bis zur Hälfte des Reichtums aus Naturressourcen besteht, liegt dieser Anteil in den westlichen Nationen nur bei einem Prozent. In den reichen Ländern liegt mehr als 80 Prozent des Reichtums in so genanntem immateriellem Kapital

gert das immaterielle Kapital einer Nation um 0,53 Prozent. Bildung schafft Wohlstand und ermöglicht eine Befreiung aus der Armut.

Welcher Faktor ist dabei am bedeutendsten? Überraschenderweise kam die Weltbank zu dem Schluss, dass die für den wirtschaftlichen Fortschritt wichtigsten Institutionen diejenigen waren, die für Rechtsstaatlichkeit sorgen (einschließlich des Strafrechtssystems). Sie stehen für kolossale 57 Prozent des immateriellen Wohlstands einer Nation! Während eine Investition, die den Wert der Bildungseinrichtungen um 1 Prozent erhöht, das immaterielle Kapitel einer Nation um 0,53 Prozent steigert, erhöht eine 1-prozentige Investition in die Justizinstitutionen das immaterielle Kapital um 0,83 Prozent.[68] Die

Autoren des Berichts meinen abschließend, die politisch Verantwortlichen könnten darauf vertrauen, dass Investitionen in Bildungs- und Rechtssysteme „die wichtigsten Maßnahmen sind, um die immaterielle Kapitalkomponente des Wohlstands insgesamt zu erhöhen".

Zugegeben, diese Regressionsanalysen sind höchst komplex, und ein direkter Kausalzusammenhang zwischen Rechtsstaatlichkeit und Wirtschaftswachstum ist schwer fassbar und schwierig zu deuten. Das Strafrechtssystem ist nur eine der Institutionen, die für Rechtsstaatlichkeit sorgen sollen, und es ist umstritten, inwieweit das wirtschaftliche Gesamtwachstum einer Nation die schlimmste Armut lindert.

Dies vorausgeschickt liegt trotzdem der folgende Zusammenhang nahe: Zusammen mit den sich mehrenden Daten, die belegen, dass Gewalt die wirtschaftlichen Fortschritte der Armen zunichtemacht, dass der Zusammenbruch des Rechtssystems sie schutzlos lässt und dass ein funktionierendes Justizsystem für jede komplexe Gesellschaft äußerst wichtig ist, untermauern die empirischen Befunde über den Zusammenhang zwischen einer Wiederherstellung grundlegender Rechtsprinzipien und wirtschaftlichem Fortschritt die Argumentation in diesem Buch. Es ist an der Zeit zu erkennen, dass wir die Armen vor allem anderen mit funktionierenden Rechtssystemen vor Gewalt schützen müssen.

So schreibt David Brooks in der *New York Times*:

> Man kann so viele Nichtregierungsorganisationen in ein Land packen, wie man will, aber wenn es keine Rechtsstaatlichkeit gibt und wenn die herrschende Klasse eine Räuberbande ist, lässt sich auf diesem Wege kaum etwas erreichen … Kurz gesagt, das Beste, was man tun kann, ist, den Stier bei den Hörnern zu packen und Korruption, Bestechlichkeit und Unordnung direkt anzugehen.[69]

Als Mitglied der International Crisis Group meinte Lord Paddy Ashdown, Hoher Repräsentant für Bosnien und Herzegowina der Vereinten Nationen in Bosnien-Herzegowina selbstkritisch: „Rückblickend hätten wir zuerst Recht und Ordnung etablieren sollen, denn alles andere hängt davon ab: eine funktionierende Wirtschaft, ein freies und faires politisches System, die Entwicklung einer Zivilgesellschaft, Vertrauen der Öffentlichkeit in Polizei und Gerichte."[70]

Wie aber bereits erwähnt: Selbst wenn wir uns einig sind, dass der Aufbau wirksamer und funktionierender Strafrechtssysteme in den Entwicklungsländern Vorrang hat, ist ein solches Unterfangen außerordentlich schwierig, gefährlich und nicht unbedingt von Erfolg gekrönt. Um diesen Herausforderungen daher überzeugend zu begegnen, müssen wir verstehen, dass das

Unvermögen, solche Systeme in den Entwicklungsländern aufzubauen, nicht nur den Traum von der Ausrottung der größten Armut zerstört hat, sondern auch einen zweiten Traum – die Durchsetzung der Menschenrechte für alle Menschen im 21. Jahrhundert.

6 Zerstörte Träume

Bis heute ist es nicht gelungen, in Entwicklungsländern funktionierende Rechtssysteme für Milliarden armer Menschen zu etablieren. Das hat den Kampf gegen extreme Armut weiter zurückgeworfen. Ähnlich ergeht es einem anderen Traum von großer Tragweite aus dem letzten Jahrhundert. Seine Verwirklichung hat in den letzten fünfzig Jahren zwar erstaunliche Fortschritte gemacht, für die Ärmsten der Armen erwies er sich aber als bittere Enttäuschung – der Traum, grundlegende Menschenrechte für alle Menschen gleichermaßen zu garantieren. Die Revolution der Menschenrechte im 20. Jahrhundert stellt mit Sicherheit eine der tiefgreifendsten Veränderungen in der Menschheitsgeschichte dar. Doch wie bei der industriellen Revolution mit ihren beispiellosen wirtschaftlichen Fortschritten profitieren auch von dieser Revolution Milliarden der Ärmsten in keiner Weise – schlicht, weil es nicht gelungen ist, Rechtssysteme zu schaffen, die sie vor alltäglicher Gewalt schützen. Martin Luther King Jr. erklärte mit Blick auf die amerikanische Bürgerrechtsbewegung, wie es auf der einen Seite möglich ist, im Kampf um die Durchsetzung von Rechten wie dem auf Freiheit große Fortschritte zu machen, auf der anderen Seite jedoch etliche bildlich in ihren Ketten zurückzulassen. In seiner berühmten Rede „I have a dream " sprach King von einem amerikanischen Traum, der sich für viele, aber nicht alle erfüllt hat:

> Als die Architekten unserer Republik die großartigen Worte der Verfassung und der Unabhängigkeitserklärung schrieben, unterzeichneten sie einen Schuldschein, zu dessen Einlösung alle Amerikaner berechtigt sein sollten. Dieser Schein enthielt das Versprechen, dass allen Menschen – ja, schwarzen Menschen ebenso wie weißen – die unveräußerlichen Rechte auf Leben, Freiheit und der Anspruch auf Glück garantiert würden. Es ist heute offenbar, dass Amerika seinen Verbindlichkeiten nicht nachgekommen ist, soweit es die schwarzen Bürger betrifft. Statt seine heiligen Verpflichtungen zu erfüllen, hat Amerika den Negern einen Scheck gegeben, der mit dem Vermerk zurückgekommen ist: „Keine Deckung vorhanden".[1]

Auf den Stufen des Lincoln Memorial feierte King den historischen Sieg der Emanzipations-Proklamation – jenes „folgenschweren Dekrets", das Mil-

G. A. Haugen und V. Boutros, *Gewalt – die Fessel der Armen*, DOI 10.1007/978-3-662-47054-1_6

lionen Afroamerikanern „einen Scheck ausstellte, der [uns] auf Verlangen die Reichtümer der Freiheit und die Sicherheit auf Gerechtigkeit gewähren wird." Kings Rede offenbarte einen Skandal: Amerika hatte seinen Schuldschein gegenüber seinen schwarzen Bürgern nicht eingelöst. Trotz der Versprechungen in der Verfassung und der Verkündung der Emanzipation von Sklaverei, scheiterte Amerika darin, diesen Traum für Schwarze wahr werden zu lassen – schlicht weil es versäumt hatte, diese Rechte auch durchzusetzen und „gleiches Recht für alle vor dem Gesetz" zu garantieren. Rechte zu erklären und entsprechende Gesetze zu erlassen, ohne diese durchzusetzen, sagte King, sei für die potenziellen Nutznießer so unnütz wie ein Scheck, den man nicht einlösen kann.

Die Yuris, Mariammas und Lauras dieser Welt hätten jedes Recht, eine „Ich habe einen Traum ..."-Rede zu halten. Der Schuldschein in ihren Händen würde nicht auf der Verfassung und Unabhängigkeitserklärung der USA beruhen, sondern auf der „Allgemeinen Erklärung der Menschenrechte" der Vereinten Nationen. Das öffentliche Rechtssystem in ihren Ländern wäre die „Bank", die ihren Schuldschein einlösen müsste, doch diese ist seit langem bankrott. Ihr Scheck wäre ungedeckt, weil es nicht gelungen ist, funktionierende öffentliche Rechtssysteme in Entwicklungsländern aufzubauen. Die Errungenschaften der Menschenrechtsbewegung sind größtenteils irrelevant für das vordringlichste Problem ihres Alltags: krimineller Gewalt ausgesetzt zu sein, die nicht geahndet wird.

Die ersten Streiter im Kampf um Menschenrechte bewiesen Weitsicht, indem sie aufzeigten, dass ihr Traum zur Verwirklichung in drei Etappen unterteilt werden müsse: Idee, Gesetz, Anwendung – das heißt, zuerst die Formulierung eines Rechtes, dann die Verabschiedung eines entsprechenden Gesetzes und schließlich die Durchsetzung des Gesetzes respektive Rechtes durch die Strafverfolgungsbehörden.

Die moderne Menschenrechtsbewegung hat allen Widrigkeiten zum Trotz unbestreitbare Siege auf den ersten beiden Etappen errungen – blieb jedoch auf der dritten Etappe weit hinter dem Ziel zurück. Für die Yuris, Mariammas und Lauras auf dieser Welt müssen wir endlich unsere Ressourcen und Energien bündeln und auch die letzte Etappe meistern: den Aufbau funktionsfähiger öffentlicher Rechtssysteme, die dafür sorgen, dass die in nationalen Gesetzen verankerten grundlegenden Menschenrechte auch tatsächlich durchgesetzt werden.

Das Undenkbare wurde normal

Kurz nach dem 2. Weltkrieg gelang den Pionieren der modernen Menschenrechtsbewegung ein unerwarteter Durchbruch im Hinblick auf die künftige Allgemeine Erklärung der Menschenrechte. Um beurteilen zu können, warum so etwas einige Jahre zuvor noch undenkbar gewesen wäre, müssen wir in die Mitte der 1940er-Jahre zurückgehen – in eine Zeit, in der es unvorstellbar war, dass sich ein souveräner Staat vor einer höheren Autorität dafür verantworten musste, wie er mit seinen Bürgern innerhalb seiner Staatsgrenzen umging. Für Leser im 21. Jahrhundert ist es sicher schwer nachvollziehbar, in welchem Ausmaß damals allein die Idee von so etwas wie „Menschenrechten" bereits „eine radikale Abkehr vom traditionellen Denken und Handeln" bedeutete; so nannte es ein Zeitzeuge.[2] Den idealistischsten Menschenrechtsaktivisten war klar, welch radikale Umkehr jahrhundertelang gültiger geopolitischer Gepflogenheiten es bedeuten würde, Staaten zur Anerkennung allgemeiner Menschenrechte zu bekehren: „In der Tat verlangen wir von Staaten, einer internationalen Überwachung ihres Umgangs mit ihren Bürgern zuzustimmen – etwas, das bis dato als absolutes Hoheitsrecht des Staates gilt."[3]

Die Grundfesten dieses Souveränitätsprinzips begannen zu wackeln, als die von den Nazis begangenen Gräueltaten ans Licht kamen, von denen viele mit ihrem inländischen Recht vereinbar waren. Kraft welcher Autorität sollten die Alliierten ihnen – im Hinblick auf das Souveränitätsprinzip – den Prozess machen? Um die Verantwortung einer höheren Gewalt übertragen zu können, formulierten die Alliierten die Nürnberger Prinzipien des internationalen Strafrechtes, die als Grundlage für die Gerichtsverfahren gegen deutsche und japanische Kriegsverbrecher dienen sollten. Sie versetzten dem Souveränitätsprinzip den ersten Schlag, indem sie verdeutlichten, dass es Rechte gibt, die kein Staat verletzten darf – selbst wenn etwas innerhalb seiner Grenzen oder gegenüber seinen eigenen Bürgern geschieht oder mit inländischem Recht vereinbar ist.

Bei den Nürnberger Prozessen wurden die barbarischen Verbrechen der Nazis als Verletzung der „unveräußerlichen Rechte" des Menschen bezeichnet.[4] Zeugnisse der „Endlösung" finden sich auf grauenhaften Fotografien: Berge menschlicher Knochen, zahllose Brillengläser und herausgebrochene Goldfüllungen sowie Furchen im Zementboden – hinterlassen von den Fingern jener, die in die Gaskammern geschleift wurden.[5] Wochenschauberichte zeigten Bulldozer, die unwürdig und ohne viel Federlesens haufenweise nackte Leichen von Männern, Frauen und Kindern in Massengräber schoben.[6]

Die Angeklagten erhoben Protest, man könne sie nicht für diese Gräueltaten verantwortlich machen. Hermann Göring, Oberbefehlshaber von Hitlers

Luftwaffe und ursprünglicher Leiter der Gestapo, verstieg sich sogar zu der Behauptung, es seien die Nazi-Angeklagten, deren Rechte verletzt würden. Statt auf die von den Anklägern präsentierten erdrückenden Beweise der Nazi-Verbrechen einzugehen, verteidigte Göring die Verbrechen mit den Worten: „Das war unser gutes Recht! Wir waren ein souveräner Staat und genau das war unsere Aufgabe."[7]

Görings Erwiderung mag moralisch verwerflich sein, aber er sprach lediglich aus, was in jener Zeit die allgemein gültige Sichtweise der Völkerrechtler war: Die Souveränität eines Staates ist absolut. Dem Rest der Welt versetzten die in Nürnberg enthüllten Verbrechen einen solch heftigen moralischen Schlag, dass das Souveränitätsprinzip irreparablen Schaden nahm. Obwohl die Nürnberger Prozesse das Thema Verletzung der Menschenwürde in Friedenszeiten ausklammerten,[8] wurden sie Wegbereiter für etwas, das das Souveränitätsprinzip viel heftiger erschüttern sollte.

Die Allgemeine Erklärung der Menschenrechte

Bis zu diesem Stadium in der modernen Menschenrechtsbewegung waren die Hauptakteure vorwiegend Diplomaten. Sie waren nie gezwungen gewesen, individuelle „Menschenrechte" und „grundlegende Freiheiten" präzise zu definieren, sich mit der Vielfalt moralischer Werte auf globaler Ebene herumzuschlagen oder sich ernsthaft zu überlegen, welche Konsequenzen eine Umsetzung dieser Rechte und Freiheiten für alle Menschen auf der Welt hätte.[9] Das änderte sich schlagartig, als die Vereinten Nationen ihre Menschenrechtskommission anhielten, eine Internationale Menschenrechtserklärung auszuarbeiten, die von allen Staaten akzeptiert werden sollte. Diese Aufgabe entpuppte sich rasch als eine gewaltige Herausforderung, weil sie unzählige moral- und politikphilosophische Fragen aufwarf.

Deshalb setzten die Regierungen nicht auf ihre üblichen Vertreter des diplomatischen Corps, sondern stellten eine illustre Runde aus politisch außerordentlich gelehrten Köpfen für diese Aufgabe zusammen.[10] In Erwartung einer spannenden Debatte über die hochemotionalen moralischen und philosophischen Themen drängten unzählige Zuschauer in den Sitzungssaal, als die Kommission im Januar 1947 zum ersten Mal zusammentrat – sie alle wollten Zeuge werden bei diesem historischen Meinungsaustausch.[11]

Für viele Gewaltopfer weltweit war die Arbeit der Kommission jedoch weit mehr als eine intellektuelle Unterhaltung. Bereits vor ihrer ersten offiziellen Zusammenkunft wurde die Kommission von (oft handschriftlichen) Gesuchen mehrerer Betroffener von Menschenrechtsverletzungen überschwemmt.[12] Tausende von ihnen schilderten ähnliche Anliegen, weil ihre Regierungen sich weigerten, die aufgeführten Gewalttaten juristisch zu verfolgen – oder weil Regierungsmitglieder selbst die Täter waren.[13] Die Bittschriften brachten die Verzweiflung der Betroffenen sehr plastisch zum Ausdruck. Das erinnerte die Kommission daran, dass ihre Arbeit von Menschen beobachtet wurde, die offenbar glaubten, ihr Leben und ihre Freiheit hingen von deren Erfolg ab.

Doch der Erfolg musste hart erkämpft werden. Sofort drohten zahlreiche Regierungen, die Schreie der Schwachen zu unterdrücken und dem Unterfangen den Garaus zu machen, bevor die Kommission überhaupt begonnen hatte – ein gutes Beispiel für Staatsgewalt. Den Mitgliedern der Kommission wurde bewusst, dass die in der Menschenrechtserklärung festgeschriebenen Rechte für Betroffene von Gewalt nur einen Nutzen hatten, wenn sie auch eingefordert werden konnten. Leider erzielte man zunächst keine Einigkeit in der Frage, ob diese Rechte in rechtlich bindende Abkommen gegossen oder lediglich als unverbindliche Erklärung von Prinzipien zu eindeutigen Menschenrechtsstandards abgefasst werden sollten.

Es kam zu einem Kräftemessen, wobei sich zwischen den stärkeren Mächten, die sich gegen formale gesetzliche Verpflichtungen aussprachen und den schwächeren Staaten, die dafür votierten, ein tiefer Graben auftat. Der Vertreter der Sowjetunion beispielsweise warnte davor, dass die Schaffung rechtlich bindender Abkommen „in eine Richtung geht, in der die Grenze zwischen internationalem und nationalem Recht überschritten würde – jene Grenze zwischen gewollten Wechselbeziehungen zwischen Regierungen und der Wahrung souveräner Rechte einer Nation".[14] Der indische Repräsentant konterte mit einer scharfen, unverblümten Antwort: „Solange sie für die Mitglieder der Vereinten Nationen nicht bindend sind, werden sie bedeutungslos bleiben."[15] Am Ende setzten sich die Großmächte durch, die darauf bestanden, dass die Rechte lediglich die Form einer nicht rechtsverbindlichen Erklärung annehmen sollten.

Die Kommission ließ sich jedoch nicht von ihrer Überzeugung abbringen, dass die Rechte, die sie verkündete, auch gesetzlich durchsetzbar sein müssten, um für die Menschenrechtsopfer weltweit etwas bewirken zu können. Allerdings hatten ältere, bewährte Mitglieder der Kommission genügend politische Erfahrung, um zu erkennen, dass zu jener Zeit eine rechtsverbindliche internationale Menschenrechtserklärung unmöglich war. Statt durch Beharren auf einem zum Scheitern verurteilten Standpunkt in Bedeutungslosigkeit zu versinken, zeigten sie Weitblick: Sie erkannten an, dass die Menschenrechtsbewegung in Etappen unterteilt werden musste. Als hätte sie bereits Kenntnis von der späteren politischen Landschaft gehabt, beschloss die Kommission während ihrer zweiten Sitzung Ende 1947, dass der Prozess zur Schaffung einer Internationalen Menschenrechtserklärung in drei aufeinanderfolgende

Etappen gegliedert sein sollte: eine Erklärung der Rechte, der Beschluss eines rechtsverbindlichen Abkommens und schließlich die Schaffung gezielter Maßnahmen zur Durchsetzung.[16] Dieser dreiphasige Prozess wurde zum inoffiziellen Planungsentwurf für die moderne Menschenrechtsbewegung und ist heute noch, über 65 Jahre später, ein nützlicher Ratgeber zum Verständnis ihrer Vergangenheit, Gegenwart und Zukunft.

Für Gewaltopfer bedeutete die Allgemeine Erklärung der Menschenrechte die Verheißung besserer Zeiten. Endlich erhob sich eine Stimme, um für jene zu sprechen, die bisher durch die Trumpfkarte „Nationale Souveränität" zum Schweigen gebracht worden waren. Für die Milliarden Yuris und Mariammas dieser Welt sprechend, stellt die Erklärung mit weltweit gültiger Autorität klar, selbst diejenigen, die von ihren Unterdrückern als „Niemand" abgetan werden, haben das Recht auf Leben und persönliche Sicherheit. Für alle Jerardos und Josés – jene Männer, die im Fall Yuri von der Polizei eingesperrt und gefoltert wurden, bis sie die Taten anderer „gestanden" – macht die Erklärung deutlich, dass niemand Folter oder willkürlicher Inhaftierung ausgesetzt sein darf. Sie lässt ebenfalls keinen Zweifel daran, dass jeder Angeklagte das Recht darauf hat, als unschuldig zu gelten, bis seine Schuld in einem fairen Prozess von einem unparteiischen Gericht nachgewiesen wurde. Die Erklärung schreibt fest, dass „niemand in Sklaverei oder Leibeigenschaft gehalten werden" dürfe und dass „jeder Mensch das Recht auf Freizügigkeit und freie Wahl seines Wohnsitzes" sowie „das Recht auf Arbeit [und] … auf angemessene und befriedigende Arbeitsbedingungen hat." Für alle Susans – der Großmutter aus Uganda, die von heute auf morgen obdachlos wurde, weil ihr Nachbar ihr Land raubte – macht die Erklärung deutlich, dass Frauen das Recht auf Eigentum haben, das sie niemand willkürlich enteignen darf. Durch Anerkennung der Tatsache, dass diese Rechte unveräußerliche Geburtsrechte eines jeden Menschen sind, bestätigte die internationale Gemeinschaft, dass sie von keinem Tyrannen – weder in Gestalt eines Staates noch einer Gruppe noch einer Person – weggenommen werden können.

Die Bedeutung der Allgemeinen Erklärung der Menschenrechte ging weit über ihre Auswirkungen zur Zeit ihrer historischen Einführung 1948 hinaus. Die Jura-Professorin Mary Ann Glendon von der Universität Harvard merkt dazu an, dass die Erklärung jahrzehntelang politische Bewegungen inspiriert und beeinflusst hat, den Untergang von Kolonialreichen beschleunigte und den Schwachen dieser Welt als Sprachrohr diente; sie bleibe die „wichtigste Inspiration für die meisten heutigen Rechtsinstrumente auf der Welt."[17]

Die zweite Etappe

Die Annahme der Erklärung ohne eine einzige Gegenstimme löste bei Menschenrechtsanwälten eine Welle der Euphorie aus, die vorhandene Zeichen des Widerstands überdeckte. Mächtige Staaten beispielsweise, die nicht bereit waren, rechtsverbindliche Richtlinien zu akzeptieren, zogen dort eine Grenze, wo sie die Richtlinien in rechtsverbindliche Gesetze hätten überführen müssen, was ihre Versagen offenbart oder ihre nationale Souveränität untergraben hätte.

Überdies wurde die Menschenrechtserklärung genau in jenem schmalen politischen Zeitfenster eingeführt, in dem dies überhaupt möglich war – nämlich zwischen Ende des 2. Weltkrieges und dem Beginn des Kalten Krieges. Kurz danach schloss sich das Fenster, und die Propagandamaschinerie zwischen Ost und West suchte die Sprache der Menschenrechte und die Arbeit der Vereinten Nationen zu ihren Gunsten zu nutzen.

So dauerte es fast zwei Jahrzehnte, bis aus den in der Allgemeinen Erklärung der Menschenrechte aufgeführten Rechten rechtsverbindliche Instrumente wurden. Mit Unterstützung zahlreicher kurz zuvor unabhängig gewordener Staaten und einer wachsenden Zahl von nicht regierungsabhängigen Menschenrechtsorganisationen (NGOs) verabschiedete die Generalversammlung der Vereinten Nationen den historischen „Internationalen Pakt über bürgerliche und politische Rechte" („International Covenant on Civil and Political Rights", ICCPR, im Deutschen auch „Zivilpakt") und den „Internationalen Pakt über wirtschaftliche, soziale und kulturelle Rechte" („International Covenant on Economic, Social, and Cultural Rights ", ICESCR), die sie 1966 zur Unterzeichnung auflegte. Aus der Allgemeinen Erklärung der Menschenrechte und diesen beiden Pakten wurde schließlich die Internationale Menschenrechtserklärung.

Die dort aufgeführten Rechte waren nun nicht länger abstrakte Ideen, die ein Staat bedenkenlos übernehmen konnte, weil sich für ihn sowieso keine rechtlichen Konsequenzen daraus ergaben. Der Zivilpakt verpflichtete alle Beteiligten, Gesetze zugunsten der Armen umzusetzen, die in beständiger Rechtsunsicherheit lebten, um deren Recht auf körperliche Unversehrtheit zu gewährleisten – darunter das Recht auf Leben und Verschonung von Folter und Sklaverei, das Recht auf persönliche Sicherheit und Schutz vor willkürlicher Verhaftung sowie das Recht auf faire, unparteiische Gerichtsverhandlungen. Regierungen wurden nicht nur aufgefordert, Gesetze zur Anwendung zu bringen, die diese Rechte garantierten, sondern auch dafür zu sorgen, dass bestraft wurde, wer auch immer diese Rechte verletzte.

Der Zivilpakt und die ICESCR gaben der Menschenrechtsbewegung auf ihrer zweiten Etappe neuen Schwung. Im Kielwasser dieser beiden Pakte folgten zahlreiche weitere Menschenrechtsabkommen, die sich einer Vielfalt von Themen widmeten, von Kriegsverbrechen über Apartheid, Diskriminierung von Frauen, Folter, dem Schutz von Gast- und Wanderarbeitern bis hin zur Kinderrechtskonvention. Nie zuvor in der Geschichte waren in so kurzer Zeit so viele Menschenrechtsabkommen abgefasst worden. Wie ein Abgeordneter bemerkte, war es jedoch eine echte Herausforderung, die bisherigen Errungenschaften anzuerkennen und dabei nicht in „Lobgesänge auszubrechen" oder „vollmundige Versprechungen" zu machen, sondern schlicht dafür zu sorgen, „dass die neuen Pakte künftig überall streng eingehalten wurden."[18]

Dies bedeutete zumindest sicherzustellen, dass Rechte in der lokalen Gesetzgebung verankert wurden. Ein Abkommen wird erst rechtsverbindlich, wenn eine vorher festgelegte Anzahl Staaten zustimmt, die entsprechenden Auflagen zu akzeptieren.[19] Nachdem nun die internationalen Menschenrechtspakte verabschiedet worden waren, verlagerte sich der Fokus der Menschenrechtsbewegung von den UN-Sitzungssälen auf die Legislative in den Entwicklungsländern und bereitete so den Weg für eine neue Riege Akteure, um die Ausgestaltung ihrer Zukunft zu übernehmen.

Menschenrechtsstandards verankert im lokalen Recht

Bis zu diesem Zeitpunkt in der modernen Menschenrechtsbewegung waren die Hauptakteure primär Regierungseliten, die unter Federführung der Vereinten Nationen arbeiteten. Mit der Etablierung der Internationalen Menschenrechtserklärung änderte sich dies – nun gründeten sich in zahlreichen Entwicklungsländern kleine zivilgesellschaftliche Bewegungen, die die Gesetzgeber aufforderten, internationale Menschenrechtsstandards in die lokale Gesetzgebung zu integrieren.

Viele Entwicklungsländer hatten zwar Gesetze von ihren ehemaligen Kolonialherren übernommen, die bestimmte Menschenrechtsverletzungen als gesetzwidrig erklärten; dennoch bildeten sich in Entwicklungsländern seit den 1960er Jahren politische Bewegungen, die Gesetzesreformen forderten: Traditionelle oder koloniale Gesetze sollten von internationalen Standards entsprechenden Gesetzen abgelöst werden, die beispielsweise Menschenrechte, politische Rechte, ordentliche Gerichtsverfahren, Arbeitsrechte, Frauenrechte und Kinderrechte einforderten. So gelang es der internationalen Menschenrechtsbewegung mithilfe von größtenteils landesspezifischen politischen zivilgesellschaftlichen Bewegungen, die nationalen Gesetze an internationale Standards anzupassen.[20]

In der Folge verabschiedeten Länder in Südasien Gesetze zur Eindämmung der Schuldknechtschaft.[21] Afrikanische Länder wandten sich von jahrhundertealten schädlichen, traditionellen Praktiken ab und sicherten Frauen das Recht zu, Land zu besitzen und zu erben sowie auch vor Genitalverstümmelung geschützt zu werden.[22] Südostasiatische Länder verliehen Frauen und Mädchen einen höheren Status, indem sie neue Gesetze zum Schutz vor sexueller Ausbeutung und Frauenhandel erließen.[23] Lateinamerikanische Länder stürzten autoritäre Regimes und übernahmen internationale Standards für Verhaftung- und Inhaftierungsverfahren;[24] außerdem schrieben sie eine Landreform fest.[25]

Zahlreiche Länder wie Costa Rica, El Salvador, Haiti, Indonesien und Jordanien ließen Formulierungen oder Prinzipien der Allgemeinen Menschenrechtserklärung in neue Gesetze oder Verfassungen einfließen.[26] Menschenrechtsaktivisten, Anwälte, Wissenschaftler und Staatsmänner aus den Industrienationen standen den einheimischen Aktivisten in diesem politischen Kampf zur Seite und feierten mit ihnen die gelungene Verankerung internationaler Menschenrechtsstandards in die inländische Gesetzgebung.[27]

Die letzte Etappe

Für einen Sterbenskranken ist ein lebensrettendes Antibiotikum bedeutungslos, wenn es ihm nicht verabreicht wird. Die unglaublichen Erfolge, die Menschenrechtsaktivisten während der ersten beiden Etappen der Bewegung erzielten, dürfen getrost gefeiert werden. Aber schon den Architekten der Menschenrechtsbewegung war klar, dass diese Menschenrechtsstandards für Missbrauchsopfer keinen praktischen Nutzen haben würden, wenn sie nicht durchgesetzt würden. Insofern wären die Betroffenen von Missbrauch erstaunt darüber, welch ein stabiles internationales Menschenrechtssystem heute existiert.

Weltweit agierende NGOs und internationale Institutionen überwachen die Einhaltung der Menschenrechtsstandards. UN-Blauhelme auf der ganzen Welt führen friedenserhaltende Operationen aus, um Gräueltaten von großem Ausmaß zu verhindern. Internationale Gerichtshöfe bringen hochrangige Regierungsvertreter vor Gericht, wo sie sich für Genozide oder Kriegsverbrechen verantworten müssen. Bis Ende 2015 wird die internationale Gemeinschaft geschätzte 6,3 Milliarden US-Dollar in diese Internationalen Gerichtshöfe investiert haben.[28] All jene, die unerschrocken in ihren Bemühungen um Fortschritte waren, verdienen unseren tiefsten Dank und größten Respekt. Wenn auch die Effizienz dieser Bemühungen zweifellos noch verbesserungsfähig ist, so ist doch der Aufbau eines internationalen Menschenrechtssystems in vollem Gange.

Beeindruckt von diesen Erfolgen entgeht uns leicht, dass es immer noch eine riesige Zahl an Opfern von Menschenrechtsverletzungen gibt, weil die Gesetze zu ihrem Schutz nicht umgesetzt werden. Für Millionen Menschen ist das Versprechen der Gültigkeit der Menschenrechte bedeutungslos.

Internationale Systeme zur Rechtsdurchsetzung tragen nur wenig zum Schutz der Armen bei, die in Entwicklungsländern Opfer von Gewalt werden. Das liegt daran, dass sie nicht so geschaffen wurden, dass sie auf lokaler Ebene Rechtsdurchsetzung möglich machen, sie bleiben auf der Makroebene stehen. In der nächsten Etappe des Kampfes um Menschenrechte sollten sich also alle Anstrengungen auf dieses Problem konzentrieren.

Es gibt verständliche Gründe dafür, warum sich die Menschenrechtsbewegung zunächst mehr auf die internationalen Systeme zur Rechtsdurchsetzung konzentriert hat als auf lokale öffentliche Gesetzsysteme der jeweiligen Länder. Einige der führenden Menschenrechtsorganisationen von heute entstanden auf dem Höhepunkt des Kalten Krieges. Damals trachteten repressive linke und rechte Regimes danach, die Opposition zu unterdrücken, indem sie sie zum Schweigen brachte. So richtete sich die Aufmerksamkeit jener Organisationen natürlich vorwiegend auf Menschenrechtsverletzungen zur Unterdrückung politischer Rechte wie willkürliche Inhaftierung, Folter, die Entführung und Beseitigung von regierungskritischen Menschen und willkürliche Exekutionen.

Diese Organisationen sahen ihren Auftrag in der Kontrolle der Machtausübung repressiver Regierungen, weshalb sie sich in erster Linie mit Menschenrechtsverletzungen durch Regierungsvertreter befassten. Da die Propaganda im Kalten Krieg für die Beziehungen zu anderen Staaten eine derart wichtige Rolle spielte, bedienten sich beide Supermächte sowie ihre Satellitenstaaten fleißig bei der Menschenrechtsterminologie und benutzten den Begriff „Menschenrechte“ als rhetorische (Allzweck-)Waffe, um die Gegenseite von ihrer Sache zu überzeugen. Gleichzeitig vertuschten sie die von ihren eigenen Verbündeten begangenen Menschenrechtsverletzungen. Dies verschärfte die Notwendigkeit, gründlich zu recherchieren und objektive Fakten über Menschenrechtsverletzungen zusammenzutragen. Das wiederum schuf die Grundlage für die heute übliche „Strategie des Überwachens und Berichtens“, mit der die führenden Menschenrechtsorganisationen arbeiten. Die sorgfältige Dokumentation von Beweisen für Menschenrechtsverletzungen sorgte dafür, dass ein Staat diese nicht so einfach ignorieren oder vertuschen konnte. Mit Fakten konnte striktes Leugnen entkräftet werden. Wenn Aussage gegen Aussage stand, sorgten sie dafür, dass ein Verfahren nicht einfach aus Mangel an Beweisen eingestellt wurde. Das Ziel war, Täter beim Namen zu nennen, damit ihr Ansehen Schaden nahm und sich der öffentliche Druck auf sie so erhöhte. Diese Vorgehensweise zur Bestrafung von Tätern führten Menschenrechtsorganisationen sukzessive auch bei bewaffneten Konflikten ein.

Es hatte seinen Sinn, warum zunächst nicht die Verbesserung der lokalen öffentlichen Rechtssysteme in den Entwicklungsländern im Mittelpunkt stand, sondern die Ahndung staatspolitischer Gewalt und Menschenrechtsverletzungen während bewaffneter Konflikte. Das öffentliche Rechtssystem eines Landes allein ist nämlich kaum in der Lage, mit Gewalt in diesem großen Ausmaß fertigzuwerden. Um die Gewalt während eines bewaffneten Konfliktes einzudämmen, ist oft das Einschreiten anderer Staaten oder der internationalen Gemeinschaft erforderlich. Ähnlich können lokale öffentliche Rechtssysteme staatspolitische Gewalt kaum effektiv eindämmen, da es Vertreter des Staates sind, die in seinem Auftrag und zu seinem Nutzen handeln. Wenn versucht wurde, jemanden für solche Gewalttaten zur Rechenschaft zu ziehen, dann meist mit Hilfe eines Internationalen Gerichtshofes oder einer Wahrheitsfindungs- und Versöhnungskommission nach Vorbild der „Truth and Reconciliation Commission“ (TCR) in Südafrika.

Nach Beendigung des Kalten Krieges verlagerte sich der Fokus der Menschenrechtsgemeinschaft auf Menschenrechtsverletzungen durch nicht-staatliche Täter.[29] Die wachsende Bedeutung der Frauenrechte im Rahmen der Menschenrechte in den 1990er Jahren sorgte dafür, dass Menschenrechtsaktivisten ihre „Strategie des Überwachens und Berichtens“ auch auf Fälle wie die von Yuri oder Mariamma übertrugen. Doch hat die moderne Menschenrechtsbewegung es noch immer nicht geschafft, arme Menschen vor Gewaltübergriffen zu schützen. Diese Aufgabe wurde und wird primär den lokalen staatlichen Autoritäten überlassen (nicht Blauhelmen oder Internationalen Gerichtshöfen). Aber selbst die besten Rechtsnormen und nationalen Gesetze garantieren nicht, dass ein Staat sie effektiv umsetzt. Auch wenn die zahlreichen Menschenrechtsnormen und der Aufbau eines funktionierenden internationalen Menschenrechtssystems für Opfer weltweit von unschätzbarem Wert sind, tragen sie nur wenig zum Schutz einer Yuri vor den Ayalas oder einer Mariamma vor ihrem Besitzer bei.

Die Vernachlässigung der Rechtsprechungssysteme

Tragisch für die Opfer von Gewalttaten auf der ganzen Welt ist, dass der Schutz ihrer Rechte in die Hände funktionsunfähiger Institutionen gelegt wurde. Die Verteidigung grundlegender Menschenrechte liegt hier in den Händen von lokaler Polizei, Staatsanwälten, Richtern, Beamten in sozialen Ministerien und Einrichtungen, Gemeinderäten und Gerichten, die die

Gesetze schlicht nicht anwenden. Millionen der Ärmsten leiden nicht am Mangel schützender Gesetze, sondern am Versagen eines funktionierenden öffentlichen Rechtssystems, das diese Gesetze durchsetzt.[30]

Auch nach sechs Jahrzehnten profitieren viele Betroffene von Gewaltverbrechen in Entwicklungsländern in keiner Weise von den Errungenschaften der ersten beiden Etappen der Menschenrechtsbewegung. In Vorwegnahme der zweiten und dritten Etappe der Menschenrechtsbewegung nahmen die Verfasser der Allgemeinen Erklärung der Menschenrechte neben den allgemeinen Rechtsansprüchen auch folgenden Passus in ihren Entwurf auf: *„Jeder Mensch hat Anspruch auf wirksamen Rechtsschutz vor den zuständigen innerstaatlichen Gerichten gegen alle Handlungen, die seine ihm nach der Verfassung oder nach dem Gesetz zustehenden Grundrechte verletzen"*.[31]

Die bereits zwei Generationen währenden globalen Anstrengungen zur Durchsetzung der Menschenrechte basieren – bewusst oder unbewusst – auf der Annahme, in den Entwicklungsländern gäbe es funktionierende öffentliche Rechtssysteme. Aber diese Annahme ist falsch und damit sind alle Bemühungen für die ärmsten Bewohner dieser Erde nicht mehr als schön formulierte Versprechen.

Die Erfolge der modernen Menschenrechtsbewegung haben in vielen Bereichen Änderungen bewirkt, von denen die Menschen noch vor einem Jahrhundert nicht zu träumen gewagt hätten. Es wurden große Fortschritte gemacht, die Anerkennung finden sollten, auch wenn noch nicht alle Ziele erreicht sind. Nehmen wir einmal an, Wissenschaftler arbeiteten seit zwei Generationen an der Verbesserung von Impfstoffen, die Millionen kranke Menschen in den Entwicklungsländern benötigen, zu denen sie jedoch keinen Zugang haben. Es schmälert nicht den medizinischen Fortschritt, wenn man zugibt, dass die Armen ohne effektive Zulieferung nicht von diesen Erfolgen profitieren – doch es könnte für die internationale Gemeinschaft ein Zeichen sein, neue Prioritäten in der Gesundheitsförderung zu setzen. Ähnlich schmälert es nicht die historische Bedeutung der modernen Menschenrechtsbewegung, wenn man zugibt, dass die Gewaltopfer dieser Welt nicht von den Errungenschaften dieser Bewegung profitieren. Es weist aber darauf hin, dass die Agenda der Menschenrechtsbewegung für das 21. Jahrhundert dringend eine neue Richtung einschlagen muss. Um im Bild zu bleiben: Nach mehr als 65 Jahren Entwicklung und Verbesserung der Impfstoffe müssen wir uns nun vordringlich darum kümmern, sie gerecht zu verteilen.

Um dieses Versagen korrigieren zu können, müssen wir uns noch einmal den Weg dorthin genauer ansehen. Warum befinden sich die Rechtssysteme in den Entwicklungsländern in solch einem dysfunktionalen Zustand? Dafür gibt es drei überraschende Erklärungen, die paradoxerweise Anlass zur Hoffnung geben – aber auch die harte Nuss aufzeigen, die noch geknackt werden muss.

7
Warum das koloniale Erbe das Scheitern der Rechtssysteme erklärt

Ein nicht funktionierendes System ist in sich meist ebenso stimmig wie ein funktionierendes System. So folgt auch das Scheitern meist einer Art „inneren Logik“ – sie wird angetrieben durch die Motivationen und Ängste der im System arbeitenden Menschen. Paradoxerweise findet man umso häufiger eine in sich schlüssige innere Logik, je eklatanter die Absurdität und das Versagen des Systems sind.

Diesen Eindruck jedenfalls haben meine Kollegen und ich nach jahrelanger Auseinandersetzung mit dem scheinbar widersinnigen Verhalten der Strafjustizsysteme in Entwicklungsländern gewonnen:

- Warum werden Polizisten nicht dazu ausgebildet, Verbrechen zu untersuchen?
- Warum verwendet man im Rechtssystem nicht die Landessprache?
- Warum gibt es nur eine Handvoll Staatsanwälte?
- Warum ist die Polizei nicht daran interessiert, Verbrecher dingfest zu machen?
- Warum werden die Geschehnisse bei Gericht nicht protokolliert?
- Warum verhalten sich Polizisten unnötig grob gegenüber denen, die sie schützen sollen?
- Warum erhalten Polizisten nicht ausreichend Lohn zur Sicherung ihrer Existenz?

Es muss Gründe geben, warum Systeme, die Menschen eigentlich Schutz bieten sollen, ihnen in Wirklichkeit Schaden zufügen. Als Außenstehender konnte ich jedoch einfach nicht erkennen, welche Dynamik hinter diesem systematischen Versagen der Rechtssysteme steckte. Im Lauf der Zeit versorgten mich jedoch die Berichte aus internen Quellen mit Informationen, durch welche plötzlich vieles an diesem widersinnigen Verhalten einen Sinn machte.

G. A. Haugen und V. Boutros, *Gewalt – die Fessel der Armen*, DOI 10.1007/978-3-662-47054-1_7

Die Funktionsunfähigkeit wurde exportiert

Die erste und grundlegendste Einsicht vermittelte mir ein sanftmütiger Gelehrter aus Zentralindien, während er und seine Frau mir im Garten ihres ruhigen, in einem Vorort von Bhopal gelegenen Hauses Tee servierten. Wer nicht funktionierende Systeme verstehen will, muss zu ihren Ursprüngen zurückkehren. Um das Versagen von Rechtssystemen in Entwicklungsländern zu verstehen, half mir folgender Mann:

Kirpal Dhillon, Historiker und Sozialwissenschaftler, war 80 Jahre alt, als er mir seine Lebensgeschichte erzählte. Als Dhillon in den 1930er-Jahren im Punjab geboren wurde, waren die Inder noch Untertanen der britischen Krone. Damals hatten nur wenige Menschen außerhalb Indiens je von einem indischen Anwalt namens Mahatma Gandhi gehört. Pakistan, Indien und Bangladesch waren noch Teil des großen Britisch-Indien. Die verhängnisvolle Teilung Indiens 1947 führte zu schweren Auseinandersetzungen zwischen Muslimen, Hindus und Sikhs, in deren Verlauf nahezu ebenso viele Menschen abgeschlachtet wurden wie beim Völkermord in Ruanda. 10 Millionen Menschen mussten bei Nacht und Nebel ihre Häuser verlassen, um auf die sichere Seite der von einem Londoner Rechtsanwalt gezogenen imaginären Grenzlinie zu fliehen, die das muslimische Pakistan nun vom hinduistischen Indien trennte.

Dhillon und seine Frau Sneh wuchsen 1947 in verschiedenen Welten auf, und beide befanden sich aus unterschiedlichen Gründen auf der falschen Seite dieser blutigen Teilungslinie. Snehs Vater war ein berühmter Anwalt, Führer der Kongresspartei und Freiheitskämpfer gegen die britische Besatzungsmacht. Eines Morgens im Jahr 1947 fand Snehs Familie ihre Heimatstadt Abbottabad plötzlich in einem neuen Staat namens Pakistan wieder, wo sie und ihre nichtmuslimischen Nachbarn nicht willkommen waren. Es folgten schwere Ausschreitungen. Der elfjährigen Sneh, ihrem Bruder und ihren fünf Schwestern gelang die Flucht. Sie retteten sich in ein Flüchtlingscamp unmittelbar hinter der Grenze, wo viele ihrer Nachbarn versuchten, einen Platz in einem Zug ins rettende Delhi zu ergattern. Doch nicht alle konnten sich in Sicherheit bringen.

Sneh, heute rund 70 Jahre alt, rief sich den einstigen Alptraum noch einmal ins Gedächtnis, während sie auf ihrer sonnigen Veranda in feinen Porzellantassen Tee servierte, deren Muster sich in ihrem blauweißen Sari wiederholte. „Ganze Züge voller Menschen wurden abgeschlachtet. Alle im Zug vor uns und alle in dem Zug nach uns wurden getötet. Wir waren die einzigen, die entkamen. Es gibt viele solcher Beispiele, auf beiden Seiten."

Dhillon hingegen hatte 1947 gerade die Highschool abgeschlossen und lebte auf der „sicheren" Seite. Doch die medizinische Hochschule, die er gerne besucht hätte, lag nun auf der falschen Seite der Grenze in der Stadt Lahore, heute ein kulturelles Bildungszentrum des am Reißbrett entworfenen Pakistan. „Damals war es unmöglich, nach Lahore zu gehen", erinnerte sich Dhillon. „1947 wurden viele Menschen umgebracht. Also ging ich auf die staatliche Hochschule im Punjab".

Als brillanter Student bestand Dhillon das Auswahlverfahren für den elitären „Gesamtindischen Dienst" (All India Services), der die indische Verwaltung und die indische Polizei umfasste. In dieser zentralisierten Verwaltung[1] setzte die britische Kolonialmacht handverlesene Beamte ein, um auf dem riesigen Subkontinent Indien eine einheitliche Verwaltung zu gewährleisten. Nach der Unabhängigkeit übernahm die neue Zentralregierung diese Struktur, und 1952 trat Dhillon mit nur 37 Kandidaten, die in diesem Jahr in ganz Indien ausgewählt worden waren, seine Ausbildung bei der indischen Polizei an – einem Elitecorps aus Polizeibeamten, die in ganz Indien eingesetzt wurden.

Die Zwangsteilung Indiens nahm für Dhillon und Sneh einen glücklichen Ausgang. Auch Snehs Vater konnte in einer der neuen politischen Eliten Indiens Fuß fassen, als er schließlich in das Amt eines der vielen britischen Kolonialbeamten berufen wurde, die aus dem Land geflohen waren. Er war nun ein hochrangiger Beamter in der palastartigen Residenz des ehemaligen Gouverneurs in Bhopal. Da er Anrecht auf Polizeischutz hatte, erhielt er Wachpersonal, das regelmäßig vom Bezirksinspektor überprüft wurde – in diesem Fall vom jungen Dhillon, der sich dabei in die attraktive junge Sneh verliebte, die gerade erst ins Haus ihres Vaters zurückgekehrt war, weil sie ihr Englischstudium an der Universität in Allahabad erfolgreich abgeschlossen hatte.

„Ich war ein sehr begehrter Junggeselle", sagte der große, schlanke Dhillon. „Das meint er nur", erwiderte Sneh. Mit vorgetäuschter Verwunderung ergänzte sie: „Inzwischen ist er richtig gesprächig geworden. Er unterrichtet und schreibt Bücher. Früher war er eher still", stichelte sie.

„Ich bin immer noch eher still", murmelte Dhillon. Tatsächlich bekleidete er ein halbes Jahrhundert lang äußerst hochrangige Posten im indischen Polizeidienst. Er gehörte unter anderem zur Leitungsebene der Kriminalpolizei, war Generaldirektor der Polizei für den Bundesstaat Punjab und Madhya Pradesh und Vizekanzler der Universität von Bhopal. Als weltweit führender Experte für indische Polizeigeschichte, schrieb Dhillon eine zweiteilige Abhandlung über die Geschichte der indischen Polizei vom Mittelalter bis zur Gegenwart. Und nachdem ich diese gelesen hatte, ergab das Absurde, was mir so oft berichtet wurde und das ich beobachtet hatte, zumindest teilweise einen Sinn.

Auf die Frage „Warum gelingt es Rechtssystemen in den Entwicklungsländern nicht, die Armen vor Gewalt zu schützen?", konnte Dhillon eine Antwort geben: *„Diese Systeme waren nie dazu ausgelegt, die einfachen Leute* *vor Gewalt zu schützen – sie waren dazu ausgelegt, die Kolonialherren vor den einfachen Leuten zu schützen.* Außerdem wurden sie nie entsprechend reformiert." Rechtssysteme in den Entwicklungsländern heute liefern also genau die Ergebnisse, die sie schon immer lieferten: Sie schützen die Eliten optimal, die Armen hingegen kaum.

Dhillon und andere Wissenschaftler holen weit aus und zeigen zwei parallel existierende Modelle der Rechtsdurchsetzung auf, die Mitte des 19. Jahrhunderts entstanden und noch heute in vielen Ländern vorherrschen – allerdings mit ganz unterschiedlichen Resultaten.

Auf der einen Seite findet man die moderne Zivilpolizei – eine überraschend zeitgemäße Institution, die Mitte des 19. Jahrhunderts primär von den Briten aufgebaut wurde. Die Zivilpolizei reagierte auf die sozialen Herausforderungen im Heimatland, die ebenso mit der Verstädterung während der Industriellen Revolution einhergingen wie mit der wachsenden Demokratisierung der britischen Gesellschaft, die von den Behörden mehr Aufmerksamkeit für ihre Belange einforderte. 1829 führte der britische Innenminister Robert (Bobby) Peel ein Polizeimodell ein, mit dem die bis dato üblichen Soldaten und privat organisierten Nachtwachen durch professionelle, uniformierte, aber unbewaffnete Zivilpolizisten („Bobbies") ersetzt wurden, die nicht nur den Frieden sichern, sondern aktiv Verbrechen vorbeugen sollten.[2] Die britische Öffentlichkeit reagierte anfänglich skeptisch und feindselig auf die uniformierten Polizisten, aus Angst, sie könnten sich als Instrument zur Unterdrückung erweisen. In den folgenden Jahrzehnten musste sich die britische Polizei daher das Vertrauen einer erstarkenden Bürgerschaft erkämpfen, die eine gewalttätige, passive und ineffektive Polizei nicht lange geduldet hätte.

Großbritannien und andere westliche Staaten bauten also Polizei- und Strafverfolgungsbehörden auf, die ihren immer mehr Rechte genießenden Bevölkerungen entgegenkamen – während viele ebendieser Staaten gleichzeitig die Einführung eines gegensätzlichen Polizeisystems in ihren riesigen Kolonialreichen vorbereiteten. Es dürfte kaum überraschen, dass Sinn und Zweck des kolonialen Systems nicht primär darin lag, einfache Bürger vor Gewalt und Verbrechen zu schützen, sondern den Kolonialstaat sowie seine Interessen und Pfründe *vor den einfachen Bürgern.*

Nach langwierigen und blutigen Bemühungen, den Indischen Aufstand von 1857 zu unterdrücken, versuchte die britische Regierung ihre indischen Untertanen besser zu kontrollieren, indem sie die Ostindienkompanie auflöste und die Durchsetzung des Kolonialrechts Vertretern der britischen Krone direkt übertrug. In der Heimat bestanden zu der Zeit zwei konkurrierende Modelle: das oben beschriebene relativ neue Londoner Modell einer professionellen Zivilpolizei sowie die nicht viel ältere „Königlich-Irische Schutzpolizei"

(RIC), eine zentralisierte, paramilitärische Polizeitruppe, die brutal (und erfolgreich) gegen irische Freiheitskämpfer und Aufständische vorging.

Angesichts der Unruhen von 1857 überrascht es nicht, dass das Britische Imperium auf das irische Modell zurückgriff und dieses nicht nur in Indien, sondern auch in all seinen anderen Kolonien etablierte. Dhillon beschreibt die kolossalen Unterschiede des Kolonialpolizei-Modells und des Londoner Modells:

> Solch eine Polizeitruppe mit ausgeprägt militärischem Charakter, die oft von Armeeoffizieren geleitet wurde, sah ihre Aufgabe nicht darin, die Interessen der örtlichen Bevölkerung zu wahren oder sich deren Problemen anzunehmen – etwas, das in der Heimat eine Selbstverständlichkeit war … Diese universell einsetzbare, bewaffnete Truppe mit zentralistischer Struktur stand zwar unter ziviler Kontrolle, trug aber *auf vielfältige Weise zur Erhaltung der Macht von Regierung und herrschenden Eliten bei.* In einer unruhigen ländlichen Gegend, in der Gewalt an der Tagesordnung war, *war sie weitaus besser geeignet für die Erfordernisse im Kolonialreich* Indien als das Modell der Londoner Polizei.[3]

Anstatt also das Polizeimodell zu exportieren, das die britische Regierung zur Verbrechensbekämpfung im eigenen Land vorzog, etablierte sie in Indien 1861 mit dem „Indischen Polizeigesetz“ (Indian Police Act) das irische Polizeimodell.[4] Wie Dhillon noch einmal betont, sah dieses Gesetz in dem indischen Polizeisystem nicht „eine Behörde, die den Bürger vor Verbrechen und Gewalt schützt“, sondern eine, „die die Regierenden schützt und verteidigt, wenn ihre Macht und ihre Autorität bedroht sind.“[5]

> Der Gesetzestext vermied peinlichst jeden Hinweis auf die Bevölkerung, außer im Falle, ein Bürger ließ sich etwas zuschulden kommen oder wurde von der Polizei verdächtigt. Die neue Polizei war also in Wahrheit ein Verbündeter der Regierung und ein von ihr abhängiges Instrument, um die Bande der Sklaverei zu festigen.[6]

Wie Dhillon anmerkt, hatte das Gesetz von 1861 enorme historische Auswirkungen, da „die reorganisierte indische Polizei im 19. Jahrhundert vielen anderen Kolonialmächten als Vorbild diente und sie ähnliche Systeme dann in Asien, Afrika und den karibischen Staaten einführten.“[7] Als ehemals hochrangiger indischer Beamter in eben dieser Polizeibehörde fügte Dhillon ironisch hinzu: „Man könnte das wohl als Ehre betrachten … “

Bis dahin birgt unser historischer Rückblick wenig Überraschungen: Der Kolonialismus war schändlich und autoritär, aus dem ein ebenso repressives Polizeisystem hervorging, das die Bevölkerung unterdrückte, anstatt ihr zu dienen.

Überraschend und im Hinblick auf die mangelhafte Funktion des Rechtssystems in Indien und vielen anderen Entwicklungsländern *tatsächlich* aufschlussreich ist hingegen Folgendes: Nachdem die Kolonialmächte das Land verlassen hatten, wurden die kolonialen Polizei- und Rechtssysteme *nicht an die neuen Gegebenheiten angepasst*. Verfassungen wurden geändert, und im Verlauf von Jahrzehnten auch viele Gesetze – aber *die Art und Weise ihrer Durchsetzung* änderte sich nie, so dass auch die Unabhängigkeit für die (überwiegend arme) Bevölkerung keine Vorteile mit sich brachte. In den Entwicklungsländern kamen in der postkolonialen Ära autoritäre Regimes und politische Eliten an die Macht, die das koloniale System zur Rechtsdurchsetzung für ihre Zwecke ebenso missbrauchten wie die ehemaligen Kolonialherren.

Wie Dhillon mir verdeutlichte, ist Indien nur ein offenkundiges Beispiel dafür, was sich vor mehr als einem halben Jahrhundert nach Beendigung der Kolonialzeit in den Entwicklungsländern *nicht* geändert hat:

> Ungeachtet der im Verlauf von 150 Jahren im sozialen, politischen, wissenschaftlichen, wirtschaftlichen und kulturellen Bereich erfolgten weitreichenden Veränderungen, bestimmt auch heute noch – knapp 55 Jahre, nachdem die Briten das Land verlassen haben – dieses (inzwischen 140 Jahre alte) Polizeigesetz Organisation, Struktur, Philosophie und Funktionsweise der indischen Polizei. Die Strafgesetze, das Beweisrecht und das gesamte Rechtssystem sind völlig verkrustet und nicht in Einklang zu bringen mit zeitgenössischen Theorien über Verbrechenskontrolle, Aufrechterhaltung der öffentlichen Ordnung und der Rechtsprechung … Das in gesamt Südasien vorherrschende Polizeisystem, das nach wie vor auf dem Gesetz von 1861 basiert, unterstützt weder die Gemeinschaft, noch unterliegt es einer lokalen Rechenschaftspflicht.[8]

Man stelle sich einmal vor: Als man sich 1861 anschickte, die indische Polizei nach dem neuen Indischen Polizeigesetz aufzubauen, war in Amerika die Sklaverei noch nicht abgeschafft, hatte in Russland die Bauernbefreiung noch nicht stattgefunden, gab es weder Autos noch Telefone, und Bleistifte waren noch keine Massenware … Wie sehr hat sich die Welt seit der *frühen* Regierungszeit von Königin Viktoria verändert! Weiter stelle man sich ein Regierungssystem vor, das sich in den vergangenen 150 Jahren keinen Deut verändert hat. Ein Polizeihistoriker formuliert es so: „Die Unabhängigkeit [in Indien] führte revolutionäre Veränderungen in der politischen Struktur der Regierung herbei, im Polizeisystem [hingegen] änderte sich nichts … Was an der gegenwärtigen Polizeistruktur am meisten ins Auge fällt, ist ihre Beständigkeit. An ihren grundlegenden Strukturen hat sich seit über einem Jahrhundert nichts geändert."[9]

Und plötzlich erklärten sich viele „Fehler" im südasiatischen Polizeisystem von selbst. *Natürlich* wurden Polizeibeamte nicht dazu ausgebildet, Gewaltverbrechen in der Bevölkerung zu untersuchen. Aufgabe der Kolonialpolizei war es schließlich, Volksaufstände niederzuschlagen, reiche Leute und teure Einrichtungen zu bewachen und Angriffe gegen das politische System abzuwehren. *Natürlich* waren Polizisten nicht daran interessiert, Kriminelle dingfest zu machen. Dafür waren Kolonialpolizisten weder ausgerüstet noch ausgebildet, dafür wurden sie nicht bezahlt – sie konnten sogar Probleme mit ihren Vorgesetzten bekommen, wenn die gefangenen Kriminellen gute Beziehungen hatten. *Natürlich* waren die Polizisten unnötig grob, gewalttätig und abweisend gegenüber denen, die sie schützen sollten. Denn ursprünglich waren die einfachen Bürger ja die Gegner der Kolonialpolizei. „Da [die Kolonialpolizei] nie mit freiwilliger – sondern höchstens erzwungener – Unterstützung durch die Bevölkerung rechnen konnte, gingen Beamten oft äußerst rabiat vor, um die unwilligen und oft feindseligen Bürger zur Zusammenarbeit zu zwingen und Beweismaterial zu sammeln."[10] *Natürlich* wurden Polizisten nur selten mit dem nötigen Rüstzeug für die professionelle Untersuchung eines Verbrechens ausgestattet – oft erhielten sie nicht einmal einen Lohn. „Das ist wenig überraschend, bedenkt man die typischen geistigen und moralischen Anforderungen an die niederen Amtsträger, wie sie noch aus Kolonialzeiten bestehen. 90 Prozent der Polizei besteht aus unteren Dienstgraden, und diese sind für die Bevölkerung der erste und normalerweise auch einzige Kontakt mit dem Rechtssystem. ... Die vom ‚Indischen Polizeigesetz' geschaffene Polizeibehörde ist paramilitärisch und nicht sozial gesinnt. Ihre Vertreter sind größtenteils fast Analphabeten, korrupte, schlecht bezahlte, selbstherrliche Proleten mit einem schlechten Ruf."[11]

Ebenfalls eine eigene Logik entwickeln nun viele der kafkaesken Gerichtsverfahren in Südasien. *Natürlich* wird im Gerichtssaal eine Fremdsprache gesprochen – nämlich die Sprache der ehemaligen Kolonialherren (und nun der politischen und wirtschaftlichen Elite). *Natürlich* gibt es nur eine Hand voll Staatsanwälte – ein Rechtssystem nach kolonialem Muster investiert kein Geld in eine effektive Rechtsprechung für die Bevölkerung. *Natürlich* werden die Geschehnisse bei Gericht nicht protokolliert – eine Kolonialverwaltung wollte nicht, dass Bürger das Vorgehen der Richter genauer unter die Lupe nehmen konnten, wenn sie die Interessen der Oberschicht oder des Staates vertraten.

Einige Forscher haben es sich mittlerweile zur Aufgabe gemacht, die Auswirkungen der autoritären Rechtssysteme zu ergründen, die in vielen Entwicklungsländern nahezu unverändert von der Kolonialmacht übernommenen worden waren. Vertreter der Menschenrechtsorganisation Human Rights Watch bestätigen in ihrer umfassenden Studie über die indische Polizei: „Es ist ein gefährlicher Anachronismus, dass die Polizei auch heute noch weitgehend die gleichen Aufgaben – Schutz der Mächtigen, Unterdrückung der Bevölkerung – hat wie unter britischer Herrschaft. Während Indien sechzig Jahre [nach der Unabhängigkeit] in vielen Bereichen eine rasche Modernisierung durchläuft, ist die Polizei immer noch ihren alten Methoden verhaftet.“[12]

Gleicher Hut, anderes Gesicht

In vielen Entwicklungsländern sahen politische und wirtschaftliche Eliten in einer Modernisierung des Rechtssystems (mit der eine Rechenschaftspflicht gegenüber der Öffentlichkeit einhergeht) eine Gefahr für ihre Pfründe. Auch der rasche Abzug der Kolonialmächte, die ihre Kolonien ohne jegliche Übergangsregelungen und völlig unvorbereitet zurückließen, verschärfte das Problem einer Reform des Rechtssystems. Man stelle sich das einmal vor: An einem Tag im Jahr 1947 war Snehs Vater noch Anwalt und Freiheitskämpfer auf der Flucht vor der durch die Staatsteilung ausgelösten Welle der Gewalt – und am nächsten Tag saß er bereits in der fürstlichen Residenz des ehemaligen britischen Gouverneurs.

Ich erinnere mich auch noch daran, wie ich einmal in Kenia die staubigen Portraits der ehemaligen Polizeichefs betrachtete, die im Treppenhaus des Büros des letzten Gouverneurs an der Wand hingen. Beginnend in der Kolonialzeit reihte sich ein weißes Gesicht unter dem Kommandeurshut ans andere, alle ernst und entschlossen dreinblickend. Und dann, plötzlich, unter dem gleichen Hut und mit dem gleichen entschlossenen Gesichtsausdruck: ein schwarzes Gesicht. Einfach so. Von jetzt auf gleich. Gleicher Hut, anderes Gesicht. Die „Geschichte der kenianischen Polizei“, wie man sie auf deren offizieller Webseite findet, beschreibt die „Umgestaltung der Polizei“ – vermutlich unbeabsichtigt – ziemlich zutreffend:

> Nachdem Kenia am 12. Dezember 1963 die Unabhängigkeit von Großbritannien erlangt hatte, wurden drastische Änderungen in der Polizeistruktur notwendig. Dies führte dazu, dass nun die hohen Ämter der außer Landes gegangenen Funktionsträger mit Afrikanern besetzt wurden.[13]

Ende der Beschreibung. Die drastischen Änderungen waren nicht mehr und nicht weniger, als „dass nun die hohen Ämter der außer Landes gegangenen Funktionsträger mit Afrikanern besetzt wurden.“ Das war in der Tat eine einschneidende Veränderung. Allerdings machte es wohl kaum einen Unterschied, wer letztendlich die hohen Staatsämter besetzte, um die Menschen vor Gewalt und Verbrechen zu schützen, wenn nicht zugleich der Polizeiapparat modernisiert wurde – weg von einer Kolonialpolizei hin zu einem postkolonialen Polizeiapparat, der der einfachen Bevölkerung diente.

Wie Dhillon schreibt, sind in Indien die politischen Klassen lediglich „in die Fußstapfen ihrer britischen Vorgänger getreten", als die Macht von den britischen auf die indischen Eliten überging, während die praktische Anwendung der Gesetze „dem 19. Jahrhundert verhaftet blieb, wie immer noch an den überholten Dekreten, Vorschriften und Anordnungen ersichtlich ist."[14]

Für Dhillon – Wissenschaftler, Polizeibeamter und Patriot – ist offensichtlich, welche Auswirkungen dies für Indien und andere postkoloniale Entwicklungsländer hatte:

> Die indische Polizei ist – kaum überraschend – nicht öffentlichkeitsfreundlicher geworden. Sie zählt zu den Regierungsbehörden Indiens, die am meisten beschimpft und gehasst werden, denn unter ihren Vertretern sind Brutalität und Korruption weit verbreitet. Das typische Bild von einem Kolonialpolizisten in Kampfstiefeln, der Misshandlungen nicht abgeneigt ist, seine Autorität ausspielt, oft gegen das Gesetz verstößt, schlampig arbeitet sowie freies Essen und Getränke einfordert, hängt – trotz grundlegender politischer und verfassungsrechtlicher Änderungen seit der Unabhängigkeit – auch heutigen Polizisten noch an.[15]

Historische Analysen der Polizei in anderen Entwicklungsländern haben ähnliche Hintergründe offenbart. So bestand beispielsweise sowohl für die britischen als auch die französischen Kolonialmächte die Funktion der „Kolonialpolizei" in Afrika darin, „Besitz, Personen und Zukunftsperspektiven der Europäer und jener lokalen Gruppen zu schützen, deren Macht und Existenz von ihnen abhängig war", „unpopuläre Beschlüsse umzusetzen und etwa Pro-Kopf-Steuern einzutreiben", „Nationalismus-Bestrebungen zu unterdrücken" und „sich politische Dissidenten vorzuknöpfen."[16]

Ein Forscher sagt dazu: „In der direkt auf die Unabhängigkeit folgenden Zeit hat die Polizei, Berichten zufolge, in vielen Ländern Afrikas nicht immer eine neutrale Rolle gespielt." Ihre „unverzichtbaren" Aufgaben waren: der Machterhalt der dominierenden politischen Parteien (sowie der wohlhabenden Landbesitzer und Wirtschaftseliten). Dazu verhaftete sie potenziell erfolgreiche Herausforderer, schüchterte politische Gegner ein, damit sie sich aus Wahlen zurückzogen, schritt gegen eine Versammlungs- oder Redeerlaubnis ein, manipulierte Wahlergebnisse und unterdrückte Proteste gegen soziale Missstände gewaltsam.[17]

Studien über die Kolonialzeit in Entwicklungsländern zeigen deutlich, welcher Graben sich innerhalb eines Jahrhunderts zwischen der „Polizeifunktion" in den Heimatländern der Kolonialmächte und der in den ehemaligen Kolonien eben jener Mächte aufgetan hatte.

Auch in Nigeria wurde die Kolonialpolizei eingeführt, um koloniale Interessen zu wahren – und nicht, um die Bevölkerung zu schützen. Doch die „Tradition der Hilfsbereitschaft, Effizienz und Einhaltung der Gesetze, auf der das britische Polizeisystem fußte“[18], waren nicht für den Export gedacht. Stattdessen sorgte hier die Polizei für die staatliche Sicherheit und die Unterdrückung von Aufständen – zwei Aktivitäten, die dem durchschnittlichen Bürger wenig Nutzen brachten (ihm aber oft schadeten).[19] In der postkolonialen Ära änderte sich an diesem Missstand nichts – nur dass die Macht nach der Unabhängigkeit von lokalen Gruppen ausging, und diese nun in den immer wieder aufflackernden Machtkämpfen ihre Gegner einschüchterten und terrorisierten.[20]

Die Sprachbarriere

Viele der heutigen Defekte im Rechtssystem von Entwicklungsländern sind erstaunlich offensichtlich. Zugleich sind sie für arme Menschen verheerend und werden dennoch fast komplett ignoriert. Ein Fehler im System ist dabei besonders fatal, denn er betrifft die Basis jedes Rechtsfindungsprozesses – nämlich die Sprache bzw. das Wort. Gesetze werden in Worten abgefasst, Beweise werden gesammelt und mit Worten präsentiert, Argumente werden in Worten vorgetragen, Beweisführung und Schlussfolgerungen erfolgen mittels Worten, Fakten werden mit Worten dargelegt, und Gerichtsurteile in Worten verfasst. Doch in vielen Entwicklungsländern findet fast der gesamte Rechtsfindungs- und Rechtsprechungsprozess in einer Fremdsprache statt, die die meisten Armen weder sprechen noch verstehen.

Die US-amerikanische Taft Commission (auch „Phillippine Commission“) beispielsweise führte 1902 auf den Philippinen Englisch als offizielle Sprache der Justiz und Gerichte ein. Da viele der Ärmsten unter den Filipinos auch heute noch kein Englisch sprechen, erkannte selbst der Oberste Gerichtshof der Philippinen, welches Hindernis dies für Arme darstellt, die ihr Recht in diesem Justizsystem einfordern wollen:

> Vor allem unterprivilegierte Bürger halten Gerichte für etwas, das ihnen verschlossen bleibt. … Ebenfalls ein Hemmnis für die Kommunikation mit den unteren sozialen Schichten ist die Sprache. Der *Gemeine Tao* („Tao“ heißt „Mensch“, „Person“ auf Tagalog) versteht das Gesetz und die Vorgänge bei Gericht nur unvollständig, da ersteres auf Englisch abgefasst ist und letztere ebenfalls in dieser Sprache stattfinden. Die meisten Gerichtsverhandlungen

finden in einer Sprache statt, derer die Prozessparteien kaum mächtig sind. So müssen Fragen und Antworten gedolmetscht werden. Die Prozessführer haben keine Möglichkeit einzugreifen, sondern müssen ihren Anwälten vertrauen, selbst wenn diese nicht adäquat erklären können, was passiert.[21]

Regionale Umfragen von basisdemokratischen Bewegungen auf den Philippinen im Jahr 2003 bestätigten, „dass die Verwendung von Englisch anstelle der lokalen Dialekte bei Gerichtsverhandlungen meist verhindert, dass Arme und andere Randgruppen zu ihrem Recht kommen."[22]

Auch in Lateinamerika war in vielen Ländern lange Spanisch die Sprache des Gesetzes, obwohl die Muttersprache von knapp 40 Prozent der Guatemalteken – vor allem der Armen – oft eine andere war als die Amtssprache, einem Relikt der spanischen Kolonialherren. Die Notwendigkeit, Befragungen, Zeugenaussagen und andere Vorgänge bei Gericht übersetzen zu müssen, führt zu großen zeitlichen Verzögerungen und beschneidet die meisten Armen in ihrem Recht, den Prozess direkt zu verfolgen, Prioritäten zu äußern oder ihre Interessen zu artikulieren. Dieser Umstand macht sie abhängig von Anwälten, Dolmetschern, Gerichtsbeamten und anderen Fremden, um zu wissen, was gesagt wird, welche Möglichkeiten ihnen zur Verfügung stehen und was genau in jeder Phase des Prozesses passiert.[23]

In Uganda, wie in allen ehemaligen britischen Kolonien in Afrika, ist Englisch die Sprache der Gerichte und Anwälte – aber nicht die der Armen. Ein ugandischer Rechtsexperte erklärte, welche Folgen dies für den Zugang der Armen zum Rechtssystem hat: „Die Sprache bleibt ein Hindernis, da nur eine Minderheit in Uganda diese beherrscht. Abgesehen von dem großen Aufwand, jeden Vorgang dolmetschen lassen zu müssen, gibt es Hinweise darauf, dass die Richter in manchen Fällen selbst nicht gut genug Englisch verstehen, um effektiv arbeiten zu können."[24] Auch in Pakistan, wo ein Großteil der Bevölkerung weder lesen noch schreiben kann, werden Gesetze in formaljuristischem und gehobenem Englisch abgefasst.[25]

In Mosambik sprechen 60 Prozent – im ländlichen Raum sogar 75 Prozent – der Einwohner nur unzureichend die Landessprache Portugiesisch, die auch dort die Sprache der Justiz ist. Lediglich 7 Prozent bezeichnen sie als ihre Muttersprache. Die südafrikanische Menschenrechtsorganisation „Open Society Initiative for Southern Africa" (OSISA) erklärt: „Im Allgemeinen versucht das Gericht, falls nötig, Übersetzungsdienste anzubieten, doch sind diese meist von schlechter Qualität. Vor allem auf kommunaler Ebene sind die Dolmetscher keine Profis und werden sehr kurzfristig hinzugezogen."[26] Wie auch in anderen Situationen, in denen Dolmetscher benötigt werden, sind es in Afrika also nur unzureichend geschulte Kräfte, die den Armen in hochkomplizierten Gerichtsverfahren – bei denen es um ihre Freiheit, ihre Existenzgrundlage, ihr Eigentum und ihr Leben geht – zur Seite stehen. Und nicht nur das: „Diese ‚Dolmetscher' von der Straße übersetzen nicht nur, sondern versuchen das Übersetzte auch zu interpretieren! Da sie jedoch keine juristische Ausbildung haben und auch die Rechtsterminologie nicht beherrschen, sind sie weder für das Gericht noch für den Klienten hilfreich. Überdies wird in der Regel weder bei der Festnahme noch während der Untersuchungshaft ein Dolmetscher zur Verfügung gestellt, und der Beschuldigte hat meist keine Ahnung, wovon der Polizist redet, wenn er ihn auf Portugiesisch eines Verbrechens beschuldigt oder einen Vorfall beschreibt."[27]

In Malawi wird Recht lediglich in Englisch gesprochen, obwohl nur *1 Prozent* der Bevölkerung die Sprache versteht! Auch sehr viele Richter, Beamte und Gerichtsbedienstete beherrschen ihre Arbeitssprache nicht ausreichend. Die OSISA merkt zu diesem Land an: „Laut einer Studie von 2002 behindert die Verwendung von Englisch bei Gericht die Kommunikation zwischen Richtern und Prozessführenden – die Übersetzungen sind schlecht, vor allem im Hinblick auf Fachtermini, was es wiederum Richtern erschwert, Beweise adäquat zu berücksichtigen und angemessene Urteile zu fällen."[28]

In allen Entwicklungsländern gibt es aber eine kleine Gruppe in der Bevölkerung, die die Amtssprache sehr wohl beherrscht – die kleine Gruppe der wirtschaftlichen, politischen und sozialen Eliten sowie die kleine Zahl teurer Rechtsexperten, die von den Reichen bezahlt wird. Auch während der Kolonialzeit gab es immer einheimische Eliten, die durch ihre enge Kooperation mit den Kolonialherren an die Macht kamen. Nach der Unabhängigkeit konnten sie ihre exklusiven Rechte bewahren. Wie ein Forscher zum postkolonialen Afrika anmerkt, „wussten die Eliten im Land das Rechtssystem und die zivilen Strukturen sehr gut für ihre Zwecke einzuspannen und hatten darum ein großes Interesse an deren Fortbestehen."[29]

Die Ärmsten und Schutzlosesten in den Entwicklungsländern verdammen die offiziellen Amtssprachen im Kampf um Recht und Gerechtigkeit zum Taub- und Stummsein. Oder, wie Michael Anderson schreibt: „Recht wird in einer fremden Sprache gesprochen – oft genau in jener Sprache, mit der während der Kolonialherrschaft geschehenes Unrecht assoziiert wird, was diejenigen, die sie nicht verstehen und sprechen, noch mehr verunsichert."[30]

Die Revolution, die nie stattfand

In so unterschiedlichen Ländern wie Indonesien und dem Senegal finden sich die gleichen kolonialzeitlichen Relikte im Justizsystem. In Indonesien sind in armen Kommunen Anwälte oft nicht in der Lage, sich gegen Landraub zu verteidigen oder eine faire Entschädigung dafür auszuhandeln. Dies liegt daran, dass die Regierung die Agrargesetze willkürlich auslegt. Dieses Verfahren wurzelt noch in der Tradition des Kolonialregimes, Land einfach durch den Staat beschlagnahmen zu lassen. Britische und holländische Kolonialmächte schufen eine Bodenpolitik, mit deren Hilfe sich der Staat beliebig Ländereien der indigenen Bevölkerung einverleiben konnte, um dieses Land dann wiederum an Privatunternehmen zur Holzgewinnung, für Bergbau und Plantagenwirtschaft zu verpachten. In den auf die Unabhängigkeit folgenden Jahrzehnten stellten Anwälte in armen Gebieten fest, dass die indonesischen Behörden immer noch dazu neigten, Landbesitzer zur Not mit Gewalt zu enteignen, ohne ihnen die Möglichkeit zur Klage einzuräumen. In anderen Fällen zwang man sie, unangemessene Entschädigungen zu akzeptieren.[31]

Im Senegal erlangte der Tod eines 25-jährigen Mannes namens Dominique Lopy in Polizeigewahrsam auf der Hauptwache in Kolda 2007 traurige Berühmtheit. Er wurde zum Symbol für ein schmerzliches koloniales Erbe, nämlich die Straffreiheit von Behörden, die ihre Macht missbrauchen.

> Dominique Lopys Familie stellte einen Strafantrag, woraufhin eine Untersuchung eingeleitet wurde. Drei Jahre später wartete die Familie des Verstorbenen immer noch darauf, dass die Gerechtigkeit ihren Lauf nahm. Im Mai 2010 berichtete Dominique Lopys Mutter Amnesty International: „Die Familie reichte einen Strafantrag ein und wir wurden einzeln von einem Richter vernommen, aber danach ist nichts mehr passiert. Jeder kennt die Umstände des Todes von meinem Sohn, aber niemand will über sein Verschwinden reden. Wir glauben, sie haben das Problem zusammen mit seiner Leiche begraben. Der Staat will sich dazu nicht äußern."[32]

Menschenrechtsanwälte im Senegal beschreiben, dass die früheren französischen Behörden ein duales Rechtssystem aufgebaut hatten, das es armen Bürgern fast unmöglich machte, Vertreter der Kolonialmacht sowie lokale Eliten für Gewaltübergriffe zur Rechenschaft zu ziehen – während gleichzeitig eben jenen Vertretern und Eliten uneingeschränkte Macht zugestanden wurde, die Armen zur Einhaltung der Gesetze zu zwingen. Die Unabhängigkeit bedeutete eine Übergabe der Macht von den französischen an die senegalesischen Eliten und ein Weiterbestehen der von den Franzosen eingeführten Rechtsstrukturen. Heute „garantiert die Militärgerichtsbarkeit der Exekutive ein de-facto-Vetorecht bei jeglichem juristischen Vorgehen gegen ein Mitglied der Sicherheitskräfte …, dem die Judikative hilflos gegenübersteht, und das die Opfer und ihre Familien jeder Hoffnung auf Entschädigung beraubt."[33]

Wie wir sehen, finden sich quer durch alle Entwicklungsländer unzählige Beispiele dafür, dass das systematische Scheitern und die Rücksichtslosigkeit der heutigen Rechtssysteme auf dem kolonialen System der Rechtsdurchsetzung basiert. Doch allein mit dem Erbe des Kolonialismus lässt sich die Zerrüttung des Justizwesens in den Entwicklungsländern natürlich nicht erklären. Tatsächlich gibt es sogar Entwicklungsländer, die nie richtig kolonialisiert wurden, wie Äthiopien und Thailand, die aber ebenfalls damit kämpfen, funktionstüchtige Institutionen zur Rechtsdurchsetzung für die Armen aufzubauen. Das legt den Verdacht nahe, dass schon präkoloniale Rechtssysteme in den Entwicklungsländern kein Interesse daran hatten, die Armen und Schutzlosen vor Gewalt zu schützen. Doch hilft uns die Kolonialgeschichte, die Ursachen vieler Systemstörungen nachzuvollziehen. Die kolonialen Wurzeln zeigen, dass Reformer keineswegs unpatriotisch sind, wenn sie ehrliche Kritik an ihrem nationalen Rechtssystem äußern und eine komplette Überholung desselben fordern.

Leider begegnet man hier jedoch selbst bei Leuten, die es besser wissen müssten, eher einer Kultur des Weghörens, Leugnens oder der vehementen Verteidigung. Mit dem Resultat, dass es in den Entwicklungsländern nur eine Hand voll „Rufer in der Wüste" gibt, die die Zustände anprangern. Für einen weisen alten Gelehrten und Patrioten wie Dhillon ist das gängige Rechtssystem im Subkontinent Südasien eines, das „am Rande des Zusammenbruchs steht".[34] Und er wählt seine Worte mit Bedacht, wenn er beschreibt, was das heißt:

> Der Degenerations- und Zerfallsprozess, in dem das indische Rechtssystem steckt, wird nach und nach alle Bereiche der Staatsführung erfassen und bald alle nationalen Bemühungen zur Erreichung des Gegenteils zunichtemachen, was wiederum die Wurzeln der Zivilgesellschaft kappt.[35]

Warum konnten sich die Dinge so negativ entwickelten? Und warum wird keine Abhilfe geschaffen? Warum helfen Fortschrittsglaube und Nationalstolz nicht dabei, das koloniale Erbe abzuschütteln, das den Armen buchstäblich die Luft abschnürt? Warum hat man in Indien und anderen Schwellenländern, wo viele Wirtschaftszweige dynamisch, innovativ und wachstumsorientiert sind, zugelassen, dass eine so überaus wichtige Institution wie das Justizsystem zu einem nationalen Schandfleck verkümmert? Das gilt es auf unserer Suche nach Antworten als nächstes zu erforschen.

8 Privatjustiz und öffentliche Rechtlosigkeit

Als ich vor fünf Jahren zum ersten Mal als Vorsitzender einer NGO am Weltwirtschaftsforum in Davos teilnahm, fiel mir sofort auf, mit welcher Effizienz die Veranstalter die Sicherheit der Teilnehmer gewährleisten wollten. Wo ich auch hinsah, säumten bewaffnete Polizisten die Straßen, besetzten Checkpoints, warteten den ganzen Tag in Transportern entlang der Straßen, lagen als Scharfschützen auf den Dächern und kontrollierten mit Hubschraubern den Luftraum. Presseberichten entnahm ich, dass für dieses jährlich stattfindende Ereignis etwa zehn Wachleute *pro Teilnehmer* abgestellt wurden. Es war unmöglich, die Polizeipräsenz zu ignorieren.

Das außerordentliche Polizeiaufgebot ergab angesichts der Wichtigkeit und des Ansehens einiger Teilnehmer vermutlich einen Sinn. Keinen Sinn jedoch ergab, dass die Konferenzteilnehmer – sobald sich die Diskussion um Gewalt gegen Arme drehte – nicht mit der gleichen Effizienz bemüht waren, das fundamentale Recht auf Sicherheit in Entwicklungsländern durchzusetzen. In den wenigen Sitzungen, in denen geschlechtsspezifische Gewalt, sexueller Missbrauch oder Menschenhandel zur Sprache kamen, diskutierten die Experten lebhaft über Themen wie Bildung, Fortbildungen zu Menschenrechtsfragen, Änderung kultureller Normen und Reduzierung von Armut. Jedoch wurde mit *keiner Silbe* erwähnt, dass Arme am dringendsten einer Durchsetzung ihres Rechtes auf Sicherheit bedurften – und zwar mit einem ebenso großen Einsatz wie in diesem winzigen Schweizer Skiort, wo sich viele wohlhabende und einflussreiche Persönlichkeiten versammelten.

Ich erinnere mich noch lebhaft an eine Sitzung mit einer Gruppe von Geschäftsführern global agierender Großunternehmen, die in großem Stil in Entwicklungsländer investierten. Alle hielten verantwortungsvolles gesellschaftliches Engagement von Unternehmen in aufstrebenden Entwicklung- und Schwellenländern für enorm wichtig und waren sich auch einig, dass Wirtschaftswachstum nachhaltig sein sollte. Da ich über die Missstände im Rechts- und Sicherheitswesen in diesen Entwicklungsländern wusste, stellte ich ihnen eine direkte Frage: „Wie schützen Sie Ihre Leute und Ihr Eigentum in diesen Ländern?".

Die Geschäftsführer antworteten prompt und einhellig: „Wir erkaufen uns den Schutz."

G. A. Haugen und V. Boutros, *Gewalt – die Fessel der Armen*, DOI 10.1007/978-3-662-47054-1_8

Diese Antwort zeigt eine der tiefgreifendsten, niederschmetterndsten und nahezu unbemerkten sozialen Veränderungen innerhalb der letzten drei Jahrzehnte in den Entwicklungsländern: Nach und nach wurde das öffentliche Justizsystem fast vollständig durch private Schutzsysteme für Eliten ersetzt. Die Reichen kehrten dem maroden *öffentlichen* Justizsystem den Rücken und etablierten ein Parallelsystem, nämlich die *Privat*justiz. Darin übernehmen private Sicherheitsdienste und alternative außergerichtliche Schiedsverfahren die Arbeit von Polizisten und Richtern des öffentlichen Dienstes.

Dies erklärt zum Teil, warum das öffentliche Rechtssystem so brüchig werden konnte und Außenstehende diesen Prozess kaum wahrnahmen. Aber wie erklärt sich, dass viele Schwellenländer wie Indien, Brasilien und seit kurzem auch viele Subsahara-Staaten in Afrika trotz maroder Rechtssysteme ein boomendes Wirtschaftswachstum an den Tag legen, das teilweise sogar viele reiche Industriestaaten übertrifft?

Nun, manche Wachstumsraten wirken im Vergleich schlicht höher, weil die wirtschaftliche Entwicklung in diesen Ländern auf einer sehr viel niedrigeren Stufe begonnen hat. Rätselhaft scheint allerdings, wie in Staaten ohne funktionierendes Rechtssystem überhaupt ein signifikantes Wirtschaftswachstum erzielt werden kann, vor allem, wenn man in Betracht zieht, dass Gewalt das Wirtschaftswachstum behindert. Zwar war in den letzten zwei Jahrzehnten das *gesamtwirtschaftliche* Wachstum in manchen Entwicklungsländern in Asien, Lateinamerika und Subsahara-Afrika sehr beeindruckend,[1] doch beschränkte sich das Wachstum vorwiegend auf die Sektoren, von denen die Wohlhabenderen profitierten, nämlich jene, die es sich leisten können, für privaten Schutz zu bezahlen.[2]

Ebenso auffällig wie das höhere gesamtwirtschaftliche Wachstum ist allerdings auch eine Verschärfung der Einkommensungleichheit *innerhalb* einzelner Entwicklungsländer.[3] So findet man weltweit heute mehr extrem arme Menschen in Ländern mit „mittlerem Einkommen" als in „einkommensschwachen" Ländern.[4] Wirtschaftswissenschaftler machen sich Sorgen, dass sich die Einkommensungleichheit als Hindernis für breitgefächertes, nachhaltiges Wachstum erweist.[5] Das Hauptproblem liegt jedoch darin, dass die Kluft zwischen den in Sicherheit lebenden Reichen und den schutzlosen Armen dazu beiträgt, dass Milliarden Menschen auch weiterhin in bitterster Armut leben. Zwar profitieren die Wohlhabenden in Subsahara-Afrika vom Wirtschaftswachstum, doch der schutzlose *andere Teil* der Bevölkerung, der mit 1,25 US-Dollar oder weniger pro Tag auskommen muss, tut dies nicht.

In Indien fiel in den letzten Jahren des schnellsten gesamtwirtschaftlichen Wachstums sogar die Rate der Armutsminderung, „was darauf hinweist, dass die Armen von Indiens Wachstum kaum profitieren."[6] Während in Südamerika zur Armutsminderung vielversprechende Schritte unternommen wurden, stagniert die Armutsminderungsrate; nahezu 30 Prozent der Bevölkerung leben weiterhin in Armut, und eben diese 66 Millionen lebten 2012 in ebenso extremer Armut wie im Jahr 2011.[7] Weltweit sind es hundert Millionen, die in diesen Ländern auf unterstem wirtschaftlichem Niveau leben, denen das nutzlose *öffentliche* Rechtssystem keinen Schutz bietet, und die immer schneller in perspektivloser Armut zurückgelassen werden.

Man könnte grob abschätzen, was mit öffentlichen Schulen oder den öffentlichen Verkehrsmitteln geschähe, wenn einflussreiche und wohlhabende Leute einer Stadt oder Region sie nicht nutzten: Stattdessen bezahlten sie für private Schulen und Transportmittel, und infolgedessen würden die öffentlichen Schulen und Verkehrsmittel voraussichtlich immer unzuverlässiger werden. Überträgt man diese Schlussfolgerung auf das öffentliche Rechtssystem, mag man sich nicht vorstellen, was passieren würde. Die Elite des Landes würde sich aus dem öffentlichen *Rechtswesen* zurückziehen und ein alternatives Rechtssystem aufbauen: Statt der Polizei zu vertrauen, für Sicherheit zu sorgen, würden Reiche und Unternehmen private Wachleute anheuern. Statt Handelsstreitigkeiten vor korrupten und überlasteten Gerichten auszutragen, würden sie alternative Schiedsverfahren einführen. Und statt auf Anwälte zu vertrauen, die ihre Rechtsangelegenheiten regeln, würden sie ihren Reichtum und ihre Beziehungen nutzen, um politischen Einfluss und Privilegien zu erhalten. Die Drahtzieher in Wirtschaft und Handel sowie die Reichen in den Entwicklungsländern wissen, dass das öffentliche Rechtswesen nur sehr mangelhaft funktioniert – also nutzen sie es nicht.

Infolgedessen haben Eliten nur wenig oder gar kein Interesse daran, ein funktionierendes Rechtssystem aufzubauen – sofern sie nicht von anderen einflussreichen Mächten in der Gesellschaft dazu gezwungen werden.

Tatsächlich *zieht* die Oberschicht das bestehende System überwiegend sogar *vor*, denn ein ordnungsgemäß funktionierendes System würde ihre Macht beschneiden – da ein funktionierendes Rechtssystem eine Auslegung zum eigenen Vorteil nicht zulässt, müssten die Reichen beträchtlich mehr Mittel in Form von Geld und Mitarbeitern einsetzen als wenn das System nicht funktioniert. Für manche wäre ein *funktionierendes* öffentliches System damit schlichtweg ein „Problem".

Private Sicherheit

Hobbes sagt: „Das Leben im Naturzustand ist [für die Schwächsten] einsam, armselig, ekelhaft, brutal und kurz." Eliten können sich Sicherheit für ihre Person und ihr Eigentum durch private Sicherheitssysteme erkaufen. Das war bereits in der Vergangenheit nicht ungewöhnlich. Auch zu anderen Zeiten unterstützten Eliten öffentliche Sicherheitssysteme nur sehr zurückhaltend, da sie bereits privat Lösungen gefunden hatten. So geschah es zum Beispiel, dass trotz eines äußerst hohen Gewaltniveaus im London des 18. Jahrhunderts „die Aristokratie lange zögerte, eine Polizeireform herbeizuführen, da sie einerseits selten von Gewalt betroffen war, andererseits über die nötigen Mittel verfügte, um sich und ihr Eigentum zu schützen.“[8]

In Asien warnen Rechtsexperten davor, dass „der kometenhafte Anstieg privater Sicherheitsfirmen, die Leben und Eigentum ihrer Auftraggeber schützen, zwar in der ganzen Region das Bruttosozialprodukt (BSP) in die Höhe schnellen lässt, gleichzeitig aber auf einen beunruhigenden Trend hinweist, nämlich, dass sich die öffentliche Sicherheit – ein grundlegendes Allgemeingut – in ein privates Gebrauchsgut verwandelt.“[9] In Afrika beobachten Experten ebenfalls, dass die Sorge um die alltägliche Sicherheit zunehmend auf unzählige Privatfirmen übertragen wurde, und dass diese Verlagerung – trotz der Allgegenwärtigkeit der uniformierten Wachleute – weitgehend unbemerkt vor sich gegangen ist.[10]

Von einer ähnlichen Verlagerung berichten Experten in Lateinamerika und sehen darin eine direkte Folge des nahezu kompletten Vertrauensverlustes ins öffentliche Rechtssystem. Dementsprechend ist selbst in jenen ansonsten relativ stabilen Entwicklungsländern mit ihren allem Anschein nach demokratischen Institutionen dennoch ein solch hohes Maß an Gewalt und Chaos zu beobachten, dass Analysten sie als „unzivile Demokratien“ bezeichnen, in denen Eliten, die es sich leisten können, ihre Sicherheit selber kaufen. Doch wer sich das nicht leisten kann, ist auf ein nicht funktionierendes Rechtssystem angewiesen. Das führt dazu, dass die wichtigsten „zivilen Grundrechte eines Staatsbürgers“ – unter anderem Schutz vor Versklavung, Vergewaltigung, Landraub und Menschenhandel – „ungleichmäßig und unfair unter den Bürgern verteilt sind.“[11]

Die Abkopplung dieser *elementaren* öffentlichen Leistungen in Sicherheit, Recht und Ordnung von staatlichen Systemen in den Entwicklungsländern gibt die Armen ihrer Schutzlosigkeit preis und verbreitert die Kluft zwischen Arm und Reich.[12]

Zeugnis für den geräuschlosen Kollaps des öffentlichen Rechtssystems in den Entwicklungsländern legt der rasant steigende Markt der privaten Sicherheitsdienste ab, die die Stärke der Polizei in Sachen Personal und Waffen weit übertrumpfen.[13] Der jährliche Umsatz in der privaten Sicherheitsbranche Indiens wird auf mehr als 2 Milliarden US-Dollar, die Zahl der darin Beschäftigten auf 5,5 Millionen Menschen geschätzt.[14] Das ist in etwa das Vierfache an Personal der Polizei und das Fünffache der paramilitärischen Kräfte in Indien.[15] In Brasilien liegt die Zahl der privaten Sicherheitskräfte sogar noch höher: Knapp 2 Millionen Wachleute, die in mehr als 3000 privaten Sicherheitsdiensten arbeiten, entsprechen dem Fünffachen des Personals der öffentlichen Polizei.[16] Alleine in der Stadt São Paulo gibt es über eine halbe Million registrierte private Wachleute. Das sind viermal so viele Beschäftigte wie bei der staatlichen Polizei, daneben gibt es noch einmal eine halbe Million nicht registrierte Wächter, viele davon Polizisten, die, um ihr Gehalt aufzubessern, einen Nebenjob annehmen.[17] In Guatemala ist der private Bürgerschutz noch ausgeprägter – dort kommen auf einen Polizisten sieben private Wachleute.[18] In Honduras liegt das Verhältnis von privaten zu öffentlichen Sicherheitskräften bei vier zu eins, ebenso in Kenia.[19]

In Kenia bezahlen mehr als 80 Prozent der Unternehmen für Sicherheitsmaßnahmen[20], in Malawi sind es sogar mehr als 90 Prozent.[21] Tatsächlich ist der größte Arbeitgeber in Afrika der private Sicherheitsdienst Group4Security mit 115.000 Mitarbeitern auf dem ganzen Kontinent, der all jenen Schutz verkauft, die es sich leisten können.[22]

Natürlich ist es vernünftig und auch zweckdienlich, wenn Firmen und wohlhabende Privatleute Geld für Sicherheitsvorkehrungen ausgeben, um ihre Mitarbeiter und ihren Besitz vor Gewalt und Diebstahl zu schützen. Sogar in reichen Ländern boomt die Sicherheitsbranche. Unter gewissen Umständen ist es auch sinnvoller, wenn reichere Firmen und Privatpersonen für ihre zusätzliche Sicherheit selbst bezahlen, als dem gemeinen Steuerzahler die Kosten für das erhöhte Sicherheitsbedürfnis der Reichen aufzubürden.

Wenn der private Sicherheitsapparat jedoch als privater Ersatz *in Ermangelung* eines anständig funktionierenden Justizapparates den Reichen vorbehalten bleibt, befindet sich die Gesellschaft in einer Abwärtsspirale der Gesetzlosigkeit. In den letzten Jahren gab es in Entwicklungsländern Gewaltausbrüche von solch immensen Ausmaßen, dass nicht einmal die privaten Sicherheitsdienste der Eliten ihrer Herr werden konnten. In diesen Momenten wurde das völlige Versagen der öffentlichen Rechtssysteme für alle Welt sichtbar. Jahrzehntelang sahen die Eliten Mexikos keinen Grund, gegen die wild wuchernde Korruption und die Missstände im Rechtssystem des Landes vorzugehen, da sie für ihre Sicherheit privat Vorkehrungen getroffen hatten. Als jedoch der Drogenkrieg das Land überzog und die mexikanische Regierung zur Eindämmung der Gewalt auf ihre Polizei zurückgreifen wollte, gab es keine „Ordnungshüter" mehr. Der Kampf gegen die Drogenkartelle musste dem Militär überantwortet werden. Zu diesem Zeitpunkt beschlich sogar die Eliten eine Ahnung von dem gesetzlosen Terror, dem ohne kompetentes Polizei- und Rechtswesen sonst nur die Armen ausgesetzt sind.[23]

Die Journalistin und Autorin Katherine Boo beschreibt, wie die terroristischen Anschläge von 2008 auf die Touristenhotels in Mumbai der indischen Oberschicht nur allzu deutlich machten, zu welch leerer Hülle das öffentliche Rechtswesen verkommen war:

> Die Polizisten am Bahnhof wussten nicht, wie sie ihre Waffen bedienen sollten, deshalb rannten sie davon und versteckten sich, während zwei Terroristen mehr als fünfzig Reisende erschossen. Andere Polizisten, die um Hilfe gerufen worden waren, um die Insassen der belagerten Entbindungsstation des Krankenhauses zu retten, verschanzten sich – vier Block entfernt – in der Polizeihauptwache. ... Die Angriffe auf das Taj und das Oberoi, bei denen hochrangige Firmenvertreter und Prominente starben, öffneten den Reichen schonungslos die Augen – sie erkannten nun, dass auch private Sicherheitsvorkehrungen ihre Grenzen hatten und sie dem krankenden öffentlichen Sicherheitssystem ebenso ausgeliefert waren wie die Armen.[24]

Alternative Schlichtungsverfahren

Eliten und andere Finanzkräftige in den Entwicklungsländern verlassen sich nicht nur auf private Sicherheitsdienste, sondern auch zunehmend auf so genannte ADRs (*alternative dispute resolutions*). Das sind alternative Schlichtungsverfahren zur Bearbeitung von Streitfällen, die normalerweise Aufgabe öffentlicher Gerichte sind.[25] Solche Verfahren haben in den Entwicklungsländern explosionsartig zugenommen.[26]

Angesichts der verheerenden Auswirkungen funktionsunfähiger Rechtssysteme auf die wirtschaftliche Entwicklung haben Wortführer der (Welt-)Entwicklungsbewegung in Institutionen wie der Weltbank die Bemühungen von Unternehmen und Eliten gefördert, die nicht mehr das öffentliche Rechtssystem in Anspruch nehmen, sondern „ADR-Dienste, wenn die Gerichte ihre Funktion nicht effizient ausüben [können].“[27] Alle, die über entsprechende Mittel verfügen, ziehen das unzulängliche öffentliche Rechtssystem „nicht als Alternative für eine adäquate Lösung wirtschaftsrechtlicher Streitfälle in Erwägung.“[28]

Doch ebenso wenig erschwinglich wie private Sicherheit sind für die Armen und Schutzlosen in den Entwicklungsländern auch alternative Streitschlichtungsverfahren. Ohne verlässliche Polizei, die für Sicherheit sorgt, und ohne legale Systeme zur Lösung von Streitigkeiten, nehmen arme Bürger das Recht immer häufiger selbst in die Hand. Sie üben Selbstjustiz. Statt sich auf ein kommunales Rechtswesen zu verlassen, das weder eine faire Behandlung vor Gericht noch Schutz für die verwundbarsten Mitglieder der Gemeinde wie Frauen, Kinder, ethnische oder religiöse Minderheiten oder die Ärmsten gewährleistet. Ohne funktionstüchtige öffentliche Systeme, die für Recht und Ordnung sorgen, „werden Privatpersonen und Firmen, die es sich leisten können, in vielen Ländern künftig noch häufiger private Sicherheits- und Wachdienste in Anspruch nehmen, wie an dem boomenden Markt unschwer zu erkennen ist.“[29]

Eine Abwärtsspirale

Wenn Privatleute mit hohem Einkommen öffentliche Güter und Dienste nicht mehr in Anspruch nehmen, sondern diese privat finanzieren, unterminieren sie die Finanzierung der öffentlichen Dienste. In Folge darauf verschlechtern sich diese Systeme zunehmend.[30] Denn verlieren die Reichen das Interesse an öffentlichen Diensten, tun dies oft auch Politiker und andere Entscheidungsträger, die für das Bereitstellen qualitativ hochwertiger öffentlicher Dienste verantwortlich sind.[31] Diejenigen, die öffentliche Systeme hauptsächlich finanzieren – primär Bezieher unterer Einkommen –, haben den geringsten politischen Einfluss, was wiederum zu einer graduellen Verschlechterung der öffentlichen Dienste führt.[32] Anderen Studien zufolge findet man diese Dynamik am stärksten in Entwicklungsländern, wo die Armen zwar den größten Bevölkerungsanteil stellen, ihre Stimme aber politisch kaum Gewicht hat.[33] Manche Experten, die die Vorzüge der Privatisierung einiger öffentlicher Bereiche in reichen Ländern kennen, flirten mit der These, dass in Entwicklungsländern durchaus ähnliche Vorteile erwachsen könnten, wenn man dort private Sicherheitsdienste und Schlichtungsverfahren noch mehr förderte. Doch andere warnen vor einem solchen Ansatz. Denn die Erfahrung zeigt: Wenn man Eliten erlaubte, sich zugunsten des privaten Sektors aus den öffentlichen Systemen herauszuziehen, hatte dies bislang nie zur Folge, dass jene, die lediglich auf das marode System zurückgreifen konnten, stärker von Recht und Ordnung profitierten.[34] Im Gegenteil – dies mündete noch schneller in einer Abwärtsspirale, noch rascher im Verfall und der Vernachlässigung des öffentlichen Sicherheitssystems, und die unteren Schichten waren noch mehr willkürlicher Gewalt preisgegeben. Effiziente private Alternativen für Eliten zu fördern könnte signalisieren, es lohne sich nicht, in öffentliche Systeme zu investieren. Oder, wie ein Experte warnt: „Statt eine Reform anzuregen, könnte dies Reformen verhindern."[35]

Das größte Hindernis für Veränderungen: Die Vorteile der Rechtlosigkeit

Da sich Eliten private Sicherheitsmaßnahmen leisten können und unabhängig vom öffentlichen Justizsystem sind, stehen sie dessen Versagen weitgehend *gleichgültig* gegenüber. Doch liegt hier das Problem nicht nur in der Gleichgültigkeit, sondern noch tiefer: Leider profitieren viele Eliten sogar von einer *Beibehaltung des Status quo.* Eliten brauchen kein *effizientes* öffentliches Rechtssystem zu ihrem Schutz; manchmal aber brauchen sie ein *ineffizien-*

tes System, das sie vor einer Verurteilung für ihre Vergehen schützt. Marode Rechtssysteme gewähren demjenigen, der mit Geld winkt, Straffreiheit, und wenn die Opfer zu arm sind, um sich privaten Schutz zu erkaufen, ist diese Straffreiheit billig erkauft.

Die Ayalas, die wir im ersten Kapitel kennengelernt haben, standen beispielsweise dem nicht funktionierenden Rechtssystem in Peru nicht einfach nur *gleichgültig* gegenüber – sie *gaben ihm den Vorzug*. Tatsächlich waren sie sogar von ihm *abhängig*. Statt den Rest ihres Lebens für Yuris Vergewaltigung und Ermordung im Gefängnis zu verbringen, erkauften sie sich Straffreiheit: Sie zahlten für die Unterschlagung von Beweismaterial, für die Folter von Augenzeugen, und sogar für das Beibringen eines Sündenbocks, der zu einer dreißigjährigen Haftstrafe verurteilt wurde. Auch ihr Anwalt wurde für die Vertuschung fürstlich entlohnt. Polizisten und andere Beamten des öffentlichen Dienstes erhalten in solchen Fällen Schmiergeld von den privaten Nutznießern, wenn sie ihre Arbeit *nicht* machen. Für sie alle war das marode Rechtssystem kein Problem – ein funktionierendes, nicht korruptes System hingegen hätte ein Problem dargestellt.

Die Namen und Einzelheiten mögen andere sein, aber diese Geschichte spielt sich Tag für Tag so oder ähnlich in den Entwicklungsländern ab. In effizienten Rechtssystemen gibt es keine Straffreiheit für Verbrecher. Nimmt man die „Ich-komme-billig-aus-der Sache-raus"-Karte aus dem Spiel, wird es für Unterdrücker wie die Ayalas teuer. Statt ein paar Dollar Bestechungsgeld für die Mitspieler im korrupten System kann sie ein funktionstüchtiges Rechtssystem deutlich mehr kosten – nämlich ihr Leben in rücksichtsloser Freiheit. Für manche Eliten ist ein effizientes Justizsystem also viel kostspieliger als ein ineffizientes.

Tatsächlich stellen das größte Hindernis für den Aufbau eines funktionstüchtigen öffentlichen Rechtswesens in Entwicklungsländern weder die übernommenen kolonialen Rechtssysteme dar, noch eine Vernachlässigung durch Organisationen zur Armutsbekämpfung, noch die privaten Sicherheits- und Rechtssysteme mancher Eliten. Nein, das größte Hindernis stellen die dortigen sozialen, politischen und wirtschaftlichen Kräfte dar, die Veränderungen ablehnen, weil sie wissen, dass ein Rechtssystem, das Recht durch- und umsetzt, ihre erkaufte Unantastbarkeit gefährdet und eine weitere Ausbeutung der Armen durch sie unterbindet. Es bedarf einer Bündelung aller Kräfte in einem Land, um eine radikale Änderung des politischen Willens herbeizuführen, damit alle Bürger geschützt werden.

Damit öffentliche Rechtssysteme Armen helfen, muss man systematisch gegen die Anreize für Eliten vorgehen, die sie darin bestärken, lieber auf private Sicherheitsdienste zurückzugreifen oder ihre Pfründe durch Straffreiheit in ineffizienten Systemen zu sichern.

9 Von nichts kommt nichts

Bündeln wir zunächst, was wir bisher über die Rechtssysteme in den Entwicklungsländern gelernt haben: Erstens stammen sie meist noch aus der Kolonialzeit und waren nie dazu gedacht, die Armen vor Gewalt zu schützen. Zweitens haben sich die Eliten in den Entwicklungsländern vom funktionsuntüchtigen öffentlichen Rechtssystem abgewandt und private Sicherheitssysteme aufgebaut, um sich vor Gewalt zu schützen. Deshalb fließt fast sämtliches Kapital für Sicherheit in die stetig wachsende private Sicherheitsbranche, während das öffentliche Rechtssystem verkümmert.

Nun wenden wir uns einem dritten Aspekt zu. In den vergangenen 50 bis 60 Jahren hat sich die starke weltweite Bewegung zur Bekämpfung der Armut in den Entwicklungsländern nicht intensiv darum bemüht, das Gewaltproblem der Armen zu lösen.

Was meinen wir mit „intensiven Bemühungen"? Wenn ich beispielsweise meinen halbwüchsigen Sohn frage, ob er für seine Abschlussprüfung in Mathe gelernt hat, kann er mir zu Recht antworten: „Ja, habe ich", selbst wenn er am Morgen vor der Prüfung lediglich ein paar Mal sein Mathebuch durchgeblättert hat. Mich hat aber eigentlich interessiert, ob er sich intensiv auf seine Prüfung vorbereitet hat. Intensiv in Anbetracht (1) der Größe der Herausforderung (die Prüfung deckt den Stoff des gesamten Schuljahrs ab), (2) der Tragweite der Entscheidung (er kann keine gute Gesamtnote bekommen, wenn er in der Abschlussprüfung nicht gut abschneidet) und (3) der relativen Anstrengungen und Zeit, die er in andere Dinge investiert hat (beispielsweise in das gemeinsame Lernen mit seiner Freundin für die Abschlussprüfung in seinem Lieblingsfach Geschichte).

Wir blicken heute auf ein halbes Jahrhundert der Armutsbekämpfung und Investitionen von mehr als 3 Billionen US-Dollar[1] zurück, die für die Entwicklungszusammenarbeit ausgegeben wurden. Nun sollten wir prüfen, ob wirklich „intensive" Bemühungen zur Verbesserung nicht funktionierender Rechtssysteme unternommen wurden, denn wir sprechen hier von Maßnahmen auf einem gewissen Finanzierungs- und Leistungsniveau. Dieses Niveau muss (1) der Größe der Herausforderung gerecht werden (angesichts der Schwere der Missstände), (2) ebenso der Tragweite der Entscheidung (Gewalt vernichtet Perspektiven in allen Lebensbereichen), und (3) der Investition von

G. A. Haugen und V. Boutros, *Gewalt – die Fessel der Armen*, DOI 10.1007/978-3-662-47054-1_9

Zeit und Geld in andere Grundbedürfnisse (die internationale Gemeinschaft will sicherstellen, dass das Recht der Armen auf Erfüllung der Grundbedürfnisse wie Gesundheit, Nahrung, Unterkunft und Bildung gedeckt ist).

Im Folgenden wird deutlich, dass die internationale Gemeinschaft zu Recht behaupten kann, sie hätte einige Anstrengungen unternommen, das Problem zu lösen; so wie mein Sohn einige Anstrengungen unternahm, um seine Matheprüfung zu bestehen. Nehmen wir jedoch genauer unter die Lupe, wie viel Zeit und Geld die internationale Gemeinschaft investiert hat, um ein Justiz- und Polizeiwesen aufzubauen, das die Armen in den Entwicklungsländern vor Gewalt schützt, und vergleichen dies dann mit den Investitionen in anderen Bereichen, müssen wir uns der bitteren Wahrheit stellen: Es wurden keine nennenswerten Anstrengungen unternommen.

Es könnte natürlich sein, dass die internationale Gemeinschaft tatsächlich etwas dazu beitragen kann, die mangelhaften Rechts- und Polizeisysteme in den Entwicklungsländern wieder auf die Füße zu stellen. Diesen Schluss lassen aber die bisherigen Bemühungen noch längst nicht zu – im Gegenteil, angesichts der bis dato dürftigen Bemühungen war ein Misserfolg nahezu vorprogrammiert. Und es gibt handfeste Gründe davon auszugehen, dass sich marode Rechtssysteme sinnvoll reformieren lassen, so dass sie Arme tatsächlich vor Gewalt schützen. Dazu kommen wir später.

Es ist beschämend, dass wir dem Aufbau funktionstüchtiger und zweckmäßiger Polizei- und Justizsysteme in den Entwicklungsländern in den vergangenen 50 Jahren in der Armutsbekämpfung keine Priorität eingeräumt haben. Auch wenn viel Geld in gute Regierungsführung und Rechtsstaatlichkeit investiert wurde, so war es doch kaum der Rede wert, was in die Polizei- und Rechtssysteme investiert wurde, um die Gewalt gegen Arme zu unterbinden. Und das obwohl wir Folgendes wissen: Erstens, dass Sicherheit und Recht für die Armen unentbehrlich sind und zweitens, dass sie die marodesten (und gefährlichsten) öffentlichen Systeme weltweit sind.

Um eines klarzustellen: Das soll nicht heißen, dass wir zu viel Zeit und Geld in andere Grundbedürfnisse der Armen wie Gesundheit, Bildung, Ernährung, sauberes Wasser, Mikrokredite oder Unterkunft gesteckt haben. Das haben wir mit Sicherheit nicht. Verteilte man die 3 Billionen US-Dollar auf die Millionen Ärmsten weltweit über die letzten fünfzig Jahre, fiele die Pro-Kopf-Investition immer noch sehr bescheiden aus.[2]

Doch dieser Einsatz – bescheiden oder nicht – wurde getätigt, ohne dass gleichzeitig intensiv darauf hingearbeitet wurde, für die Armen ein angemessenes Maß an Sicherheit und Schutz durch die ordnungsgemäße Anwendung und Durchsetzung von Gesetzen zu schaffen. In dem daraus resultierenden Chaos konnten viele andere Entwicklungsmaßnahmen nicht so greifen, wie wir es erhofft hatten. Auch der rechtsbasierte Ansatz in der neueren Entwicklungszusammenarbeit übersieht die Wichtigkeit des formalen Zugangs und Schutzes durch die Rechtssysteme für die Armen.

Den Nebel lichten

Aber was ist mit den jahrzehntelangen Investitionen in Programme zur Förderung von „Rechtsstaatlichkeit", „verantwortungsbewusster Regierungsführung", „Maßnahmen gegen Korruption", „Zugang zu Gerechtigkeit", „Gleichberechtigung von Mann und Frau" und „Entwicklung unter Berücksichtigung der Menschenrechte"? Hat die internationale Gemeinschaft nicht Milliarden Dollar für die Durchsetzung von Rechtsstaatlichkeit auf internationaler Ebene ausgegeben?

Um diese Frage beantworten zu können, müssen wir erst einmal einige Unklarheiten beseitigen. Die internationale Gemeinschaft hat ihre Bemühungen hinsichtlich Regierungssysteme in Entwicklungsländern im Allgemeinen sicherlich intensiviert. Sie hat aber nichts Konkretes für den Aufbau eines Justiz- und Polizeiwesens getan, das Arme wirksam vor Gewalt schützt.

Um die Nebel zu lichten, fangen wir am besten mit der größten Quelle der Unklarheiten an: dem Begriff der „Rechtsstaatlichkeit", einem äußerst beliebten Konzept mit unwiderstehlicher Anziehungskraft. Vereinfacht ausgedrückt handelt es sich dabei um die Vorstellung, dass in einer gerechten Gesellschaft letztlich nicht eine Einzelperson, Geld, Macht oder eine andere beliebige Größe regieren oder bestimmen sollten, sondern das Gesetz. Dieses Gesetz sollte fair hergeleitet und umgesetzt werden sowie grundlegende Gleichheit und Unbestechlichkeit garantieren. Im Allgemeinen wird daher sofort assoziiert, dass Rechtsstaatlichkeit mit der Macht einhergeht, ungerechte Gewaltanwendung zu unterbinden. Niemand darf sich „über das Gesetz" stellen und Gewalt gegen andere ausüben, um sie zu verletzen, zu bestehlen, zu versklaven, zu bedrohen oder zu unterdrücken. Geschieht es dennoch, zwingt „das Gesetz" den Gewalttätigen zum Aufhören. Dementsprechend findet folgendes Konzept sofort Zustimmung, das besagt, dass ein Anrecht auf Leben, Freiheit und das Streben nach Glück abhängig ist von einer funktionierenden Rechtsstaatlichkeit, die die Macht der Stärkeren einschränkt, den Schwächeren Gewalt anzutun.

Wer also von Programmen zur Förderung der „Rechtsstaatlichkeit" hört, geht automatisch davon aus, dass diese der Rechtsdurchsetzung zum Schutz der Armen und Schwachen vor Gewalt dienen. Wenn wir von einem öffentlichen Impfschutzprogramm hören, erwarten wir, dass dieses primär der Behandlung möglichst vieler bislang ungeschützter Menschen dienen soll. Doch in beiden Fällen kann es sein, dass man von falschen Annahmen ausgeht. Ein öffentliches Gesundheitsprogramm zur Bekämpfung dieser hypothetischen Infektionskrankheit dürfte beispielsweise sehr viel mehr umfassen als nur Impfung und Behandlung – von der Information der Bevölkerung bis zur Abfallentsorgung und Dekontamination, der Unschädlichmachung von Quelle oder Überträgern der Krankheit bis hin zu Maßnahmen zur Förderung einer besseren Ernährung oder gesünderen Lebensweise zur Verbesserung des Abwehrschutzes. Allerdings hielten wir alle Maßnahmen für eine Farce, wenn ausgerechnet eines fehlte: die Bereitstellung des Impfstoffes. Ebenso empört wären wir, wenn bekannt würde, dass 80 Prozent des Impfstoffes an zwei, drei Länder gingen, in denen nur ein winziger Prozentsatz der Bevölkerung infiziert ist, oder wenn Hilfsmaßnahmen auf jene armen Länder beschränkt würden, von denen die Gefahr ausgeht, dass die Krankheit auf reiche Länder übergreift.

Dieses absurde Szenario beschreibt jedoch leider ziemlich genau die Bemühungen der internationalen Gemeinschaft, die gesetzlose Gewalt gegen Arme in den Entwicklungsländern durch Rechtsstaatlichkeit einzudämmen. Um das zu verstehen, muss man wissen, wie weit gefasst der Begriff Rechtsstaatlichkeit aktuell in der Entwicklungszusammenarbeit verwendet wird. Auch wenn die Kernkompetenz der Rechtsstaatlichkeit darin bestehen mag, die Schwachen vor den Starken zu beschützen, ist dies in der Praxis lediglich ein kleiner Teil dessen, was Rechtsstaatlichkeit ausmacht. Tatsächlich werden in der allgemein akzeptierten Erklärung von Rechtsstaatlichkeit des American Bar Association's World Justice Project (etwa: Weltweites Rechtsprojekt der amerikanischen Rechtsanwaltskammer) neun Faktoren aufgelistet, die Rechtsstaatlichkeit definieren:

1. Eingeschränkte Regierungsmacht,
2. Abwesenheit von Korruption,
3. Ordnung und Sicherheit,
4. Grundrechte,
5. Offenheit und Transparenz der Regierung,
6. Effektive Durch- und Umsetzung der Gesetze,
7. Zugang zu Ziviljustiz,
8. Effektive Strafjustiz,
9. Informelle Justiz.

Eine effektive Strafjustiz zum Schutz der Bürger ist also nur einer von diesen neun Punkten, die jeweils in 52 Unterfaktoren gegliedert werden.[3] So dient nahezu jede Art von Programm der Förderung der Rechtsstaatlichkeit in Entwicklungsländern – von der Wahlüberwachung über den Aufbau einer freien Presse bis zur Bekämpfung von Software-Piraterie, ebenso die Abschaffung von Bestechungsgeldern für Führerscheine, das Abfassen eindeutiger Eigentumsregelungen sowie die Übertragung von Parlamentsdebatten im Fernsehen. Tatsächlich lässt sich unter dem Oberbegriff Rechtsstaatlichkeit ein sehr breites Spektrum an Programmen fassen, die nichts oder nur wenig mit der sehr speziellen Herausforderung zu tun haben, Arme durch ein effektives Rechtssystem vor Gewalt zu schützen.

Um noch einmal klarzustellen: Alle neun oben aufgeführten Faktoren sind elementar für das Konzept der Rechtsstaatlichkeit, und die internationale Gemeinschaft investiert mit wachsendem Engagement zu Recht in diese Bereiche. Überdies ist das Rechtssystem nur ein Teil des komplizierten Netzwerks ziviler und kultureller Institutionen, die erst durch ein Zusammenwirken den politischen Willen und die operative Kompetenz schaffen, um Arme vor Gewalt zu schützen. Folglich können alle neun Faktoren zur Entstehung einer sicheren und friedlichen Gemeinschaft beitragen, die Armen ein besseres Leben bietet.

Dennoch müssen wir an zwei wichtigen Punkten festhalten. Erstens können Arme nicht vor Gewalt geschützt werden und – wie wir bisher gesehen haben – deshalb auch kein besseres Leben erwarten, wenn internationale Programme zur Rechtsstaatlichkeit nicht gezielt in „effektive Rechtssysteme" investieren. Zweitens müssen wir, um die notwendige Höhe internationaler Investitionen in Rechtsprogramme in Entwicklungsländern bestimmen zu können, diese Programme aus der Summe der vielen lobenswerten Investitionen in die Rechtsstaatlichkeit herausnehmen, die nichts mit einem funktionierenden Rechtswesen für alle Arme zu tun haben.

Was entdecken wir bei genauerer Betrachtung der Investitionen in Projekte zur Rechtsstaatlichkeit? Sie machen in der modernen Geschichte der Wirtschaftsentwicklung und Armutsbekämpfung in Entwicklungsländern einen relativ kleinen Prozentsatz aus. Außerdem ist der für den Aufbau effektiver Rechtssysteme gedachte Anteil der Entwicklungshilfegelder verschwindend gering. Dies liegt größtenteils daran, dass bedeutende Entwicklungsinstitutionen wie die Weltbank, EU und USAID (U.S. Agency for International Development) von ihren eigenen Statuten daran gehindert wurden, in Rechtssysteme in Entwicklungsländern zu investieren. Sämtliche Investitionen von internationalen Geldgebern und Organisationen in Justizsysteme oder zum Ausbau der Rechtsstaatlichkeit wurden tatsächlich von drei separaten Agenden geschluckt, die wenig mit dem Schutz armer Bürger vor Gewalt zu tun haben: dem Wiederaufbau weniger Postkonfliktländer wie Irak und Afghanistan, der Bekämpfung grenzüberschreitender Verbrechen wie Terrorismus, Drogen- und Waffenhandel sowie der Schaffung attraktiver, stabiler Konditionen für Wirtschaft, Handel und Investitionen.

Infolgedessen offenbart sich – sobald sich der Nebel um Institutionen und Wortbedeutungen gelichtet hat – letztendlich ein erschreckend niedriges Investitionsvolumen: Nur etwa 1 Prozent der Hilfsgelder von Institutionen wie USAID oder der Weltbank können als gezielte Maßnahmen zur Verbesserung des Rechtswesens zum Schutz aller Bürger in Entwicklungsländern gelten.

Statuten verhindern Investitionen in Justizsysteme

In vielerlei Hinsicht sollte uns dies nicht überraschen, denn Rechtssysteme sind die einzigen Systeme, in welche die meisten internationalen staatlichen Hilfsinstitutionen laut ihrer Satzung nicht investieren dürfen. Man kann sich nur schwer vorstellen, dass Hilfsorganisationen Aufwendungen in Ernährungs-, Bildungs-, Gesundheits- oder Wassersysteme in Entwicklungsländern verbieten, aber genau das war bei Rechtssystemen in armen Ländern der Fall. Obwohl es durchaus nachvollziehbare Gründe für die nur zögerliche Bereitstellung ausländischer Hilfsgelder gab, war das Resultat eine komplette Vernachlässigung der Strafsysteme und damit eine Festschreibung der Gewalt gegen Arme.

In den vergangenen fünfzig Jahren stellten die großen Hilfsorganisationen der internationalen Gemeinschaft fest, dass eine Verbesserung der Ernährungs-, Bildungs-, Gesundheits- und anderen Systeme zur Erhöhung der Lebensqualität in Entwicklungsländern ein schwieriges und komplexes Unterfangen war. Als sie jedoch auch eine Verbesserung der Rechtssysteme in Angriff nehmen wollten, mussten sie feststellen, dass dieses Unterfangen nicht nur schwierig, sondern überdies besonders gefährlich war.

Diese Systeme üben Macht durch Bestrafung aus, im Guten wie im Schlechten. Ein gut ausgestattetes, effektives Justizsystem mit fähigen Mitarbeitern kann die Bevölkerung sowohl gewaltsam unterdrücken als auch vor Gewalt schützen. Überdies sind solche Systeme das machtausübende Organ des Staates, das durch die Regierung kontrolliert wird. Während Regierungen Ausländer gerne in ihrem Land willkommen heißen, um ihre Krankenhäuser, Schulen und die Landwirtschaft zu fördern, sind sie deutlich zurückhaltender, wenn diese ihr Rechts- und Polizeiwesen verbessern wollen und sie an ihre juristische Verantwortlichkeit erinnern.

Als die führenden internationalen staatlichen Entwicklungsorgane relativ früh in ihrer Geschichte mit diesem Problem konfrontiert wurden, beschlossen viele Geberstaaten, sich gar nicht erst den Risiken dieses Unterfangens auszusetzen und wenn, dann oft nur dort, wo eigene Sicherheitsinteressen im Spiel waren wie etwa in Afghanistan oder in Postkonfliktsituationen beim Wiederaufbau von Staaten. Stattdessen untersagten sie Investitionen für Verbesserungsmaßnahmen im Polizei- und Justizsektor in Entwicklungsländern, um sich nicht in die inneren Angelegenheiten der Staaten einzumischen oder aber aus Angst, damit korrupte Regierungen noch zu stärken. Die Entwicklungspolitik droht mehr in sicherheitspolitische Überlegungen eingebettet zu werden, anstatt sich auf nachhaltige Rechtssysteme für die Armen zu fokussieren.

Die US-Regierung

Die Vereinigten Staaten sind einer der größten Geldgeber für internationale Hilfsprojekte. Ihr Engagement in den Entwicklungsländern begann mit beträchtlichen Investitionen zur Verbesserung der Rechtssysteme. Nach dem Zweiten Weltkrieg investierte die US-Regierung in die Ausbildung und Ausrüstung von Polizeikräften in verbündeten Staaten durch die Abteilung für Öffentliche Sicherheit (Office of Public Safety, OPS) in der US-Behörde für internationale Entwicklung.[4] 1968 „gaben die USA jährlich 60 Millionen US-Dollar aus für die Aus- und Weiterbildung von Polizeikräften in 34 Ländern in Bereichen wie Verbrechensaufklärung, Überwachung, Verhörtechniken, Aufstandsniederschlagung, Waffengebrauch und Bombenentschärfung ."[5]

Damals sprachen sich einige Berater des Außenministeriums und der OPS für ein Ausbildungsmodell nach dem Vorbild der Zivilpolizei aus, das der Bevölkerung gegenüber rechenschaftspflichtig und dem Gesetz unterworfen wäre. Aber trotzdem wurde das OPS-Programm ein paramilitärisches Modell, das sich vorwiegend auf Aufstandsbekämpfung und nachrichtendienstliche Maßnahmen konzentrierte. Es überrascht nicht, dass solch ein Modell in Ländern mit totalitären Regimen einen hohen Preis forderte. In den 1970er Jahren kam ans Licht, dass neben anderen abscheulichen Folter- und Misshandlungspraktiken der OPS deren Feldtelefone für Elektroschocks bei Verhören verwendet worden waren. Die von der OPS mitbegründete „Operation Phoenix" hatte in Vietnam zur Folterung und Ermordung tausender verdächtiger Vietcong-Kämpfer geführt, nachdem sie unter anderem in den berüchtigten „Tigerkäfigen" (*tiger cages*) auf der Gefängnisinsel Con Son inhaftiert worden waren.[6] Infolge dieser und anderer skandalöser Menschenrechtsverletzungen wurde die OPS aufgelöst, und der amerikanische Kongress erweiterte 1974 das Auslandshilfegesetz (Foreign Assistance Act) von 1961 um Paragraph 660. Der verbot den Vereinigten Staaten, Mittel aus dem Fonds für Auslandshilfe zur Ausbildung, Beratung oder finanziellen Unterstützung von ausländischen Polizeibehörden, Gefängnissen oder Justizsystemen zu verwenden, mit Ausnahme der Kontrolle des internationalen Drogenhandels.

Ab 1985 autorisierte der Kongress einige Ausnahmen von dieser Regelung, um in Einzelfällen polizeiunterstützende Maßnahmen zu finanzieren. Weitere

Ausnahmeregelungen wurden für die Beteiligung der Vereinigten Staaten an ausländischen Polizeiaktionen gegen den Drogenhandel und für Maßnahmen zur Eindämmung illegaler Einwanderung getroffen.[7] 1996 fügte der Kongress noch eine Ausnahmeregelung für den Wiederaufbau einer Zivilpolizei in Postkonfliktländern hinzu. Schließlich, mehr als dreißig Jahre nach dem allgemeinen Verbot der Hilfe für Rechtssysteme in den Entwicklungsländern, wurde 2005 mittels Paragraph 564(a) polizeiliche Unterstützung autorisiert. Diese Änderung wurde eingeführt, „um die Effektivität und Rechenschaftspflicht der Zivilpolizei durch Ausbildung und technische Unterstützung in den Bereichen Menschenrechte, Rechtsstaatlichkeit und strategische Planung zu stärken und das Verhalten der Zivilpolizei einem demokratischen Regierungsstil anzupassen. Ebenfalls unterstützt wurden Programme zur Konfliktverhinderung, Katastrophenhilfe und Verhinderung geschlechtsspezifischer Gewalt, die dazu dienen sollten, das Verhältnis zwischen Polizei und Bevölkerung zu verbessern."[8]

Ungeachtet dieser neuen Befugnisse zur Unterstützung der Polizei in Entwicklungsländern verdeutlichen Kongress-Budgets, GAO-Berichte und andere Regierungsdokumente, dass sich die überwältigende Mehrheit der Regierungs-, Demokratisierungs-, Rechtsstaatlichkeits- und Polizeiunterstützungsprogramme auf die Bekämpfung von Terrorismus und Drogenhandel sowie auf einige wenige Postkonfliktländer bezogen. Einem amerikanischen Polizeiausbilder zufolge konzentriert sich die US-amerikanische Unterstützung der Polizei in anderen Ländern größtenteils auf die Verhinderung grenzüberschreitender Vergehen wie Terrorismus und Drogenhandel, die eine unmittelbare Bedrohung für die USA darstellen. Die Sicherheitsbedürfnisse der Bevölkerung in den unterstützten Ländern, speziell in armen Gebieten, finden in der Regel keine Berücksichtigung.

Die Weltbank

Vielleicht noch bedeutsamer für die internationale Entwicklungshilfepolitik als das langjährige Verbot US-amerikanischer Investitionen in Rechtssysteme wirkte sich das Verbot der Weltbank aus, das praktisch heute noch besteht. Als Hauptfinanzinstitut der internationalen Wirtschaftsentwicklung verwaltet die Weltbank nicht nur bedeutsame Mittel, sondern nimmt auch großen Einfluss auf Strategien und Herangehensweisen internationaler Hilfsprogramme in Entwicklungsländern.

Im Laufe ihrer Geschichte hat die Bank erst relativ spät und auch nur bescheiden in das Rechtswesen im Allgemeinen investiert. Sie hat sich zudem standhaft geweigert, das Rechtssystem zu unterstützen, obwohl es für den Schutz der Bevölkerung das wichtigste System ist. Eine Mitwirkung der

Bank an Rechtsreformen wurde primär durch ihre eigene Satzung verhindert. Sie verlangt, dass alle Projekte direkte wirtschaftliche Auswirkungen haben müssen und sich nicht in politische Aktivitäten eines Staates einmischen dürfen. Diese Satzungsparagraphen wurden bisher dahingehend interpretiert, dass sie Investitionen in Rechtssysteme verböten. Infolgedessen haben zwar viele Projekte der Weltbank zur Rechtsstaatlichkeit die Absicht, den ärmsten und verletzlichsten Bürgern zu helfen, aber nur wenige haben sich mit Organisationen zusammengetan, die gegen kriminelle Gewalt gegen Arme vorgehen. Die große Mehrheit dieser Projekte widmete sich dem Aufbau von Institutionen, die durch Bekämpfung der Korruption zur Verbesserung der Bedingungen für Handel und Industrie beitrugen.[9]

In den letzten Jahren haben Reformer innerhalb der Weltbank – allen voran das „Referat Rechtsreform" (Justice Reform Practice Group) – daran gearbeitet, das eigene Wirkungsfeld in Justiz und Polizei zu vergrößern. Mitglieder dieses Referats wie Heike Gramckow, Christina Beibesheimer und andere bauten hier auf der bereits bestehenden Arbeit „Governance " (Regierungsführung) der Weltbank auf. Zudem brachte der 2011 erschienene Weltentwicklungsbericht der Weltbank (2011 World Development Report: Conflict, Security and Development) kriminelle Gewalt mit Unterentwicklung in Zusammenhang,[10] was der Bank eine solide Ausgangsbasis verschaffte, um das Thema kriminelle Gewalt direkt angehen zu können.

Im Februar 2012 veröffentlichte Anne-Marie Leroy, Senior-Vizepräsidentin und Beraterin der Weltbankgruppe, die „Legal Note on Bank Involvement in the Criminal Justice Sector" (Anmerkungen über die Einbindung von Banken im Strafjustizsektor).[11] Die stark einschränkende Vorgabe, dass Investmententscheidungen ausschließlich nach wirtschaftlichen Kriterien getroffen werden durften, wurde erweitert, so dass sie nun auch für Projekte mit vernünftigen „wirtschaftlichen Begründungen" gelten. Die Bank selbst kam bereits zu dem Schluss, dass es einen „breiten Konsens gibt, dass ein gerechtes, gut funktionierendes Justizsystem für Entwicklung und Armutsminderung eine bedeutende Rolle spielt".[12] Der ehemalige Weltbankpräsident Robert Zoellick sagte am Ende seiner Amtszeit, dass „die wichtigste Voraussetzung für eine nachhaltige Entwicklung eine effektive Rechtsstaatlichkeit ist".[13] Und es gibt wohl keinen Zweifel daran, was die wichtigste Voraussetzung für eine effektive Rechtsstaatlichkeit ist: die Eindämmung der Gewalt durch die Durchsetzung des Rechts. Oder, wie Christopher Stone der Bank erläuterte: „Im Hinblick auf die soziale und wirtschaftliche Entwicklung sind hohe Verbrechens- und Gewaltraten eine große Bedrohung auch für die durchdachtesten Pläne zur Reduzierung von Armut, Verbesserung der Regierungsführung sowie zur Linderung menschlichen Leids und Elends."[14]

Wenn die Neuinterpretation ihres Mandats der Weltbank erlaubt, schnelle Entscheidungen zu treffen, um in ein brüchiges Rechtswesen – speziell in das Polizeiwesen – direkt helfend einzugreifen, kann sie einen unschätzbaren Beitrag im Kampf um die Wiederherstellung nicht funktionierender Rechtssysteme in Entwicklungsländern leisten. Gerade die Expertise der Weltbank bezüglich Schwächen in Regierungsinstitutionen und -systemen sowie ihre internationale Struktur würde sie zu einem wertvollen Partner bei der Verbesserung von Rechtssystemen machen.

Die Risiken und Schwierigkeiten bei der Arbeit mit Rechtssystemen in Entwicklungsländern sind tatsächlich beträchtlich. Diese jedoch effektiv anzugehen ist weitaus schwieriger ohne die Mitwirkung der weltweit führenden Entwicklungsorganisation. Auch andere Institutionen und Geldgeber gehen (vielleicht weil sie hier der Weltbank folgen) dieses Problem nicht global an. In Hinblick auf das erklärte Ziel der Weltbank, die Armut in Entwicklungsländern zu mindern, ergibt es keinen Sinn, sich aus einem sozialen System herauszuziehen, das die Bank inzwischen selbst als unabdingbar für das Erreichen dieses Ziels erkannt hat.

Drei Agenden, die das Risiko lohnen: Postkonfliktsituationen, internationales Verbrechen und Wirtschaft

Paradoxerweise haben Satzungsverbote, keine Maßnahmen zur Verbesserung von Rechtssystemen durchzuführen, viele staatliche und internationale Hilfsorganisationen nicht davon abgehalten, in diese Sektoren zu investieren, wenn es um Themen ging, die den politischen Entscheidungsträgern wichtig waren: den Wiederaufbau einiger weniger Postkonfliktländer wie etwa Irak, Kosovo und Afghanistan und eine Handvoll anderer Länder mit Sicherheitsvakuum, die Bekämpfung grenzüberschreitender Verbrechen, die auf wohlhabendere Länder überzugreifen drohen und die Förderung von Wirtschaft, Handel und Investitionen in Entwicklungsländern. So schlägt sich diese Erkenntnis in der Neufassung des „Europäischen Konsenses über die Entwicklungspolitik" nieder: „Unsicherheit und gewaltsame Konflikte gehören zu den größten Hindernissen für die Verwirklichung der Millenniums-Entwicklungsziele [zur Bekämpfung der Armut]."[15] Leider bezieht sich diese Erkenntnis auf gewaltsame Konflikte und nicht auf die Mikroebene der tagtäglichen Gewalt gegen Arme, wo diese Erkenntnis zuerst ihre Entfaltung haben sollte.

Noch einmal: Das mögen alles gut gemeinte Aktivitäten sein, aber sie zielen nicht auf das zentrale Problem ab, denen sich die meisten Armen in Entwicklungsländern gegenübersehen. Diese Programme offenbaren lediglich, dass reichere Nationen, wenn sie direkt betroffen sind, keinen Zweifel an der Unentbehrlichkeit einer effektiven Rechtsdurchsetzung haben, um innerhalb ihrer Grenzen Sicherheit und Wirtschaftswachstum garantieren zu können.

Sicherheitslücken

Zu den aktivsten Geldgebern, die wichtige Rechtsstaatlichkeits- und Justizreformen in den vergangenen zwanzig Jahren finanziell unterstützt haben, zählen das Britische Ministerium für Internationale Entwicklung, die Regierung der Vereinigten Staaten, die Interamerikanische Entwicklungsbank (IDB), die Weltbank, die EU und UNODC, das UN-Büro für Drogen- und Verbrechensbekämpfung. Zusammen pumpten sie Milliarden Dollar in Programme zur Unterstützung von Rechtsstaatlichkeit. Allerdings flossen nahezu alle Gelder in nur wenige Länder, wo Konflikte Sicherheitslücken nach sich zogen, die für die Geberländer ein strategisches Risiko darstellten.

Diese großen Geldgeber stellten nur relativ geringe Mittel für die Entwicklung von Rechtssystemen in ansonsten stabilen Entwicklungsländern bereit, wo es weit einfacher, effektiver und billiger wäre, zum Schutz der Armen einschneidende und anhaltende Veränderungen durchzusetzen.[16]

Internationales Verbrechen

Es gibt noch einen Grund, warum reiche Länder plötzlich ihre Bedenken hinsichtlich Risiken bei Investitionen in Rechtssysteme in Entwicklungsländern über Bord werfen – dann nämlich, wenn kriminelle Gewalt auf ihre eigene Gesellschaft überzugreifen droht. Deshalb stellten reiche Länder nur dann Gelder bereit, wenn es um die Bekämpfung grenzüberschreitender Bedrohungen durch Terrorismus und Drogenhandel ging.

Die Vereinigten Staaten beispielsweise, größter Geldgeber für Rechtsstaatlichkeitsprogramme in Entwicklungsländern im letzten Jahrzehnt, steckten fast alle Geldmittel in zwei oder drei Länder, die für die USA ein hohes terroristisches Sicherheitsrisiko darstellten, nämlich Irak, Afghanistan und Pakistan. Allein an den Irak ging von 2004 bis 2007 die Hälfte (53 Prozent, also annähernd 395 Millionen US-Dollar) des Auslandshilfefonds des Büros für Demokratie, Menschenrechte und Arbeit. Das Büro koordiniert Programme des US-Außenministeriums zur Förderung von Demokratie und Menschenrechten weltweit.[17] 2011 erhielten Afghanistan und Pakistan nahezu 50 Prozent der bereitgestellten Fondsgelder für „eine gerechte und demokratische Regierung“ (Governing Justly and Democratically). Die Summe ist mehr, als der

Fonds für die westliche Hemisphäre, Afrika, Ostasien, Europa und Eurasien zusammen bereitgestellt hat.[18]

Dieser Trend ist nicht nur bei den USA zu beobachten. Auch die EU setzt vermehrt Entwicklungsgelder für den Krieg gegen den Terror ein, was in dem Richtlinienpapier „Programming Fiche“ für die Vergabe von EU-Hilfe vom Januar 2006 deutlich hervorgehoben ist. Es macht die Hilfsvergabe explizit von folgenden Fragen abhängig: „Erstens: Ist das Land relevant im Krieg gegen den Terrorismus? Zweitens: Ist es für die EU-Außenpolitik von Bedeutung? Drittens: Hält es die UN-Sicherheitsratsresolution 1773 (2001) über den Kampf gegen den Terrorismus ein?“[19]

Die Bemühungen der USA zur Bekämpfung des Drogenhandels beschränkten sich meist auf eine Unterstützung der Polizei und anderer Strafverfolgungsbehörden, wobei hier Länder in Lateinamerika und der Karibik den größten Anteil der Polizeiausbildung für diesen Zweck erhielten. Vor kurzem erst billigte der Kongress Gelder für die Mérida-Initiative, eine gemeinsame Aktion mit Mexiko, Haiti, der Dominikanischen Republik und anderen mittelamerikanischen Regierungen zur Finanzierung von Projekten zur Rechtsstaatlichkeit und für Polizeiausbildung. Das Hilfspaket ist zweckgebunden an die Bekämpfung von organisierter Kriminalität, Drogenhandel und Waffenschmuggel durch eine Professionalisierung der Polizei und des Justizwesens. Zwischen 2008 und 2010 hatte es ein Volumen von jährlich im Schnitt mehr als 380 Millionen US-Dollar für Mexiko und mehr als 95 Millionen US-Dollar für die anderen mittelamerikanischen Länder.[20]

Selbst diese Investitionen haben für die Armen nicht unbedingt den erwünschten Nutzen – trotz der kriminellen Gewalt, für die mittelamerikanische Drogenschmuggelbanden berüchtigt sind. Michael Shifter[21] vom Rat für Auswärtige Beziehungen (Council on Foreign Relations, CFR) merkt an, dass sich die US-Hilfe in der Region mehr auf „kurzfristige Ergebnisse“ wie Festnahmen von Drogenbossen und das Abfangen von Drogenlieferungen konzentriert hat als auf den Aufbau eines nachhaltigen „modernen und professionellen“ Justiz- und Polizeiapparates in diesen Ländern. [22]

Das Ministerium für Innere Sicherheit der Vereinigten Staaten unterstützte zwischen 2001 und 2011 die Polizei- bzw. Rechtsakademien zur Durchführung internationaler Ausbildungsprogramme (International Law Enforcement Academies, ILEA) in Bangkok, Budapest, Gaborone und San Salvador mit Investitionen in Höhe von 166,89 Millionen US-Dollar.[23] Die Büros in diesen vier Städten bieten Ausbildungs- und Hilfsmaßnahmen bei grenzüberschreitenden Verbrechen wie Drogenschmuggel, Terrorismus und Geldwäsche an. Eine weitere Einheit befasst sich mit Menschenhandel, die in der Tat mit der Schutzlosigkeit der Armen vor Ort zu tun hat.

Auch hier zeigt sich, dass die Bekämpfung internationaler Verbrechen eine perfekte Basis für die Finanzierung von Rechtsstaatlichkeits- und Rechtsdurchsetzungsmaßnahmen in Entwicklungsländern darstellt. Trotzdem sind Zweck und Resultat nicht der Schutz der Armen vor Gewalt in diesen Ländern. Vielmehr geht es darum, die Bevölkerungen in den reichen Ländern vor Gewalt und Diebstahl zu schützen. Oder wie es ein Experte nach Analyse der Investitionen ausdrückte: „Zwar werden durch eine Reform rechtsstaatlicher Institutionen Ziele wie die Verbesserung der globalen Sicherheit durch Polizeireformen und Antiterrorgesetze erreicht – aber sie zielt nicht darauf ab, die Rechtsstaatlichkeit innerhalb eines bestimmten Staates zu fördern, sondern darauf, Sicherheit für andere Staaten zu gewährleisten.“[24]

Investitionen in Wirtschaft und Handel fördern

Die dritte Kategorie, die zu beträchtlichen Investitionen in Rechtsstaatlichkeit und Justizreformen geführt hat, sind Bestrebungen, in den Entwicklungsländern ein sicheres, effizientes und für Wirtschaft und Handel attraktives Klima zu schaffen. Das ist ein lobenswertes Ziel, und eines, das – falls erfolgreich –, bei einem allgemeinen Wirtschaftswachstum in Schwellenländern auch das Leben der Armen deutlich verbessern könnte. Diese Investitionen sind jedoch nicht zur Beseitigung gesetzloser Gewalt bestimmt und tragen auch anderweitig nicht dazu bei, dass Arme besser vor Gewalt geschützt werden. Die Gefahr, dass Arme auch bei einem Wirtschaftswachstum zu den Verlierern gehören, wächst in dem Maße, wie sie keine Teilhabe an den Rechtssystemen ihres Landes haben und so oft genug in sklavenähnlichen Verhältnissen für die globale Wirtschaft tätig sind.

So haben sich die meisten Aktivitäten der Weltbank in Bezug auf Rechtsstaatlichkeit innerhalb ihrer Initiativen zu Regierungsführung und Korruptionsbekämpfung auf die Entwicklung eines fairen und transparenten Wirtschaftsklimas konzentriert, das einem Wachstum förderlich ist.

Ein Rückblick auf die Projekte zu Justizreformen der Weltbank im Jahr 2009 zeigt eine Konzentration auf jene Bereiche, die am meisten Relevanz für ein attraktives Wirtschaftsklima hatten. Darunter fielen die Reform von Finanzmärkten, Schlichtung von Handelsstreitigkeiten, Bekämpfung der Korruption und Reform von Verwaltungsvorschriften. Selbst Projekte, die den Zugang zur Justiz verbessern sollten, waren nur selten auf die Bedürfnisse der Armen ausgerichtet. Der Weltbankexperte Vivek Maru analysierte 16 größere, von der Bank finanzierte und abgeschlossene Projekte zu Justizreformen in Lateinamerika, dem Nahen Osten, Osteuropa und Asien. Er stellte fest, dass nur drei davon sich auch den rechtlichen Belangen der Armen widmeten.[25] Noch einmal: Eine einladende Wirtschaftskultur in Entwicklungsländern ist ein lohnenswertes Ziel und mag durchaus auch für die Armen Vorteile mit sich bringen. Aber die Wahrscheinlichkeit ist groß, dass sie von dieser nicht profitieren, und mit Sicherheit erfüllt sie nicht das lebenswichtige Bedürfnis der Armen nach Schutz vor Gewalt.

Zahlen und Fakten

Betrachten wir die gesamten Investitionen der größeren Entwicklungsorganisationen und die gesamten Ausgaben zur vorgeblichen Verbesserung von Rechtsstaatlichkeit in Entwicklungsländern näher, bleibt fast nichts übrig, wenn wir dabei die Ausgaben für Postkonflikt-Sicherheitslücken, internationale Verbrechen und Wirtschaftsinvestitionen außen vor lassen.

Obwohl sich die Weltbank seit zwei Jahrzehnten für Neuerungen einsetzt, „ist ihr Justizreform-Portfolio immer noch relativ klein“[26], wie sie selbst zugibt.[27]

Einer der bedeutendsten Kreditsektoren der Bank heißt „Law and Justice and Public Administration“ („Recht und Ordnung“ sowie „Verwaltung“), doch trotz seines Namens fließt fast nichts von seinen Geldern tatsächlich in Projekte, die bei der Bank in die Kategorie „Recht und Ordnung“ fallen. In den letzten fünf Jahren wurden für Recht und Ordnung im Schnitt 2 Prozent der gesamten Kreditsumme ausgegeben, mit 0,03 Prozent bildet das Jahr 2009 den absoluten Tiefpunkt.

Das Ergebnis ist ähnlich, wenn wir uns ansehen, wie viel der von den USA für Entwicklungshilfe bereitgestellten Summen auch nur ansatzweise für eine Verbesserung der maroden Justizsysteme in Entwicklungsländern ausgegeben wurden – fast nichts. Und nun sehen wir uns einer unangenehmen Wahrheit gegenüber: Selbst die US-Regierung kann fast unmöglich feststellen, für was genau die für „Rechtsstaatlichkeit“ gedachten Gelder ausgegeben werden – sie kann erst recht nicht bestimmen, wie viel Geld nun tatsächlich für die maroden Rechtssysteme der Entwicklungsländer aufgewendet wurde. Woran liegt das?

Erstens verwenden die verschiedenen US-Behörden, die sich mit Rechtsstaatlichkeit befassen, keine einheitliche Definition dafür, welche Aktivitäten in den Bereich fallen. Einige Organisationen verwenden nicht einmal intern eine einheitliche Definition.[28] Infolgedessen beziehen sich Berichte über die genaue Verwendung von Geldern für Polizei- und Rechtsstaatlichkeitsprojekte oft nur auf den Einzelfall und sind nur schwer genau zuzuordnen.[29] Zweitens sind die Hilfen für Polizeiassistenz oft nicht untereinander abgesprochen.

Ein Bericht des US-Bundesrechnungshofes (GAO) konstatiert, dass 2009 sieben Bundesbehörden und 24 Abteilungen innerhalb dieser Behörden polizeiliche Ausbildungsprogramme finanziell unterstützten oder durchführten. Er kommt zu dem Schluss: Diese Vielfalt erschwert auch die Bestimmung des genauen Betrags, den die US-Regierung für Aus- und Weiterbildung ausländischer Polizeikräfte ausgegeben hat.[30]

Wenn wir dem Geldfluss einfach folgen, so gut es eben möglich ist, wird eines ersichtlich: Die Unterstützung von Justizsystemen, die dafür sorgen sollen, dass diese ihrer Aufgabe nachkommen und Arme vor Gewalt schützen, sind vernachlässigend gering. Da die Verteilung der Gelder sehr undurchsichtig ist, kann man nichts Genaues sagen. Einer vorsichtigen Schätzung zufolge werden etwa 1 bis 2 Prozent der Entwicklungsgelder für Programme ausgegeben, die einen direkten Einfluss auf den Schutz der Armen vor krimineller Gewalt haben (siehe Anhang „Zahlen und Fakten").

Eine löbliche Ausnahme bildet die Polizeiausbildung, die vom Büro zur Überwachung und Bekämpfung von Menschenhandel im US-Außenministerium, kurz „TIP", finanziert wird. Das Büro hat zahlreiche Subventionen für die polizeiliche Fortbildung in diesem Bereich aus ihrem winzigen Subventionsbudget vergeben, schätzungsweise 20 Millionen US-Dollar pro Jahr. Polizeitruppen zur Bekämpfung von Menschenhandel (darunter in Kambodscha und auf den Philippinen), die eine mit solchen Mitteln finanzierte Fortbildung erhalten hatten, machten bemerkenswerte Fortschritte bei der Professionalisierung ihrer Einsätze wie die Befreiung von Opfern, die Ergreifung von Tätern und die Abschreckung von Menschenhandel und sexueller Ausbeutung.

Mit Ausnahme der Finanzierung von Maßnahmen zur Bekämpfung des Menschenhandels scheinen die USA und die Weltbank lediglich zwischen 1 und 2 Prozentpunkten ihrer Gelder für Bemühungen im Justizsektor aufzuwenden, die auf die spezifischen Bedürfnisse von Armen in Entwicklungsländern abzielen. Die Polizei, der wichtigste Justizapparat zum Schutz der Armen, hat leider überhaupt keine Unterstützung von Seiten der Weltbank und so gut wie keine von den Vereinigten Staaten erhalten. Die Ausnahme bilden die Gelder des TIP-Büros.

Eine nüchterne Einschätzung – und begründete Hoffnung

Obgleich die Weltbank und internationale staatliche Hilfsorganisationen in den letzten Jahrzehnten ihr Engagement zur Verbesserung nicht funktionierender Rechtssysteme verstärkt haben, lassen diese Bemühungen den Willen zu einer nachhaltigen Veränderung zugunsten der Armen und ihrem Zugang zu den Rechtssystemen vermissen. Beispiele hierfür sind die Stenografiermaschinen für Gerichte in Sambia, die schnell defekt sind und nicht repariert werden, der Ein-Mann-Beobachtungsposten der UN bei Gericht in Kambodscha, der gewissenhaft „beobachtet", wie schlecht diese funktionieren oder Fortbildungen von Polizisten und Staatsanwälten durch ihre westlichen Kollegen, die in einem viereinhalbtägigen, netten Aufenthalt aller Beteiligten im Hotel Sheraton münden, aber nicht in nutzbringenden Verhaltensänderungen der Betreffenden bei der Arbeit.

Internationale staatliche Hilfsorganisationen und die Weltbank können zwar behaupten, sie hätten versucht, die Rechtssysteme in Entwicklungsländern zu verbessern, aber wenn man auf die Maßnahmen in den letzten fünfzig Jahren zurückblickt, kann man diese Bemühungen nicht ernsthaft nennen. Und von keiner anderen Seite scheint Hilfe zu kommen. Die größten und einflussreichsten internationalen NGOs (beispielsweise CARE, Save the Children, Oxfam, World Vision, etc.) haben in den letzten fünfzig Jahren Millionen Leben gerettet, indem sie zahlreiche Grundbedürfnisse der Armen sicherten durch sauberes Wasser, kulturelle Veränderungen, politische Teilhabe sowie bessere Ernährung, Gesundheitsvorsorge, Bildung, Sanitärmaßnahmen und andere Errungenschaften. Aber sie haben nichts unternommen, um die aktuellen, zerrütteten Rechtssysteme zu verändern, damit diese (auch) die Armen vor Gewalt schützen.

Zwar gab es sicherlich ein wachsendes Verständnis innerhalb dieser NGOs für das Problem der (vor allem gegen Frauen und Kinder gerichteten) Gewalt innerhalb der armen Bevölkerung, dennoch zielen ihre aktuellen Aktivitäten zur Gewaltbekämpfung eher allgemein auf die so genannten „zugrundeliegenden Ursachen der Gewalt" ab. Diese Programme konzentrieren sich daher auf Kampagnen in den Bereichen Bildung, politische Teilhabe und Interessenvertretung, auf Opferberatung, finanzielle Unterstützung von besonders Gewalt ausgesetzten Gruppen in der Gesellschaft, Veränderung von sozialen Haltungen und diskriminierenden Gesetzen, sowie Sponsoring von Rechtshilfe. Solche Programme mindern möglicherweise die Verletzlichkeit von Opfern, doch sie tragen nicht dazu bei, dass Arme grundsätzlich vor Gewalt geschützt werden.

Noch kritischer ist, dass keines dieser Programme auf eine echte Verbesserung der Arbeit von Strafverfolgungsbehörden abzielt. Das soll nicht heißen, dass effektive Programme zur Änderung von Justizsystemen nicht existieren; am Ende dieses Buches findet sich sogar eine Anzahl vielversprechender Projekte von internationalen NGOs, die Hoffnung machen. Sie könnten korrupte und marode Rechtssysteme tatsächlich dahingehend ändern, dass sie arme Menschen schützen.

Doch für den Moment können wir lediglich festhalten: Dem Schutz der Armen vor Gewalt in Entwicklungsländern durch die Durchsetzung der Gesetze werden weder genügend Aufmerksamkeit, noch ausreichende Geldsummen gewidmet. Paradoxerweise versteckt sich aber gerade in dieser nüchternen Beobachtung auch ein Hoffnungsschimmer. Da, wo bisher so gut wie nichts investiert wurde, liegt ein großes Potenzial brach, das Armutsbekämpfung wesentlich nachhaltiger machen kann.

Deshalb ist es an der Zeit, dass die internationale Hilfsgemeinschaft ihre Investitionspolitik endlich überdenkt und anfängt, jene Gesetzlosigkeit zu bekämpfen, die so viele Maßnahmen zur Armutsbekämpfung zunichtemacht.

10 Es ist schon einmal gelungen

Beginnen wir mit einem kurzen Quiz! Unten finden Sie fünf Beschreibungen von äußerst zerrütteten Rechtssystemen in verschiedenen Städten, über die wir bisher noch nicht gesprochen haben. Das Ausmaß der Missstände in jedem dieser Orte ist schockierend, doch die Beschreibungen beruhen auf Tatsachen und geben die einhellige Meinung von Experten wieder. Schauen Sie, ob Sie erraten können, welche Stadt jeweils gemeint ist.

1) Die gesamte Polizei in dieser Stadt ist korrupt – angefangen beim Polizeipräsidenten, der Millionen mit privaten Dienstleistungen für einflussreiche Kriminelle gescheffelt hat, bis zu den Bezirkskommandanten. Letztere leihen sich Hunderttausende von Dollars von Kriminellen, um sich Posten in Bezirken zu kaufen, die hohe Schmiergelder versprechen, um dann mit illegalen Geschäften immense Gewinne einzufahren. Ein berühmter Lokalreporter schrieb, dass die Polizisten in dieser Stadt „schon so lange korrupt sind, dass sie inzwischen glauben, dies sei etwas Gutes; nun, für sie schon ... denn für sie zahlt sich Korruption aus".

   Die Polizei fühlt sich nicht der breiten Bevölkerung verpflichtet, sondern der politischen Gruppe, die sie bezahlt. Experten haben nachgewiesen, dass ihr bei Wahlbetrug und Einschüchterung von Wählern eine wesentliche Rolle zukommt. Studien zufolge sind die meisten Polizisten äußerst brutal, was unbeanstandet bleibt. Der Polizeipräsident erklärte öffentlich: „Es steckt mehr Recht im Schlagstock eines Polizisten als in allen Urteilen der Gerichte zusammen." Eine Untersuchungskommission kam zu dem Schluss, „dass alle Belange, jeder Arbeitsplatz, ja, nahezu jeder Bürger durch eine alles beherrschende und überschattende Furcht vor der Polizei dominiert wird." Die Amtsgerichte der Stadt „sind bekannt dafür, korrupt, ineffizient und ineffektiv zu sein." Ein Experte kam zu dem Schluss, dass „die [Amts]Gerichte [dieser Stadt] als Produzenten von grotesken Rechts- und Justiztravestien unschlagbar sind." Die große Mehrheit jener, die vor Gericht gezerrt werden, ist arm und 95 Prozent werden „ohne viel Federlesens und ohne Prozess weggesperrt." Experten konstatieren, dass die Reichen „üblicherweise in der Lage sind, sich ihren Weg durch die Instanzen freizukaufen, wenn sie verhaftet werden, während die Armen in dem gleichen Rechtssystem lediglich Unrecht erfahren".

G. A. Haugen und V. Boutros, *Gewalt – die Fessel der Armen*, DOI 10.1007/978-3-662-47054-1_10

2) In dieser Stadt fanden Experten Zeugnisse weit verbreiteter Zwangsprostitution und kommerziell betriebener sexueller Ausbeutung von Kindern. Ebenso dafür, dass Bordellbetreiber und Menschenhändler regelmäßig Richter schmieren, um gefälschte Haftbefehle gegen geflohene Opfer von Zwangsprostitution zu bekommen. Auch die Polizisten erhalten ein Schmiergeld, damit sie die Flüchtigen einfangen und wieder an ihre „Besitzer" ausliefern.
   In dieser Stadt mit ihrem ständigen wirtschaftlichen Auf- und Abschwung richtet sich kommunale Gewalt oft auch gezielt gegen eine ethnische Minderheit. So ordnete eines Nachts der Bürgermeister und Polizeipräsident die gewalttätige Verfolgung einer Minderheit und Plünderung ihres Stadtviertels an. Das öffentliche Massaker endete mit 19 Toten, darunter ein Arzt, eine Frau und ein Vierzehnjähriger. 17 von ihnen wurden erhängt und zwei mit Messern abgeschlachtet. Unter den Augen des Bürgermeisters und des Polizeipräsidenten zog der Mob anschließend plündernd durch die Straßen und nahm sich alles, was auch nur annähernd von Wert war. Schließlich wurden acht Männer aus der Hunderte von Mitläufern zählenden Meute verhaftet, doch der Oberste Gerichtshof des Landes hob ihre Verurteilung wieder auf. Nicht ein einziger wurde für diese grausamen Taten bestraft. In dem Land, in dem diese Stadt liegt, findet etwa jeden dritten Tag ein Lynchmord statt.
3) In diesem Land dürfen die Besitzer großer Firmen in der Rohstoffindustrie eine private Schutztruppe aufstellen, die bei Arbeiterunruhen für Ordnung sorgt. Sie müssen dafür nur den Polizeichef vor Ort bitten, dass er die von der Firma angeheuerten Wachmänner mit polizeilichen Machtbefugnissen ausstattet. In dieser Region, deren Wirtschaft vom Bergbau kräftig angekurbelt wurde, kann eine private Firmenpolizei tun und lassen, was sie will, ohne sich um die Rechte der Arbeiter zu kümmern. Sie weiß, dass die Minenarbeiter kaum mehr sind als Schuldknechte, deren Wohl und Wehe vom Unternehmen abhängt … „[Die private Schutztruppe] kann ihrer täglichen Arbeit ungehindert nachgehen in dem Wissen, dass sie buchstäblich unantastbar ist."
   Ihr Machtmissbrauch zeigt sich unter anderem in der Ermordung von 19 unbewaffneten streikenden Minenarbeitern. Bei deren Obduktion stellten Gerichtsmediziner fest, dass sie ausnahmslos in den Rücken geschossen worden waren, als sie vor der örtlichen Polizei und der privaten Schutztruppe flohen. Zwar wurden der Polizeichef und seine Stellvertreter festgenommen, kurz darauf aber wieder freigelassen.
4) In dieser Millionenstadt sind arme Menschen ein beliebtes Ziel der Polizei, die bei Demonstrationen von Bürgern gegen die wirtschaftlichen Zustände im Land und bei politischen Unruhen mit unnötiger Härte gegen Rand-

gruppen vorgeht. Die Polizei, die einst als „Volkspolizei“ galt, wurde in einen Sicherheitsapparat zum Schutz des Regimes umgewandelt. Durch eine Überarbeitung der Gesetze kann nun nahezu jedes Vergehen gegen das Regime mit dem Tod bestraft werden. Die „Spezielle Höhere Polizei“ wurde ausgebaut und mit der Kontrolle „staatsgefährdenden Gedankenguts“ betraut. Sie ist nun berüchtigt für Anwendung von Folter, willkürliche Festnahmen, unerlaubte Durchsuchung von Privathäusern und illegale Zensur.

5) Die uniformierte Polizei in dieser Riesenstadt rekrutiert sich überwiegend aus schlecht gebildeten Männern, die gerade aus dem vierjährigen Pflicht-Militärdienst entlassen wurden. Experten zufolge sind sie kaum ausgebildet und ausgerüstet, wenig motiviert, und müssen unter widrigsten Bedingungen ihre Arbeit verrichten. Daher überrascht es nicht, dass die Bevölkerung sie geringschätzig behandelt und ihnen misstrauisch entgegentritt. Der Normalbürger erlebt Polizisten als unverschämte, inkompetente, aggressive Trunkenbolde, die Frauen misshandeln und vergewaltigen. Ein bekannter lokaler Wirtschaftswissenschaftler und Journalist beschreibt die Polizei als „schändlich, überheblich, feige, aggressiv … und von allen gehasst und verabscheut.“

Wenn Sie Schwierigkeiten hatten, obige Beschreibungen mit irgendwelchen heutigen Städten in Entwicklungsländern in Verbindung zu bringen, brauchen Sie sich nicht zu wundern. Denn tatsächlich handelt es sich um Beschreibungen von heranwachsenden Städten in den letzten 150 Jahren in den Vereinigten Staaten, Frankreich und Japan. Polizisten, Staatsanwälte und Richter beschreiben ein Ausmaß an Korruption, Inkompetenz, Brutalität und Gesetzlosigkeit, das sich mit dem, was wir heute in vielen Entwicklungsländern sehen, vergleichen lässt.

Beschreibung Nr. 1 zeigt uns New York City in den 1890er-Jahren. In jener Zeit galt die gesamte Polizei als inkompetent und korrupt. Die Polizisten missbrauchten ihre Macht und sahen keinen Anlass, dies zu verbergen. Sie wurden kontrolliert von sich ungeniert bereichernden Politikern und kriminellen Geschäftsmännern. Dieser Zustand glich einem Sumpf, der trotz aller Bemühungen von Reformwilligen wie Theodore Roosevelt nicht trockenzulegen war. Ebenso waren die damals so genannten „Polizeigerichte“ kaum mehr als Schmierentheater, die an Korruption, Inkompetenz, Ineffizienz und Absurdität kaum zu überbieten waren. Sie schikanierten die Armen und garantierten den Reichen und Mächtigen gegen Bezahlung Freiheit.[1]

Beschreibung Nr. 2 erzählt eine wahre Schauergeschichte, in der Gesetzesvertreter, Zwangsprostitution und gewalttätige Plünderungen gegen die chinesische Bevölkerung im Los Angeles der 1870er-Jahre die Hauptrolle spielen. Mochten Bundesgesetze solche Gräueltaten auch verbieten, lag doch die Durchsetzung dieser Gesetze zum Schutz von Minderheiten in den Händen korrupter und rassistischer Polizisten, die sich schlichtweg weigerten, die Gesetze umzusetzen und selbst straflos Übergriffe begingen.[2] Man kann hier in der Tat von einer gesetzlosen Zeit sprechen, in der in ganz Nordamerika im Schnitt alle drei Tage ein Lynchmord geschah. In der wirklich schlimmen alten Zeit des Wilden Westens in den Vereinigten Staaten fanden – vor allem in der nordwestlichen Pazifikregion – eine Reihe grausamer Pogrome und gewaltsamer Vertreibungen statt, von der mehr als 200 chinesische Gemeinden in der Region betroffen waren.[3] 1885 ernannte sich in Seattle und Tacoma ein Bürgermeister zum Polizeichef und autorisierte eine Hundertschaft zur „ethnischen Säuberung" der chinesischen Bürger, in deren Verlauf es zu Morden, Plünderungen, Vertreibungen und Brandstiftungen kam.[4]

Beschreibung Nr. 3 zeigt uns den US-Bundesstaat Pennsylvania in einer Zeit, in der zig Tausende von Arbeitern in den gefährlichen Minen der Nordostregion des Staates ihr Leben ließen. Dort autorisierte der „Coal & Iron Police Act" von 1865 die örtlichen Sheriffs, private Sicherheitskräfte von größeren Bergbau- und Industrieunternehmen mit polizeilichen Machtbefugnissen auszustatten. In den folgenden 65 Jahren erlaubte dieses Gesetz privaten Schutztrupps jederzeit, gegen nicht kooperative Arbeiter und deren Familien mit Gewalt vorzugehen. Dies geschah in einer Zeit, in der Industriearbeiter skrupellos ausgebeutet wurden und ständig willkürlicher Gewalt ausgesetzt waren. Die gewalttätigen Auseinandersetzungen gipfelten im „Lattimer-Massaker", das mit Protesten gegen die Arbeitsbedingungen von Kindern begann und mit dem Tod von 19 Minenarbeitern und knapp 50 Verletzten endete.

Beschreibung Nr. 4 führt uns ins Tokio Anfang des 20. Jahrhunderts, wo die japanische Polizei als unrühmliches, hart durchgreifendes Instrument kaiserlicher Unterdrückung fungierte. In den 1980er Jahren hatte Japan jedoch erstaunlicherweise die niedrigste Verbrechensrate aller Industriestaaten vorzuweisen. Seine Polizei galt zu Recht oder Unrecht im Allgemeinen als Vorbild bei der Verbrechensvorbeugung und für den Aufbau von Vertrauen zwischen Bevölkerung und Polizei. Doch die in unserem Quiz beschriebene korrupte Polizei hatte bis dahin noch einen weiten Weg vor sich. In der „Edo-Periode" bildeten die *Samurai* den starken Arm des Gesetzes. Folter war legal und die meisten Verbrechen wurden mit grausamen Exekutionen bestraft. Während der „aufklärerischen Regierung" in der darauf folgenden „Meiji-Zeit" öffnete sich Japan der Welt. Die Regierenden begannen sich für moderne Polizeimodelle in Europa zu interessieren und schufen einen zentralisierten und professionellen Polizeiapparat. Dies war zwar eine deutliche Verbesserung gegenüber der unkontrollierten Gewalt der *Shogunate*, doch Randgruppen und Arme litten immer noch unter Unterdrückung und Machtmissbrauch durch

Polizisten. Als Japan in den 1920er-Jahren zu einer vom Kaiser tolerierten Militärdiktatur wurde, avancierte die Polizei für das gemeine Volk wieder zu einem – wie oben beschriebenen – gefürchteten Unterdrückungsinstrument.[5]

Beschreibung Nr. 5 zeigt uns die Polizei von Paris zu Zeiten Victor Hugos während der stürmischen Jahre des 19. Jahrhunderts, als in dieser Stadt extreme Armut, soziale Umwälzungen und politische Instabilität an der Tagesordnung waren. „Polizeiarbeit" konzentrierte sich damals überwiegend darauf, das Überleben des Regimes und den Schutz staatlicher Autorität zu sichern sowie die Bedrohung der *respektablen Klassen* durch die *gefährlichen Klassen* im Zaum zu halten. Der gemeine Pariser Polizist jener Zeit wurde als ungebildeter Trunkenbold von bestürzender Inkompetenz beschrieben. Die Polizei bildete für die Regierungsbehörden und wohlhabenderen Schichten eine Art Verteidigungswall – wenn auch brüchig und wenig standhaft – gegen „Störungen" jeder Art. Er bot aber nur wenig Schutz gegen die alltägliche Kriminalität, der sich die meisten einfachen Bürger gegenübersahen, und nahezu gar keinen Schutz für die arme Unterschicht, welche die Polizei weitgehend sich selbst überließ.[6] Als jedoch in der zweiten Hälfte des 19. Jahrhunderts immer mehr Männer in Frankreich das Wahlrecht erhielten, kritisierten die Pariser Bürger diese Art von Polizeiarbeit vehement.[7] Infolgedessen begann der berühmte Pariser Polizeichef Louis Lepine 1893, die französische Polizei umzustrukturieren und in eine moderne und professionelle Polizeitruppe zu verwandeln. Bereits 1914 brachte ihr die Bevölkerung außerordentlichen Respekt und großes Vertrauen entgegen. Dies geschah exakt zur selben Zeit, als Frankreich in seine Kolonien ein extrem repressives Polizeimodell exportierte, bei dem die Polizei den entrechteten Massen, die ihnen ausgeliefert waren, gleichgültig gegenüberstand."

Funktionsunfähigkeit als Normalzustand

Mit Hilfe dieses Exkurses können wir das, was wir über die Funktionsunfähigkeit der öffentlichen Rechtssysteme in den Entwicklungsländern heute wissen, in einen größeren geschichtlichen Kontext einbetten. Denn nur sehr wenige der heutigen Einwohner von New York, Seattle, Los Angeles, Nordwest-Pennsylvania, Tokio oder Paris haben eine Vorstellung davon, wie extrem korrupt, inkompetent, machtmissbräuchlich, gesetzlos und kriminell die öffentlichen Rechtssysteme ihrer Städte einst waren. Alle diese Städte genießen gegenwärtig eine Sicherheit auf höchstem Niveau und eine der niedrigsten Verbrechensraten in der Geschichte der Menschheit.

Natürlich haben die Rechtssysteme in diesen Ländern heute auch ihre Schwachstellen und Fehler. Die Autoren dieses Buches haben lange im US-

Justizministerium in Teams mitgearbeitet, die sich ausschließlich mit dem Kampf gegen Korruption, Machtmissbrauch, Gesetzlosigkeit und Kriminalität beschäftigten. Aber zwei Dinge sind unwiderlegbar. Erstens, wie die Journalistin und Autorin Katherine Boo anmerkte, als sie nach ihrem langjährigen Aufenthalt in den Slumvierteln von Mumbai in die Vereinigten Staaten zurückkehrte: In den meisten Industrieländern profitieren alle Bürger, ob arm oder reich, von einem Strafrechtssystem, das ein sehr hohes Maß an Schutz vor Kriminalität und Gewalt bietet. Dies fällt umso mehr im Vergleich zu dem auf, was einfache Bürger in Entwicklungsländern von ihren Justizsystemen erwarten können. Und zweitens hätten die Bürger eben dieser Städte vor 100 Jahren viel mehr Ähnlichkeit zwischen ihren Rechtssystemen und den maroden öffentlichen Rechtssystemen der heutigen Entwicklungsländer entdeckt als mit den modernen, professionellen Rechtssystemen, die man heute überwiegend in ihren Städten findet. Das heißt, dass Theodore Roosevelt – 1895 Polizeichef von New York City – das Polizei- und Gerichtswesen von 2012 im indischen Mumbai beispielsweise viel vertrauter wäre als die professionellen, gut ausgestatteten, rechenschaftspflichtigen (nicht perfekten) Rechtsorgane im New York City oder Paris von heute.[8]

Wie sich zeigt, sind Bruchstellen und Lücken im Justizwesen *normal*. Gut funktionierende Rechtssysteme fallen nicht einfach als effektive, faire, ehrliche und funktionale Apparate vom Himmel. Sie müssen erkämpft und geschaffen werden aus einem Milieu heraus, in dem Korruption, Aberwitz, Brutalität und Inkompetenz an der Tagesordnung sind. Wie ein roter Faden zieht sich durch die gesamte Geschichte: Wo auch immer man heute ein funktionierendes Justizsystem vorfindet, das dem Bürger ein gewisses Maß an Schutz vor Gewalt bietet, gab es zu irgendeiner früheren Zeit ein durch und durch korruptes und inkompetentes System, das ausnahmslos einer politischen oder wirtschaftlichen Elite diente und die Ärmsten und Schutzlosesten der Gewalt preisgab.

Dies lässt den Schluss zu, dass sich nur wenige der Schwierigkeiten und Missstände, denen sich die Rechtssysteme in Entwicklungsländern heute gegenübersehen, fundamental von jenen unterscheiden, denen man sich bereits in einem anderen Kontext der Geschichte gegenübersah und die man mit Erfolg bewältigt hat. So ist die Arbeit der Polizei in den Vereinigten Staaten heute beispielsweise extrem professionell und anspruchsvoll, während Polizeiarbeit in den amerikanischen Städten des 19. Jahrhunderts eine Art Gelegenheitsjob *ohne jegliche* Ausbildung war. Polizist zu sein bedeutete damals nicht, einen Beruf zu haben, im öffentlichen Dienst zu stehen oder Karriere machen zu können – es bedeutete, den Schergen spielen zu müssen für die politische Fraktion, die aus den letzten Gemeinderatswahlen siegreich hervorgegangen war.[9] Die Polizeiarbeit war etwas für absolute Amateure und erforderte keine besondere Ausbildung oder speziellen Kenntnisse. Die einzige Qualifikation war politische Loyalität.[10]

So dürfte es auch kaum überraschen, dass sich sowohl die Polizei in Entwicklungsländern heute als auch die damals im amerikanischen Westen im Hinblick auf die Bekämpfung und Untersuchung von Verbrechen vordringlich durch Inkompetenz auszeichnet(e). Der Anfang des 20. Jahrhunderts lebende amerikanische Polizeireformer Raymond B. Fosdick merkte an, dass die Polizei „vielleicht der größte Misserfolg in unserer gesamten unglückseligen Stadtgeschichte ist."[11] Was sie tatsächlich tat, „hatte wenig gemein mit dem offiziellen Mandat der Polizei", die Vorgehensweise orientierte sich an den informellen Bräuchen und Praktiken einer Truppe, die nur zu dem Zweck zusammengestellt worden war, Politikern als Handlanger zu dienen.[12] So ist es für Historiker „zweifelhaft", ob die Polizei jener Zeit überhaupt etwas zur Verbrechensbekämpfung oder -vorbeugung beitrug.[13] Das hohe Maß an Inkompetenz erklärt auch zwei typische Phänomene dieser Zeit: das geringe Ansehen der Polizei bei der Bevölkerung und das hohe Maß an Polizeigewalt. Den ignoranten, inkompetenten und brutalen Polizisten wurde verständlicherweise von der Bevölkerung keinerlei Respekt entgegengebracht. Dieses Image von Inkompetenz und Tölpelhaftigkeit stand Pate für die Slapstickkomödien der „Keystone Cops", eine Stummfilmserie Anfang des 20. Jahrhunderts über eine Truppe unfähiger, chaotischer Polizisten.[14] Die Folgen blieben nicht aus: „Polizisten auf Streifengang waren in bemerkenswertem Maß Pöbeleien und sogar tätlichen Angriffen ausgesetzt. Um wenigstens ein bisschen respektiert zu werden, griffen sie häufig zu Gewalt. Mithilfe des Schlagstocks forderten sie den Respekt ein, der nicht freiwillig erbracht wurde. So begann ein Teufelskreis aus Respektlosigkeit und Gewalttätigkeit auf beiden Seiten."[15]

Obgleich auch das Ausmaß an Korruption bei der Polizei in Entwicklungsländern heute massiv ist, fiele es den Polizisten dort nicht leicht, mit Amerikas „Besten" der Großstädte des 19. Jahrhunderts mitzuhalten. Dazu merkt der Historiker Samuel Walker an:

> Von Anfang an spielte die Polizei eine zentrale Rolle in dem komplizierten Geflecht von organisiertem Verbrechen und städtischer Korruption. Kurz, die amerikanische Polizei repräsentierte das genaue Gegenteil von Professionalität … Korruption war im gesamten Rechtssystem weit verbreitet.[16]

In den 1890er-Jahren beispielsweise legte die berühmte Lexow-Kommission das gewaltige Korruptionssystem innerhalb der Polizei von New York City offen, das für den Polizeipräsidenten Millionen-Einnahmen abwarf. Außerdem strichen auch alle anderen in der Befehlskette bis ganz nach unten Gewinne ein, die aus kriminellen Geschäften, Erpressung, Schutzgeldzahlungen und teuren Extradienstleistungen für die reichsten Bürger und Besucher der Stadt stammten. In anderen amerikanischen Großstädten offenbarten Kommissionen oder Untersuchungen genau das Gleiche:

> Die Polizei war Teil eines umfassenderen Strafjustizsystems, das im Prinzip eine Form des organisierten Verbrechens darstellte. Der Reiz, in höhere Positionen aufzusteigen, bestand primär darin, dass diese bessere Gelegenheiten für lukrative Geschäfte boten.[17]

Eines der lukrativsten Geschäfte für die amerikanische Polizei war zweifelslos die Zusammenarbeit mit der Sexindustrie, für deren Schutz sie sorgte, und die in den amerikanischen Städten des späten 19. Jahrhunderts beispiellose Ausmaße angenommen hatte.[18] So erhielt in New York City (und einigen anderen Städten wie San Francisco) der Rotlichtbezirk den Spitznamen „The Tenderloin" („Das Filet"). Anlass dazu gab der Kommentar eines korrupten und brutalen Polizeikommissars bei seiner Beförderung von einem Revier im Hafenviertel in den Rotlichtbezirk am Broadway mitten in der Stadt: „Seit ich bei der Polizei bin, esse ich Rumpsteak", sagte Captain Alexander S. Williams, der den Beinamen „Clubber" („Schläger") trug. „Aber bald krieg' ich ein Stück vom Filet ab."[19] Offenbar erwarteten ihn wesentlich höhere Schmiergeldzahlungen.

Während des 19. und frühen 20. Jahrhunderts „scherten sich Polizisten nur wenig darum, ob Gesetze eingehalten wurden. Weitaus wichtiger war ihnen, die Interessen der politischen Sponsoren zu schützen, von denen sie abhängig waren", schreibt ein Experte.[20] Zu den Hauptaufgaben der Polizei zählten Wahlbetrug, Wahlfälschung und Einschüchterung von Wählern.

Wir wären auch schockiert von der allgegenwärtigen hohen Gewaltbereitschaft und Brutalität der Polizei. Als Handlanger und Schläger für politische Parteien hatte ein Polizist auf der Straße gegenüber Bürgern keine Rückendeckung durch eine Behörde und suchte daher seine eigene Legitimierung – durch Gewaltanwendung. Man braucht nicht viel Fantasie, um zu erraten, woher der Spitzname des berüchtigten Captain „Clubber" Williams stammt. In seiner Autobiographie erinnert sich der amerikanische Journalist Lincoln Steffens: „Oft beobachtete ich morgens, wenn ich nichts anderes zu tun hatte, wie Polizisten ihre bandagierten, blutenden Gefangenen hereinbrachten oder hinauswarfen."[21]

Typische Tätigkeiten für Polizisten zu jener Zeit waren auch das gewaltsame Vorgehen gegen Randgruppen und die Arbeiterklasse, das Beschützen von ethnischen Gangs und das Verüben brutaler rassistischer Übergriffe auf Minderheiten. Wie wir bereits gesehen haben, machte sich das amerikanische Rechtssystem des 19. und frühen 20. Jahrhunderts zutiefst mitschuldig an schockierenden Formen rassistisch motivierter Gewalt – von unzähligen öffentlichen Lynchmorden und Verbrennungen auf dem Scheiterhaufen bis hin zu Hunderten von Pogromen an städtischen Minderheiten wie den Chinesen im amerikanischen Westen.

Mit Blick auf die Geschichte der Polizei in Amerika schilderte ein Historiker ähnliche Zustände, wie man sie heute in Armenvierteln in Entwicklungs- und Schwellenländern findet: „Da die Brutalität der Polizei allgegenwärtig war, wurde sie von der breiten Mehrheit der Bevölkerung einfach hingenommen, denn sie kannte keine fairen und unparteiischen Ordnungshüter, mit denen sie sie hätte vergleichen können."[22] Wie ihre Pendants in den Entwicklungsländern heute waren die Rechtssysteme in den Vereinigten Staaten und anderen reichen Ländern vor 150 Jahren nicht einfach nur brutal, sondern auch äußerst schlecht ausgestattet, überfordert und unterbesetzt. Tatsächlich ging die Gründung einer offiziellen Polizeitruppe als Ersatz für das alte Freiwilligensystem meist nicht mit einer Erhöhung der Personenzahl einher, die Streife gingen. Vielmehr waren die Polizeitruppen der meisten Städte so klein, dass all ihre Bemühungen gegen die Flut der Verbrechen nichts ausrichten konnten, auch wenn die Städte – zumindest theoretisch – versuchten, die neue und revolutionäre Idee eines Streifendienstes zur Verbrechens*verhinderung* in die Tat umzusetzen.[23]

In New York City kam auf etwa 1300 Einwohner gerade einmal ein Streifenpolizist – das sind weniger Polizisten pro Einwohner als im heutigen Indien und etwa gleichviel wie auf den Philippinen.[24] In den 1880er-Jahren war ein Streifenpolizist in Chicago alleine für die Kontrolle von viereinhalb Meilen städtischer Straßen zuständig – zu Fuß.[25] Laut Historikern ist die Vorstellung, ein Polizist hätte damals beim Streifendienst die Bürger besser kennenlernen können, lediglich „eine romantische" und wurde keinesfalls durch Fakten belegt: „Das Zahlenverhältnis von Polizisten und Bürgern zueinander lässt darauf schließen, dass es höchstens zu einem minimalen Kontakt kam."[26] In Minneapolis war die Polizei so unterbesetzt, dass auf Dreivierteln der Straßen überhaupt keine Streifen gingen.

Da die Einwohnerzahlen in den Städten regelrecht explodierten, es aber nur wenige Polizisten gab, mussten diese extrem lange arbeiten. Das trifft auch heute auf viele Polizisten in Entwicklungsländern zu. Die meisten Polizeibehörden führten ein Zwei-Schichten-Modell ein, bei dem die Polizisten eine 12-Stunden-Schicht arbeiteten und anschließend „auf Abruf" in der Wache blieben. Da es noch keine modernen Kommunikationsmittel gab, konnten Polizisten tatsächlich nur in „Rufbereitschaft" sein, wenn sie persönlich auf der Wache anwesend waren – das heißt, sie arbeiteten im Endeffekt 110 Stunden pro Woche oder sogar noch mehr. In den 1890er-Jahren schliefen New Yorker Polizisten gemeinsam in überfüllten Räumen auf der Wache. Auf ihren langen, einsamen Streifengängen waren sie ohne elektronische Kommunikationsmittel sowohl auf sich gestellt als auch gänzlich unkontrolliert.[27]

Die Polizei verfügte auch nicht über das nötige technische Rüstzeug zur Verbrechensaufklärung und -bekämpfung. Selbst Ende des 19. Jahrhunderts gab es nichts, was man auch nur annähernd als „Kriminalwissenschaft" hätte bezeichnen können. Polizeiwachen waren häufig heruntergekommene, überfüllte Gebäude ohne entsprechende Ausstattung, Sanitäranlagen oder andere Annehmlichkeiten. Anfang des 20. Jahrhunderts beschrieb der New Yorker Polizeichef die Verhältnisse in einer typischen Polizeiwache als „wahre Schande … unhygienisch, schlecht belüftet und ohne moderne Errungenschaften … im Winter beheizt durch Öfen, die giftiges Kohlenmonoxid ausstoßen. Sie sind feucht, düster und unwirtlich."[28]

Die Politisierung, Korruption, Inkompetenz und Funktionsunfähigkeit des Polizeiwesens vor hundert Jahren brachte die gleiche Kultur der doppelten Straflosigkeit hervor wie die maroden Rechtssysteme in den heutigen Entwicklungsländern. Kriminelle, vor allem jene, die ihre Opfer unter den Armen und in Randgruppen suchen, wurden durch das Strafverfolgungssystem nicht an ihrem Tun gehindert. Das System selbst wurde lange Zeit nicht für Korruption, Machtmissbrauch und die fehlende Umsetzung der Gesetze zur Rechenschaft gezogen. In den amerikanischen Chroniken des 19. und frühen 20. Jahrhunderts fanden Historiker Beweise, dass sich die extreme „Gesetzlosigkeit" in den Städten nicht nur auf das Ausmaß der Kriminalität bezog, sondern sogar noch mehr „auf das Versagen der Polizei, die bestehenden Gesetze durchzusetzen."[29] Selbst wenn die Polizei versuchte, den Gesetzen Geltung zu verschaffen, wurden ihre Bemühungen von den gerichtlichen Vorinstanzen zunichte gemacht.[30] Bei der Durchsetzung sozialer Normen und Verhaltensweisen mittels Bestrafung spielten Bürgerwehren im Amerika des 19. Jahrhunderts eine viel bedeutendere Rolle als das Strafrechtssystem. Diese Bürgerwehren wurden von Eliten organisiert und finanziert oder spontan von der Bevölkerung zusammengestellt.[31] Um die Ordnung wiederherzustellen, nahmen sie das Gesetz selbst in die Hand.

Eine ermutigende Erkenntnis: Es ist machbar

Dieser Blick in die Geschichte lehrt uns vor allem eins: Gut funktionierende Rechtssysteme sind *realisierbar*, selbst unter Umständen, in denen ihr Aufbau fast unmöglich scheint. Historisch betrachtet gab es *nirgendwo* Rechtssysteme, die die Armen und Schwachen beschützten. Auch in modernerer Zeit schien eine solche Instanz noch höchst unwahrscheinlich. Aber es gibt sie heute *tatsächlich* und sie schützen Milliarden von Menschen. Es musste heftig darum gekämpft werden, dass das öffentliche Rechtssystem weder zur privaten Gewinnabschöpfung und zur Erlangung politischer Macht missbraucht, noch vernachlässigt, noch an überholten, unprofessionellen und ineffektiven Praktiken festgehalten wurde.

Die Geschichte zeigt uns, dass die Missstände in den Rechtssystemen der heutigen Entwicklungsländer „*normal*" sind. Das heißt, sie sind erklärbar. Erstens, weil in den meisten dieser Länder äußerst mangelhafte Systeme von den Kolonialmächten eingeführt wurden. Zweitens, weil offenbar *jede einzelne* Gesellschaft mit aller Macht versuchen muss, ihr eigenes Rechtssystem vor Missbrauch und Zerfall zu schützen.

Dieser Exkurs sollte helfen, die lähmende Verzweiflung abzuschütteln, die viele überfällt, sobald in Entwicklungsländern der Aufbau funktionierender Rechtssysteme in Angriff genommen werden soll. Zugegebenermaßen ist der Aufbau solcher Systeme kostenintensiv, schwierig, gefährlich und nicht unbedingt von Erfolg gekrönt. Der Blick auf die Geschichte macht den Kampf nicht einfacher, billiger oder sicherer, aber er lässt ihn *machbar* erscheinen.

Viele Leute betrachten eine Reform der Rechtssysteme in Entwicklungsländern lediglich als gefährliche Zeitverschwendung. Kritiker unterstellen, dass ein Land zu arm, zu unterentwickelt und zu schlecht gerüstet ist, oder zu stark von repressiven kulturellen Einstellungen beherrscht wird, um ein modernes, professionelles und effektives Rechtssystem überhaupt zu wollen und zu unterstützen. Ich denke, das liegt größtenteils daran, dass wir unfähig sind, uns die Realität der „entwickelten Welt" vor hundert Jahren oder früher vor Augen zu führen. Hinter uns liegt eine Zeit, in der blutrünstige Mobs Selbstjustiz übten und Verdächtige hinrichteten. Eine Zeit, in der ethnische Minderheiten ungestraft terrorisiert, unterdrückt und beraubt wurden; in der Polizisten wenig mehr waren als ungebildete Schläger der jeweils regierenden Politiker; in der inkompetente und korrupte Richter tagtäglich absurde und brutale Schmierenkomödien aufführten.

Sämtliche Reformer früherer Zeiten kämpften Schlachten, die Zeitgenossen für aussichtslos hielten. Zu Unrecht! Leider können wir mit den faszinierenden, inspirierenden und manchmal seltsamen Geschichten dieser frühen Reformer heute fast nichts mehr anfangen. Nur wenige Menschen auf dieser Erde, die relativ sicher, frei, in Würde und unter dem Schutz eines funktionierenden Rechtssystems leben, haben eine Vorstellung davon, aus welch grausamem Chaos unsere Rechtssysteme entstanden sind.

Die Amerikaner sind der Meinung, die frühesten Formen eines offiziellen Polizeiwesens seien Mitte des 19. Jahrhunderts entstanden, als die Städte es leid waren, dass jeder politische Konflikt einen randalierenden Mob auf den Straßen heraufbeschwor. In jedem Land ist die Geschichte, warum und wie ein Polizeiwesen geschaffen wurde, eng verbunden mit der dortigen Geschichte der Gesellschaft im Ganzen. Für viele Historiker setzt die Entstehung der US-Polizei mit Anerkennung der Tatsache ein, dass die amerikanische Gesellschaft „gewalttätiger" war als die in anderen westlichen Nationen.[32] Genauer gesagt kristallisierte sich Mitte des 19. Jahrhunderts heraus, dass Amerikaner schon aus Gewohnheit nahezu alles als Anlass nahmen, um Krawalle anzuzetteln: von politischen Rivalitäten bis zu Territorialkämpfen von Straßengangs, von Rassenunruhen bis zu Arbeitskämpfen, von Reformbewegungen bis zu konfessionellen Streitigkeiten. Es gab fast keinen potenziellen Konflikt in der amerikanischen Gesellschaft, der sich nicht in Gewalt auf der Straße Luft machte. In den 1830er-Jahren fragten sich aufmerksame Amerikaner wie Andrew Jackson und Abraham Lincoln öffentlich, ob die junge Republik „die Stimmung der Lynchjustiz" und „die allgegenwärtige Missachtung der Gesetze" überleben würde.[33]

Ende der 1850er-Jahre hatten die meisten amerikanischen Bürger genug – vor allem die Geschäftsinhaber und Hausbesitzer waren es leid, ständig Schäden an ihrem Eigentum beheben zu müssen. Die Geschäftsinhaber in St. Louis ergriffen als erste die Initiative und stellten 1854 eine freiwillige Bürgerwehr auf die Beine, um Ausschreitungen am Wahltag zu verhindern. Im Jahr darauf verwandelten sie diese Bürgerwehr in eine dauerhafte und schufen so die erste moderne, stehende Polizeitruppe einer größeren amerikanischen Stadt. Es folgten Baltimore, Philadelphia, New York, Boston, Cincinnati und andere Städte im ganzen Land. Zwischen 1850 und 1880 hatten 57 amerikanische Großstädte Polizeibehörden aufgebaut.[34]

Doch der Aufbau der neuen Polizeitruppen stellte die Reformer vor große Herausforderungen. Eine Polizeibehörde war eine vollständig neue Institution. Die meisten amerikanischen und europäischen Städte kannten vor der „neuen Polizei" Mitte des 19. Jahrhunderts nur eine Polizeistruktur, die nahezu unverändert aus dem Mittelalter übernommen worden war: eine Gruppe freiwilliger Schutzmänner, ein Sheriff, der einen Übeltäter gegen Zahlung einer Gebühr festnahm sowie Nachtwächter, die aus dem Viertel stammten und eventuell – falls nicht betrunken oder schlafend – auf einen Hilferuf hin herbeieilten.

Gleichzeitig erlebte Amerika einen Prozess rasch fortschreitender Industrialisierung und ein explosionsartiges Städtewachstum. Es entstanden Großstädte, in denen Arme, Einwanderer und Migranten schutzlos und eng aufeinander hausten, was großflächige, komplexe und immer neue soziale Probleme aufwarf. Boston, New York und Philadelphia hatten Anfang des 19. Jahrhunderts noch weniger als 100.000 Einwohner. 1890 zählten sie bereits über eine Million Einwohner. Im Jahr 1910 stieg der Prozentsatz der Amerikaner, die in Städten lebten, von 5 Prozent auf 45 Prozent. [35] Die Nachtwächter und Bürgerwehren kamen mit der Arbeit nicht mehr hinterher.[36]

Allerdings waren die meisten amerikanischen Städte – trotz zunehmender Gewalt und steigender Kriminalitätsraten – nicht gerade erpicht auf das neue Konzept einer einheitlichen, uniformierten, bewaffneten Vollzeitpolizei in ihrer Mitte. Die Amerikaner standen einer solchen Staatsmacht ähnlich misstrauisch wie die Briten gegenüber. Und tatsächlich wurde eine Polizeitruppe, kaum hatte sie sich formiert, von politischen Parteien, chauvinistischen Gruppen oder der korrupten Großfinanz der Stadt vereinnahmt, so dass sich rasch eben jene Missstände ausbildeten, die in unserem Quiz zu Beginn des Kapitels beschrieben wurden. Die Polizisten waren ungeschult, brutal, ineffektiv und sie missbrauchten ihre Macht – zeigten also genau die Symptome, die wir heute mit nicht funktionierenden Rechtssystemen in Entwicklungsländern in Verbindung bringen.

In anderen Ländern verliefen Entwicklungen etwas anders, doch war das Ergebnis – Funktionsunfähigkeit – dasselbe. In Frankreich beispielsweise wurde das Fundament für eine Polizei bereits während der Monarchie gelegt, als Ludwig XIV. 1667 das Amt eines „Lieutenant général de police" (Generalleutnant der Polizei) schuf. Er sollte sich mit allem befassen, was in Paris „Störungen" verursachen konnte – Straßenbeleuchtung, Obdachlosenhilfe, Nahrungsmittelbeschaffung, Gesundheitswesen *und* Verbrechensbekämpfung zugleich.[37] Einerseits führte die Schaffung einer zentralen Regierungsbehörde, die sich nahezu zweihundert Jahre vor den Amerikanern und Briten um städtische Kriminalität kümmerte, zu bahnbrechenden Neuerungen im Polizeiwesen, wie beispielsweise Patrouillen zur Abschreckung, Polizeiwachen, Überwachungsmethoden und -geräte.[38] Andererseits assoziierten die Menschen eine solche Behörde mit der eisernen Hand des *ancien régime*, weshalb ihre Funktionen 1789 während der Französischen Revolution beträchtlich beschnitten wurden.[39]

Ende des 19. Jahrhunderts setzte Kaiser Napoleon wieder eine zentralisierte „Generalpolizei" in Paris und ganz Frankreich ein. Diese Polizei erwies sich für das Überleben des Regimes und den Schutz der „respektablen Klassen" als sehr nützlich, nicht jedoch für die Massen der städtischen Armen.[40]

Wie wir bereits gesehen haben, war dies in Japan anders. Dort bot sich in den 1870er-Jahren die Gelegenheit zu radikaler Modernisierung – die Chance, eine Polizei aufzubauen, die das strenge, mittelalterliche Regiment der *Samurai* ersetzte. 1874 entwickelte eine kleine Gruppe von Beamten, die mehrere Monate in Europa zum Studium moderner Methoden verbracht hatten, ein neues Polizeisystem.[41] Die reformfreudigen Regierenden der Meiji-Zeit favorisierten das zentralistische französische Modell aufgrund seiner weitreichenden Administration und der ausgeprägten Überwachungsfunktion – beides sagte der patriarchalischen Regierung mit ihrem starken Bedürfnis nach Ordnung sehr zu.

1890 orientierten sich die Japaner mehr am preußischen Modell, und im ganzen Land entstanden unzählige kleine Polizeihäuser (*Kōban*), die unter zentraler Aufsicht standen.[42] Die Zahl der Mitarbeiter war sprunghaft gestiegen, daneben hatten sich Ausbildungszentren, standardisierte Vorschriften und Berufsgenossenschaften herausgebildet.[43] Nach Beendigung des Russisch-Japanisches Krieges (1904–1905) besaß Japan eine moderne, zentralisierte Berufspolizei.[44] Dennoch diente sie ähnlich wie in Frankreich Mitte des 19. Jahrhunderts größtenteils der Aufrechterhaltung der Ordnung und der Regierungsstabilität zugunsten der elitären Schichten und zu Lasten von gesellschaftlichen Randgruppen. In den 1930er-Jahren vereinnahmte die kaiserliche Militärdiktatur die japanische Polizei und machte aus ihr eine brutale, repressive und totalitäre Macht.

Doch die Entwicklung der Strafjustiz in Japan, Frankreich und Amerika in den letzten hundert Jahren war nicht ständig von lähmender Korruption, politischer Unterdrückung und chronischer Gewalt gegen Arme und Randgruppen gekennzeichnet. Im Gegenteil, in jedem Land bildete sich schließlich ein Rechtssystem heraus, das den einfachen Bürgern ein gewisses Maß an Schutz vor Gewalt und Gewaltmissbrauch bot – und ein Maß an Sicherheit, das selbst den Armen eine Chance gab, ihr Schicksal zu verbessern. Der Punkt ist, dass man Rechtssysteme ändern kann. Nur wie?

Auf diese Frage gibt es keine einheitliche Antwort. Systemänderungen gingen in jedem Land in einem individuellen Kontext vonstatten. Sie waren eine äußerst komplexe Kombination historischer Faktoren, einzigartiger sozialer Verhältnisse, institutioneller Dynamik, unvorhersehbarer Ereignisse, kultureller Verhaltensweisen, gezielter Bemühungen und unbeabsichtigter Konsequenzen. Wir bekommen also leider keine Lösung auf dem Silbertablett präsentiert, wie sich Rechtssysteme in den äußerst unterschiedlichen und komplexen Kontexten in den Entwicklungsländern heute zum Positiven ändern lassen.

Aber es ist *machbar*. Um es mit einem Bild zu sagen: Wenn ich mich zum Gipfel eines Berges hoch kämpfe und den Glauben daran verliere, dass ich auf dem richtigen Weg bin, dass es überhaupt einen Weg nach oben gibt, oder dass solch ein Weg für Menschen wirklich begehbar ist – dann sind alle Zweifel wie weggefegt, sobald ich andere Wanderer entdecke, die gerade den Weg *vom Gipfel herunter* kommen. Sie bestätigen, dass man den Gipfel erreichen kann, dass es Wege gibt, und dass sie begehbar sind. Es bedeutet nicht unbedingt, dass es mir möglich ist, diesen Weg zu gehen, und es ist auch keine Garantie dafür, dass es einfach wird – aber es motiviert mich, weiter nach einem gangbaren Weg zu suchen und an meinem Vorhaben festzuhalten.

Wenn wir die maroden Rechtssysteme in ansonsten politisch stabilen und demokratisch legitimierten Entwicklungsländern wie Kenia, Guatemala, Indien, den Philippinen, Kambodscha, Indonesien, Sambia, Peru oder Äthiopien im Licht der Geschichte betrachten, dann erscheinen die Herausforderungen und Hindernisse für eine Umstrukturierung derselben nicht mehr ganz so überwältigend.

Allgemeine Erkenntnisse

Nun wollen wir uns einmal näher ansehen, welche Wege im Laufe der Geschichte beschritten wurden. Aus unserem Studium der historischen Ereignisse und den praktischen Erfahrungen im Kampf um die Verbesserung von Rechtssystemen in Entwicklungsländern haben wir mehrere Erkenntnisse gewonnen, die uns ermutigen – aber auch warnen – können.

> Jede Bemühung um eine Reform des Rechtssystems erforderte eine höchst intensive Beteiligung und eine Führungsrolle der Akteure vor Ort.

Es ist ja nicht so, dass in den Entwicklungsländern jeden Tag einflussreiche Leute aufwachen mit dem Vorsatz, Armen keinen Zugang zum Gesundheitswesen zu gewähren – oder gezielt dafür sorgen, dass die Ärmsten nicht genug zu essen bekommen und keinen Zugang zu sanitären Anlagen oder dem Bildungssystem haben. Nein, in diesen anderen öffentlichen Systemen ist generell eine professionelle und kulturelle Dynamik im Spiel, die dafür sorgt, dass sie besser und effektiver werden. Es ist schon schwierig genug, solche Systeme zum Laufen zu bringen – aber wie viel schwieriger wäre es, wenn zusätzlich hochmotivierte Leute jeden Tag daran arbeiteten, Arme noch kränker zu machen oder ihre Bildung zu hintertreiben oder ihr Wasser zu kontaminieren? Zum Glück ist dies gewöhnlich nicht der Fall.

Aber in jeder Gesellschaft versuchen einige Menschen, Interessengruppen und Institutionen vorsätzlich ein Versagen des Justizsystems herbeizuführen sowie Arme und Randgruppen noch mehr zu schwächen. Mit allen Mitteln behindern sie Reformen. Im Amerika des 19. Jahrhunderts widersetzten sich Parteibonzen, Polizisten, Plantagenbesitzer, Menschenhändler und Bordellbetreiber, Industrielle, Besitzer von Mietskasernen, Rassisten, Frauenhasser, Gangsterbanden und gewissenlose Geschäftemacher mit aller Macht dem Aufbau politisch unabhängiger, professioneller, korruptionsfreier und dem Volk gegenüber rechenschaftspflichtiger Rechtssysteme.

Die Befreiung der Systeme aus den Fängen von Korruption und Profitgier war ein äußerst harter, zielgerichteter, strategischer und kostenintensiver Kampf, der viele Jahre, manchmal sogar Jahrzehnte, dauerte. In New York, Seattle und Cincinnati kam es zu Veränderungen, weil eine kritische Masse von Bürgern bereit war, sich den Mächten *in ihrer Stadt* zu widersetzen, die ein funktionierendes öffentliches Rechtssystem verhinderten. Auch Mächte außerhalb der Gemeinde spielten eine Rolle, wie wir auf den folgenden Seiten noch erläutern werden, aber solch ein langwieriger Kampf konnte nur Erfolg haben, wenn die Bürger der Stadt genauso viel in das Ergebnis investierten wie ihre Gegner, die von einem nicht funktionierenden Rechtssystem profitierten und oftmals das System sogar zu ihrem eigenen Vorteil einsetzten.

Der gesamte Aufbau funktionierender Rechtssysteme in den Entwicklungsländern hat nur Aussicht auf Erfolg, wenn engagierte Bürger und zivilgesellschaftliche Kräfte vor Ort einen langen, kostspieligen Kampf auf sich nehmen. Man muss also zuerst Menschen ausfindig machen, die gegen Korruption, Gesetzlosigkeit und Gewalt kämpfen wollen, um sie dann zu unterstützen. Da all dies praktisch unbemerkt von der Weltöffentlichkeit abläuft, sind die Bemühungen und Bedürfnisse dieser Kämpfer vor Ort nahezu unbekannt. Sie erhalten wenig Unterstützung, Geld und Schutz. Das muss sich ändern!

> Jedes öffentliche Rechtssystem hatte seine eigenen Probleme, Symptome der Funktionsunfähigkeit und Widerstände gegen die Reform, die ganz individuelle Maßnahmen erforderten.

Eine Reihe von Herausforderungen und Stärken sind typisch für den jeweiligen Kontext. So mussten New York und Chicago gegen eine systematische Bestechlichkeit und Korruption innerhalb der Polizei ankämpfen, die der dem Erbe der *Samurai*-Ethik verpflichteten Stadt Tokio in diesem Umfang unbekannt war.[45] Das Tokioter Rechtssystem wiederum focht gegen eine Militärdiktatur sowie gegen eine Polizei, die „gefährliches Gedankengut" kontrollierte. Beides gab es in New York oder Chicago nicht. Die Pariser Polizei schlug sich mit dem Erbe der zentralisierten Behörden Napoleons herum. Doch Frankreichs Polizei kannte nicht die Rassismusprobleme Seattles oder Texas'. Die Rechtssysteme in den meisten amerikanischen Städten mussten verhindern, dass Polizisten nicht zu willigen Handlangern der lokalen Parteipolitik wurden, womit etwa die Londoner oder Berliner Polizei weniger zu kämpfen hatte.

Rechtssysteme waren aus unterschiedlichen Gründen korrupt oder untauglich. Sie bekämpften nicht alle die gleichen Feinde, und auch die Lösung ihrer Probleme erfolgte auf unterschiedliche Weise. Natürlich finden sich gelegentlich interessante Gemeinsamkeiten. So gibt es Beweise dafür, dass Reformen schneller vonstattengingen, wenn Städte selbst über Grenzen hinweg Informationen austauschten, bewährte Vorgehensweisen übernahmen und sich allgemein ein Beispiel an anderen nahmen. Dennoch musste jede Stadt und jedes

Land eine eigene maßgeschneiderte Lösungsstrategie erarbeiten und immer wieder den Veränderungen in der Stadt anpassen.

Der Kampf um den Aufbau funktionstüchtiger öffentlicher Rechtssysteme in den Entwicklungsländern bedarf also nicht nur der Unterstützung durch Regierende und Besitzende, sondern auch einer Diagnose des Problems und der Suche nach Lösungen, die vor Ort umsetzbar sind.

Führende Persönlichkeiten in Kommunen und Städten sowie reformwillige Eliten spielten eine entscheidende Rolle.

Reformbewegungen wurden häufig von außergewöhnlichen Journalisten, Geistlichen, Reformern, Akademikern, Ermittlungsbeamten, Rechtsanwälten, Politikern und Aufrührern angestoßen, die bildlich gesprochen plötzlich das Licht anknipsten, um zu offenbaren, was im Schatten lag. Fast immer kannte längst jeder die Zustände wie Korruption, Inkompetenz und Gewaltmissbrauch, doch sie sorgten dafür, dass sie keiner mehr ignorieren konnte.

Um die Jahrhundertwende wurde ein wiederkehrendes Muster sichtbar: Immer brachte ein Journalist, Geistlicher oder Anführer einer Bürgerbewegung (der „Citizens' Municipal League", der „Allied Reform League" oder der „Law and Order Society") den Ball durch die spektakuläre Enthüllung eines skandalösen Ereignisses ins Rollen. Pfarrer Charles Parkhurst beispielsweise enthüllte durch eigene Nachforschungen die himmelschreiende Korruption der Tammany Hall, einer skrupellosen politischen Seilschaft, sowie der New Yorker Polizei. Der Journalist Lincoln Steffens deckte die Beteiligung der Polizei am Wahlbetrug in Philadelphia auf. Manchmal gab es auch konkrete Anlässe wie Unruhen, Demonstrationen oder Veruntreuung von öffentlichen Geldern, die die Aufmerksamkeit der Öffentlichkeit auf sich zogen.[46] Daraufhin wurde eine Sonderkommission gebildet und eine detaillierte Studie der zugrunde liegenden Probleme erstellt, die das enorme Ausmaß des Verbrechens sowie die Täter bloß stellten. Die Folge war stets ein enormer öffentlicher Reformdruck.

Interessanterweise gingen die ersten Impulse für eine Polizeireform in den USA verstärkt von Eliten und Bürgern der Mittelschicht aus und nicht von der Arbeiterklasse oder armen Bürgern.[47] Als die amerikanischen Städte zunehmend von so genannten Parteimaschinen dominiert wurden, die ihre Anhänger in vielen Städten überwiegend aus den verarmten Massen neuer Einwanderer, der städtischen Arbeiterschicht und der entwurzelten Unterschicht rekrutierten, wurde die Polizei zu einem korrupten und brutalen Werkzeug dieser Parteimaschinerie. Schließlich forderten die Oppositionsparteien, meist Republikaner, oder Moralreformer die Erneuerung der Polizei, um sie der politischen Kontrolle der Arbeiterparteiführer zu entreißen.[48]

Mit der Zeit riefen auch die neuen „Berufs"-Polizisten nach Reformen. Überwiegend Polizeichefs hatten sich eine Professionalisierung des Polizeidienstes auf die Fahnen geschrieben, um die neuen Ideen jener Zeit wie Führungsqualifikation, Kriminalwissenschaft, effiziente Bürokratie, Verwaltungsreformen und politische Autonomie auch im Polizeiwesen zu implementieren.[49] Zu den Reformwilligen zählten Major Richard Sylvester, der Begründer der „International Association of Chiefs of Police" (IACP, Internationale Gesellschaft von Polizeichefs), August Vollmer, Polizeichef von Berkeley, Kalifornien, der dazu beitrug, dass Strafrecht als akademisches Fach etabliert wurde, und Louis Lepine in Paris, der sich mit naturwissenschaftlicher Forensik, Kriminologie, Daktyloskopie und Kriminalpsychologie beschäftigte.

Auch Wirtschaftsführer spielten eine tragende Rolle. Von ihnen stammten meist die Geldmittel für die größeren Untersuchungskommissionen zur Aufdeckung von Missständen. Darunter die Lexow-Kommission, die zu Theodore Roosevelts Einsetzung als „Police Commissioner" (ziviler Leiter der Polizeibehörde) von New York führte; die „Cleveland Study", angeführt von den angesehenen Juristen Felix Frankfurter und Roscoe Pound und die „Page-Kommission", die die New Yorker Gerichte revolutionierte. Sie finanzierten zudem politische Bewegungen, die Reformen unterstützten, sowie den Aufbau eines modernen, professionellen und nachhaltigen Polizeidienstes. Freiwilligenorganisationen jener Zeit halfen ebenfalls bei der Gründung und Finanzierung von polizeilichen Spezialeinheiten, zum Beispiel für Frauen und Jugendliche, die später zu festen Abteilungen in fast allen modernen Polizeibehörden wurden.

Es ist schwierig, aus der Rolle, die bestimmte Führungspersönlichkeiten und Eliten in der Geschichte gespielt haben, eindeutige Erkenntnisse für den aktuellen Kampf um Rechtsreformen in Entwicklungsländern herauszufiltern. Aber einige Gemeinsamkeiten gibt es. Auch heute spielen Journalisten, Medien, Interessenverbände, Gemeindevertreter und mutige Bürger in den Entwicklungsländern eine unentbehrliche Rolle beim Aufdecken der Fakten über Missstände im öffentlichen Rechtssystem ihrer Länder.

Besonders wichtig sind die Stimmen derer, die sich bereits *im* Rechtssystem befinden. Sie können ihre professionelle Glaubwürdigkeit, ihren offiziellen Status und die Autorität ihres Amtes in die Waagschale werfen, wenn sie als interne Kenner auf Missstände hinweisen oder mit neuen Programmen experimentieren und so das System von innen verändern.

Die Privatwirtschaft und Geschäftswelt haben in diesem Kontext die einzigartige Chance, sich zu entscheiden: Wollen sie weiterhin die öffentlichen Justizsysteme unterlaufen, indem sie im Hinblick auf Gewalt, Instabilität und Kriminalität ausschließlich in private Lösungen investieren? Oder wollen sie auch hier, wie in anderen Bereichen, eine Schlüsselrolle spielen, indem sie dafür sorgen, dass auch in Schwellen- und Entwicklungsländern einem integren und effektiven *öffentlichen* Rechtssystem absolute Priorität eingeräumt wird?

Einflüsse von außen können ebenfalls große Auswirkungen auf Verlauf und Geschwindigkeit von Veränderungen haben. Dies wird hinsichtlich Reformen im Verlauf der Geschichte immer wieder deutlich: 1829 hatten die britischen Reformen großen Einfluss auf New York und andere US-Städte. Ende des 19. Jahrhunderts wirkten französische und preußische Polizeimodelle nachhaltig in Japan. Nach dem 2. Weltkrieg spielten dann die amerikanischen Besatzer bei der Umstrukturierung der japanischen Polizei eine entscheidende Rolle.

Für zahlreiche externe und internationale Akteure gibt es demnach Möglichkeiten, den Kampf zur Verbesserung der Strafjustiz in Entwicklungsländern zu unterstützen und zu fördern.

Effektive Rechtssysteme haben die Arbeitsbedingungen der Menschen, die innerhalb der Systeme arbeiten, verbessert.

Reformer konzentrierten ihre Bemühungen zur Umgestaltung von Rechtssystemen in der Vergangenheit nicht nur auf die Art und Weise, wie diese Systeme den gemeinen Bürger misshandelten, vernachlässigten, erniedrigten und im Stich ließen. Sie hatten auch den Umgang dieser Systeme mit den Menschen, die *in* ihnen arbeiteten, wie etwa Polizisten, Rechtsanwälte, Richter und Sozialarbeiter, im Blick. Wie wir gesehen haben, werden Mitarbeiter in den öffentlichen Rechtssystemen in Entwicklungsländern miserabel bezahlt, sind überarbeitet, schlecht ausgebildet, unterfinanziert, den Launen und der Willkür ihrer rücksichtslosen Vorgesetzten ausgeliefert und einem Umfeld verhaftet, in der Missbrauch, Brutalität, Gewalt und Diebstahl an der Tagesordnung sind. Eine Steigerung der *externen* Effizienz eines Rechtssystems ist jedoch kaum möglich, wenn nicht auch die *interne* Effizienz, das heißt, der Umgang mit den eigenen Mitarbeitern, verbessert wird.

Erfolgreiche Reformer begannen ihr Werk häufig damit, (1) die viel zu langen Arbeitszeiten und ungenauen Aufgabenstellungen zu reduzieren, (2) ein Existenzminimum einzuführen sowie eine Verbesserung der Vorsorgeleistungen und Unterstützung für Witwen und Waisen von Polizeifamilien zu erreichen und (3) dafür zu sorgen, dass alle Mitarbeiter im Rechtssystem eine angemessene Ausbildung erhalten, um den Anforderungen ihrer Arbeit gerecht werden zu können. So verdienten sie sich schließlich auch den Respekt der Bürger. Wegweisend ist hier beispielsweise die Zusammenarbeit des „Abdul Latif Jameel Poverty Action Lab“ vom MIT („Massachusetts Institute of Technology“) mit der Polizei im indischen Bundesstaat Rajasthan. Das Programm beweist, dass sich Verbesserungen in der Ausbildung von und im

Umgang mit Polizisten äußerst positiv auf die Beurteilung der Polizei durch die Bürger auswirken.[50]

> Das vorrangige Ziel effektiver Verbesserungsmaßnahmen war ein Rechtssystem, das Gewalt und Verbrechen vorbeugt und bei den Bürgern Vertrauen erweckt.

Erfolgreiche Reformen maroder Rechtssysteme konzentrierten sich mit aller Macht auf das Erreichen zweier Ziele: (1) eine verbesserte Verbrechens*vorbeugung* und (2) ein verbessertes *Vertrauens*verhältnis zu den Bürgern. Die frühsten Reformbewegungen erwuchsen aus der Forderung von Bürgern, die Polizei solle ihnen nicht wie ein Nachtwächter erst bei Gefahr zu Hilfe eilen oder einen Täter nach der Tat dingfest machen, wie der Sheriff oder ein Schutzmann es gegen eine Gebühr tat, sondern Verbrechen *vorbeugen.*[51]

Im Laufe der Zeit erkannten Reformer, dass eine effektive Verbrechensvorbeugung durch Korruption, Machtmissbrauch, mangelhafte Ausbildung sowie fehlende Finanzen verhindert wurde, was sie zwang, sich auch mit diesen Symptomen der Dysfunktionalität zu befassen. Dass man sich nun mit dem Ziel der Verbrechensvorbeugung beschäftigte, brachte auch eine Diskussion über die komplexen Ursachen von Kriminalität und die vielfältigen Eingriffsmöglichkeiten (abgesehen von reinen Maßnahmen zur Verfolgung, Festnahme und Bestrafung von Tätern) in Gang, die ebenfalls zu einer Reduzierung der Kriminalität beitragen konnten. Die Reformer suchten erstmals nach Strategien, um gefährdete Personen vor einem Abrutschen in die Kriminalität zu bewahren – „gegen den Strom" zu schwimmen, auf die Ursache der Kriminalität zu, wie es der „Vater der modernen Polizei", August Vollmer, im Jahr 1918 nannte. Diese Denkweise führte schließlich zu bedeutenden Neuerungen wie Bewährungsstrafen, Jugendgerichten, Frauen in der Polizei und Jugendämtern.

Viele dieser Rehabilitationsmaßnahmen wurden bald wieder zurückgefahren, weil das amerikanische Rechtswesen sich erneut stärker auf die „Kriminalitätsbekämpfung" konzentrierte. Allerdings erlebten sie eine Renaissance in den 1980er Jahren, als man die Ursachen von Kriminalität wieder vermehrt erforschte. Dies schlug sich nieder in Konzepten wie etwa kommunaler Gewaltprävention, was heute zu den vielversprechendsten Maßnahmen effektiver Polizeiarbeit zählt.

Man täte sicher gut daran, sich auch in Entwicklungsländern bei der Strafrechtsreform auf Strategien, Programme und Herangehensweisen zu konzentrieren, die (1) tatsächlich Gewaltverbrechen in armen Vierteln vorbeugen und (2) das Vertrauen jener stärken, die von diesem System abhängig sind. Im Idealfall verstärken sich beide Ergebnisse gegenseitig.

Der Aufbau von effektiven, professionellen, finanziell und personell gut ausgestatteten Strafverfolgungsbehörden war riskant.

Die ersten Befürworter einer Modernisierung der Polizei stießen auf heftige Gegenwehr jener, die sich der Gefahren eines effektiven und fairen Strafverfolgungssystems bewusst waren. Tatsächlich belegt die Geschichte, dass solche Risiken real waren. Wie bereits erwähnt, wurde die Polizei in den Vereinigten Staaten bereits kurz nach ihrem Aufbau von der lokalen Parteimaschinerie und von gewissenlosen Geschäftemachern vereinnahmt. Fortan wurde sie an vorderster Front eingesetzt, um Korruption, Bestechung, Wahlbetrug, Erpressung, rassistische Übergriffe, illegale Geschäfte und die gewalttätige Unterdrückung der Arbeiterbewegung weiterhin in Gang zu halten.

Technische Errungenschaften und Fortschritte in der Professionalisierung des Justizbereiches beim FBI (Federal Bureau of Investigation) wurden für politische Zwecke und zur Einschüchterung Andersdenkender missbraucht. Ähnlich war es Napoleons zentralistischer Pariser Polizei ergangen. In dem auf die Französische Revolution folgenden Chaos half sie zunächst, die zivile Ordnung wiederherzustellen. Im weiteren Verlauf des 19. Jahrhunderts wurde sie jedoch zum Instrument für die gewalttätige Unterdrückung politisch Andersdenkender, der Unterschicht und dem Verhindern sozialer Unruhen. In Japan verkam die modernisierte Polizei der Meiji-Zeit in den 1920er-Jahren unter der Militärdiktatur im Kaiserreich zum Instrument brutaler politischer und sozialer Unterdrückung.[52]

Überdies brachten die elitären Wurzeln vieler Rechtsreformen in Amerika einen „chauvinistischen Militarismus, einen rasch aufflammenden, selbstgerechten Idealismus, eine nicht laut geäußerte, aber tief verwurzelte Geringschätzung eines Großteils der Menschheit“[53] mit sich, die die Reformer an der Durch- und Umsetzung ihrer eigenen Ziele hinderten. Schließlich entstand daraus in den Vereinigten Staaten eine Polizeikultur, die sich in den 1960er Jahren externen Rückmeldungen verschloss und dadurch gefährlich isolierte. Zudem war sie nicht in der Lage, sich größeren sozialen Veränderungen geschickt anzupassen.[54]

Sich dieser Gefahren wohl bewusst, waren erfolgreiche Reformer dennoch der Meinung, dass *schlecht* funktionierende Rechtssysteme zwar gefährlich sind, das gänzliche Fehlen solch unerlässlicher Systeme oder die Bereitstellung privater Schutzmaßnahmen jedoch eine noch größere Gefahr darstellt. Also kämpften sie dafür, dass die Systeme ihre bestimmungsgemäße öffentliche Funktion auch erfüllten. Außerdem entwickelten sie ein Bewusstsein für die *natürlichen* Funktionsstörungen, die sie wieder vereinnahmen würden, sollte keiner gegensteuern.

Die Umgestaltung eines öffentlichen Justizsystems kann schneller vonstattengehen als erwartet – doch meist geschieht dies sprunghaft und häufig nach dem Motto „Zwei Schritte vorwärts, einer zurück".

Rückblickend ist es erstaunlich, wie schnell die Umgestaltung mancher Rechtssysteme vor sich ging. Es ist heute schwer vorstellbar, aber Anfang des 19. Jahrhunderts beschrieben glaubwürdige Zeitzeugen London als eine Stadt, die sich „praktisch in der Hand von Diebesbanden und Plünderern [befand], derer die Gesetzeshüter nicht Herr werden konnten". Sie erlebten London als einen Ort, der „im Großen und Ganzen … eine so dunkle Epoche der Kriminalität erlebte wie nie zuvor."[55] Als Reaktion auf diese Zustände gründete Robert Peel 1829 eine neue Polizeitruppe. Und obwohl es noch Jahre dauerte, bis diese Truppe das Vertrauen der Bevölkerung gewonnen hatte und England auch in den folgenden Jahrzehnten unter Aufständen und Unruhen zu leiden hatte, blieb der überraschend schnelle Erfolg der Londoner Stadtpolizei (London Metropolitan Police) den Zeitgenossen nicht verborgen. Ein Autor schrieb: „Der unmittelbare Erfolg dieser neuen Institution – einer effektiven Polizeitruppe –, deren Hauptaugenmerk auf Vorbeugung lag, war genau das, was zu erwarten war: Die Verurteilungen aufgrund von Gewaltverbrechen gingen zurück, da Leute, die Böses im Schilde führten, wussten, dass sie nicht länger ungestraft davonkommen würden."[56] 1903 kam ein Autor, der den aktuellen Zustand der Polizei untersuchte, zu dem Schluss, dass die Bürger „einen Schutz von Leben und Eigentum [genossen], der London zu einer der sichersten Städte der Welt machte".[57]

Auch Cincinnati, Ohio, erlebte eine Rechtsreform, die die kühnsten Erwartungen übertraf. Nach einem Wahlbetrugsskandal im Jahr 1885 hatte sich das unparteiische „Komitee der Einhundert" (Committee of One Hundred) mit dem Vorsatz gebildet, die Stadt zu säubern. Doch die korrupte Polizei weigerte sich, die ebenfalls korrupten Beamten zu verhaften, die das Komitee benannte. Empört beantragte das hochmotivierte Komitee bei der Führung des Bundesstaates, die Polizei von Cincinnati einem Aufsichtsrat zu unterstellen, der vom Gouverneur und nicht von den lokalen Parteibonzen ernannt werden sollte.

Kaum ernannt, entließ der Rat erst einmal 80 Prozent der Polizisten und setzte einen neuen Polizeichef ein. Dieser leitete sogleich radikale Reformen ein, darunter die öffentliche Überprüfung der Polizeitruppe, die Forderung nach körperlicher Fitness und militärischer Disziplin, ein Drei-Schichten-Arbeitsmodell, die erste amerikanische Polizeischule mit Unterricht und Weiterbildung auf hohem Niveau sowie eine Probezeit für neue Polizisten, um ihre geistige und körperliche Befähigung für diese Arbeit zu testen. Aufgrund dieser Neuerungen waren die Polizisten in Cincinnati innerhalb kürzester Zeit ihren Kollegen in anderen amerikanischen Städten um Jahrzehnte voraus.

Solche schnell durchgesetzten und effektiven Reformen waren jedoch relativ selten. Häufiger fand sich an anderen Orten ein anderes Muster: große Frustration angesichts unverwüstlicher Gegenspieler in Gestalt von Korruption, Gangstern und Politikern, gefolgt von hart erkämpften Durchbrüchen durch eine Bündelung von Kräften durch Wirtschaftsführer, engagierte Bürger und Politiker sowie Polizeiexperten, die gewöhnlich Ermittlungskommissionen, Aufsichtsgremien und Polizeichefs mit einer Leidenschaft für Professionalität finanziell unterstützten. Das ging dann einige Zeit so weiter. Erst kam eine Phase der Frustration über ein bis zwei Jahrzehnte, dann folgten etliche Jahre rascher Reformen, gefolgt von Rückschlägen und einer Verschlechterung der Situation, wiederum gefolgt von Kämpfen, Rückschlägen und erneuten Fortschritten. Nach langem Vor und Zurück gelangte man endlich an den Punkt, an dem die Bürger, obwohl noch nicht ganz zufrieden mit dem Erreichten, buchstäblich aus ihrem Gedächtnis strichen, welches Ausmaß an Chaos, Korruption und Machtmissbrauch einst in ihrer Gegend geherrscht hatte.

Diese dramatische Veränderung der Erwartungshaltung, die sich über Jahrzehnte entwickelte, fand ihren Widerhall in der berühmten Cleveland-Studie („Cleveland Study“). Der Bericht vermittelte einen Überblick über den Status der städtischen Polizei im Jahr 1922 und schloss mit den Worten: „Betrachtet man die Polizei in Cleveland als Ganzes, hat man den Eindruck, eine Gruppe von Männern vor sich zu haben, die zwar völlig frei von Korruption und anderen Skandalen sind, sich aber auf ausgetretenen Pfaden bewegen, keine intelligenten oder kreativen Methoden anwenden und in einer einfallslosen, oberflächlichen Routine erstarrt sind.“[58] Wie Walker betont: „Es reichte nicht mehr aus, dass Polizisten nichts offenkundig Falsches taten; man erwartete nun von ihnen, dass sie einfallsreiche, innovative Wege gingen, um die Kriminalität unter Kontrolle zu bringen.“[59]

Stellen wir uns vor, wir könnten in zwanzig oder dreißig Jahren sagen: Die Polizei in einer Großstadt in einem Entwicklungsland ist „völlig frei von Korruption und anderen Skandalen“ und bewegt sich im Hinblick auf eine kreative Verbrechenskontrolle lediglich einfallslos auf „ausgetretenen Pfaden.“ 1930 konnte August Vollmer sagen: „In keinem anderen Regierungssektor fanden während des letzten Vierteljahrhunderts solche bemerkenswerten Umwälzungen statt wie im Bereich der Polizeiorganisation und -verwaltung. ... Man kann kaum glauben, dass so große Fortschritte in so kurzer Zeit erreicht werden konnten.“[60] Welch ein großartiges Geschenk wäre es für die ärmsten Menschen in Entwicklungsländern, wenn sich das nächste Vierteljahrhundert ebenfalls durch „so große Fortschritte“ in den Systemen auszeichnen würde, die sie vor dem Terror der Gewalt schützen sollen!

11
Projekte, die Hoffnung machen

Funktionierende Rechtssysteme sind für die Armen unentbehrlich. Das haben die vorangegangenen Kapitel verdeutlicht. Der geschichtliche Abriss hat gezeigt, dass es möglich ist, sie aufzubauen. Wir wissen aber auch, dass dieser Aufbau kostspielig, schwierig und gefährlich ist und nicht unbedingt Erfolg verspricht. Deshalb benötigen wir Projekte, die nachhaltige Veränderungen bewirken, Erkenntnisse bringen und Hoffnung wecken – drei Dinge, die die Armen dringend brauchen.

Das Problem der untauglichen Rechtssysteme in den Entwicklungs- und Schwellenländern ist zu komplex und zu tief verwurzelt, als dass man nach allgemeinen, für alle Länder geltenden Lösungsansätzen suchen sollte. Deshalb sollten wir uns auf konkrete Länder konzentrieren, die sich für zielgerichtete Projekte eignen, um kopierbare Modelle der Veränderung zu erreichen. Das Ziel dabei ist, die lokalen Systeme so zu verbessern, dass sie die Armen tatsächlich vor Gewalt schützen. Solche strategischen Maßnahmen haben viele Vorteile: Sie offenbaren beispielsweise noch unbekannte Seiten des Problems, und wir lernen, was hilft und was nicht. Vor allem aber wecken solche Projekte den Glauben daran, dass es möglich ist, das Rechtswesen in Entwicklungs- und Schwellenländern nachhaltig zu verändern.

Weltweit existieren bereits einige sehr unterschiedliche Projekte dieser Art. Das Spektrum reicht von Regierungs- und NGO-Projekten in Brasilien, der Demokratischen Republik Kongo, Sierra Leone und Kambodscha bis hin zu einem IJM-Projekt in Zusammenarbeit mit kommunalen Gruppen und Regierungsbehörden auf den Philippinen. Jedes von ihnen hat bereits wirksame und überraschende Änderungen im lokalen Rechtssystem bewirkt. Jedes ist es wert, globale Beachtung zu finden. Und jedes entkräftet auf seine Weise den Mythos, dass Rechtssysteme nicht zugunsten der Armen verändert werden können.

G. A. Haugen und V. Boutros, *Gewalt – die Fessel der Armen*, DOI 10.1007/978-3-662-47054-1_11

Projekte von International Justice Mission zur nachhaltigen Veränderung von Rechtssystemen

Zunächst etwas Hintergrundwissen: IJM entstand 1997, als ein paar Freunde und ich versuchten, mit einer sehr bescheidenen Kopie des frühen Amnesty International-Modells der *„direct advocacy"* (Direktvertretung) zu arbeiten. Zusammen mit einheimischen Teams wollten wir einzelnen Betroffenen von Menschenrechtsverletzungen in Entwicklungs- und Schwellenländern helfen. Während Amnesty sich zunehmend auf politische Häftlinge weltweit konzentrierte, fokussierten wir uns auf die Opfer von Gewalt in armen Regionen. Wir kümmerten uns um Menschen, die als Sklaven gehalten, von ihrem Land vertrieben oder willkürlich inhaftiert worden waren, die sexuelle Übergriffe erleiden mussten oder Polizeiwillkür ausgesetzt waren. Damit unsere Initiative nachhaltige Wirkung zeigt, stellten wir Teams aus lokalen Anwälten, Ermittlern, Sozialarbeitern und Menschenrechtsaktivisten zusammen. Sie kümmerten sich auf Vollzeitbasis um einzelne Fälle von Unrecht und arbeiteten eng mit den lokalen Behörden zusammen. Im Kern verfolgten sie drei Ziele: (1) die Opfer von Gewalt aus der Hand ihrer Peiniger zu befreien, (2) die Täter vor Gericht zu bringen, und (3) den Überlebenden durch entsprechende Nachbetreuung zurück in ein würdevolles und selbstbestimmtes Leben zu helfen.

Ebenso wie den Gründer von Amnesty International, Peter Benenson, motivierte auch meine Freunde und mich unsere christliche Überzeugung, für Menschenrechte zu kämpfen. Da sich unsere christlichen Kirchen und Gemeinden zu jener Zeit nicht sonderlich in der Menschenrechtsbewegung engagierten, versuchten wir ein neues Bewusstsein für das Gewaltproblem der Armen zu wecken. Während wir als Mitarbeiter für unsere komplexe Arbeit Kraft aus unserem Glauben schöpfen, hat die Religionszugehörigkeit keine Bedeutung für unsere Projektarbeit in den verschiedenen Entwicklungs- und Schwellenländern. Teams von IJM haben in den letzten Jahren Tausenden von Menschenrechtsopfern geholfen, ganz gleich, welcher oder ob sie einer Religion angehörten. Eng mit ihnen zusammen arbeiteten Ortsgruppen, Regierungsbehörden, NGOs und zivilgesellschaftliche Gruppen, die zwar verschiedenen Religionsgemeinschaften angehörten, sich aber einer gemeinsamen Aufgabe verpflichtet fühlten: die Armen vor Gewalt zu schützen.

IJM hat heute über zwanzig Außenstellen in Afrika, Lateinamerika, Südasien und Südostasien, die vom Hauptsitz in Washington D.C. und weiteren Büros in Kanada, Großbritannien, den Niederlanden, Deutschland und Australien unterstützt werden. Mittlerweile haben wir in über tausend individuellen Fällen Erfahrungen mit nicht funktionierenden Rechtssystemen weltweit gesammelt. Nun arbeiten unsere Mitarbeiter daran, ihre Erkenntnisse zu bündeln und jene Punkte herauszuarbeiten, die zu einem Versagen der Rechtssysteme führen und verhindern, dass die ärmsten Bürger des Landes vor Gewalt geschützt werden. In einem zweiten Schritt versuchen sie, mithilfe dieser Erkenntnisse lokale Entscheidungsträger und Akteure im Justizsektor sowie in der Zivilgesellschaft dazu zu bewegen, sich der Missstände im Rechtssystem anzunehmen. Diesen Veränderungsprozess nennen wir nachhaltige Veränderung der Rechtssysteme.

Seit vielen Jahren arbeitet beispielsweise unser Team von einheimischen Anwälten, Ermittlern und Sozialarbeitern auf den Philippinen mit den Behörden vor Ort zusammen, um Kinder aus armen Familien aus den Fängen von Menschenhandel und sexueller Ausbeutung zu befreien, die Täter vor Gericht zu bringen und die betroffenen Kinder durch die Rehabilitation zu begleiten. Rückblickend auf die Erfahrungen, die wir hier und in anderen Ländern gesammelt hatten, stellte sich uns die Frage, ob wir durch unsere Arbeit vielleicht sogar der Gewalt vorbeugen können. Wir wollten dieser Frage genauer auf den Grund gehen und prüfen, ob es unserem philippinischen Team mit internationaler Unterstützung gelingen würde, Kräfte in einer spezifischen Region zu bündeln, die einen echten Strukturwandel im korrupten und ineffektiven Rechtssystem herbeiführen könnten. Wir wollten Polizei, Staatsanwaltschaft, Gerichte und staatliche Sozialdienste dazu bringen, insbesondere arme Kinder vor einem Schicksal in der Zwangsprostitution zu bewahren. Wir wollten das Rechtssystem dahingehend verändern, dass Gesetze tatsächlich angewandt wurden. Wir wollten herausfinden, ob all dies potenzielle Menschenhändler abschrecken und die Zahl der Kinder im Sexgewerbe tatsächlich reduzieren würde. Und schließlich wollten wir wissen, ob eine Reduzierung der Opfer auch objektiv und quantitativ – von externen Gutachtern – nachgewiesen werden kann.

Dies war – soweit wir wissen – das erste Mal in der Geschichte, dass versucht wurde, objektiv zu messen, ob ein Projekt zur Verbesserung des Rechtswesens in einem Entwicklungsland zu einer deutlichen Reduzierung der Anzahl von Kindern im Sexgewerbe einer Stadt geführt hat. Hätte solch ein Projekt Erfolg, wären zwei Dinge bewiesen: (1), dass es möglich ist, radikale Veränderungen im Rechtssystem eines Entwicklungslands herbeizuführen und (2), dass ein verbessertes Rechtssystem zu einer deutlichen Reduzierung der Gewalt gegen arme Menschen beitragen kann.

Wie bereits erwähnt, wussten wir, dass die Verbesserung eines maroden Rechtssystems schwierig, kostenintensiv, gefährlich und nicht unbedingt erfolgreich sein würde. Doch dann erhielten wir die Zusage, dass die „Bill and Melinda Gates Foundation" unser Experiment – so wie viele andere innovative Projekte zur Unterstützung der Armen weltweit – unterstützen würde. 2006 finanzierte die Gates-Stiftung den Aufbau eines neuen Teams von IJM, um ein bis dahin einzigartiges Projekt zu starten – und zwar in Cebu City, dem zweitgrößten Ballungsgebiet der Philippinen. Dem Team wurde ein Zeitrahmen von vier Jahren vorgegeben, um zweierlei zu erreichen: (1) das lokale Rechtswesen so zu verändern, dass es die Zwangsprostitution und Menschenhandel, insbesondere wenn Minderjährige betroffen sind, effektiver bekämpfte, und (2) externen Gutachtern einen messbaren, 20-prozentigen Rückgang in der Häufigkeit der verfügbaren und gehandelten Kinder im Sexgewerbe zu präsentieren.

Als die vier Jahre herum waren, staunten wir nicht schlecht. Das Projekt hatte sämtliche Erwartungen übertroffen: Die Rate der von der Polizei geretteten Opfer aus der Zwangsprostitution war um über 900 Prozent gestiegen: Während des Untersuchungszeitraums (Januar 2007 bis September 2010) befreite die Polizei in enger Zusammenarbeit mit IJM in Cebu City 251 Opfer aus dem Sexhandel. In den drei Jahren zuvor (2004 bis 2006) wurden insgesamt lediglich 27 Betroffene befreit. Gegen mehr als 100 verdächtige Zuhälter, Menschenhändler oder Bordellbesitzer waren Strafanzeigen erstattet worden, die rasch in Anklagen mündeten. Am wichtigsten für das Projekt war jedoch, dass externe Gutachter nach Ablauf der vier Jahre einen erstaunlich hohen Rückgang von Kindern im Sexgewerbe feststellten: um 79 Prozent, also fast das Vierfache des an sich schon hochgesteckten Projektziels. Leila de Lima, die philippinische Justizministerin, merkte dazu an: „Die Zusammenarbeit der Regierung mit International Justice Mission zeigt beispielhaft ein neues Modell der Rechtsumsetzung auf, bei dem Regierung und Zivilgesellschaft ein äußerst mächtiges Bündnis schaffen, um nicht nur die Täter wegen Menschenhandel und der Ausbeutung von Minderjährigen im Sexgewerbe strafrechtlich zur Verantwortung zu ziehen, sondern auch ihren Opfern mehr Rechte zu sichern."

Es lohnt sich aus mehr als einem Grund, diese Erfolgsgeschichte eingehender zu betrachten: Erstens ist sie ein Beispiel dafür, dass NGOs Hand in Hand mit Regierungsbehörden arbeiten können, um nicht nur auf Fälle von Gewaltmissbrauch zu reagieren, sondern diese sogar zu verhindern, indem Missstände im Rechtssystem gezielt ausgeräumt werden. Zweitens kann sie als Vorbild für weitere, verbesserte Projekte dienen. Und drittens macht sie Mut, neue Schritte in der menschenrechtsorientierten Entwicklungszusammenarbeit zu wagen.

„Etwas Großes wird geschehen"

Sam Inocencio, ein philippinischer Anwalt aus dem IJM-Büro in Manila, übernahm die Leitung des Teams in Cebu. 2007 zogen seine Frau und er dorthin, um ein tatkräftiges Team zusammenzustellen. Sam erinnert sich an jene Anfangstage: „Natürlich gab es Hindernisse – aber wir hatten das starke Gefühl, dass hier auch Chancen bestanden, das Gefühl, dass etwas Großes geschehen würde, und die Hoffnung, etwas für die Filipinos zu bewirken."

Der Anwalt und sein Team fingen „klein" an: Sie konzentrierten sich auf ein konkretes Stadtgebiet und wählten Cebu City mit etwa 2 Millionen Einwohnern, von denen 40 Prozent in Armut leben[1]. Weiter spezialisierten sie sich auf eine Kategorie von Gewaltmissbrauch: die kommerzielle sexuelle Ausbeutung von Kindern. Das Projekt erhielt den Namen „Project Lantern" und erinnert an die Laternen, die einst vom Netzwerk „Underground Railroad", das amerikanischen Sklaven im 18. und 19. Jahrhundert die Flucht ermöglichte, verwendet worden waren, um ihnen den Weg in die Freiheit zu weisen.

Um Veränderungen nachweisen zu können, benötigt man eine Basis, an der sich Fortschritte messen lassen. Doch es ist extrem schwierig diesen Basiswert bei Verbrechen anzusetzen, die bislang praktisch nicht zielgerichtet erfasst und bekämpft wurden. Sozialwissenschaftler begannen daher, möglichst klare Hinweise und Indizien für die Häufigkeit (Prävalenz) und Zuordnung (Attribution) des Problems herzuleiten. Danach überprüften sie die Ergebnisse genau und versuchten dann, sie kontinuierlich zu verbessern.

Eben weil dieser sozialwissenschaftliche Ansatz so komplex ist und ein hohes Maß an Fachkenntnis voraussetzt, wurde eine externe sozialwissenschaftliche Beratungsfirma namens „Crime & Justice Analysts" hinzugezogen. Sie sollte eine Basisstudie über das Ausmaß der kommerziellen sexuellen Ausbeutung von Kindern in Cebu durchführen. Anschließend wurde eine zweite Expertengruppe beauftragt, die eine Bewertung des Basiswertes vornehmen sowie nachweisliche Veränderungen gegenüber diesem Basiswert dokumentieren sollte. Um die Evaluierung des Projektes zu vervollständigen, erarbeitete schließlich noch eine dritte Gruppe von Experten zusätzliche Analysen und Bewertungen.[2]

Nachdem die externen Gutachter den Basiswert festgelegt hatten, erarbeiteten Sam und seine Mitstreiter eine Strategie, um diesen Wert erfolgreich zu reduzieren. Das würde nur gelingen, wenn sie in Cebu Kräfte bündeln konnten, die sie bei ihrem Vorhaben unterstützten. Folglich begann das „Project Lantern" mit einer Aufstellung der Interessensgruppen, die mithelfen sollten, die Leistungsfähigkeit der Strafverfolgungsbehörden zu verbessern und die Kinder in Cebu vor Kinderprostitution und Kinderhandel zu schützen:

- Tatsächliche und potenzielle Opfer von Gewaltverbrechen stehen bei IJM im Mittelpunkt aller Strukturwandelprojekte. Die Frage ist letztlich: Wie gut dient ihnen das Rechtssystem – rettet es sie aus Missbrauchssituationen, behandelt es sie mit Würde und Respekt, stellt es die Täter vor Gericht und sorgt es durch entsprechende Abschreckungsmaßnahmen wie gerechte Bestrafung der Täter für einen besseren Schutz der Kinder?

- Akteure im öffentlichen Justizsystem sind bei der nachhaltigen Transformation der Rechtssysteme wahrscheinlich die wichtigsten und greifbarsten Adressaten, weil sie die fachliche Kompetenz ihrer Mitarbeiter stärken, deren Wissen und Qualifikation verbessern und deren Gesinnung sowie Verhalten beeinflussen können.
- Lokale[3] Politiker und Pflichtenträger kontrollieren oder beeinflussen das Rechtssystem durch ihre Politik und ihre Personal- und Finanzentscheidungen, die Auswirkungen auf Funktionalität, Schwerpunkte, Leistungsfähigkeit, operative Arbeit, öffentliche Wahrnehmung und die ultimative Auswirkung des Rechtssystems haben.
- Lokale soziokulturelle Akteure hauptsächlich aus der Zivilgesellschaft (zum Beispiel Bürgerinitiativen und Vereine, Medien, Wirtschaftsführer, religiöse Führer, Vordenker und Prominente) haben Einfluss auf die Prioritätensetzung und Aktivitäten von Politikern und Pflichtenträgern. Sie können auch die Öffentlichkeit dazu motivieren, eine Verbesserung des Rechtssystems zu fordern.
- Internationale Akteure (beispielsweise Geberländer, multilaterale Organisationen, regionale Institutionen, internationale NGOs etc.) nehmen ebenfalls Einfluss auf die Prioritätensetzung und Aktivitäten von Politikern und Pflichtenträgern. Sie können außerdem direkte Partnerschaften eingehen, um mit dem Strafjustizsystem zusammenzuarbeiten.

Die Fallbearbeitung

Immer darauf bedacht, in lokalen Netzwerken nach weiteren Partnern zu suchen, arbeiteten sich Sam und sein Team in Cebu in die grundlegende Methodik des Projektes ein. Wir nennen diese Phase bei IJM auch „kooperative Fallarbeit" mit lokalen Behörden und lokalen zivilgesellschaftlichen Akteuren. Diese Vorgehensweise ist besonders kennzeichnend für IJM. Wir haben festgestellt, dass die Bearbeitung einer großen Zahl individueller Fälle von Gewaltmissbrauch gegen Arme zusammen mit den Strafverfolgungs- und Justizbehörden über mehrere Jahre hinweg und mit konkreten Opfern und Tätern der effektivste Weg ist, um exakt zu bestimmen, welche Schwachstellen das Justizwesen aufweist. So merken wir zum einen, wie Opfer und Täter das jeweilige Rechtssystem tatsächlich wahrnehmen: Oft haben Opfer von Gewalt kein großes Vertrauen in die Strafverfolgungsbehörden. Bei den Tätern fehlt häufig jegliches Unrechtsbewusstsein, da sie nie zur Rechenschaft gezogen werden, obwohl die Gesetze ihre Taten verurteilen. Zum andern lernen wir auch die Menschen kennen, die in den Strafverfolgungsbehörden arbeiten. Wir erfahren viel über ihre Motivation, Stärken, Schwächen, Sichtweisen, Ängste und Ziele. Im Lauf der Zeit knüpfen wir Beziehungen zu den Verantwortlichen, die häufig zu mehr Transparenz und wechselseitigem Engagement führen. Zudem erfahren wir auf diese Weise von Akteuren aus anderen Bereichen, die bereits an den gleichen oder ähnlichen Problemen arbeiten. Am wichtigsten aber ist die Bestätigung, dass Armen tatsächlich Gerechtigkeit widerfahren kann, selbst wenn nur in Einzelfällen Urteile errungen werden können. Dies bestärkt auch andere Akteure in der Hoffnung, dass tiefgreifende Veränderungen möglich sind. Außerdem sollte man den sogenannten Leuchtturmeffekt nicht unterschätzen: Wird in einem Umfeld, in dem über Jahre hinweg kaum jemand zur Rechenschaft gezogen wurde, plötzlich ein Täter verurteilt, schreckt das andere potenzielle Menschenhändler und Zuhälter ab.

Mittels kooperativer Fallarbeit Prozesse zu führen, ist in etwa so, als würde man einen prall gefüllten Fahrradreifen auf ein Loch hin überprüfen, indem man ihn Stück für Stück unter Wasser drückt. Dort, wo ursprünglich nur ein leises Zischen zu hören war, sprudeln plötzlich unzählige Luftbläschen aus einem jetzt deutlich erkennbaren Loch hervor. Ähnlich können wir erkennen, wo ein System Schwachstellen hat, wo es ein Loch hat, wenn wir einzelne von schwerem Unrecht betroffene Menschen immer wieder von Anfang bis Ende durch das Rechtssystem begleiten.

Um die gemeinschaftliche Fallarbeit in Cebu angehen zu können, hatte Sam mehrere Kollegen mit Schlüsselfunktionen im Team. Mae Sampani – die Leiterin des Cebu-Nachbetreuungsteams – ist gebürtige Filipina, hatte aber viele Jahre als Sozialarbeiterin in Nordkalifornien gearbeitet. Mit IJM kam sie in Kontakt, als sie auf freiwilliger Basis mithalf, Sozialarbeiter in Huánuco, Peru, im Umgang mit Opfern von Sexualverbrechen zu schulen. Dort unterstützte sie auch José und Richard, als diese begannen, sich mit Yuris Fall und dem erschreckenden Ausmaß von Kindesmissbrauch in jenem Gebiet zu beschäftigen. Später hörte Mae, dass IJM auf den Philippinen einen Leiter für die Nachbetreuung suchte, bewarb sich und fand sich bald in eben jener Region wieder, aus der ihre eigene Familie stammte.

Sofort stürzte sich Mae mit Sam und dem stetig wachsenden Team in die Arbeit, traf sich mit anderen NGOs und Nachsorgeeinrichtungen sowie Aktivisten in der Region und entwickelte nach und nach eine Vorstellung davon, wie eine Nachbetreuung zur Aufarbeitung von Traumata für arme, zur Prostitution gezwungene Mädchen und Jungen in Cebu aussehen könnte. Sollten mit dem gesamten Projekt auch nur einige Kinder, die in Cebu sexuell ausgebeutet wurden, befreit werden, dann bedurfte es dringend einer guten, langfristigen psychologischen Nachsorge, damit diese Kinder nach ihrer Befreiung auch Genesung erfahren konnten.

Aber wenn das Projekt Erfolg hatte, musste man auch damit rechnen, dass eine wahre Flut an Anklagen auf das Team zukommen würde, die vor den lokalen Strafgerichten ausgefochten werden mussten. Um dieser Flut Herr zu werden, half Mae Sam, einen sympathischen Prozessanwalt namens Mark del Mundo für die Sache zu gewinnen – einen jungen, in Cebu geborenen und aufgewachsenen Rechtsanwalt, dessen Kanzlei erfolgreich lief, der aber nach mehr strebte. Indem er den Kampf gegen die Kinderprostitution in der Stadt Cebu aufnahm, bekam Mark es definitiv mit „mehr" zu tun.

Zusammen mit seinen IJM-Kollegen in Cebu gelang es Mark, in zahlreichen Fällen Anklage gegen gewalttätige und finanzkräftige Kriminelle zu erheben. Er baute eine enge Zusammenarbeit mit den lokalen Staatsanwälten auf. Vor allem aber entdeckte er nach und nach, was im System funktionierte und was nicht. Die Fälle von Hunderten von minderjährigen Klienten, die Opfer von Zwangsprostitution geworden waren, offenbarten die Schwachstellen der Rechtspipeline. Schließlich erhielt Mark Todesdrohungen und es wurden Anschläge auf ihn verübt. Letztlich stand er rund um die Uhr unter Personenschutz. Projekte zur nachhaltigen Transformation der Rechtssysteme werden nicht auf dem Papier ausgetragen: Beim Kampf um Rechtsstaatlichkeit geht es um Leben und Tod.

Um die kooperative Fallarbeit anzukurbeln, sammelte das IJM-Team in Cebu detaillierte Informationen über das kommerzielle Sexgewerbe vor Ort. Es galt herauszufinden, wo und in welcher Form Kinder gehandelt und missbraucht wurden. Das Ausmaß des Elends war enorm: Die verdeckten Ermittler des Teams spürten Hunderte von Kindern auf. Im nächsten Schritt versorgten die Kollegen die lokalen Behörden mit genauen Informationen darüber, wer die Minderjährigen wo und wie gefangen hielt. Für jeden einzelnen Fall sammelten Sam, Mae, Mark und die anderen im Team zusammen mit den lokalen Behörden Beweise, planten und vollzogen Razzien zur Befreiung der Kinder, schrieben Anklagen, führten Prozesse und kümmerten sich um die Nachsorge der Betroffenen und ihrer Familien.

Mit der Zeit offenbarte die kooperative Fallarbeit mit den Behörden bestimmte Muster von Missständen im System. Es wurde klar, warum Cebus Kinderhändler keine Angst vor Gefängnisstrafen hatten – und warum die missbrauchten Kinder nicht nur vor ihren Zuhältern, sondern auch vor Polizisten, Sozialarbeitern und allen anderen Menschen Angst hatten. Im Folgenden stellen wir einige der Missstände vor, die durch die kooperative Fallarbeit aufgedeckt wurden.

Verdächtige und Opfer in einem Raum

Nach einer Befreiung brachte die Polizei die missbrauchten Kinder und ihre Zuhälter und Peiniger auf der Wache in ein und demselben winzigen Raum unter. Dort mussten sie stundenlang warten, während die ersten entscheidenden Ermittlungen durchgeführt wurden. Die völlig verängstigten Kinder wussten nicht, was sie nun erwartete. Sie konnten sich nicht ausruhen und wurden von den Verdächtigen bedroht, eingeschüchtert und belästigt. Es dürfte niemanden überraschen, dass die Allermeisten ihren Missbrauch leugneten und zu verängstigt waren, um ein Nachsorgeangebot in Anspruch zu nehmen.

Mangelhafte Ressourcen, Ausbildung und Dienstanweisungen

Die Ausbildung der Polizisten war mangelhaft. Sie kannten weder den Inhalt des Gesetzes gegen Menschenhandel, noch kriminalistische Ermittlungstechniken. Sie wussten nicht, wie man eine effektive verdeckte Operation durchführt, und viele wussten nicht, wie man aussagekräftige Beweise sammelt. Da sie nie explizite Weisungen von oben erhalten hatten, riskante Ermittlungen gegen Menschenhändler durchzuführen, fürchteten die Polizisten, ihre Vorgesetzten würden ihnen (im Zweifelsfall) keine Rückendeckung geben.

Staatsanwälte und Richter kennen das Gesetz nicht

In unzähligen Fällen zeigte sich vor Gericht, dass Staatsanwälte das Gesetz falsch verstanden oder falsch wiedergaben. Sie versäumten es, wichtige Rechtsvorschriften anzuwenden, indem sie zum Beispiel den Verdächtigen des Kindesmissbrauchs statt des Kinderhandels anklagten. Wer des Kindesmissbrauchs angeklagt ist, darf auf Kaution freigelassen werden – und kann dann untertauchen. Kinderhandel ist ein schwererer Tatbestand, bei dem eine Freilassung auf Kaution abgelehnt wird.

Sozialarbeiter für die Nachsorge sind unvorbereitet und ungeschult

Die erfolgreichen Befreiungen des IJM-Teams unterwarfen Cebus Sozialdienste einem wahren Stresstest, da große Kapazitäten zur Betreuung der befreiten

Opfer nötig waren. Mae und ihre Mitarbeiter entdeckten rasch eklatante Mängel im Nachbetreuungssystem. Die minderjährigen Opfer von Missbrauch und Menschenhandel hatten nahezu keine Chance, sich von ihrem Leidensweg zu erholen und Kraft für den Gerichtsprozess zu sammeln.

Wie sich herausstellte, wussten die Mitarbeiter von Sozialdiensten in der Cebu-Region nicht, wie man mit Opfern von Menschenhandel umging. „Sie hatten Angst davor, solche schwierigen Fälle in ihre Einrichtungen aufzunehmen“, erinnert sich Mae. „Also schickten sie die Kinder einfach wieder nach Hause“ – egal, wie instabil dieses „Zuhause“ war, oder ob „nach Hause“ bedeutete, sie direkt wieder den Menschenhändlern auszuliefern.

Menschenhandel ist kein Verbrechen – oder: „Nicht hier in Cebu!“

Sam und sein Team erfuhren, dass viele Behörden in Cebu Menschenhandel zur sexuellen Ausbeutung nicht für ein Verbrechen hielten oder leugneten, dass dies in ihrer Stadt ein Problem war. „Viele höhere Polizeibeamte, Richter und Staatsanwälte in Cebu betrachteten Menschenhandel zur sexuellen Ausbeutung als ein soziales Problem – und nicht als Gewaltverbrechen“, erklärt Sam. „Sie meinten, sie würden ihre Leute für ‚wichtigere‘ Verbrechen wie Drogendelikte und Mord brauchen.“ Andere Beamte in der Strafverfolgungsbehörde in Cebu behaupteten einfach, es gäbe in ihrem Zuständigkeitsbereich „keinerlei Opfer von Menschenhandel“ – und es bestünde daher auch kein Schulungsbedarf.

Korruption

Das IJM-Team fand heraus, dass auch offene Korruption in Cebu die strafrechtliche Verfolgung von Menschenhändlern behinderte. „Genau die Leute, die die Vorkämpfer in dieser Sache hätten sein sollen, trugen die Verantwortung dafür, dass das Problem so tief verwurzelt war“, erinnert sich Sam. Bei einer groß angelegten Befreiung mit einer Eliteeinheit der Polizei wurden 15 minderjährige Opfer von Menschenhandel gerettet und der einflussreiche Besitzer eines Bordells sowie seine Manager verhaftet. Doch auf der Dienststelle gaben die Polizisten dem Besitzer Gelegenheit zur Flucht, weshalb nur seine Untergebenen vor Gericht standen. Dass IJM die Behörde anschließend offen mit diesem beschämenden Beispiel konfrontierte, führte zu einem angespannten Arbeitsverhältnis zwischen ihr und IJM.

Die Fallarbeit mit anschließender Diagnose dient nicht dazu, hochrangige Beamte des Rechtssystems an den Pranger zu stellen. Es geht vielmehr darum, genaue Kenntnis von Missständen zu erhalten und ein Vertrauensverhältnis aufzubauen, damit NGOs wie IJM als verlässliche Partner bei der Suche nach praktikablen Lösungen dienen können. Natürlich wird es immer hochrangige Beamte geben, die Probleme nicht lösen wollen. Doch dann kann das gesammelte Material immer noch von anderen hochrangigen Beamten verwendet werden, die für Veränderungen kämpfen wollen. Solch eine Vorgehensweise bringt keine schnellen Erfolge hervor. Es geht nicht um singuläre, spektakuläre Enthüllungsstorys, denn es wäre naiv zu glauben, dass es jemals zu echten Veränderungen in einem Rechtssystem kommen kann, wenn Beamte an der Spitze des Systems den Kampf nicht von innen heraus aufnehmen. Um das zu erreichen, ist es wichtig, Fälle durch alle Instanzen hindurch zu begleiten und auf Missstände hinzuweisen. Dabei hilft vielfach auch die lokale Presse, die solche Fälle an die Öffentlichkeit bringt.

Hoffnung auf Lösungen

Nachdem sie nun ermittelt hatten, welche Missstände im Rechtssystem vorlagen, begannen Sam und sein Team ein Bündnis mit lokalen, nationalen und internationalen Kräften aufzubauen, um diese Missstände gemeinsam zu beheben. Mae erinnert sich: „Unser Haupthindernis war der fehlende Glaube an Erfolg. Die Menschen drehten sich im Kreis, ohne einen Ausweg zu sehen. Viele Lösungen, die wir gefunden haben, sind nicht revolutionär. Es sind einfache Methoden, mit denen wir versuchen, offensichtliche Löcher im System zu flicken. Dafür braucht man keine Wunder, sondern nur jemanden, der daran glaubt, dass es möglich ist, diese Aufgabe zu bewältigen. Man braucht auch keine Milliarden, sondern nur vergleichsweise wenig Geld und viel Hoffnung."

Mae und ihr Team vermittelten den Sozialdiensten in Cebu diese Hoffnung, indem sie unermüdlich Schulungen und Weiterbildungen im Bereich opferzentrierter Behandlungsmöglichkeiten anboten. „Wir unterstützten Sozialarbeiter durch verschiedene Programme, die bereits in anderen Ländern erfolgreich umgesetzt worden waren", so Mae. „Die meisten unserer Partner hungerten buchstäblich nach Informationen – sie wollten dazulernen. Und so kam es langsam zu einer Kursänderung. Wir halfen mit, viele Mythen zu entlarven."

Mit seinen Mitstreitern in der Nachsorge initiierte IJM ein „Projekt für wirtschaftliche Unabhängigkeit und Reintegration". Es kümmert sich um berufsvorbereitende Kurse und Arbeitsmöglichkeiten für ehemalige Opfer von

Abb. 11.1 Mädchen und junge Frauen erleben nach ihrer Rettung in der sicheren Umgebung des staatlichen Schutzzentrums „HerSpace" in Cebu ihre ersten Tage in Freiheit

Menschenhandel in der Sexindustrie, damit diese selbst für ihren Lebensunterhalt sorgen können. Ziel ist eine ganzheitliche Reintegrationshilfe. Mae und die Partner von IJM konnten beobachten, wie Betroffene mit Hilfe dieser Angebote und einer therapeutischen Begleitung nach und nach wiederhergestellt wurden und ein neues Leben begannen. Anschließend übernahm eine gemeinnützige Organisation vor Ort das Programm und führte die Angebote fort.

Mae und ihr Team arbeiteten mit dem örtlichen Amt für Soziales und Entwicklung zusammen, um ein Schutzzentrum aufzubauen, wo Opfer unmittelbar nach ihrer Befreiung sicher untergebracht sind. So mussten sie nicht mehr auf der Polizeiwache bleiben und mit den Tätern in einem Raum warten, bis sie als Zeugen befragt wurden. Für die Dauer des gesamten Prozesses konnten sie an diesem Ort bleiben, der heute „HerSpace" genannt wird (Abb. 11.1 und 11.2). Dort berichteten die Zeuginnen in Gegenwart von Sozialarbeiterinnen offen über ihren Missbrauch, so dass aufgrund dieser authentischen Aussagen immer mehr Menschenhändler im Gefängnis landeten.

„HerSpace ist heute ein gutes Vorbild", sagt Sam, „weil Mae und die Behördenmitarbeiter drangeblieben sind und neben Geld auch viel Herzblut und Engagement hineingesteckt haben." Die philippinische Regierung baut nun im ganzen Land Zentren nach dem Vorbild von „HerSpace" in Cebu auf.

Abb. 11.2 Opfer von Menschenhandel erholen sich im Schutzzentrum von „HerSpace"

Zu Beginn des HerSpace-Projekts hatten Mark, Sam und andere Anwälte zudem festgestellt, dass allgemein aussagewillige Opfer – auch anderer Verbrechen – während der gerichtlichen Untersuchungen und des Prozesses nicht geschützt und daher in sehr gefährliche Situationen gebracht werden. Mit der Staatsanwaltschaft zusammen errichtete IJM auch innerhalb des Gerichtsgebäudes einen sicheren Raum zum Zeugenschutz während der Verhandlungen. Heute führen Staatanwälte ihre gerichtlichen Untersuchungen in diesem neuen Wartebereich durch, und die Regierung hat sich verpflichtet, für die Unterhaltskosten und die Erweiterung der Einrichtung aufzukommen.

Die Hoffnung wuchs, als das Team sah, dass die Durchsetzung der Gesetze tatsächlich potenzielle Menschenhändler abschrecken, Straftäter zurückhalten und Opfer retten konnte. Wie Sam und sein Team erkannten, musste man die Korruption innerhalb der Polizei nicht überall gleichzeitig angehen. So werden beispielsweise Schutzgeldzahlungen der Zuhälter an die Streifenpolizisten überflüssig, wenn es eine überwachte, professionell ausgebildete und gut geführte Spezialeinheit gibt, die gezielte Operationen zur Durchsetzung des Anti-Menschenhandels-Gesetzes durchführt. Infolgedessen unterzeichnete das IJM-Team eine Vereinbarung über die Zusammenarbeit mit der Führungsebene der „Philippine National Police" in Cebu, um eine neue regionale

Arbeitsgruppe zur Bekämpfung des Menschenhandels („Regional Anti-Human Trafficking Task Force", kurz: „RAT-Force") aufzubauen und finanziell zu unterstützen. IJM sorgte für Ausrüstung, Büros, Schulungen, operative Unterstützung und Beratung. Aber der Schlüssel zu Effektivität und zum Aufbau von Vertrauen war letztlich, dass wir mit der Polizei monatelang gemeinsam Fälle bearbeitet und nicht nur drei Tage lang eine Schulung angeboten hatten. Daraus resultierten viele Operationen, bei denen die Gesetze umgesetzt, unzählige Opfer gerettet und zahlreiche Menschenhändler festgenommen, angeklagt und verurteilt wurden. Die dabei gesammelte Erfahrung der Polizei und Staatsanwaltschaft war der Schlüssel zur Nachhaltigkeit.

Um eine beschleunigte Bearbeitung der Fälle von Menschenhandel zu erreichen, betrieb das IJM-Team zusammen mit der US-Regierung erfolgreiche Lobbyarbeit, damit alle Richter auf den Philippinen angehalten wurden, der strafrechtlichen Verfolgung von Menschenhandelsdelikten Vorrang zu geben (Abb. 11.3). Mittlerweile verhandeln die Gerichte Fälle von Menschenhandel wesentlich effizienter, was auch zu einer deutlich höheren Verurteilungsrate führte: 61 Urteile in den zwei Jahren nach der neuen Verordnung des Obersten Gerichtes im Vergleich zu 42 Urteilen in den vorangegangenen sieben Jahren. Gleichzeitig arbeitete das IJM-Team eng mit einem Bündnis von zivilgesellschaftlichen Kräften in der Stadt zusammen, um Rechtsverordnungen gegen Menschenhandel in allen drei Gerichtsbezirken innerhalb des Großraums Cebu auf lokaler Ebene durchzusetzen.

Um die Öffentlichkeit wachzurütteln, sorgte das IJM-Team dafür, dass in den Medien regelmäßig sachlich und ausführlich über Operationen gegen den Menschenhandel berichtet wurde. Mitarbeiter schulten lokale Journalisten darin, wie man Menschen für das Problem sensibilisieren konnte und wie eine Berichterstattung aussehen sollte, dass die Würde der Überlebenden gewahrt blieb. Das Ergebnis: Es wurden immer mehr Forderungen nach Maßnahmen gegen den Menschenhandel laut, und Berichte über die Verurteilung von Menschenhändlern erhöhten den Abschreckungseffekt von Strafverfolgungsmaßnahmen.

Ein Fall nach dem anderen sorgte dafür, dass sich Regierungsbeamte immer kooperativer zeigten. „Es bedurfte viel Coaching und vieler Gespräche mit unseren Partnern", sagt Sam, „aber nun betrachten sie Menschenhandel nicht mehr als abstraktes soziales Problem. Inzwischen erkennen sie an, dass es sich um ein abscheuliches Gewaltverbrechen handelt."

Die Methode kontinuierlicher kooperativer Fallarbeit bringt einen stetigen Fluss kleiner, aber bedeutsamer Durchbrüche mit sich – bis schließlich ein kritischer Punkt erreicht ist, der nachhaltige Veränderungen auslöst. Tatsächlich gibt es bei jedem Strukturwandel einen solchen Wendepunkt. Es ist der Moment, an dem die örtlichen Behörden den Kampf zu ihrem Kampf machen.

Abb. 11.3 Tatverdächtige warten in einem kleinen Gerichtssaal in Cebu, Philippinen, auf ihren Prozess

Den Schwerpunkt verlagern

Die Auffassung, alle Behörden in Entwicklungsländern seien hoffnungslos korrupt, teilnahmslos und inkompetent, ist falsch. Wann immer wir Erfolge verzeichnen konnten, dann nur, weil lokale Behörden mutig und kompetent vorgingen. Die Behörden sind da und oft auch der gute Wille, aber ihnen fehlen die politische Unterstützung und Rückendeckung, die nötige Schulung und die Mittel, um erfolgreich und unabhängig arbeiten zu können. Immer, wenn die Leiter dieser Behörden mehr Entscheidungsbefugnisse erhalten hatten, galten Gewalttaten gegen Arme nicht länger als unwichtig im Vergleich zu „richtigen" Verbrechen wie Drogenhandel und Terrorismus. Weil diesem Bereich der Verbrechensbekämpfung mehr Aufmerksamkeit gewidmet wurde, erlebten auch Polizisten, Staatsanwälte und Richter Erfolgserlebnisse. Allmählich erahnten sämtliche Mitarbeiter des Rechtswesens, wie ihre Arbeit aussehen könnte und müsste – was natürlich zu mehr Engagement führte.

Im Laufe der Zeit kristallisierte sich eine Dynamik heraus, die wir 15-70-15-Regel nennen. Diese Regel ist nicht wissenschaftlich fundiert, fußt jedoch auf unserer Erfahrung und Beobachtung, dass in Entwicklungs- und Schwellenländern knapp 15 Prozent der Mitarbeiter in Rechtssystemen einzig und allein darauf bedacht sind, ihre Macht und Autorität für verbrecherische Zwecke zu missbrauchen. Weitere 15 Prozent wachen jeden Tag mit der Absicht auf, Gutes zu tun und den Bürgern zu dienen. Die große Mehrheit – die übrigen 70 Prozent – wartet einfach ab, welche Fraktion die Oberhand gewinnt. Solange die korrupten 15 Prozent an der Macht sind, fügen sich die 70 Prozent dem Systemmissbrauch, weil ihnen dies Vorteile bringt und es riskant wäre, sich der dominanten Partei entgegenzustellen. So entsteht der Eindruck, als seien 85 Prozent der Kräfte im Rechtssystem korrupt und gewaltbereit.

In Wirklichkeit ist die Situation meist viel dynamischer als es zunächst scheint. Wenn nämlich die 70 Prozent der Unentschlossenen den Eindruck haben, dass die rechtschaffenen 15 Prozent die Oberhand gewinnen, dann arbeiten sie ihre Akten in der Regel bereitwillig auf, um keinen Ärger zu bekommen. Deshalb kann sich ein System, das zu 85 Prozent aus Ganoven zu bestehen schien, recht schnell in eines aus überwiegend recht gesinnten Staatsdienern verwandeln.

Vernünftige Risiken?

Viele Leser werden Bedenken äußern, dass eine verbesserte Leistungsfähigkeit des Rechtssystems dazu benutzt werden könnte, Bürgern zu schaden – oder die Armen gar zu unterdrücken oder zu benachteiligen.[4] Dieses Risiko besteht in der Tat. Doch stellen wir im Vorfeld erst einmal ein paar Überlegungen an. Als erstes sollten wir bedenken, dass Geberländer und multilaterale Organisationen bereits enorme Risiken auf sich nehmen, wenn sie in Entwicklungsländern die Polizei unterstützen, um sich selbst vor terroristischen Gewaltakten und Drogenhandel zu schützen, das Nachkriegschaos im Irak und in Afghanistan zu beseitigen oder die Sicherheit von Wirtschaft und Handel zu gewährleisten. Sind sie aber auch bereit, diese Risiken einzugehen und die Polizei zu unterstützen, wenn die Nutznießer lediglich einfache, arme Menschen sind?

Wenn funktionierende Rechtssysteme für Arme lebensnotwendig sind, müssen wir uns mit diesen Risiken auseinandersetzen. Dies bedeutet nicht, sie gar nicht erst einzugehen. Leider hat die größte internationale Entwicklungsorganisation, die Weltbank, beschlossen, sich nicht mit Programmen an der Umstrukturierung von Rechtssystemen in Entwicklungs- und Schwellenländern zu beteiligen – nicht etwa, weil man glaubt, solche Systeme seien für Arme unwichtig, sondern weil man die Gefahren als zu hoch einschätzt.[5] Noch einmal: Diese Risiken sind real und es ist große Vorsicht geboten – doch es steht für Milliarden der Ärmsten auf dieser Erde zu viel auf dem Spiel, und Experten haben bereits Wege gefunden, wie man sowohl umsichtig als auch verantwortungsvoll vorgehen kann.[6]

Gemeinsame Fallarbeit heißt, man geht Schritt für Schritt und kontextabhängig vor, so dass die Risiken von Programmen zu einer Verbesserung der Polizeikompetenz besser eingeschätzt und gemanagt werden können. Sie erlaubt es Geldgebern, die Vertrauenswürdigkeit und Integrität der von ihnen unterstützten Organisationen und Führungspersönlichkeiten sukzessive zu testen und sorgt dafür, dass alle – lokale, nationale und internationale Akteure – sich gemeinsam verantwortlich fühlen.

Bei einem Projekt, das Strukturen verändern soll, ist der Schutz gefährdeter Menschen vor Gewalt und Missbrauch immer oberstes Ziel. Die Intention ist nicht die Beseitigung von Schäden, die sich hoffentlich durch Anvisieren anderer wichtiger Ziele wie wirtschaftliche Stabilität und die Bekämpfung von Drogenhandel und Terrorismus verhindern lassen. So können in das Projekt Maßnahmen und Investitionen einbezogen werden, die das Risiko ungerechter Behandlung von Armen durch die Justiz oder anderer „Kollateralschäden" senken. Beispielsweise sorgte das IJM-Team in Cebu bei seinem Projekt gezielt dafür, dass bei gemeinsamen Polizeieinsätzen im Rotlichtmilieu die Risiken für einen Amtsmissbrauch durch Beamte gesenkt wurden. Dazu brauchen Polizisten Schulungen im richtigen Umgang mit gefährdeten Bevölkerungsgruppen wie sehr armen Familien, die im kommerziellen Sexhandel arbeiten. Es müssen außerdem Kontrollmechanismen eingeführt werden wie beispielsweise Einsatznachbesprechungen und Auswertungen mit zivilgesellschaftlichen Lobbygruppen, die in der betroffenen Region tätig sind. Außerdem wurden Arbeitslosenhilfe-Programme für die Bürger der armen Regionen eingeführt, um Alternativen zur Sexindustrie zu bieten.

Internationale Akteure

Das Projekt in Cebu verdankt seinen Erfolg der Beteiligung von Akteuren vor Ort. Daneben erhielt es aber auch internationale Unterstützung. Da dieser Einfluss von außen jedoch – trotz guten Willens – auch Schaden anrichten kann, ist es ratsam, Hilfsprogramme und Experten aus dem Ausland zielgerichtet einzusetzen, um dann nach und nach mittels Testverfahren, Neuerungen und langfristigen Investitionen eine lokale Führung und tragfähige Bündnisse aufzubauen, die unabhängig agieren können. Es ist von Anfang an ein partizipativer Ansatz notwendig, in dem lokale Experten mit ihrem speziellen Wissen und ihrer kulturellen Kompetenz im Mittelpunkt stehen und durch internationale Experten unterstützt werden.

Die wichtige Rolle, die externe Akteure in Cebu und bei anderen Projekten zur nachhaltigen Veränderung spielten, konkretisierte sich auf vielen Ebenen. Sie boten finanzielle Unterstützung, Schulung, Weiterbildung und Kapazitätenaufbau. Sie unterstützten Programme lokaler Entwicklungshelfer sowie soziale Angebote und Dienstleistungen. Vor allem aber stärkten sie die Rechtssysteme und sorgten mittels bilateraler und multilateraler Unterstützung für den wachsenden politischen Willen zur Veränderung vor Ort. Im Sinne der Nachhaltigkeit förderten sie schließlich Überwachungs- und Evaluierungsmaßnahmen. Parallel zur Arbeit des philippinischen IJM-Teams und seiner lokalen Partner übte die US-Regierung mit ihrem Jahresbericht zum Menschenhandel („Trafficking in Persons Report") gezielt Druck aus, damit Anti-Menschenhandel-Initiativen landesweit ausgebaut wurden. Auch der neue US-Botschafter auf den Philippinen, Harry K. Thomas, betonte die Wichtigkeit dieses Themas. Andere externe Akteure wie die Regierungen von Australien und Kanada, die Europäische Union und die Vereinten Nationen unterstützten ebenfalls den zunehmenden politischen Willen auf den Philippinen, ernsthaft gegen den Menschenhandel vorzugehen.

Allerdings sollten Geberstaaten und -organisationen ihre Zusage von Entwicklungshilfe in Zukunft von der Bereitschaft der Behörden abhängig machen, sich zur Mitwirkung an dort möglichen Umstrukturierungsprozessen zu verpflichten, damit auch Arme Zugang zum Gesetz erhalten. Eines der grundlegenden Prinzipien zur Gewährung von Entwicklungs- und Wirtschaftshilfe, günstigen Handelsbedingungen und diplomatischen Vertretungen für Entwicklungsländer sollte die Bereitschaft der Nehmerländer sein, sich ganz konkret zum Aufbau von Rechtssystemen zu verpflichten, die auch den Armen Schutz gewähren. Solange die Nehmerländer nicht bereit sind, solch eine Verpflichtung einzugehen, wird ein Großteil unseres Engagements im 21. Jahrhundert vermutlich ebenso fruchtlos bleiben wie im letzten Jahrhundert.[7]

Weitere Projekte, die Hoffnung machen

IJM ist natürlich nicht die einzige Organisation, die an einer Verbesserung der Rechtssysteme in Entwicklungsländern arbeitet. Viele Projekte machen Hoffnung und können bereits konkrete Umstrukturierungen vorweisen, die Arme vor Gewalt schützen.

Mobile Gerichte in der Demokratischen Republik Kongo

Gegen 19.00 Uhr am Neujahrstag 2011 überfielen mehr als einhundert kongolesische Soldaten die kleine Stadt Fizi im östlichen Teil der Demokratischen

Republik Kongo. Diese Soldaten hatten einen speziellen Auftrag, den der kommandierende Offizier Oberstleutnant Kibibi Mutuara angeordnet hatte: Als Vergeltungsmaßnahme für den Tod einer ihrer Soldaten sollten sie die wehrlosen Bewohner von Fizi plündern, brandschatzen und die Frauen vergewaltigen. Berichten[8] zufolge wurden mindestens 50 Mädchen und Frauen zwischen 16 und 60 Jahren vergewaltigt.[9]

In den vergangenen Jahren fanden in dieser Region des Kongo viele Gräueltaten dieser Art statt, für die nie jemand zur Rechenschaft gezogen wurde. Die Opfer konnten sich an niemanden wenden, um eine Bestrafung der Täter zu fordern. Um dieses Problem anzugehen, taten sich mehrere Organisationen zusammen und führten mobile Gerichte ein, über die der oberste Richter vor Ort sagt, „[dass sie] etwas bewirken."[10] Das Projekt „Mobile Gerichte" wurde von der „Open Society Justice Initiative" (OSJI) entworfen, von der „Open Society Initiative for Southern Africa" (OSISA) finanziert und Ende 2009 von der „American Bar Association Rule of Law Initiative" (ABA ROLI) umgesetzt.

Mobile Gerichte werden in ländlichen Regionen eingesetzt, in denen es keine offiziellen oder unparteiischen Gerichte gibt, die für faire und schnelle Urteile sorgen. Für diese innerhalb des kongolesischen Rechtssystems operierenden Gerichte arbeiten einheimische Staatsanwälte, Richter und Beamte. Sie wurden von OSJI und OSISA speziell für geschlechtsspezifische Straftaten und organisierte Angriffe auf Gruppen entworfen und erfüllen somit eine Funktion, die im existierenden Justizsystem fehlt. Im Kongo bleibt ein solches mobiles Gericht meist ein bis zwei Monate in einer ländlichen Region und bearbeitet dort so viele Fälle wie möglich.

Nach dem Überfall auf Fizi sorgte ein mobiles Gericht zusammen mit lokalen NGOs in dieser entlegenen Region dafür, dass 49 Vergewaltigungsopfer, die den Gewaltakt überlebt hatten, den Mut fanden, auszusagen. Die Zeugenaussagen dieser Frauen führten nur wenige Wochen nach der Gewalttat zu einer strafrechtlichen Verurteilung von Kibibi, dreien seiner Offiziere und fünf weiteren Soldaten.[11]

Diese Verurteilungen waren im Kongo eine Sensation. Margot Wallström, die UN-Sonderbeauftragte zum Thema sexuelle Gewalt in Konflikten, führte aus, dass „die Gerichtsurteile ein starkes Signal an alle Straftäter im Kongo und darüber hinaus sandten, dass bei Konflikten angewandte sexuelle Gewalt nicht akzeptabel ist und nicht toleriert wird."[12] Tabena-Isima Mikongo, die für eine lokale NGO arbeitet, die sich um Opfer sexueller Übergriffe kümmert, bemerkte, diese Reihe von Verurteilungen „war das Beste, was bisher unternommen wurde", da, selbst Hunderte von Meilen entfernt, „Soldaten nun Angst haben [sexuelle Gewalttaten zu begehen]. Nach der Verurteilung von Kibibi sahen die Leute, dass die Regierung sogar gegen einen Oberstleutnant vorgehen konnte."

In den ersten 22 Monaten nach ihrer Einführung, von Oktober 2009 bis August 2011, übernahmen die mobilen Gerichte 248 Fälle und erreichten 140 Verurteilungen für Vergewaltigung und 49 Verurteilungen für andere Vergehen.[13] Experten loben dieses Programm auch, weil es so entworfen wurde, dass eine lokale Beteiligung gewährleistet ist – und zwar durch Hinzuziehung lokaler Akteure als Berater und eine Umsetzung des Programms durch echte „Beteiligung, sowohl im Hinblick auf die Strukturen, innerhalb derer sie leben als auch der Mitarbeiter, die sie benötigen".[14] Die Einbeziehung von zivilgesellschaftlichen Interessengruppen wie Kirchen, Vereinen und anderen aktiven Gruppen vor Ort sowie den lokalen Behörden sorgt dafür, dass die Bevölkerung vermehrt vom Rechtssystem fordert, es solle seinen Aufgaben nachkommen. Außerdem sorgen Fortbildungen, Rechtsberatungsstellen sowie Schulungen in der Bevölkerung dafür, dass die Existenz dieser Gerichte wahrgenommen wird und allgemeine Normen geschaffen werden, die sexuelle Gewalt verurteilen.[15] Die mobilen Gerichte im Kongo zeigen einen neuen Weg auf, die für ländliche Regionen notwendigen kulturellen und normativen Veränderungen durchzusetzen, damit die Bürger vom Justizsektor tatsächlich Gerechtigkeit einfordern.[16]

Die Armen in Brasilien vor Sklaverei bewahren

In Brasilien, wo Millionen armer Menschen als Sklaven gehalten werden, haben sich mehrere Akteure zusammengeschlossen, um einen aggressiven und außerordentlich effektiven Feldzug gegen die schon lange bestehenden Zwangsarbeitssysteme zu führen. Ihre Geschichte zeigt, wie rasch Veränderungen durch eine Beteiligung der Regierung bewirkt werden können.

Heute ist die „Comissão Nacional para a Erradicação do Trabalho Escravo" („CONATRAE", Nationale Kommission zur Abschaffung von Zwangsarbeit) zuständig für die Durchführung und Überwachung von Brasiliens Regierungsplänen zur Vorbeugung und Abschaffung von sklavereiähnlicher Zwangsarbeit. Das Arbeitsministerium unterhält eine „Grupo Especial de Fiscalização Móvel" („GEFM", Spezialgruppe für mobile Überwachung), die unangekündigte Kontrollen bei Großgrundbesitzern durchführt, bei denen der Verdacht auf Zwangsarbeit besteht. Zudem veröffentlicht es eine „schmutzige Liste" („Lista Suja do trabalho escravo"), die Täter benennt und anprangert.

Als 2005 der „Plano Nacional para a Erradicação do Trabalho Escravo“ (Nationalplan zur Abschaffung der Zwangsarbeit) verabschiedet wurde, stimmten annähernd 200 Unternehmen, die 20 Prozent von Brasiliens Bruttoinlandsprodukt (BIP) erwirtschaften, freiwillig einer Überwachung zu, die garantieren soll, dass sie keinen Menschenhandel betreiben. Das Land hat „vielleicht die wirkungsvollste Medienkampagne der Welt gestartet“, um die Öffentlichkeit auf das Problem aufmerksam zu machen und dafür zu sorgen, dass diese lautstark und nachdrücklich eine Beseitigung des Problems fordert.[17]

Der Fall José Pereira rückte das Problem der Zwangsarbeit in Brasilien in den Mittelpunkt der Aufmerksamkeit. 1989 versuchte der 17-jährige Junge mit einem Freund von dem Großgrundbesitz zu fliehen, auf dem er mit 60 anderen als Arbeitssklave gefangen gehalten wurde. Man versuchte sie mit Gewehrsalven daran zu hindern. Josés Freund wurde dabei getötet; er selbst entkam verwundet. José erstattete Anzeige gegen die Großgrundbesitzer, die ihn versklavt hatten. Zwar ließ die brasilianische Regierung die übrigen Arbeiter auf dem Gelände befreien, doch wurde nie jemand für die Verbrechen strafrechtlich belangt.

Dieser Fall zeigt, dass die brasilianische Regierung nichts unternahm, um ihre ärmsten Bürger vor Sklaverei zu schützen. Allein in Lateinamerika und der Karibik gibt es schätzungsweise 1,8 Millionen Zwangsarbeiter.[18] Tausende von ihnen sind Brasilianer und werden in den nördlichen Amazonasstaaten Pará, Mato Grosso und Tocantins ausgebeutet.[19] Dort herrschen Rinderzucht, Holzgewinnung, Abholzung, Kohleherstellung sowie Soja- und Zuckerrohranbau vor. Die Armen werden oft von so genannten „Gatos“ („Katzen“) angeworben, die verzweifelte Arbeiter mit falschen Versprechungen in diese Regionen locken.[20] Nach ihrer Ankunft werden die neuen Sklaven dann darüber informiert, dass sie nun für Transport und Essen arbeiten müssen. Damit sitzen sie in der Falle, denn die Großgrundbesitzer sorgen durch Wucherzinsen und Abgaben für Unterkunft und Verpflegung dafür, dass der Schuldenberg immer weiter wächst und nie zurückgezahlt werden kann. Bewaffnete Schergen machen eine Flucht nahezu aussichtslos.[21] So werden Arbeiter, die freiwillig kamen, gewaltsam versklavt.[22]

Primär auf Betreiben der Comissão Pastoral da Terra („Landpastorale“, eine Organisation der katholischen Kirche in Brasilien), des Centre for Justice and International Law (Zentrum für Gerechtigkeit und Völkerrecht) sowie Human Rights Watch übernahm die brasilianische Regierung 2003 schließlich die Verantwortung für den Fall José Pereira und unterzeichnete eine Abfindungsvereinbarung sowie eine Reihe von Verpflichtungserklärungen zum Schutz der Menschenrechte in Brasilien. Letztere bildeten später die Grundlage für die Aufgaben der CONATRAE-Kommission, die seither die Zwangsarbeit in Brasilien bekämpft.[23] 2002 versprach der damalige Präsident Luiz Inácio Lula da Silva die Abschaffung der Sklaverei in seinem Land.[24] 2003 verabschiedete er den ersten „Nationalplan zur Abschaffung der Zwangsarbeit", den viele andere Staaten zur Bekämpfung der modernen Sklaverei in ihrem Land inzwischen kopiert haben.[25]

Das wichtigste Instrument in Brasiliens Kampf gegen die Sklaverei sind die Spezialgruppen für mobile Kontrollen (GEFMs) des Ministeriums für Arbeit und Beschäftigung (Ministério do Trabalho e Emprego), die bei verdächtigen Großgrundbesitzern unangekündigte Kontrollen durchführen.[26] Diese mobilen Einheiten gehen anonymen Hinweisen auf Sklaverei nach, ermitteln, ob die Anschuldigungen gerechtfertigt sind, befreien die Opfer, erlegen Geldstrafen auf und nehmen Straftäter fest. Zwischen 1995 und 2010 retteten sie 38.031 Arbeiter.[27] Heute wird ihre Vorgehensweise in ganz Brasilien angewandt.

Die mobilen Einheiten haben das Thema Zwangsarbeit bekannt gemacht und zu einem „deutlich größeren Vertrauen in die Staatsorgane und infolgedessen … zu einer veränderten Einstellung dazu von Seiten der Arbeiter wie Arbeitgeber im ganzen Land" geführt.[28] Der gesellschaftliche Einfluss der mobilen Einheiten wurde durch die vom Arbeitsministerium geförderten und in Zusammenarbeit mit zivilgesellschaftlichen Gruppen und anderen Regierungsabteilungen durchgeführten Sensibilisierungskampagnen[29] noch vergrößert, ebenso durch die Bereitstellung von Rechtshilfe, medizinischer Versorgung und Ausbildung ehemaliger Sklaven durch Initiativen wie die Landpastorale der katholischen Kirche.

Obwohl die GEFMs relativ erfolgreich in der Ermittlung und Befreiung von Tausenden von Zwangsarbeitern sind, ist die brasilianische Regierung nicht sonderlich darum bemüht, die Schuldigen zur Rechenschaft zu ziehen. Medienberichte deuten darauf hin, dass es 2011 lediglich sieben Verurteilungen wegen Sklaverei gab, darunter ein ehemaliges Kongressmitglied.[30] Sehr wahrscheinlich ist diese niedrige Zahl an Verurteilungen auf mangelhafte Absprachen zwischen Staatsanwälten und Bundesstaatsanwälten zurückzuführen.

Brasiliens Bemühungen zur Abschaffung der Zwangsarbeit wurden durch die „schmutzige Liste" der mobilen Einheiten unterstützt. Auf der Liste werden die Namen der Arbeitgeber, die Menschen versklaven, öffentlich gemacht. Die Namen werden frühestens nach zwei Jahren gestrichen, wenn die entsprechenden Arbeitgeber ihr Vergehen nicht wiederholt, ihre Bußgelder bezahlt und weitere Kriterien erfüllt haben. „Langsam, aber sicher wird die Kultur der Straflosigkeit, die Arbeitgeber bisher vor staatlichen Maßnahmen schützte, demontiert" und „das Vertrauen der Arbeiter in den Staatsapparat wiederhergestellt".[31] Dieser Erfolg ist der hervorragenden Zusammenarbeit aller Beteiligten[32] ebenso wie der guten Kooperation der brasilianischen Regierung mit Bürgerbewegungen, privaten Unternehmen, Geldinstituten und Universitäten zu verdanken.[33]

Bekämpfung der Polizeikorruption in Georgien

Viele Rechtssysteme in Entwicklungs- und Schwellenländern sind kriminell, denn sie machen sich unablässig der Korruption schuldig. Sie erpressen arme Menschen durch Androhung von Verhaftung oder Bußgeldern. Sie nehmen Bestechungsgelder von Reichen an, um diese nicht strafrechtlich zu belangen, wenn sie Verbrechen begehen. Darüber hinaus sind die Folgen von Korruption im Justizwesen noch schwerwiegender als die Folgen von Korruption in anderen öffentlichen Diensten. Schließlich ist es die ureigene Aufgabe des Rechtssystems, Unrecht und Machtmissbrauch in allen Systemen zu bekämpfen. Wenn also das korruptionsbekämpfende System selbst käuflich ist, hängt man in einer Endlosschleife der Kriminalität fest. Dies ist möglicherweise die Hauptursache dafür, dass viele aufgegeben haben, korrupte öffentliche Rechtssysteme zu reformieren.

Doch der allgemeinen Hoffnungslosigkeit zum Trotz zeugte ein unerwartetes Beispiel von erstaunlichen Veränderungen. Während alle Welt über die verheerenden Auswirkungen der Korruption auf die globale Armut und Entwicklung spricht, konnte der Staat Georgien einen spektakulären Erfolg bei der Bekämpfung der polizeiinternen Korruption verbuchen. Dies belegt ein Bericht der Weltbank, der international als Ermutigung und Anregung dienen soll.[34]

Korruption im Verwaltungsapparat ist ein weit verbreitetes Phänomen, das oft als gewachsene, aus der örtlichen Tradition heraus entstandene „Kultur" – und deshalb als unvermeidlich – erachtet wird. Doch Georgiens Erfahrungen zeigen, dass der Teufelskreis der Korruption durchbrochen werden kann und, falls durch angemessene institutionelle Reformen unterstützt, einem Neubeginn nichts im Wege steht.[35]

Vor 2003 war die ehemalige Sowjetrepublik und nun unabhängige Nation Georgien laut Transparency International eines der korruptesten Länder der Welt. Georgien belegte im weltweiten Vergleich Platz 124 und stand damit vor den Ländern Kenia, Indien, Bolivien und dem Kongo. Am verbreitetsten waren Korruption und Missbrauch innerhalb der Polizei.[36] Studien zufolge verlangte die Polizei hier für sieben von zehn Amtshandlungen ein Bestechungsgeld, und übertraf damit jede andere Polizei auf der Welt. Das

US-Außenministerium dokumentierte in seinem Jahresbericht zur Lage der Menschenrechte wiederholt Gewaltmissbrauch gegenüber Bürgern durch die georgische Polizei. Dem Weltbankbericht zufolge „war nahezu jeder Lebensbereich in Georgien von Korruption durchdrungen“,[37] doch am meisten gehasst war die Käuflichkeit der Polizei, die „ihre Holzknüppel verwendete, um unglückliche Autofahrer anzuhalten und diesen – meist mit erfundenen Gesetzesübertretungen – Geld abzupressen“.[38]

2010 jedoch stand Georgien laut Transparency International an erster Stelle weltweit bei der Reduzierung der Korruption – und an zweiter im Hinblick auf die Effektivität der Regierung bei der Korruptionsbekämpfung.[39] Erstaunlicherweise gilt die georgische Polizei seit 2010 als weniger korrupt als die meisten angesehenen Polizeibehörden in Europa – das heißt, weniger korrupt als die Polizei in Deutschland, Frankreich und dem Vereinigten Königreich.[40]

Man könnte glauben, dass das Korruptionsproblem bei der Polizei in Georgien ursprünglich gar nicht so schlimm war, wie etwa in Ländern wie Indien, Kenia und Peru, aber das wäre ein Irrtum. Die Weltbankstudie stellte fest:

> Die gesamte Polizei in Georgien war korrupt. Die Polizisten konnten von ihrem geringen Lohn nicht leben – wenn sie überhaupt bezahlt wurden (manchmal erhielten sie monatelang kein Gehalt). Um über die Runden zu kommen, arbeiteten viele für das organisierte Verbrechen, verkauften Drogen oder beschuldigten unschuldige Bürger, Gesetze übertreten zu haben, um Bußgelder abzukassieren.[41]
>
> Um einen Job als Polizist zu ergattern, zahlten Leute Bestechungsgelder in Höhe von 2000 bis 20.000 US-Dollar, wobei sie dieses Geld über ein polizeiinternes Umverteilungsschema wieder hereinholten. Beispielsweise gaben Streifenpolizisten einen festgelegten Anteil der Summen, die sie Bürgern für verschiedene „Vergehen“ abgeknöpft hatten, an ihre direkten Vorgesetzten weiter. Diese führten ihrerseits einen Teil an übergeordnete Beamte ab, und so weiter. … Das korrupte System bildete einen Teufelskreis, in dem nur selten Geld im Staatssäckel landete. All das war kein Geheimnis.[42]
>
> Das Misstrauen der Bürger saß so tief, dass kleinere Vergehen nicht angezeigt wurden. Warfen beispielsweise übermütige Jugendliche ein Fenster ein, zeigte sie keiner an aus Sorge, die Schuldigen würden im Gefängnis gefoltert. Solche Ängste waren nicht unbegründet. Dem 2002 veröffentlichten Bericht der UN-Menschenrechtskommission zufolge war es „weitverbreitet, dass Gefangene von Polizisten und Gefängniswärtern gefoltert und grausamen, unmenschlichen und erniedrigenden Behandlungen oder Strafen unterworfen wurden.“
>
> Die Bevölkerung traute der Polizei auch nicht zu, Verbrechen aufzuklären. Nach einem Einbruch etwa versuchten Betroffene ihr Eigentum wiederzubeschaffen, indem sie eine Belohnung für den „Finder“ aussetzten. Tatsächlich

waren viele Polizisten selbst kriminell und in Entführungen, Drogenhandel und Erpressungen verstrickt.[43]

Wie gelang es Georgien, das eigene Polizei- und Rechtssystem von einem der korruptesten weltweit in eines der integersten weltweit zu verwandeln?

Forderungen der Bürger

Die unabdingbare Basis für Veränderungen scheinen massive gesellschaftliche Forderungen zu sein. So hatte die Bevölkerung Georgiens 2003 einen Punkt erreicht, an dem die Frustration über die allgegenwärtige Korruption überhand nahm. In diesem Jahr wählten die Georgier mit überwältigender Mehrheit einen neuen Präsidenten: Mikheil Saakkashvili, der für die Partei „Vereinte Nationale Bewegung" antrat. Seine Wahlwerbung hatte lediglich aus einem einzigen Satz bestanden: „Keine Korruption mehr in Georgien." Erfolgreiche Reformen wären ohne das überwältigende Mandat des georgischen Volkes nach grundlegenden Veränderungen undenkbar gewesen.[44]

Reformbereite Entscheidungsträger im System suchen

Kaum an der Macht, ergriff die neue Verwaltung mutige und umstrittene Maßnahmen zur Korruptionsbekämpfung. Interessanterweise hatten die Reformer selbst schon unter der alten Regierung gearbeitet. Präsident Saakashvili hatte das Amt des Justizministers inne gehabt, der neue Premierminister, Zurab Zhvania, war Parlamentsvorsitzender gewesen und der neue Energieminister, Nika Gilauri, hatte als Rechnungsprüfer in den staatlichen Elektrizitätswerken gearbeitet. Offenbar war nicht jeder im alten System korrupt gewesen, auch wenn es insgesamt korrupt gewirkt hatte.

Zuerst die Korruption im Rechtssystem bekämpfen

Von allen reformbedürftigen korrupten Systemen nahmen sich die georgischen Reformer zuerst das Rechtssystem vor. Offenbar war ihnen bewusst, dass sich die Korruption in den anderen öffentlichen Systemen nur bekämpfen ließe, wenn die dazu notwendige Polizei loyal war. Auch die Bürger würden die Maßnahmen zur Korruptionsbekämpfung nur akzeptieren, wenn sie Polizei und Rechtswesen wieder vertrauen konnten. „Mit diesem nicht sonderlich vielversprechenden Ansatz begann die Regierung mit ihrer Arbeit und verfolgte dabei eine einfache Strategie: Sie versuchte von vorneherein die Glaubwürdigkeit des Staates wiederherzustellen, indem sie sich auf Steuererhebungen und die strafrechtliche Verfolgung von Kriminellen und korrupten Beamten konzentrierte."[45]

Korrupte Polizisten bestrafen

Die neuen Staatslenker Georgiens wussten, dass die meisten Verkehrspolizisten korrupt waren, also wurden sie entlassen – alle. Nach ihrer Einschätzung war das Korruptionsproblem so groß, dass jeder Versuch, neue Mitarbeiter zu integrieren, fehlschlagen musste. Die neuen Polizisten würden unweigerlich ebenfalls in den Sumpf der Käuflichkeit hineingezogen. Deshalb entließ die junge Regierung an einem Tag ausnahmslos alle 16.000 Verkehrspolizisten Georgiens. Um den Schlag etwas abzumildern, bezahlte die Regierung jedem noch zwei weitere Monatslöhne und gewährte eine Amnestie vergangener Straftaten. Einige Polizisten gingen ohne Murren, andere schlossen sich der Opposition an. Zum Chaos kam es wider Erwarten nicht. Viele Beobachter kommentierten, die Straßen seien ohne die Verkehrspolizisten sogar sicherer. Trotzdem bildete die Regierung umgehend eine neue Verkehrspolizeitruppe.

Die Null-Toleranz-Politik war mit der Entlassung sämtlicher Verkehrspolizisten noch nicht beendet. Nun sollten Undercover-Agenten sicherstellen, dass die neuen Polizisten die Regeln tatsächlich befolgten. Wer bei der Annahme von Bestechungsgeldern erwischt wurde, erhielt sofort die Kündigung. Das Ministerium meinte es mit dem neuen Verhaltens- und Moralkodex innerhalb der Polizei sehr ernst. Bußgelder durften beispielsweise nicht mehr bar entgegengenommen, sondern mussten auf Geschäftsbanken eingezahlt werden. Damit wurden Polizisten der Möglichkeit beraubt, das Geld in die eigene Tasche zu stecken.

Respekt für die neuen Polizisten

Die Reformer achteten auch darauf, dass die neuen Polizeikräfte angemessen behandelt wurden. Die Löhne wurden verzehnfacht, alle Polizisten bekamen neue Uniformen und eine erstklassige Ausrüstung. Die Akademie für Polizeiausbildung wurde umgestaltet und 60 Polizeiwachen renoviert, um für Polizisten wie Bürger offene und einladende Einrichtungen zu schaffen.[46] Die

Schrumpfung des aufgeblähten Polizeiapparats brachte enorme finanzielle Einsparungen. Die Zahl der Mitarbeiter in sämtlichen Strafverfolgungsbehörden wurde von 63.000 im Jahr 2003 auf 27.000 im Jahr 2011 gesenkt. Vor den Reformen kam in Georgien absurderweise ein Polizist auf 21 Bürger. „Heute liegt das Verhältnis von Polizisten und Bürgern bei eins zu 89."[47] Das ist immer noch vergleichsweise hoch, denn in den Vereinigten Staaten beispielsweise kommt ein Polizist auf 450 Bürger.

Effektive Kriminalitätsbekämpfung und Öffentlichkeitsarbeit

Letzten Endes gewann die Regierung das Vertrauen der Bürger in die neue Truppe, weil sie eine Polizei schuf, die die Bürger effektiv vor Kriminalität beschützte. Allgemein ging die Kriminalität um die Hälfte zurück, bewaffnete Raubüberfälle nahmen um 80 Prozent ab. Überdies meinten 95 Prozent der Einwohner in Georgiens Hauptstadt Tiflis, sie würden sich „die ganze Zeit über sicher fühlen."[48] Die Polizeiführung lancierte parallel zur verbesserten Verbrechensbekämpfung zudem noch ganz gezielt eine Medienkampagne, um der Polizei ein bürgerfreundliches Image zu verpassen.

Das Ergebnis der georgischen Reformen – nach nur sieben Jahren! – erschien der Weltöffentlichkeit wie ein Wunder. Oder, wie es der Weltbankbericht ausdrückt:

> Die Kriminalitätsraten sind gesunken, die Korruption bei der Verkehrspolizei ging zurück, eine Dienstleistungskultur hat sich entwickelt, das Vertrauen der Bürger wurde wiederhergestellt und eine Struktur für die Verkehrspolizei geschaffen, die von ihr verlangt, Rechenschaft abzulegen. Vielleicht am wichtigsten aber ist, dass eines der sichtbarsten Zeichen von Korruption in Georgien beseitigt wurde.[49]

In einem Artikel der Zeitschrift *The Economist* wird der durchschlagende Erfolg von Georgiens Kampf gegen die Korruption als „Revolution des Denkens" bezeichnet, die mit der vorherrschenden Meinung, Korruption sei ein „kulturelles Phänomen", kurzen Prozess machte.[50] Wie der ehemalige Premierminister Gilauri sagte: „Korruption ist keine Kultur. Sie ist eine bewusste Entscheidung."[51]

International Bridges to Justice

Um gegen die globale Epidemie der Gewalt anzugehen, die arme Menschen aufgrund ihrer eigenen Rechtssysteme erleiden (durch willkürliche Inhaftierungen und Folter), setzt sich eine innovative NGO namens „International Bridges to Justice" (IBJ) für drei Dinge ein: das Recht auf eine kompetente Verteidigung, das Recht auf Schutz vor Folter und anderen grausamen oder unüblichen Strafen sowie das Recht auf einen fairen Prozess. IBJ-Präsidentin und Geschäftsführerin Karen Tse gründete ihre Organisation, nachdem sie 1994 einen 12-jährigen Jungen aus Kambodscha kennengelernt hatte. Man warf ihm vor, ein Fahrrad geklaut zu haben, und während der sich hinziehenden Untersuchungshaft war er gefoltert worden. Tse erkannte, dass sich zwar viele Organisationen erfolgreich für die Menschenrechte von politischen und anderen prominenten Gefangenen einsetzten, aber kaum eine für die Wahrung der Rechte von ganz normalen Leuten, die Tag für Tag irgendwelcher Verbrechen angeklagt werden.

IBJ arbeitet immer gemeinsam mit den Behörden eines Landes daran, das dortige Rechtssystem zu verbessern. Die Organisation hält nach potenziellen Führungspersönlichkeiten Ausschau, die Reformen in Gang setzen könnten und kooperiert mit gleich gesinnten Regierungsministerien, um sich auf eine Basis für Umstrukturierungen zu verständigen. Sie bietet wichtige Unterstützung durch lokale und internationale Partnerschaften und hat als gemeinsame Plattform ein Onlineportal für Verteidiger aufgebaut.

Schulung von Verteidigern

IBJ ist der Meinung, dass gut ausgebildete Verteidiger mit adäquater Schulung und entsprechender Unterstützung der Schlüssel zur Entfaltung des vollen Potenzials von Reformen im Justizsektor sind. Folglich will IBJ vorrangig die Qualität der Verteidigung verbessern und bildet dazu Strafverteidiger weiter. Das führt dazu, dass mehr Anwälte die Strafrechtsfälle angemessen bearbeiten und ihre Mandanten kompetent vertreten können. IBJ schult auch andere Mitarbeiter im Rechtswesen wie Polizisten, Gefängnispersonal und Richter darin, wie die Rechte der Angeklagten gewahrt werden können.

Runde Tische im Justizsektor

IBJ geht davon aus, dass eine menschlichere Strafjustiz am ehesten durch die Kooperation aller Mitarbeiter im Rechtswesen erreicht werden kann. Deshalb versucht die NGO stets alle Beteiligten – Verteidiger, Richter, Staatsanwälte, Polizisten und Gefängnisaufseher – an einen Tisch zu bringen, damit sie Probleme gemeinsam diskutieren und Erfahrungen austauschen können.

Aufklärungskampagnen für Menschenrechte

IBJ klärt Bürger in Entwicklungsländern über ihre gesetzlichen Rechte auf, so dass sie diese bei einer Verhaftung auch einfordern können. Die Mitarbeiter ermutigen Angeklagte, einen Rechtsbeistand zu verlangen. Außerdem erklären sie Menschen, welche Rolle Anwälte zum Schutz von Angeklagten bei willkürlichen Verhaftungen und Folter spielen können. So versucht die NGO innerhalb der Gesellschaft das Bewusstsein zu verankern, wie wichtig Verteidiger sind, damit die Bürger deren Arbeit öffentlich unterstützen. Für die Aufklärungsarbeit bedient sich IBJ zahlreicher verschiedener Medien, von Postern bis hin zu Radiosendungen.

„Defender Resource Center" und Bereitstellung von Rechtshilfe

IBJ leitet aktuell Spezialprogramme in sechs Ländern, die weltweit zu jenen mit den größten Herausforderungen zählen, darunter drei, in denen Völkermorde ihre Narben hinterlassen haben: Kambodscha, China, Indien, Burundi, Ruanda und Simbabwe. So genannte „Defender Resource Centers" (DRCs, etwa: „Unterstützungszentren für Verteidiger") sind die wichtigsten Instrumente der NGO im Kampf um Veränderungen in diesen Ländern. Die DRCs dienen als Zentrum für die Inlandsaktivitäten von IBJ. Dort werden Verteidigern ergänzend zu ihrer Schulung noch Mentoring und Einzelfallberatungen angeboten. Außerdem erhalten sie technische Hilfsmittel sowie Gelegenheit zum Wissens- und Erfahrungsaustausch. Die DRCs fungieren zudem als Rechtsberatungszentren in Städten, die eine erste Anlaufstelle für jene sind, die Hilfe für sich selbst oder angeklagte Familienangehörige suchen. Die DRCs übermitteln von IBJ geschulten Anwälten jährlich Hunderte von Fällen und erhöhen so die Chancen der mittellosen Angeklagten, vor Gericht Gerechtigkeit zu erlangen. Das stärkt auch die Kultur der kostenlosen Rechtsberatung im Land, was sie zu einem Vorbild für ein gut funktionierendes Rechtshilfesystem macht.

Kambodscha ist das beste Beispiel für die Fortschritte, die von IBJ erzielt werden konnten. Als einzige NGO im Land, die sich *ausschließlich* auf die Rechtshilfearbeit konzentriert, vertritt sie heute die mittellosen Angeklagten in 18 von 24 Provinzen. Wie IBJ mitteilt, hat der Einsatz von Folter in den Provinzen, in denen die Organisation am längsten tätig ist, bereits abgenommen. Gleichzeitig nahm der Prozentsatz der Fälle zu, in denen IBJ-Anwälte einen Freispruch oder eine geringere Strafe erwirken konnten.

Für die kommenden Jahre plant IBJ, die Bemühungen noch zu verstärken und die Methoden weiter zu verbessern, damit Folter bei Verhören bald der Vergangenheit angehört und die Sicherung von grundlegenden Prozessrechten zur Norm wird.[52]

Gerechtigkeit in Sierra Leone

In Sierra Leone werden wegweisende Rechtsprojekte von zwei extrem verschiedenen Organisationen durchgeführt: Die eine heißt „Timap for Justice" (Timap), eine kleine, sierra-leonische Organisation unter der Leitung von Vivek Maru, einem äußerst beeindruckenden Mann. Die andere ist das englische Entwicklungsministerium („UK's Department for International Development", kurz „DFID").

Im Gegensatz zu den meisten anderen bilateralen internationalen Hilfsprogrammen, die sich auf die Rechtsanwendung in Entwicklungs- und Schwellenländern konzentrieren, widmet sich das DFID-Konzept dem ganzen Justizsektor und wurde explizit auf die spezifischen Bedürfnisse von armen Regionen ausgerichtet. Die zahlreichen Reforminitiativen des DFID in Sierra Leone sind in zwei eigenständige, aber sich überschneidende Programme eingeteilt: zum einen „Security Sector Reforms" („Reformen des Sicherheitssektors", kurz „SSR") und zum anderen „Safety, Security and Access to Justice" („SSAJ ", etwa: „Sicherheit, Schutz und Zugang zum Rechtssystem"). Sie zeigen beispielhaft, wie das DFID sektorumfassende Strukturwandelprozesse angeht. Auch wenn sich die beiden Strategien hinsichtlich ihrer Maßnahmen zur Reform der Polizeibehörden überlappen, konzentrieren sich SSR-Initiativen primär auf Polizei, Geheimdienste und militärische Einrichtungen, während sich das SSAJ durch Stärkung von Gerichten, Strafvollzug, Zivilgerichtsbarkeit und Schlichtungsverfahren dem Justizsektor als Ganzem widmet.[53]

1999 startete das DFID seine erste Strukturwandelinitiative im Rechtswesen: das „Commonwealth Community Safety and Security Project" („CCSSP", etwa „Projekt der Commonwealth-Gemeinschaft für Sicherheit und Schutz"). Das Projekt konzentrierte sich auf eine Reform der Polizei in Sierra Leone, die entsprechende Weiterbildungen und Ausrüstungen für den Erhalt des Friedens, eine Verbesserung des Vertrauensverhältnisses zwischen Polizei und Bürgern sowie Schulungen in Mitarbeiterführung umfasste.

Der vielleicht auffälligste Aspekt der Polizeireformen war die Entstehung von „Local Police Partnership Boards" sowie „Family Support Units" (Einrichtungen zur Familienhilfe). Beide Initiativen konzentrierten sich auf den Aufbau eines guten Vertrauensverhältnisses zwischen Polizei und Gemeinde und unterstützten die Bevölkerung in ihren aktiven Forderungen nach mehr Schutz und Sicherheit. Die Einrichtungen zur Familienhilfe widmeten sich Fällen von häuslicher Gewalt und waren so erfolgreich, dass sie Unterstützung und Kooperationsangebote von Seiten verschiedener NGOs erhielten, die im Bereich sexuellen Missbrauchs arbeiteten.[54] Der vielversprechendste Aspekt der „Local Police Partnership Boards" und „Family Support Units" ist ihr Potenzial, Bürger dahingehend zu beeinflussen, dass sie ein funktionierendes Rechtssystem fordern, das für die Armen eintritt. Das DFID betont, „bei konventionellen angebotsorientierten Interventionen zum Aufbau von Institutionen ist es eher unwahrscheinlich, dass sie ohne gesellschaftliche Forderungen nach Reformen viel bewirken können".[55]

Nach dem blutigen Konflikt in Sierra Leone im Januar 2002 schlug das DFID einen neuen Weg ein, indem es konkret Sicherheits- und allgemeine Belange des Justizsektors in seine Entwicklungshilfestrategie einbaute.[56] Heute profitieren Arme in Sierra Leone von einem besseren Schutz durch die reformierte Polizei, von einem effektiveren Rechtssystem und von Sicherheitskräften, die ein vernünftiges Maß an Stabilität garantieren. Alles zusammengenommen war das Ergebnis so beeindruckend, dass die „Menschen in Sierra Leone heute ihre Umgebung anders wahrnehmen ..., was darauf hinweist, dass es dort um die Sicherheit nun deutlich besser bestellt ist".[57]

Eine ganz andere Herangehensweise an das allgegenwärtige Problem der Gewalt gegen Arme verfolgt Vivek Maru – der Menschenrechtler und Geschäftsführer von „Namati", einer internationalen Organisation, die sich für die Stärkung der „durchsetzbaren Rechte von Armen" einsetzt.[58] Maru ist einer der Mitbegründer von „Timap for Justice", einer gemeinnützigen, unabhängigen, sierra-leonischen Organisation, die Rechtshilfe anbietet und mit Namati, der Regierung von Sierra Leone, der Weltbank, DFID und anderen zivilgesellschaftlichen Organisationen zusammenarbeitet.

Aus Marus Perspektive kann eine Stärkung der Rechte sowohl langfristig zu institutionellen Reformen führen als auch Opfern korrupter Rechtssysteme sofort Hilfe bieten.[59] Seinem Ansatz zufolge sollen die von Ungerechtigkeit Betroffenen selbst aktiv werden und effektiv funktionierende Rechtssysteme einfordern. Maru erklärt, nur „ein Gemeinwesen mit gestärkten Rechten [kann] dauerhafte institutionelle Veränderungen erreichen", und Betroffene, die ihre Rechte einfordern, seien ein wesentlicher Bestandteil bei der Schaffung eines solchen Gemeinwesens.[60]

Seiner Einschätzung nach ist das Sensibilisieren für Menschenrechte zwar ein wichtiger Bestandteil der Rechtsstärkung, die Haupthindernisse für den Aufbau funktionstüchtiger Rechtssysteme in den Entwicklungsländern seien aber der Mangel an qualifizierten Strafverteidigern sowie die hohen Kosten für die längere Inanspruchnahme eines Anwalts. Um hier Abhilfe zu schaffen, initiierte Maru ein Programm, das so genannte Paralegals einsetzt, um Gerechtigkeit für Arme zu erreichen. Das sind spezielle Fachkräfte mit juristischem Basiswissen. Maru erklärt, „Paralegals erfüllen Funktionen, die zwischen Rechtswissenschaft und Rechtsvertretung liegen. Diese Methode konzentriert sich auf konkrete Lösungen für die juristischen Probleme der Menschen, kann aber neben Gerichtsverfahren auch die flexibleren, kreativen Möglichkeiten zivilgesellschaftlicher Bewegungen ausschöpfen, indem sie auf lokaler Ebene mit in die Verbesserung der Rechtssysteme einbezogen werden."[61]

Die von Paralegals im Timap-Modell genutzten innovativen Maßnahmen – darunter Mediation – sollen letztendlich dazu führen, dass Bürger langfristig und dauerhaft Gerechtigkeit einfordern. Wie die Weltbank lobt, konnte Timap „durch die häufige Anwendung der Mediation zur Lösungsfindung auf individueller Ebene arbeitsintensive und teure Gerichtsverfahren vermeiden."[62] Doch Timap kennt auch seine Grenzen, wo dann das offizielle Rechtssystem zum Einsatz kommen muss: Bei schweren Gewalttaten wie sexuellen Vergehen oder Menschenhandel zwecks sexueller Ausbeutung überweist Timap die Opfer an Anwälte und Staatsanwälte.[63]

Der Timap-Ansatz liefert eine gute Vorlage, wie sich Erfolge von kleineren Initiativen für Strukturreformen in einem größeren Maßstab übertragen lassen. „Ich will für die Armen keine zweit- oder drittklassigen Lösungen", sagt Maru, „doch da es bei Ungerechtigkeit graduelle Unterschiede gibt, müssen auch bei der Gerechtigkeit graduelle Unterschiede berücksichtigt werden." Maru erläutert, dass Timap bewusst als kleine Initiative begann, um sich ganz auf die Entwicklung und Verbesserung der verwendeten Methoden konzentrieren zu können.[64] Heute sind diese Methoden so ausgereift, dass in Sierra Leone bereits in 40 Prozent der Gemeinden Paralegals zum Einsatz kommen.[65] Die Übertragbarkeit der Methoden auf größere Projekte wird durch etliche Faktoren erleichtert: etwa durch die zentrale Rolle der Paralegals, die niedrigschwellige Ansprechpartner und kostengünstiger als Anwälte sind oder durch die Bereitschaft, unkonventionelle Methoden wie Mediation, traditionelle Rechtsprechung oder religiöse Überzeugungen zu nutzen, wenn es angemessen ist. Zudem werden Betroffene gestärkt und handlungsfähig gemacht, so dass Bürger langfristig institutionelle Reformen einfordern. Die Weitsicht dieses Modells macht es in den Worten eines Klienten zur „Stimme derjenigen, die keine Stimme haben."

Abschaffung der Straflosigkeit in Huánuco, Peru

Eines der vielversprechendsten Modelle für einen Strukturwandel im Justizsektor entwickelte sich nach dem furchtbaren Ereignis von Yuris Vergewaltigung und Ermordung in der Andenregion von Huánuco, Peru. Die grausame Geschichte des kleinen Mädchens entlarvt nicht nur die katastrophalen Missstände in den öffentlichen Rechtsapparaten der Entwicklungs- und Schwellenländer. Dank der Arbeit von Paz y Esperanza (Frieden und Hoffnung) und anderen Initiativen in der Region Huánuco gab Yuris Tragödie auch Anlass zu einem ermutigenden Beispiel dafür, wie lokale Bewegungen verschiedene zivilgesellschaftliche Akteure unter einen Hut bringen, internationale Ressourcen organisieren und eine Reform des Rechtssystems erreichen können, die den Schutz der Armen deutlich verbessert.

Tatsächlich wurde IJMs Modell zur nachhaltigen Veränderung von Rechtssystemen in großen Teilen durch Erfahrungen inspiriert und verbessert, die wir der jahrelangen Zusammenarbeit mit Paz y Esperanza in Huánuco verdanken. Die Doppelstrategie der Mobilisierung von kooperierenden Kräften vor Ort einerseits und der kooperativen Fallarbeit zur Diagnose systemischer Missstände sowie deren Lösung andererseits beruht weitgehend auf der Pionierarbeit von Paz y Esperanza.

Wie aus Yuris Geschichte ersichtlich, grassierte zu jener Zeit, als Paz y Esperanza seine Arbeit in Huánuco aufnahm, in Peru eine wahre Epidemie der sexuellen Gewalt gegen Frauen und Mädchen. Zur Bestrafung der Täter kam es hingegen fast nie. Im vergangenen Jahrzehnt jedoch setzten sich José und Richard mit ihrem Paz y Esperanza-Team für Hunderte betroffene Frauen und Mädchen ein. Gemeinsam mit Behörden und lokalen Sozialdiensten bearbeiteten sie Hunderte von Fällen sexueller Übergriffe und versuchten, die Täter für diese Verbrechen vor Gericht zu bringen. Sie lancierten Öffentlichkeitskampagnen, die zu immer lauteren Protesten in der Bevölkerung führten. Schließlich mündete dieses Aufbegehren in den politischen Willen, die Missstände im Rechtssystem zu beseitigen. Paz y Esperanza und andere zivilgesellschaftliche Akteure sorgten dafür, dass die Behörden finanzielle Unterstützung und ihre Mitarbeiter eine Schulung erhielten, um das Problem der sexuellen Gewalt besser angehen zu können.

Zwischen 2003 und 2014 konnte Paz y Esperanza in dieser entlegenen Andenregion mehr als 152 Verurteilungen von Sexualstraftätern erreichen und eine hochwertige Nachsorge für Hunderte von Betroffenen und ihre Familien sicherstellen. Ebenso wie IJMs Modell zur nachhaltigen Veränderung von Rechtssystemen erreichte auch Paz y Esperanza diese Ziele, indem zuerst verschiedene Kräfte in der Region Huánuco gebündelt wurden. In einem zweiten Schritt startete diese Koalition dann eine Aufklärungskampagne. Paz y Esperanza arbeitete mit Interessensgruppen, Schulen, medizinischen Diensten, Kirchen, der lokalen Regierung und internationalen humanitären Organisationen zusammen, um öffentlich auf das Problem aufmerksam zu machen und die Unterstützung der Bevölkerung für dessen Beseitigung zu gewinnen. Die von Paz y Esperanza angeführte Koalition

- führte Schulungs- und Aufklärungsprogramme sowie andere Veranstaltungen in Hunderten von Schulen durch,
- gründete und finanzierte in 13 Bezirken der Region Huánuco Frauenrechtsnetzwerke,
- organisierte Ausstellungen über das Problem von sexueller Gewalt in Universitäten, Bildungsinstituten, Wohlfahrtsorganisationen und Einrichtungen der lokalen Regierung,
- schulte Hunderte von Lehrern, Schulleitern sowie Mitarbeitern im Gesundheits- und Rechtswesen im Umgang mit dem Problem der sexuellen Gewalt,
- berief mithilfe von Bürgermeistern, Bürgervereinigungen und Regierungsbehörden lokale Überwachungskomitees,
- entwarf eine langfristige Medienkampagne, die Missbrauchsfälle öffentlich anprangerte und die Epidemie sexueller Gewalt zum Gegenstand der öffentlichen Diskussion machte, was die Medien zu einer wirkungs- und verantwortungsvollen Berichterstattung inspirierte,
- ernannte Gedenktage wie Yuris Todestag zum Zweck der Aufklärung, Erinnerung und des Protestes (18. Dezember: Tag der Straflosigkeit – Gegen Kindesmissbrauch; 19. November: Internationaler Tag gegen Kindesmissbrauch; 11. April: Tag des Kindes in Peru).

Eine Frau aus einem armen Dorf der Region Huánuco sagte nach einem Workshop von Paz y Esperanza zu dessen Leitern: „Ich höre zum ersten Mal davon, dass ich Rechte habe. Jetzt weiß ich, dass ich das Recht hatte, meine Schwester zu verteidigen, als sie sexuell missbraucht wurde."

Als Paz y Esperanza seine Koalitionspartner mit dieser Kampagne vertraut machte, sollten zugleich sämtliche Mitarbeiter des öffentlichen Rechtssystems, die mit sexuellen Gewalttaten zu tun haben, geschult werden. So bot Paz y

Esperanza für Polizisten, Staatsanwälte und Richter praxisorientierte Schulungen und gemeinschaftliche Fallarbeit an, damit sie lernten, sicherer und kompetenter mit Sexualstraftaten umzugehen. Paz y Esperanza-Leiter berichten, dass es aufgrund dieser Schulungen und verbesserten Fallvorbereitung zu einer deutlichen Leistungssteigerung des Rechtssystems kam.

Der wohl spektakulärste Erfolg von Paz y Esperanza und ihren Koalitionspartnern war eine Kampagne mit dem Ziel, vier Richter in Huánuco ihres Amtes entheben zu lassen, weil sie sich weigerten, die bestehenden Gesetze gegen sexuelle Gewalt anzuwenden. Einer von ihnen war der Vorsitzende des Gerichts und der Richter, der für das krasse Fehlurteil in Yuris Fall verantwortlich war. 2012 erreichte Paz y Esperanza gemeinsam mit anderen NGOs und der empörten Öffentlichkeit dieses Ziel nach monatelangem Protest.

Schließlich ergriffen Paz y Esperanza und ihre Partner noch entscheidende Maßnahmen zur Verbesserung der sozialen Dienste, die arme Kinder während des schwierigen Prozesses der Rechtsfindung unterstützen und die notwendige Trauma-Nachbetreuung ermöglichen sollten. Paz y Esperanza verfügt heute über eigene Nachsorgezentren für mehr als 250 Frauen und Mädchen. Die Organisation schult und unterstützt Anbieter von Sozialdiensten vor Ort und hat sich mit lokalen und internationalen Organisationen zusammengetan, um eine stationäre Einrichtung mit umfassender Betreuung für Kinder zu schaffen, die Opfer von sexueller Gewalt wurden.

In Huánuco waren verarmte Kinder wie Yuri sexueller Gewalt einst in einem brutalen und gesetzlosen Umfeld ausgeliefert. Doch dank Paz y Esperanza und ihren Partnern mischt sich unter die Verzweiflung langsam auch Hoffnung – Hoffnung auf ein Rechtssystem, das Gewalt Einhalt gebietet und Kinder so schützt, wie wir es als selbstverständlich für unsere eigenen Kinder erachten.[66]

Stärkung der durchsetzbaren Rechte von Armen

Die Arbeit von Timap in Sierra Leone zeigt einen ermutigenden Trend in Entwicklungsgremien: Es wird endlich versucht, die durchsetzbaren Rechte der Armen zu stärken. Dieses neue Modell untersucht, welche direkten Auswirkungen allgemeine rechtliche Probleme auf Arme haben. Darüber hinaus ermutigt und unterstützt es arme Menschen, sich wo nur möglich selbst zu helfen und nötigenfalls für die eigenen Interessen einzutreten.

Nach und nach erkennen auch größere Entwicklungsorganisationen, dass die Rechte armer Menschen auf verschiedene Weise gestärkt werden können, damit diese mehr Selbstbestimmung gewinnen. Der rechtsbasierte Ansatz verändert die Sichtweise auf die Entwicklungszusammenarbeit. Der Entwicklungsexperte Stephen Golub hat diese Entwicklung untersucht und festgestellt, dass die Wege zu diesem Ziel tatsächlich vielfältig sind: Es können Bauernverbände sein, die ihren Mitgliedern helfen, ihr Land besser zu verteidigen, oder Fraueninitiativen, die mittels Lobbyarbeit Sicherheit und Unabhängigkeit von Ehefrauen in ihrer Region fördern. Manchmal sind es Eltern, die ihre Kinder bei der Geburt registrieren lassen, um ihnen Zugang zu Bildung zu sichern, ferner Gesundheitsprogramme der Regierung, die verarmte Unterstützungsempfänger darüber aufklären, dass sie das Recht auf eine medizinische Grundversorgung haben, aber auch Basisbewegungen, die dafür sorgen, dass traditionelle Rechtsorgane weniger geschlechtsspezifisch urteilen. Ein weiteres Indiz für ein Umdenken ist, dass die Weltgemeinschaft in 2015 Gewalt gegen Arme im Entwicklungsziel Nr. 16 der neuen Post-2015-Entwicklungsagenda verankert hat.

Nachdem zunehmend mehr Untersuchungen gezeigt haben, dass die Stärkung ihrer durchsetzbaren Rechte den Armen von großem Nutzen ist, haben der UN-Generalsekretär, die Weltbank, die UN-Entwicklungshilfeprogramme, USAID, DFID, die Open Society Foundations (OSF, eine Gruppe von Stiftungen des Milliardärs Soros, daher auch Soros-Stiftungen genannt), die „International Development Law Organization“ (IDLO) und eine Reihe weiterer internationaler Akteure den rechtsbasierten Ansatz übernommen. Das ist ein außerordentlich ermutigender Schritt nach vorne. Aber um maßgeblich gegen die allgegenwärtige Gewalt gegen Milliarden unserer ärmsten Nachbarn vorgehen zu können, müssen neben den allgemeinen Bemühungen zur „Stärkung der Rechtsdurchsetzung“ auch zielgerichtete Maßnahmen zur Reform der Rechtssysteme in Entwicklungs- und Schwellenländern unternommen werden, wie dies schon bei zahlreichen in diesem Kapitel vorgestellten Projekten der Fall ist.

Wir müssen uns einige entscheidende Fragen stellen: Sind wir bereit, im Kampf gegen extreme Armut, etwas Neues zu versuchen? Geben wir zu, dass die Vernachlässigung der Rechtssysteme in den Entwicklungs- und Schwellenländern katastrophale Folgen hat? Wollen wir unsere Erkenntnisse einsetzen, um den Armen einen Ausweg aus der Gewalt zu weisen, weil es für sie nicht nur lebensnotwendig, sondern auch weil dieser Weg möglich ist?

Fazit

Was machen wir nun mit der Tatsache, dass die Armen dieser Welt im Verborgenen von Gewalt und Gesetzlosigkeit terrorisiert werden?

Die Weltöffentlichkeit ist sich nach wie vor nicht im Klaren darüber, dass den meisten armen Menschen auf dieser Welt die grundlegende Voraussetzung für nachhaltige Entwicklung fehlt: die persönliche Sicherheit. Weil die meisten Armen außerhalb jeglichen Rechtsschutzes leben, sind sie allgegenwärtiger Gewalt ebenso schutzlos ausgeliefert wie einst die amerikanischen Bauern den Heuschrecken. Das raubt ihnen jegliche Hoffnung auf eine bessere Zukunft.

Wir sehen das Gewaltproblem jetzt deutlicher – und, vielleicht noch wichtiger, wir erkennen allmählich einige der katastrophalen Begleiterscheinungen. Wir beginnen zu erahnen, wie hoch der Preis unsäglichen menschlichen Leids sein muss. Wenn wir einmal versuchen, das große Ganze zu betrachten, sehen wir nicht nur die verheerenden Auswirkungen dieser Gewalt auf die Bemühungen der Armen, sich ein besseres Leben zu schaffen, sondern auch, dass sie so viele unserer Hilfsmaßnahmen unterläuft. Der in der Ziegelei eingesperrte Arbeitssklave, die von ihrem Land vertriebene Witwe, das in der Schule vergewaltigte Mädchen, der unschuldig inhaftierte Ehemann – für sie alle gilt: Nichts anderes zählt, solange sie nicht sicher sind.

Auch das grundlegende System von Recht und Ordnung haben wir näher betrachtet. Auf seinen Schutz verlassen wir uns in unseren Herkunftsländern in der Regel blind. Doch wir mussten feststellen, dass arme Menschen in Entwicklungs- und Schwellenländern solche Systeme nicht haben. Im Gegenteil, dort fügen häufig die der „öffentlichen Sicherheit“ dienenden Systeme den Armen ungestraft Schaden zu.

Wie wir gesehen haben, sind viele Systeme so marode, weil sie aus der Kolonialzeit stammen und nie erneuert wurden. Noch mehr Schaden hat diesen Rechtssystemen zugefügt, dass sich die Reichen und Mächtigen privater Sicherheitsdienste bedienen, während die öffentlichen Institutionen verkümmern. Wir haben uns vor Augen geführt, dass die „Reparatur“ öffentlicher Rechtssysteme von den traditionellen Entwicklungsorganisationen, die sich für Armutsbekämpfung oder Menschenrechte einsetzen, vernachlässigt worden ist. Noch wichtiger ist die Beobachtung, dass die lokalen politischen und wirtschaftlichen Eliten, deren Reichtum und Privilegien durch die mangelnde

G. A. Haugen und V. Boutros, *Gewalt – die Fessel der Armen*, DOI 10.1007/978-3-662-47054-1

Rechtsdurchsetzung weiter zunehmen, in einem funktionierenden Rechtswesen eine Bedrohung ihrer Pfründe sehen.

Wir sind aber auch auf Dinge gestoßen, die Hoffnung aufkeimen lassen. Erstens hat uns ein Blick auf die Geschichte gelehrt, dass nahezu alle Rechtssysteme, die man heute als einigermaßen funktionstüchtig erachtet, einst durch und durch korrupt und marode waren. Zweitens können lokale Bewegungen radikale Veränderungen für eine Reform im Justizsektor in sich entwickelnden Gesellschaften bewirken. Sie belegen, dass Verbesserungen möglich sind. Und drittens birgt paradoxerweise gerade die Tatsache Hoffnung, dass die Welt noch nicht begonnen hat, ihre besten Köpfe und Ressourcen zur Unterstützung solcher Initiativen einzusetzen – mit Ausnahme einiger weniger Regionen, in denen minimale, oft übereilte Anstrengungen unternommen wurden, um ein Nachkriegschaos zu beseitigen.

Deshalb noch einmal die Frage: Was müssen wir jetzt tun?

Die Diskussion über globale Armut in eine neue Richtung lenken

Zunächst einmal muss sich die Diskussion über Armut grundlegend ändern. Wann immer wir über globale Armut sprechen, müssen wir auch über die Gewalt sprechen, die eng mit ihr verknüpft ist. In jedem Forum, Klassenzimmer, Blog oder Tischgespräch, auf jeder Konferenz, in jeder Expertenkommission oder politischen Diskussion – stets sollte dem Problem der Gewalt genauso viel Zeit gewidmet werden wie Hunger, Mangel an sauberem Wasser, Krankheiten, Bildungsmangel, Arbeitslosigkeit, geschlechtsspezifischer Diskriminierung und Obdachlosigkeit oder fehlenden sanitären Anlagen. Denn Gewalt ist genauso furchtbar und oft sogar die Ursache dafür, dass Hilfsmaßnahmen in den anderen genannten Bereichen nicht greifen.

Nur die Durchsetzung der Gesetze kann den armen Menschen in Entwicklungs- und Schwellenländern langfristig helfen.

Als die AIDS-Pandemie begann, galt es fast schon als peinlicher Ausrutscher, in einer Diskussion über wirtschaftliche Entwicklung und Armutsbekämpfung nicht zu erwähnen, dass eine AIDS-Epidemie wütete, der jedes Jahr Millionen armer Menschen zum Opfer fielen. Man galt als realitätsfern, wenn man nicht über die verheerenden Auswirkungen von AIDS Bescheid wusste. In gleichem Maße jedoch ist es realitätsfern, wenn wir über globale Armut reden und das allgegenwärtige Problem der Gewalt nicht erwähnen.

Im Fall von AIDS hat die Welt schließlich begriffen, dass antiretrovirale Medikamente ungeborene Kinder vor HIV und HIV-infizierte Menschen vor dem Ausbruch der Krankheit bewahren können. Es gibt also Behandlungsmöglichkeiten, doch die Armen hatten keinen Zugang zu dieser Art von Schutz. Infolgedessen siechten Millionen Arme unnötigerweise dahin. Zum Glück hat die Welt hier hingesehen und ihren Kurs geändert.

Wir wissen allmählich auch, dass funktionierende Rechtssysteme absolut notwendig sind, damit wir sicher leben können. Doch wir sprechen nur selten davon, dass Arme in den Entwicklungsländern keinen Schutz haben, sondern millionenfach terrorisiert werden und leiden. Nun, da wir dies wissen, müssen wir darüber sprechen – und der Diskussion eine neue Richtung geben.

Mehr Fachwissen in die Diskussion über globale Armut einbringen

Im Gegensatz zu all den anderen Problemen, denen sich Arme gegenübersehen, fand in den vergangenen fünfzig Jahren beim Thema Armut gerade die alltägliche gesetzlose Gewalt kaum Erwähnung. Zum Glück ändert sich das langsam, und über Gewalt (vor allem gegenüber Frauen und Mädchen) wird zunehmend gesprochen. Verblüffend ist jedoch, dass daran so gut wie nie jemand beteiligt ist, der über juristisches Fachwissen im Bereich Strafrecht verfügt. Das ist, als würden wir über AIDS diskutieren, ohne dass Ärzte und Mitarbeiter des öffentlichen Gesundheitswesens dabei sind. Gewalt ist wie AIDS ein komplexes soziales Phänomen, so dass hier Experten aus unzähligen Fachbereichen ihr Wissen einbringen können. Aber es mutet schon seltsam an, wenn kriminelle Gewalt zwar das Hauptthema, aber niemand anwesend ist, der sich mit der Kerndisziplin Strafjustiz auskennt. Besonders seltsam erscheint dies, weil Diskussionen in reichen Ländern üblicherweise eben nicht so ablaufen. In wohlhabenden Vierteln und Gemeinden gibt es kein Diskussionsforum über Vergewaltigung, häusliche Gewalt, bewaffneten Raubüberfall, Körperverletzung oder Bandenkriminalität, ohne dass jemand mit fundierten juristischen Kenntnissen anwesend wäre. Tatsächlich werden sogar gezielt Rechtsexperten eingeladen, um die Diskussionen zu moderieren.

Gleichermaßen müssen sich die führenden Organisationen, die sich mit wirtschaftlicher Entwicklung, Armutsbekämpfung und Menschenrechten in Entwicklungsländern befassen, entsprechendes juristisches Fachwissen aneignen. In sehr armen Regionen werden alle Bemühungen in diesen drei Bereichen stark durch die allgegenwärtige Gewalt beeinträchtigt, die dort durch das Fehlen eines funktionierenden Rechtssystems ungehindert gedeihen kann. Dennoch haben diese Organisationen meist keine oder nur wenige hausinterne Fachleute, die sich in der praktischen Umsetzung von Strafrecht und

Strafverfolgung auskennen – die wichtigsten Instrumente einer Gesellschaft, um gegen kriminelle Gewalt vorzugehen.

Sowohl Menschenrechts- als auch Entwicklungsorganisationen haben aus verständlichen Gründen ein angespanntes Verhältnis zu Rechtssystemen. Aus der Not heraus haben sich viele Entwicklungsorganisationen zu wahren Meistern im trickreichen Umgang mit maroden Systemen entwickelt. Jahrzehntelang haben sie nach immer besseren Möglichkeiten gesucht, um den Armen beim Überleben in Abwesenheit eines funktionierenden Rechtsapparats zu helfen. Es dürfte sie verunsichern, dass sie ihre Bemühungen nun auf die Reparatur der Justizwesen verlegen sollen. Entwicklungsorganisationen verfügen über eine enorme Expertise im Wirtschafts-, Ernährungs-, Gesundheits-, Bildungs-, Wohnungs- und Sanitärwesen sowie in nahezu jedem anderen System außer dem für eine Gesellschaft fundamental wichtigen Rechtssystem. Das muss sich ändern.

Menschenrechtsorganisationen haben ein ähnlich angespanntes Verhältnis zu Rechtssystemen und deshalb bislang nicht viel Fachkompetenz oder Erfahrung erworben, wie sich mit Hilfe von Polizei und Gerichten Gerechtigkeit für arme und besonders schutzbedürftige Bürger erreichen lässt. In der internationalen Menschenrechtsgemeinde findet man eher Forscher, Wissenschaftler, Rechtswissenschaftler, Medienanwälte, Diplomaten und Politikstrategen. Wenn es um die Entwicklung von Gesetzen und deren Vereinbarkeit mit internationalen juristischen Standards geht, haben diese Experten jedoch meist keine Erfahrung mit der praktischen Seite, dem Aufbau und der Unterstützung lokaler Initiativen, die für Einhaltung und Anwendung der Gesetze eintreten und die armen und ungebildeten Menschen eines Landes lehren, wie sie ihre Rechte durchsetzen können. All dies wird noch verkompliziert durch die Tatsache, dass die Hauptverantwortlichen für Menschenrechtsverletzungen oft Polizei und Justiz selbst sind. Es ist also wirklich keine einfache Aufgabe, nun eine Kehrtwende im Denken zu vollziehen und anzuerkennen, dass man die Umsetzung der internationalen Menschenrechtsstandards am besten den lokalen Gesetzesvertretern anvertraut. Keine alternative Lösung oder Maßnahme ersetzt unsere Unterstützung, lokale Akteure zu befähigen, damit sie eigenständig ihre Arbeit erledigen. Das ist letztendlich unser Beitrag.

Projekte, die Hoffnung machen

Aber was geschieht dann? Nehmen wir einmal an, die Welt nimmt die Epidemie der Gewalt nun tatsächlich wahr, und auch die Diskussion wird in eine andere Richtung gelenkt. Gesetzlose Gewalt hat nun endlich den ihr zustehenden festen Platz auf der Prioritätenliste für die Unterstützung von

Entwicklungs- und Schwellenländern, und es wird viel in neues und relevantes Fachwissen über Strafrecht investiert. Nehmen wir an, die Welt ist sogar bereit, ihre Anstrengungen noch zu verstärken und beträchtliche Ressourcen aufzuwenden, um das Problem anzugehen. Wüssten wir dann, wohin mit all diesen Ressourcen?

Die schlechten Nachrichten zuerst. Das Problem ist enorm: Milliarden arme Menschen auf der ganzen Welt, die unter völlig verschiedenen Umständen leben, sind maroden Rechtssystemen ausgeliefert. Und wir wissen nicht genau, was wir dagegen tun können. Angesichts dessen scheinen experimentelle Projekte zur strukturellen Veränderung am dringlichsten und am ehesten realisierbar zu sein. Gemeint sind Projekte, die tatsächlich Veränderungen bewirken, die uns wichtige Erkenntnisse vermitteln und die Hoffnung wecken – Projekte, die Modellcharakter haben und kopierbar sind. In realistischer Einschätzung der systemimmanenten Schwierigkeiten empfehlen wir, solche Projekte primär dort durchzuführen, wo die größten Aussichten auf Erfolg bestehen, und nicht dort, wo Versagen wahrscheinlicher ist. Dazu zählen gescheiterte Staaten, Konfliktländer oder Länder, die gerade von einer Naturkatastrophe heimgesucht wurden.

Zwar brauchen diese Länder natürlich ebenfalls dringend funktionierende Rechtssysteme, doch wäre es schade, die begrenzten Ressourcen ausschließlich für diese extrem aufwändigen Projekte auszugeben. Wir sollten auch die Chance nutzen, ermutigende und erkenntnisreiche Ergebnisse in den zahlreichen relativ stabilen Entwicklungsländern zu erzielen, in denen trotzdem große Teile der Bevölkerung in Armut leben und das Rechtssystem die Armen nicht schützt. Aufgrund der besseren Bedingungen dort sollten wir in diesen Ländern in solche wagemutigen und zielgerichteten Projekte investieren, wie sie in Kap. 11 vorgestellt wurden.

Insbesondere Projekte, die einen ähnlichen Ansatz wie den der kooperativen Fallarbeit verfolgen, finden wir sinnvoll. Es gibt einen enormen Bedarf an Methoden, mit deren Hilfe sich anhand von authentischen Erfahrungsberichten von Betroffenen nach und nach eine Diagnose der Missstände im Rechtswesen stellen lässt. Daran anschließend müssen Lösungen für die spezifischen Bedürfnisse der Schutzlosen erarbeitet werden, und zwar gemeinsam mit jenen, die in diesen Systemen arbeiten und diese Erkenntnisse dann umsetzen müssen.

Es gilt herauszufinden, welche Methoden sich – entsprechend angepasst – auch in anderen Kontexten anwenden lassen. Dann sollten die lokalen Reformwilligen gesucht und unterstützt werden, damit sie ihre Städte und Kommunen ermutigen, den Kampf gegen die Gewalt aufzunehmen. Überdies besteht in einigen Regionen, in denen schon vielversprechende Ansätze für Reformen der öffentlichen Rechtssysteme zu beobachten sind, ein enormer Bedarf, den politischen Willen so zu stärken und die Investitionen in Ressourcen dergestalt zu erhöhen, dass sie den Bedürfnissen und Möglichkeiten vor Ort gerecht werden. Es ist an der Zeit, die entscheidende Wende zu vollziehen, indem wir in das investieren, was bereits gut funktioniert. Wir müssen weiterhin über kurz- und langfristige Modellprojekte zur Erneuerung und Veränderung der Rechtsstaatlichkeit und Rechtssicherheit beitragen. Wir sollten leidenschaftlich für ein Leben frei von Angst und Gewalt für alle kämpfen. Nur dann haben die Armen auf dieser Welt vielleicht endlich die Möglichkeit, ihre Not zu überwinden und sich frei zu entfalten.

„Was kann ich tun?"

Nun, da Sie *Gewalt – die Fessel der Armen* gelesen haben, können Sie eines sofort tun, um die Epidemie der Gewalt zu bekämpfen: Ihr Wissen teilen. Die Öffentlichkeit ist noch nicht auf die extreme Gewalt aufmerksam geworden, die das Leben der Ärmsten in aller Welt zerstört. Sie weiß nicht, wie verzweifelt Yuri, Laura und Mariamma Gesetze und Justizsysteme brauchen, die sie vor Gewalt und Unrecht schützen.

Das können Sie ändern**. Rütteln Sie die Öffentlichkeit wach.**

Wer ist der einflussreichste Mensch, den Sie kennen? Haben Sie einen Bekannten, dem die Armen dieser Erde nicht gleichgültig sind? Erzählen Sie diesen Menschen von diesem Buch. Reichen Sie Ihr Exemplar weiter, verschenken Sie eines oder regen Sie andere an, sich eine Ausgabe zu kaufen (alle Einnahmen der Autoren werden zum Schutz derjenigen eingesetzt, die unter Gewalt leiden). Weisen Sie andere auf die Webseite ijm-deutschland.de hin, um weitere Informationen zu erhalten, was wir zusammen im Kampf gegen Menschenhandel und moderne Sklaverei bewirken können.

Um regelmäßig über die aktuelle Arbeit von IJM informiert zu werden, können Sie sich auf ijm-deutschland.de für unseren Rundbrief vier Mal im Jahr eintragen. Wir freuen uns, mit Ihnen in Kontakt zu kommen und stehen auch gerne für Fragen zu unserer Arbeit zur Verfügung. Es wird ein langer Kampf werden, bis die Fessel der Gewalt für die Ärmsten dieser Welt gelöst wird. Aber jeder Einsatz ist die Sache wert.

Gary Haugen und Victor Boutros

Zahlen und Fakten: Was die US-Regierung für Initiativen zur Rechtsdurchsetzung ausgibt

Angesichts der Undurchsichtigkeit der Berichterstattung und der Vielfalt der verwendeten Terminologien lässt sich nur schwer der genaue Betrag ermitteln, den die US-amerikanische Regierung für Maßnahmen zur Förderung der Rechtsstaatlichkeit aufwendet, die den normalen Armen zugutekommen. Sich die Daten genau anzuschauen, ist trotzdem aufschlussreich.

Für den Haushalt 2010 beliefen sich die Ausgaben des Außenministeriums sowie USAID und „Public Law 480" auf insgesamt 32,3 Milliarden US-Dollar (eine 4-prozentige Erhöhung gegenüber 2009).

Von diesen beantragten Mitteln kann man lediglich 12,7 Milliarden Dollar – oder 39,4 Prozent der US-amerikanischen Auslandshilfe – zu Recht als Hilfe für „allgemeine" Maßnahmen zur Durchsetzung von Rechtsstaatlichkeit betrachten. Diese 12,7 Milliarden Dollar setzen sich zusammen aus Geldern für die Programmbereiche in der Sparte „Frieden und Gerechtigkeit", „Gerechte und demokratische Regierungsführung" sowie „Wettbewerbsfähigkeit der Privatwirtschaft"; letztere ist eine Unterabteilung der Sparte „Wirtschaftswachstum". Um besser zu verstehen, wohin diese „allgemeine" Finanzierung geht, können wir sie in fünf Kategorien unterteilen (Tab. A.1).

Dieser Rechnung zufolge flossen 786 Millionen Dollar des Budgets von 2010 in die Förderung von Rechtsstaatlichkeit im „engeren Sinne". Das stellt nur 2,4 Prozent der gesamten Auslandshilfe oder 6 Prozent des „allgemeinen" Budgets für Rechtsstaatlichkeit dar. Es ist wichtig zu beachten, dass selbst in dieser sehr kleinen und spezifischen Untergruppe der Finanzierung nicht alle Mittel dazu eingesetzt werden, den Armen vor der Strafjustiz zu ihrem Recht zu verhelfen. Die Zahl umfasst Programme gegen grenzüberschreitenden Schwarzhandel in großem Maßstab, die die Armen nur indirekt betreffen dürften. Sie beinhaltet zusätzlich Programme, die darauf abzielen, eine länderübergreifende Kooperation rund um Themen wie Schutz der Ozonschicht und Sicherung des Luftverkehrs zu fördern. Da die Daten über die Mittelverteilung undurchsichtig sind, lassen sich keine sicheren Aussagen machen. Einer fairen und konservativen Schätzung zufolge fließen jedoch lediglich zwischen 1 und 2 Prozent der Auslandshilfe in Maßnahmen, die einen direkten Einfluss auf den Schutz der Armen vor alltäglicher krimineller Gewalt haben könnten.

Tab. A.1 Kategorien der Ausgaben für die „allgemeine“ Durchsetzung von Maßnahmen zur Förderung der Rechtsstaatlichkeit

	Summe in Millionen US-Dollar	**Prozent der gesamten Ausgaben**
Internationale Sicherheit	**7172**	
Massenvernichtungswaffen	314	1
Stabilisierungsoperationen und Reform des Sicherheitssektors (Afghanistan)	6345	19,6
Konfliktentschärfung und Schlichtung	513	1,6
Internationale Kriminalität	**2000**	
Bekämpfung von Terrorismus	403	12
Bekämpfung von Drogenhandel	1538	4,8
Andere grenzüberschreitende Kriminalität[a]	60	0,2
Anwerbung von Personal	698	
Wettbewerbsfähigkeit der Privatwirtschaft	698	2,2
Demokratie	**2060**	
Good Governance (gute Regierungsführung)	1074	3,3
Politischer Wettbewerb und Konsensausbildung	377	1,2
Zivilgesellschaft	609	1,9
Rechtsstaatlichkeit im engeren Sinne	**786**	
Rechtsstaatlichkeit und Menschenrechte	754	2,3
Menschenhandel im Rahmen grenzüberschreitender Kriminalität	31	0,1
Gesamt	**12.716**	**39,4**

[a] Finanzkriminalität und Geldwäsche, aber ohne Menschenhandel

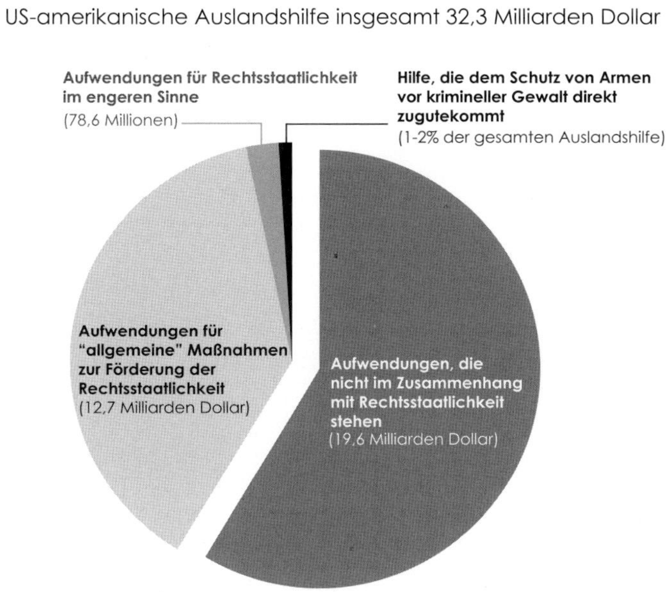

Abb. A.1 Aufschlüsselung der US-amerikanischen Auslandshilfe

International Justice Mission

Die Menschenrechtsorganisation International Justice Mission (IJM) setzt sich in 11 Partnerländern in Asien, Afrika und Lateinamerika für die Rechte der Opfer von moderner Sklaverei, Menschenhandel, Zwangsprostitution und anderen Formen massiver Unterdrückung ein. IJM verbessert in enger Zusammenarbeit mit der jeweiligen Regierung sowie den staatlichen Organen für Justiz, Soziales und Sicherheit die Funktionsfähigkeit von Rechtssystemen, damit Menschenrechte durchgesetzt und arme Menschen vor Gewalt nachhaltig geschützt werden. Mitarbeiter von IJM auf der ganzen Welt haben es sich zur Aufgabe gemacht, Tausende von Gewalt Betroffene zu retten, Millionen zu schützen und Recht für Arme durchzusetzen.

Hochqualifizierte Teams aus Ermittlern, Rechtsanwälten, Sozialarbeitern und Menschenrechtlern befreien in Zusammenarbeit mit lokalen Behörden Opfer aus Sklaverei, Menschenhandel und verfolgen andere schwere Unrechtsfälle. Sie überführen Täter gemeinsam mit den lokalen Strafverfolgungsbehörden, IJM übernimmt Einzelfälle und verteidigt Betroffene vor Gericht. Dieses Fallarbeitsmodel führt zu nachhaltigen Veränderungen in den Rechtssystemen, indem lokale Rechtssysteme systematisch integriert, Polizei und Justiz durch Schulung und Ausbildung gestärkt und Täter durch konsequente strafrechtliche Verfolgung abgeschreckt werden. Betroffene von Gewalt werden in einer psychosozialen Nachsorge gestärkt, damit sie in ein eigenständiges Leben zurückfinden.

Die Organisation wurde 1997 von Gary A. Haugen gegründet. Seitdem gelang es IJM, tausende Opfer von Menschenhandel, Sklaverei, Polizeiwillkür, Landraub und sexueller Gewalt zu retten, die Verurteilung von hunderten Tätern wegen ihrer Verbrechen gegen Arme zu erreichen sowie in zahlreichen Ländern einen grundlegenden Wandel in maroden Rechtssystemen zu erzielen.

IJM glaubt, dass jeder Mensch nach Gottes Ebenbild geschaffen ist und daher alle Menschen vor Gott gleich sind und in Würde leben sollen. IJM schützt die Armen vor Gewalt unabhängig von ihrer Herkunft, ihrem Geschlecht sowie ihrer Religion oder Weltanschauung, und sucht die Zusammenarbeit mit allen anderen Menschen, die dieses Ziel anstreben.

IJM Deutschland e. V. ist Teil der weltweiten Arbeit und unterstützt einzelne Projektbüros in Asien, Afrika und Lateinamerika. Darüber betreibt der deutsche Zweig aktiv Advocacy- und Lobbyarbeit, damit politische Verantwortungsträger und die Öffentlichkeit im deutschsprachigen Europa mehr über die schwerwiegenden Menschenrechtsverletzungen gegen Arme durch „alltägliche Gewalt" erfahren und sich dagegen einsetzen.

Mehr Informationen zu der weltweiten Arbeit von IJM sowie IJM Deutschland: ijm-deutschland.de

Anmerkungen

Das vergessene Menschenrecht: Schutz vor Gewalt

1. www.worldvaluessurvey.org.
2. Die WHO hat in ihrem 2002 veröffentlichen „World Report on Violence and Health" eine detaillierte Typologie von Gewalt vorgelegt, in der sie verstanden wird als: „Der absichtliche Gebrauch von angedrohtem oder tatsächlichem körperlichem Zwang oder physischer Macht gegen die eigene oder eine andere Person, gegen eine Gruppe oder Gemeinschaft, die entweder konkret oder mit hoher Wahrscheinlichkeit zu Verletzungen, Tod, psychischen Schäden, Fehlentwicklungen oder Deprivation führt." WHO: Weltbericht Gewalt und Gesundheit, a. a. O., S. 6.
3. Hrsg. VENRO, Bonn, Berlin 2004.

1. Was bekommen wir nicht mit?

1. Rukmini Callimachi "Congo Rape Rate Equal To 48 Women Attacked Every Hour: Study." *Huffington Post*, 11. Mai 2011. Abrufbar unter: http://www.huffingtonpost.com/2011/05/11/congo-rape-48-women-every-hour_n_860581.html.
2. "50 casos de violacíon sexual en solo 5 días." Diario Ahora. 19. Juni 2002.
3. Oberstes Gericht von Huánuco, 14. August 2009, Zeugenaussage der Doktoren Velaochaga Grimaldi Ricardo Manuel und Leocio Moreno Valverde: „Diese wurde an das Labor La Unión geschickt, da der Spermanachweis für die Probe positiv war."
4. Oberstes Gericht von Huánuco, Urteil Nr. 20-2009: „Aufschlussreiche Erklärung von Alfredo Agapito Condori Bueno, der aussagt, er habe den Direktor des Krankenhauses gefragt, weshalb Proben entnommen würden, da sie doch schon die gesetzliche Autopsie durchgeführt hatten. Er erhielt eine sehr vage Antwort, die durchblicken ließ, die Proben seien verloren gegangen; daher fragte er, wie dies geschehen konnte, und man sagte

ihm, der Doktor habe befohlen, die Proben wegzuwerfen, weil die Proben bereits auf ärztliche Anordnung hin zurückgewiesen worden waren.“.

5. “WHO Multi-country Study on Women's Health and Domestic Violence against Women.” Geneva: World Health Organization (2005). Abrufbar unter: http://www.who.int/gender/violence/who_multicountry_study/fact_sheets/Peru2.pdf.
6. World Health Organization. “Facts: Sexual Violence.” Geneva: World Health Organization (2002). Abrufbar unter: http://www.who.int/violence_injury_prevention/violence/world_report/factsheets/en/sexualviolencefacts.pdf.
7. United Nations Rule of Law. Commission on Legal Empowerment of the Poor. *Making the Law Work for Everyone: Report of the Commission on Legal Empowerment of the Poor, vol. 1*. New York: United Nations Development Programme (2008).
8. World Bank. “Poverty Overview.” Abrufbar unter: http://www.worldbank.org/en/topic/poverty/overview.
9. Rediff Business. *Surat, Fastest Growing City in India*. 2008. Abrufbar unter: http://in.rediff.com/money/2008/jan/29gdp.htm.
10. *Times of India*. “Bangalore's 13 Richies on Forbes List.” 2011. Abrufbar unter: http://timesofindia.indiatimes.com/city/bengaluru/Bangalores-13-richies-on-Forbes-list/articleshow/10536836.cms.
11. *Times of India*. “10,000 Dollar Millionaires Here.” 2007. Abrufbar unter: http://articles.timesofindia.indiatimes.com/2007-03-31/bangalore/27887212_1_millionaires-wealth-mutual-funds.
12. Indian Health News. “Malnutrition among Indian Children Worse Than in Sub-Saharan Africa.” *Med India*, 22. Dezember 2007. Abrufbar unter: http://www.medindia.net/news/Malnutrition-Among-Indian-Children-Worse-Than-in-Sub-Saharan-Africa-30955-1.htm.
13. Action Aid. *Study of the Homeless*. Report, 2003.
14. Kevin Bales. *Disposable People: New Slavery in the Global Economy*. Berkeley and Los Angeles: University of California Press. Rev. ed, (2012).
15. United Nations. *State of the World's Cities 2010/2011 – Cities for All: Bridging the Urban Divide*. Nairobi: UN-Habitat, (2010). 32.
16. Amnesty International. *Insecurity and Indignity: Women's Experiences in Slums in Nairobi, Kenya*. London. Amnesty International. (2010). 7. Abrufbar unter: https://www.amnesty.org/en/documents/AFR32/002/2010/en/ Korogocho ist (zu fast gleichen Teilen) auf privatem wie auf staatlichem Land errichtet; dort leben geschätzte 120.000 Menschen in rund sieben Dörfern.
17. United Nations Human Settlements Programme. *The Challenge of Slums – Global Report on Human Settlements 2003*. Nairobi: UN Habitat,

2003. 59. http://www.unhabitat.org/pmss/listItemDetails.aspx?publicationID=1156.

18. Ibid., 78.
19. Oxfam GB Urban Programme. *Urban_Poverty_and_Vulnerability in Kenya*. Oxfam GB Urban Programme, 2009. Abrufbar unter: http://www.irinnews.org/pdf/Urban_Poverty_and_Vulnerability_in_Kenya.pdf.
20. Center on Housing Rights and Eviction. Women and Housing Rights Programme. *Women, Slums and Urbanisation Examining the Causes*. Geneva: The Centre on Housing Rights and Evictions (2008). 14. Abrufbar unter: http://www.alnap.org/POOL/FILES/COHRE WOMENSLUMSANDURBANISATIONEXAMININGTHECAUSES ANDCONSEQUENCES.PDF .
21. Center for Rights Education and Awareness. *Status of Women & Girls in Kenya Urgent Need to Uphold Human Rights*. 12. Siehe auch: Amnesty International. *Insecurity and Indignity: Women's Experiences in the Slums of Nairobi, Kenya.* London: Amnesty International (2010). 12. Abrufbar unter: https://www.amnesty.de/files/Kenya_women_in_slums_report_2010.pdf.
22. Ibid., 17.
23. Nur wenige außerhalb dieser Slums würden auf die Idee kommen, solche Dinge zu untersuchen, aber zum Glück hat Amnesty International es getan. Ibid., 5.
24. UN Habitat. *State of the World's Cities 2010/2011.*
25. UN Women. *Violence Against Women Prevalence Data: Surveys by Country*. (2012). Abrufbar unter: http://www.endvawnow.org/uploads/browser/files/vaw_prevalence_matrix_15april_2011.pdf.
26. Dorothy Kweyu. "P3 Forms in the Spotlight as Women Are Denied Justice." *The Nation*. 30. April 2010. Abrufbar unter: http://www.nation.co.ke/News/P3-forms-in-the-spotlight-as-women-are-denied-justice/-/1056/909850/-/2igob2/-/index.html.

2. Die verborgene Krise an einem historischen Wendepunkt

1. The World Bank. "World Bank Sees Progress Against Extreme Poverty, But Flags Vulnerabilities." 29. Februar 2012. Abrufbar unter: http://go.worldbank.org/2MU9XBWGX0 Siehe auch: Shaohua Chen und Martin Ravallion. "An Update to the World Bank's Estimates of Consumption Poverty in the Developing World." Development Research Group,

World Bank (2012). Abrufbar unter: http://siteresources.worldbank.org/INTPOVCALNET/Resources/Global_Poverty_Update_2012_02-29-12.pdf.

2. "Multidimensional Poverty Index." *Human Development Reports*. United National Development Programme (2011). Abrufbar unter: http://hdr.undp.org/en/statistics/mpi/.
3. http://www.un-kampagne.de/index.php?id=90.
4. USAID. *Two Decades of Progress: USAID's Child Survival and Maternal Health Program*. Washington, DC: USAID (2009). Abrufbar unter: http://pdf.usaid.gov/pdf_docs/PDACN044.pdf.
   James P Grant. *The State of The World's Children 1981–82*. Leicester: United Nations Children's Fund (UNICEF) (1981). Abrufbar unter: http://www.unicef.org/sowc/archive/ENGLISH/The%20State%20of%20the%20World's%20Children%201981-82.pdf.
   Siehe auch: http://www.unicefusa.org/campaigns/believe-in-zero/.
5. UNICEF and the World Health Organization. *Progress on Drinking Water and Sanitation: 2012 Update*. WHO/UNICEF Joint Monitoring Programme for Water Supply and Sanitation. (2012). Abrufbar unter: http://www.unicef.org/media/files/JMPreport2012.pdf.
   United Nations. *The Millennium Development Goals Report 2011*. New York: United Nations (2011). Abrufbar unter: http://mdgs.un.org/unsd/mdg/Resources/Static/Products/Progress2011/11-31339%20(E)%20MDG%20Report%202011_Book%20LR.pdf.
6. Food and Agriculture Organization of the United Nations, World Food Programme, International Fund for Agricultural Development. "The State of Food Insecurity in the World." Rome: Food and Agriculture Organization of the United Nations (2012). Abrufbar unter: http://www.fao.org/docrep/016/i3027e/i3027e.pdf.
   Siehe auch: "Hunger Stats." World Food Programme. (2012). Abrufbar unter: http://www.wfp.org/hunger/stats.
7. UNESCO. "The Hidden Crisis: Armed Conflict and Education" *Education for All Global Monitoring Report 2011*. Paris: UNESCO (2011). Abrufbar unter: http://unesdoc.unesco.org/images/0019/001911/191186e.pdf.
   Siehe auch: Roy Carr-Hill. "Finding and Then Counting Out-of-School Children." *Compare: A Journal of Comparative and International Education*. (2012): 187–212. Abrufbar unter: http://www.tandfonline.com/doi/abs/10.1080/03057925.2012.652806#preview (gehen von 115 Millionen aus).

8. United Nations. "Press Briefing by Special Rapporteur on Right to Adequate Housing." 5. November 2005. Abrufbar unter: http://www.un.org/News/briefings/docs/2005/kotharibrf050511.doc.htm.
9. United Nations. *The Millennium Development Goals Report 2011*. Abrufbar unter: http://mdgs.un.org/unsd/mdg/Resources/Static/Products/Progress2011/11-31339%20(E)%20MDG%20Report%202011_Book%20LR.pdf.
10. Im Jahr 1820 lebten rund 75 Prozent der Menschheit von weniger als einem US-Dollar pro Tag; 2013 lebten rund 20 Prozent unterhalb dieser Schwelle. Im Jahr 2008 gab es 6,7 Milliarden Menschen, und 805 Millionen von ihnen lebten von 1 Dollar/Tag. Ian Vásquez. "Ending Mass Poverty." *Cato Institute*. September 2001. Abrufbar unter: http://www.cato.org/publications/commentary/ending-mass-poverty.
Population Reference Bureau. "2008 World Population Data Sheet." 2008. Abrufbar unter: http://www.prb.org/Publications/Datasheets/2008/2008wpds.aspx.
Chen und Ravallion. "An Update to the World Bank's Estimates".
11. Ibid.
12. Die Gesamtzahl der Menschen in der Dritten Welt, die von weniger als 2 US-Dollar/Tag leben, stieg tatsächlich von 1981 (2,6 Milliarden) bis 2000 (2,9 Milliarden) an, bis sie im Jahr 2008 wieder auf 2,5 Milliarden sank.
13. Michael R. Anderson. "Access to Justice and Legal Process: Making Legal Institutions Responsive to Poor People in LDCs." *World Development Report Meeting*. 1999. Abrufbar unter: http://siteresources.worldbank.org/INTPOVERTY/Resources/WDR/DfiD-Project-Papers/anderson.pdf (Notiz: von 2003, nicht mehr abrufbar, da veraltet; das Update ist unter http://www.ids.ac.uk/files/dmfile/Wp178.pdf abrufbar).
14. The World Bank. "Poor People Endure Many Struggles; New Bank Study Cites Powerlessness And Domestic Violence." Voices of the Poor II. 21. September 2000. Abrufbar unter: http://web.worldbank.org/WBSITE/EXTERNAL/NEWS/0,,contentMDK:20013280~menuPK:34463~pagePK:34370~piPK:34424~theSitePK:4607,00.html.
15. Deepa Narayan, Raj Patel, Kai Schafft, Anne Rademacher und Sarah Koch-Schulte. *Voices of the Poor: Can Anyone Hear Us?* New York: Oxford University Press (2000). 194. Abrufbar unter: http://siteresources.worldbank.org/INTPOVERTY/Resources/335642-1124115102975/1555199-1124115187705/vol1.pdf.
Deepa Narayan, Robert Chambers, Meera K. Shah und Patti Petesch. *Voices of the Poor: Crying Out for Change*. New York: Oxford University

Press (2000). 126. Abrufbar unter: http://siteresources.worldbank.org/INTPOVERTY/Resources/335642-1124115102975/1555199-1124115201387/cry.pdf.
16. Ibid., 120.
17. Deepa Narayan und Patti Petesch. *Voices of the Poor: From Many Lands*. New York: Oxford University Press (2002). 69. Abrufbar unter: http://siteresources.worldbank.org/INTPOVERTY/Resources/335642-1124115102975/1555199-1124115210798/full.pdf.
18. Ibid., 368.
19. Narayan, et al. *Voices of the Poor: Can Anyone Hear Us?*, 181.
20. Narayan and Petesch, *Voices of the Poor: From Many Lands*, 99.
21. Ibid., 403.
22. "World Report on Violence and Health: Summary." Geneva: World Health Organization (2002). Abrufbar unter: http://www.who.int/violence_injury_prevention/violence/world_report/en/summary_en.pdf.
23. United Nations Human Settlements Programme. "The Challenge of Slums: Global Report on Human Settlements 2003." London: Earthscan Publications Ltd. (2003). xxvii. Abrufbar unter: http://mirror.unhabitat.org/pmss/listItemDetails.aspx?publicationID=1156&AspxAutoDetectCookieSupport=1.
24. P. Amis und C. Rakodi. "Urban Poverty: Concepts, Characteristics and Policies."*Habitat International* (199): 403–405.
25. Nicholas Kristof und Sheryl WuDunn. Half the Sky: Turning Oppression into Opportunity for Women Worldwide. New York: Vintage Books, Random House, Inc. (2009). xiv. (deutsch: *Die Hälfte des Himmels: Wie Frauen weltweit für eine bessere Zukunft kämpfen*. C.H. Beck, München, 2013).
26. Narayan, et al. *Voices of the Poor: Crying Out for Change*. 122.
27. "Fact Sheet: Violence against Women Worldwide." New York: United Nations Development Fund for Women (2009). Abrufbar unter: http://www.unifem.org/campaigns/sayno/docs/SayNOunite_FactSheet_VAWworldwide.pdf.
28. "World Report on Violence and Health: Summary." 57–60. UN Millennium Project. *Taking Action: Achieving Gender Equality and Empowering Women*. London: Earthscan Publications Ltd. (2005). Abrufbar unter: http://www.unmillenniumproject.org/documents/Gender-complete.pdf.
29. Claudia García-Moreno, Henrica A. F. M. Jansen, Mary Ellsberg, Lori Heise und Charlotte Watts. *WHO Multi-Country Study on Women's Health and Domestic Violence against Women*. Geneva: World Health Orga-

nization (2005). Abrufbar unter: http://www.who.int/gender/violence/who_multicountry_study/en/.
Benjamin Petrini. "Domestic Violence Dataset: 1982–2007." 2010. Abrufbar unter: http://siteresources.worldbank.org/EXTCPR/Resources/407739-1267651559887/Domestic_Violence_Dataset_combined.pdf.

30. "Fact Sheet: Violence against Women Worldwide." Kristof and WuDunn, xv.
31. United Nations General Assembly. *In-depth Study on All Forms of Violence against Women: Report of the Secretary-General*. 61st session. 2006. Abrufbar unter: http://www.un.org/womenwatch/daw/vaw/SGstudyvaw.htm.
32. UN Women. *Indicators on Violence Against Women*. Abrufbar unter: http://www.un.org/womenwatch/daw/vaw/v-issues-focus.htm.
33. Shireen J. Jejeebhoy und Sarah Bott. *Non-consensual Sexual Experiences of Young People: A Review of the Evidence from Developing Countries*. New Delhi: Population Council (2003). Abrufbar unter: http://citeseerx.ist.psu.edu/viewdoc/download?doi=10.1.1.175.9529&rep=rep1&type=pdf.
Tracy McVeigh. "World Turning Blind Eye to 10 Million Child Brides Each Year, Charity Warns." *The Guardian*. 25. Juni 2011. Abrufbar unter: http://www.guardian.co.uk/society/2011/jun/26/10-million-child-brides-each-year-charity-warns.
34. Amnesty International. "Impunity – violence unchecked and unpunished," *It's in our Hands: Stop Violence Against Women.* Amnesty International. London: Amnesty International Publications. (2004) Abrufbar unter: http://www.amnesty.ie/reports/it%E2%80%99s-our-hands-stop-violence-against-women.
35. CDC. *Together for Girls: We Can End Sexual Violence*. Atlanta: Center for Disease Control and Prevention (2010). Abrufbar unter: http://www.cdc.gov/violenceprevention/pdf/TogetherforGirlsBklt-a.pdf.
36. "World Report on Violence and Health: Summary." 18.
37. Jill Keesbury und Ian Askew. *Comprehensive Responses to Gender Based Violence in Low-resource Settings: Lessons Learned from Implementation.* Population Council (2010). Abrufbar unter: http://www.popcouncil.org/uploads/pdfs/2010RH_CompRespGBV.pdf.
International Women's Health Coalition. "Triple Jeopardy: Female Adolescence, Sexual Violence, and HIV/AIDS." New York: International Women's Health Coaltion (2008). Abrufbar unter: http://iwhc.org/2010/05/triple-jeopardy-female-adolescence-sexual-violence-and-hivaids/.
38. U.S. Department of State. *2009 Human Rights Reports: Ethiopia*. Washington, DC: U.S. Department of State (2010). Abrufbar unter: http://www.state.gov/g/drl/rls/hrrpt/2009/af/135953.htm.

39. Anne M. Moore, Kofi Awusabo-Asare, Nyovani Madise, Johannes John-Langba und Akwasi Kumi-Kyereme. "Coerced First Sex among Adolescent Girls in Sub-Saharan Africa: Prevalence and Context." *African Journal of Reproductive Health* (2007). Abrufbar unter: http://www.guttmacher.org/pubs/journals/reprints/AJRH.11.3.62.pdf.
40. du Venage, Gavin. "Rape of children surges in South Africa/Minors account for about 40 % of attack victims." San Francisco Chronicle. 12. Februar 2002.
Abrufbar unter: http://www.sfgate.com/news/article/Rape-of-children-surgesin-South-Africa-Minors-2875310.php.
41. Juan M. Contreras, Sarah Bott, Alessandra Guedes und Elizabeth Dartnall. *Sexual Violence in Latin America and the Caribbean.* Sexual Violence Research Initiative (2010). Abrufbar unter: http://www.svri.org/SexualViolenceLACaribbean.pdf.
42. World Health Organization. "World Report on Violence and Health." Kapitel 6. (2002). 156. Abrufbar unter: http://whqlibdoc.who.int/hq/2002/9241545615.pdf.
43. Medicines Sans Frontieres. "Sexual Violence". Abrufbar unter: http://www.doctorswithoutborders.org/news/issue_print.cfm?id=3466.
44. Ibid.
45. Jejeebhoy und Bott. 8.
46. World Health Organization. "World Report on Violence and Health." Chapter 6. (2002). 156. Abrufbar unter: http://www.who.int/violence_injury_prevention/violence/world_report/chapters/en/.
47. Shireen J. Jejeebhoy und Sarah Bott. *Non-consensual Sexual Experiences of Young People: A Review of the Evidence from Developing Countries.* New Delhi: Population Council (2003). Abrufbar unter: http://www.popcouncil.org/pdfs/wp/seasia/seawp16.pdf.
48. Ibid.15.
49. "World Report on Violence and Health: Summary".
50. Donald E Brown. *Human Universals.* New York: McGraw-Hill (1991).
51. Die ILO berichtet, dass es 12,3 Millionen Zwangsarbeiter gibt, von denen rund 43 Prozent gezwungen werden, im Sexgewerbe zu arbeiten. International Labour Organization. "Fighting Human Trafficking: The Forced Labour Dimensions." 28. Januar 2008. Abrufbar unter: http://www.ilo.org/global/topics/forced-labour/publications/WCMS_090236/lang--en/index.htm.
Ethan B. Kapstein. "The New Global Slave Trade." *Foreign Affairs* (2006): 106. Abrufbar unter: http://www.cgdev.org/doc/KapsteinfaslaveryFA.pdf.

52. Brian M Willis. “Child Prostitution: global health burden, research needs, and interventions.” The Lancet. 20. April 2002. Abrufbar unter: http://www.thelancet.com/journals/lancet/article/PIIS0140-6736(02)08355-1/fulltext.
53. UNICEF. “State of the World’s Children 2005.” Abrufbar unter: http://www.unicef.org/sowc05/english/sowc05.pdf.
54. U.S. Department of State. “Country Reports on Human Rights Practices” 31. März 2003.
55. Patrick Belser. “Forced Labour and Human Trafficking: Estimating the Profits.” Geneva: International Labour Office (2005). 14. Abrufbar unter: http://digitalcommons.ilr.cornell.edu/cgi/viewcontent.cgi?article=1016&context=forcedlabor.
(Ganz zu schweigen von den weiteren 15,4 Milliarden Dollar, die in den Industrienationen durch erzwungene kommerzielle sexuelle Ausbeutung erwirtschaftet werden.).
56. HRW deckte 1994 den Horror der Zwangsprostitution in Thailand auf und brandmarkte sie zu Recht als „moderne Form der Sklaverei“. Human Rights Watch. *A Modern Form of Slavery: Trafficking of Burmese Women and Girls into Brothels in Thailand*. New York: Human Rights Watch (1994). Abrufbar unter: http://www.hrw.org/legacy/reports/1993/thailand/.
57. United Nations Global Initiative to Fight Human Trafficking. “The Vienna Forum to Fight Human Trafficking.” Background Paper. 13.–15. Februar 2008. 2. 016 Workshop: Profiling the Traffickers. Wien: UNODC (2008). Abrufbar unter: http://www.unodc.org/documents/human-trafficking/2008/BP016ProfilingtheTraffickers.pdf.
58. Abrufbar unter: TheLocustEffect.com.
59. Fast alle wiederholt geprüften Studien und Berichte ergaben, dass ein hoher Prozentsatz der Personen, die Opfer von Menschenhändlern werden, zu Gruppen mit geringem Einkommen gehört. Je ärmer jemand ist, desto größer ist sein Risiko, Menschenhändlern zum Opfer zu fallen. Mukherjee und Das 1996. K.K. Mukherjee und Deepa Das „Prostitution in Six Metropolitan Cities of India“, New Delhi, Central Social Welfare Board, 1996. DWCD 1998. Department of Women and Child Development, Ministry of Human Resource Development, Government of India „Report on the committee on prostitution, child prostitutes and children of prostitutes & Plan of Action to combat traffickers and commercial sexual exploitation of women“, New Delhi, India, 1998. UNDCP, ILO, UNDP 2002 „Survey of Opium Cultivation in Lohit District, Arunachal Pradesh“, New Delhi, 2002. Sankar Sen und P. M. Nair. “A Report on Trafficking in Women and Children in India 2002–

2003." NHRC, UNIFEN, ISS Project, vol. I. New Delhi: UNIFEM (2004). Abrufbar unter: http://www.ashanet.org/focusgroups/sanctuary/articles/ReportonTrafficking.pdf.

60. Ibid.
61. Nakul Bera ist inzwischen wegen Vergewaltigung und anderen Straftaten im Zusammenhang mit Menschenhandel in Mayas Fall verurteilt worden. Urteil des Court of Additional District & Sessions Judge, Fast Track, 2nd Court, Haldia, Purba Medinipur. 15. März 2013.
62. Zwangsprostitution ist eine Unterkategorie der sexuellen Gewalt wie auch der Zwangsarbeit, bei der die erzwungene Arbeit der Sexualakt ist. Belser, 16.
63. Kevin Bales. "How We Can End Slavery." *National Geographic Magazine*. 2003. Abrufbar unter: http://ngm.nationalgeographic.com/ngm/0309/feature1/online_extra.html.
64. John D. Sutter. "Slavery's Last Stronghold." *CNN Freedom Project*. 2012. Abrufbar unter: http://www.cnn.com/interactive/2012/03/world/mauritania.slaverys.last.stronghold/index.html.
65. Ethan B. Kapstein. "The New Global Slave Trade." *Foreign Affairs* 85, no. 6 2006.
66. David Eltis. "The Volume and Structure of the Transatlantic Slave Trade: A Reassessment." *William and Mary Quarterly* 58,no. 1 (2001): 17–46.
67. Bales, 15–17. ILO. "A Global Alliance against Forced Labour." International Labour Conference. 93rd Session. Report I(B). 18. Geneva: International Labour Office (2005). Abrufbar unter: http://www.ilo.org/public/english/standards/relm/ilc/ilc93/pdf/rep-i-b.pdf.
68. Kevin Bales. *Ending Slavery: How We Free Today's Slaves*. University of California Press, 2008.
69. "Bonded Labour Touches the Figure of 1 m in Pakistan." *Daily Times*. 26. Februar 2005. Abrufbar unter: http://www.dailytimes.com.pk/default.asp?page=story_26-2-2005_pg7_15.
70. John D. Sutter. "Slavery's Last Stronghold." *CNN Freedom Project*. 2012. Abrufbar unter: http://www.cnn.com/interactive/2012/03/world/mauritania.slaverys.last.stronghold/index.html.
71. Samuel Grumiau. "UNICEF Aids Restavek Victims of Abuse and Exploitation in Haiti." *At a Glance: Haiti*. 31. Januar 2012. Abrufbar unter: http://www.unicef.org/infobycountry/haiti_61518.html.
72. Robyn Dixon. "Africa's Bitter Cycle of Child Slavery." *Los Angeles Times*. 12. Juli 2012. Abrufbar unter: http://articles.latimes.com/2009/jul/12/world/fg-ghana-slavery12.

International Labour Organization. “Combatting Forced Labour and Discrimination in Africa”. Abrufbar unter: http://www.ilo.org/sapfl/Projects/WCMS_082041/lang--en/index.htm.
In Afrika südlich der Sahara gibt es nach Schätzungen der ILO mindestens 660.000 Opfer von Zwangsarbeit.

73. “Brazilian Pact to Eradicate Slave Labour.” Pacto Nacional. Abrufbar unter: http://www.reporterbrasil.com.br/pacto/conteudo/view/9.
74. Br. Xavier Plassat. “Brazil Slave Labor: Hero Honored for Battling Human Trafficking.” *Interview by Catholic Relief Services*. 15. Juni 2010. Abrufbar unter: http://crs-blog.org/brazil-slave-labor-hero-honored-for-battling-human-trafficking/.
75. Johannes Koettl. “Human Trafficking, Modern Day Slavery, and Economic Exploitation.” *SP Discussion Paper*. No. 0911. Mai 2009. 10, 13. Abrufbar unter: http://siteresources.worldbank.org/SOCIALPROTECTION/Resources/SP-Discussion-papers/Labor-Market-DP/0911.pdf.
Schuldknechtschaft ist insbesondere in Südasien die am meisten verbreitete Art von Zwangsarbeit. Beate Andrees und Patrick Belser. *Forced Labor: Coercion and Exploitation in the Private Economy*. Boulder: Lynne Rienner Publishers (2009). 51. „Schuldknechtschaft in Indien und Pakistan macht derzeit höchstwahrscheinlich den größten Teil der Zwangsarbeitsfälle in der ganzen Welt aus.“
Kevin Bales. *Disposable People: New Slavery in the Global Economy*. (Berkeley und Los Angeles: University of California Press. Rev. ed. 2012). „Den größten Teil dieser 27 Mio, ca. 15 bis 20 Mio, machen Schuldknechtschaft in Indien, Pakistan, Bangladesch und Nepal aus”.
76. Aneel Karnani. “Microfinance Needs Regulation.” *Philanthropy News Digest*. 31. Oktober 2011. Abrufbar unter: http://foundationcenter.org/pnd/ssir/ssir_item.jhtml?id=359800001 Sogar Mikrofinanzierungsprojekte geraten unter Feuer wegen des Problems der gewaltsamen Schuldeneintreibung.
77. UN-HABITAT. *Secure Land Rights for All.* HS/978/08E. 2008. Abrufbar unter: http://www.responsibleagroinvestment.org/rai/sites/responsibleagroinvestment.org/files/Secure%20land%20rights%20for%20all-UN%20HABITAT.pdf.
Nicole Anand. “To Fight Poverty, Give Secure and Long-term Land Rights to the Poor.” *OneWorld South Asia*. 13. November 2010. Abrufbar unter: http://southasia.oneworld.net/weekend/to-fight-poverty-give-secure-and-long-term-land-rights-to-the-poor.
78. David Bledsoe und Michael Brown. *Land and Conflict: A Toolkit for Intervention*. USAID (2005). Abrufbar unter: http://www.

globalprotectioncluster.org/_assets/files/tools_and_guidance/housing_land_property/By%20Themes/Land%20Conflict/CMM_Land_and_Conflict_Toolkit_2005_EN.pdf.

Land Governance for Equitable and Sustainable Development. "Kenya: Food Security and Land Governance Factsheet." 2010. Abrufbar unter: http://www.landgovernance.org/system/files/Kenya%20Factsheet%20landac%20april%202011.pdf.

Caroline Moser und Dennis Rodgers. "Change, Violence and Insecurity in Non-Conflict Situations." *Overseas Development Institute Working Paper 245*. März 2005. Abrufbar unter: http://www.odi.org.uk/resources/docs/1824.pdf.

79. UN-HABITAT.
80. Hamid Rashid. "Land Rights and the Millennium Development Goals: How the Legal Empowerment Approach Can Make a Difference." *IDLO Legal Empowerment Working Papers No. 15*. Rom: International Development Law Organization (2010). Abrufbar unter: http://namati.org/resources/land-rights-and-the-millennium-development-goals-how-the-legal-empowerment-approach-can-make-a-difference-paper-n-15/.
81. "Africa's Homeless Widows." *The New York Times*. Opinion. 16. Juni 2004.
    Abrufbar unter: http://www.nytimes.com/2004/06/16/opinion/africa-s-homeless-widows.html.
82. Sylvia B. Ondimba. "The World Must Support Its Widows." *The Guardian*. 23. Juni 2011. Abrufbar unter: http://www.guardian.co.uk/commentisfree/2011/jun/23/international-widows-day-support.
83. UN Division for the Advancement of Women. "Widowhood: Invisible Women, Secluded or Excluded." *Women 2000*. Dezember 2001. Abrufbar unter: http://www.un.org/womenwatch/daw/public/wom_Dec%2001%20single%20pg.pdf.
84. Kachika, Tanyade. "Land Grabbing in Africa: A Review of the Impacts and the Possible Policy Responses" Oxfam (2010). Abrufbar unter: http://www.oxfamblogs.org/eastafrica/wp-content/uploads/2010/11/Land-Grabbing-in-Africa.-Final.pdf.
85. Kaori Izumi, et al. "Protecting Women's Land and Property Rights in the Context of AIDS." Module 4/Thematic Note 5. (2008). Abrufbar unter: http://siteresources.worldbank.org/INTGENAGRLIVSOUBOOK/Resources/AfricaIAP.pdf.
86. UN Division for the Advancement of Women.
87. S. Vanessa von Struensee. "Widows, AIDS, Health, and Human Rights in Africa." (2004).

Abrufbar unter: http://www.genderandaids.org/index.php?option=com_content&view=article&id=90:widows-aids-health-and-human-rights-in-africa&catid=34:africa&Itemid=114.

88. Rashid.
89. Ibid.
90. Oxfam (2011). "Oxfam warns that modern day land rush is forcing thousands into greater poverty." Abrufbar unter: http://www.oxfam.org.uk/media-centre/press-releases/2011/09/modern-day-land-rush.
91. Narayan, Chambers, Shah und Petesch (Kursivierung zur Hervorhebung hinzugefügt).
92. Narayan and Petesch, 471.
93. Ibid.
94. Narayan, Chambers, Shah und Petesch.
95. Narayan und Petesch.
96. Ibid.
97. Open Society Justice Initiative. "Criminal Force: Torture, Abuse, and Extrajudicial Killings by the Nigeria Police Force." Open Society Institute and NOPRIN.
    New York: Open Society Initiative (2010). Abrufbar unter: http://www.soros.org/initiatives/justice/articles_publications/publications/nigeria-police-abuse-report-20100519.
98. Narayan, Chambers, Shah und Petesch.
99. Ibid., 163. Amnesty International. "Rape: The Silent Weapon." Amnesty International (2006). 3. Abrufbar unter: http://www.amnesty.org/fr/documents/AFR44/020/2006/en/.
100. Open Society Justice Initiative. "Pretrial Detention and Torture: Why Pretrial Detainees Face the Greatest Risk." New York: Open Society Initiative (2011). 23. Abrufbar unter: http://www.unhcr.org/refworld/category,COI,OSI,,,4e324fa22,0.html.
101. Ibid., 20.
102. Ibid.
103. "Unclog the Courts: Law Ministry Proposes Measures to Clear Backlog of Cases." *The Times of India*, 27. Oktober 2009.
104. "Pretrial Detention and Torture: Why Pretrial Detainees Face the Greatest Risk."
105. Alfred de Zayas. "Human Rights and Indefinite Detention."Abrufbar unter: https://www.icrc.org/eng/assets/files/other/irrc_857_zayas.pdf.
106. Open Society Justice Initiative. "The Socioeconomic Impact of Pretrial Detention." New York: Open Society Initiative (2010). 13. Abrufbar unter: http://www.undp.org/content/dam/undp/library/Democratic

%20Governance/a2j-%20Socioeconomic%20impact%20of%20PTD %20OSI%20UNDP.pdf.
107. Ibid.
108. Michael Wines. “The Forgotten of Africa, Wasting Away in Jails Without Trial.” *The New York Times*, 6. November 2005. Abrufbar unter: http://www.nytimes.com/2005/11/06/international/africa/06prisons.html?pagewanted=print.
109. Police Staff College. “Locked up and Forgotten.” Oktober 2010. Abrufbar unter: http://www.penalreform.org/wp-content/uploads/2013/05/Dhaka-Declaration-FINAL-version-October-7_0.pdf.
110. Open Society Justice Initiative, 2010. 8.
111. United Nations. “Interim report of the Special Rapporteur on torture and other cruel, inhuman or degrading treatment or punishment.” United Nations. (2009). Abrufbar unter: http://antitorture.org/wp-content/uploads/2012/07/V-Thematic-Report-Conditions-of-Detention-Children-in-Detention.pdf.
112. Ibid., 34.
113. Alfred de Zayas. “Human Rights and Indefinite Detention.” Abrufbar unter: http://rcusa.org/uploads/pdfs/irrc_857_Zayas.pdf.
114. Open Society Justice Initiative, 2011. 17.
115. Ibid., 30.
116. Ibid., 11.
117. Nowak, Manfred. “Fact-Finding on Torture and Ill-Treatment and Conditions of Detention.” *Journal of Human Rights Practice* 1, no. 1 (März 2009): 113. Abrufbar unter: http://jhrp.oxfordjournals.org/content/1/1/101.full.pdf+html.

3. Der Heuschreckeneffekt

1. Lyndon N. Irwin und Douglas Pascoe. “Grasshopper Plagues and Destitute Farmers.” Missouri State University Agricultural History Series: Grasshopper Plagues. Abrufbar unter: http://www.lyndonirwin.com/hopdesti.htm.
2. “When The Skies Turned To Black: The Locust Plague of 1875: A Study of the Intersection of Genealogy and History.” Hearthstone Legacy Publications. 2004–2012. Abrufbar unter: http://www.hearthstonelegacy.com/when-the-skies-turned-to-black-the_locust-plague-of-1875.htm.

3. Daniel Hubbard. "Locusts on the Plains." *Personal Past Meditations: A Genealogical Blog*. 2009. Abrufbar unter: http://www.thepersonalpast.com/2009/08/14/locusts/.
   Siehe auch: Yoon, Carol Kaesuk. "Looking Back at the Days of the Locust." *The New York Times*. 23. April 2002. Abrufbar unter: http://www.nytimes.com/2002/04/23/science/looking-back-at-the-days-of-the-locust.html.
4. Lyndon N Irwin and Douglas Pascoe. "Grasshopper Plagues and Destitute Farmers." Missouri State University Agricultural History Series: Grasshopper Plagues. Abrufbar unter: http://www.lyndonirwin.com/hopdesti.htm.
5. *The History of Henry and St. Clair Counties, Missouri*. St. Joseph, MO: National Historical Company, 1883. 959. Abrufbar unter: http://www.archive.org/stream/historyofhenryst00nati#page/958/mode/2up.
6. Christopher Stone. "Crime, Justice Systems and Development Assistance." *World Bank Legal Review: Law, Equity, and Development,* vol. 2. Washington: World Bank and Martinus Nijhoff, 2006. 215, 216. Abrufbar unter: https://openknowledge.worldbank.org/bitstream/handle/10986/6899/568260-----PUB0REPL1INAL0PROOF0FULL0TEXT.pdf?sequence=1.
7. (Narayan 1999) und (Sage et al. 2006) in Open Society Justice Initiative and Department for International Development 2008:7. Roger Bowles, Joseph Akpokodje, Emmanuel Tigere. *Evidenced-based Approaches to Crime Prevention in Developing Countries*. Centre for Criminal Justice Economics and Psychology, University of York, (2002).
8. Pablo Fajnzylber, Daniel Lederman und Norman Loayza. *Determinants of Crime Rates in Latin America and the World: An Empirical Assessment*. Washington, DC: World Bank (1998). 1. Abrufbar unter: http://www-wds.worldbank.org/servlet/WDSContentServer/WDSP/IB/2000/02/23/000094946_99030406230127/Rendered/PDF/multi_page.pdf.
9. The World Bank. *The World Bank Legal Review: Law, Equity, and Development*. vol. 2. Ed. A. Palacio. Washington: The World Bank (2006). 18. Print.
10. United Nations Office on Drugs and Crime. *Crime and Development in Central America: Caught in the Crossfire*. Vienna: UNODC (2007). 11. Abrufbar unter: http://www.unodc.org/documents/data-and-analysis/Central-america-study-en.pdf.
    Antonio Maria Costa. *Localizing the Millennium Development Goals*. United Nations, 2008. 2.
11. Department for International Development. *Eliminating World Poverty*, 2006. London: DFID (2006) 37.

12. United Nations Office on Drugs and Crime. *Crime and Development in Africa*. Vienna: UNODC (2005). 101. Abrufbar unter: http://www.unodc.org/pdf/African_report.pdf.
13. Deepa Narayan, Robert Chambers, Meera K. Shah und Patti Petesch. "Anxiety, Fear, and Insecurities." *Voices of the Poor: Crying Out for Change*. New York: Oxford University Press (2000). 152. Abrufbar unter: http://siteresources.worldbank.org/INTPOVERTY/Resources/335642-1124115102975/1555199-1124115201387/cry.pdf.
14. Michael R. Anderson. *Access to Justice and Legal Process: Making Legal Institutions Responsive to Poor People in LDCs*. Sussex: Institute of Development Studies (2003). 2. Abrufbar unter: http://www.ids.ac.uk/files/dmfile/Wp178.pdf; Easterly, 87 („Ein weiteres Problem, das die Gesellschaft lösen muss, ist der Schutz von Eigentum und Person.").
Siehe auch: Amartya Sen."What Is the Role of Legal and Judicial Reform in the Development Process." *The World Bank Legal Review: Law, Equity, and Development*, vol. 2. Ed. A. Palacio. Washington: The World Bank (2006). 215–216. („Lassen Sie mich an dieser Stelle eine Pause einlegen und mich erinnern, wie der Kapitalismus zu einem derart erfolgreichen System wurde. Der Kapitalismus kam erst auf, als die Entwicklung von Recht und Ordnung sowie die gesetzliche und praktische Akzeptanz von Eigentumsrechten eine auf Eigentum basierende Wirtschaft möglich und einsatzbereit gemacht hatte. Die Effizienz des Austauschs konnte erst funktionieren, als sich Verträge aufgrund von gesetzlichen wie auch verhaltensbezogenen Reformen frei aushandeln und wirksam durchsetzen ließen.").
15. Daron Acemoglu und James Robinson. *Why Nations Fail, The Origins of Power, Prosperity & Poverty*. New York: Random House (2012). (deutsch: *Warum Nationen scheitern: Die Ursprünge von Macht, Wohlstand und Armut*. Fischer, Berlin, 2014).
16. George Soros und Fazle Hasan Abed."Rule of Law Can Rid the World of Poverty." *Financial Times*, 26. September 2012. Abrufbar unter: http://www.ft.com/intl/cms/s/0/f78f8e0a-07cc-11e2-8354-00144feabdc0.html#axzz2NcxJB1Wi.
17. World Bank. *World Development Report*. 2011. 64–65. Abrufbar unter: http://siteresources.worldbank.org/INTWDRS/Resources/WDR2011_Chapter1.pdf.
(„Auch wenn sich nicht alle Kosten quantifizieren lassen, betragen die wirtschaftlichen Kosten des Produktionsausfalls sowohl in Bürgerkriegen als auch bei einem sehr hohen Maß an Gewaltverbrechen nach konservative Schätzungen 2–3 Prozent des BIP.").

18. Ginger Thompson. “In Guatemala Village, a Scramble for Bodies.” *The New York Times*, 11. Oktober 2005. Abrufbar unter: http://www.nytimes.com/2005/10/10/world/americas/10iht-flood.html.
19. *World Development Report*, 65.
20. Juan Luis Londoño und Rodrigo Guerrero. “Violencia en América Latina: epidemiología y costos.” In *Asalto al Desarrolla: Violencia en Amé*rica *Latina* . Ed. Juan Luis Londoño, Alejandro Gaviria und Rodrigo Guerrero. Washington D.C.: Inter-American Development Bank (zitiert in http://idbdocs.iadb.org/wsdocs/getdocument.aspx?docnum=36835069 S. 6).
21. IDB Institutions for Development—Institutional Capacity of the State Division. *The Cost of Crime and Violence in Latin America and the Caribbean*. 5. Abrufbar unter: http://idbdocs.iadb.org/wsdocs/getdocument.aspx?docnum=36835069.
    Siehe auch: United Nations Organization on Drugs and Crime and the Latin America and the Caribbean region of the World Bank. *Crime, Violence, and Development: Trends, Costs, and Policy Options in the Caribbean*. 2007. 59. Abrufbar unter: https://openknowledge.worldbank.org/bitstream/handle/10986/7687/378200LAC0Crim1white0cover01PUBLIC1.pdf?sequence=1.
22. Pfizer (2001) schätzt, dass sich die Gesamtkosten von Kriminalität und Gewalt auf 5 Prozent des BIP von Industrieländern oder 14 Prozent des BIP von Ländern mit geringem Einkommen belaufen. Inter-American Development Bank. Institutions for Development—Institutional Capacity of the State Division. 5.
23. Mayra Buvinic und Andrew Morrison. *Technical Note 4: Violence as an Obstacle to Development*. Inter-American Development Bank (1999), 4. Abrufbar unter: http://idbdocs.iadb.org/wsdocs/getdocument.aspx?docnum=362887.
24. Ibid.
25. World Health Organization. “Violence by Intimate Partners.” *World Report on Violence and Health* (2002), 102–103. Abrufbar unter: http://whqlibdoc.who.int/publications/2002/9241545615_chap4_eng.pdf.
26. Buvinic, 5.
27. United Nations Office on Drugs and Crime. *Crime and Development in Africa*. Vienna: UNODC (2005). 67.
28. United Nations Office on Drugs and Crime. *Crime and Development in Central America* : Caught in the Crossfire. Vienna: UNODC (2007). 73.
29. *Crime and Development in Africa.*
30. Human Rights Watch. “South Africa: Sexual Violence Rampant in Schools”. 27. März 2001. Abrufbar unter: http://www.hrw.org/news/2001/03/26/south-africa-sexual-violence-rampant-schools.

31. *Crime and Development in Africa*, 72.
32. World Health Organization. *Thirds Milestone of a Global Campaign of Violence Prevention Report* (2007), 7. Abrufbar unter: http://whqlibdoc.who.int/publications/2007/9789241595476_eng.pdf.
33. *Crime and Development in Africa*, 67; *Crime and Development in Central America: Caught in the Crossfire*, 73.
34. World Bank. *Crime and Violence in Central America: A Development Challenge*. World Bank (2011). 5, 11, 17. Abrufbar unter: http://siteresources.worldbank.org/INTLAC/Resources/FINAL_VOLUME_I_ENGLISH_CrimeAndViolence.pdf.
35. *Crime and Development in Africa*, 68.
36. Ibid., xiii, 71.
37. Michael R. Anderson. *Access to Justice and Legal Process: Making Legal Institutions Responsive to Poor People in LDCs*. Sussex: Institute of Development Studies (2003). 20. Abrufbar unter: http://www.ntd.co.uk/idsbookshop/details.asp?id=729.
38. World Health Organization. "Violence by Intimate Partners." (2007). 101–102.
Abrufbar unter: http://www.who.int/violence_injury_prevention/violence/activities/intimate/en/index.html.
39. Buvinic, 4.
40. Menschen in armen Gemeinwesen haben ihre eigenen traditionellen Praktiken und Quellen, die ihnen Unterstützung und Trost geben. Sie führen manchmal zu einer gewissen Erholung von traumatischen Erlebnissen, weshalb man die traditionellen und kulturellen Praktiken nicht gering schätzen sollte. Sie können die schlimmen psychischen Schäden eines Traumas jedoch nicht heilen – es bleiben unbehandelte Wunden, und die Folgen zerstören oft das ganze weitere Leben.
41. Judith Herman. Trauma and Recovery: *The Aftermath of Violence from Domestic Abuse to Political Terror.* New York: Basic Books (1992). 86. (deutsch: *Die Narben der Gewalt. Traumatische Erfahrungen verstehen und überwinden.* Junfermann, Paderborn, 2014.).
42. Ibid. 90.
43. Ibid. 94.
44. Centre on Housing Rights and Evictions Women and Housing Rights Programme. *Women, Slums and Urbanisation:Examining the Causes and Consequences*. 2008. 13. Abrufbar unter: http://sheltercentre.org/sites/default/files/COHRE_WomenSlumsAndUrbanisationExaminingThe-CausesAndConsequences.pdf.
45. UN-Habitat. *State of the World's Cities 2010/2011 – Cities for All: Bridging the Urban Divide.* London: Earthscan Publications Ltd. (2010). 117. Er-

hältlich unter: http://www.worldcat.org/title/state-of-the-worlds-cities-20102011-bridgingthe-urban-divide/oclc/506252802.

46. Human Rights Watch. *Policy Paralysis: A Call for Action on HIV/AIDS-Related Human Rights Abuses Against Women and Girls in Africa* (Dezember 2003), 10. Abrufbar unter: http://www.hrw.org/sites/default/files/reports/africa1203.pdf.
47. International Labour Conference. *A Global Alliance Against Forced Labour*. 93rd Session, 2005. Geneva: International Labour Office (2006). 30. Abrufbar unter: http://www.ilo.org/public/english/standards/relm/ilc/ilc93/pdf/rep-i-b.pdf.
48. Johannes Koettl. *Human Trafficking, Modern Day Slavery, and Economic Exploitation*. The World Bank (2009). Abrufbar unter: http://siteresources.worldbank.org/SOCIALPROTECTION/Resources/SP-Discussion-papers/Labor-Market-DP/0911.pdf.
49. Open Society Foundations. The Global Campaign for Pretrial Justice. *Collateral Consequences: How Pretrial Detention Stunts Socioeconomic Development*. Open Society Justice Initiative (2013). Abrufbar unter: http://www.opensocietyfoundations.org/sites/default/files/pretrial-detention-stunts-socioeconomic-development-20130220.pdf.
50. Christopher Stone. *Crime, Justice, and Growth in South Africa: Toward a Plausible Contribution from Criminal Justice to Economic Growth*. Center for International Development at Harvard University. 2006. 10. Abrufbar unter: http://www.hks.harvard.edu/var/ezp_site/storage/fckeditor/file/pdfs/centers-programs/centers/cid/publications/faculty/wp/131.pdf. Siehe auch: Lloyd, Susan. "The Effects of Domestic Violence on Women's Employment." *Law and Policy* 19, no. 2 (1997): 156.
51. Christopher Stone. "Crime, Justice Systems and Development Assistance." *World Bank Legal Review: Law, Equity, and Development*, vol. 2. Washington: World Bank und Martinus Nijhoff, 2006. 216. Abrufbar unter: https://openknowledge.worldbank.org/bitstream/handle/10986/6899/568260PUB0REPL1INAL0PROOF0FULL0TEXT.pdf?sequence=1.

4. Ein Versteck für Schlangen und Spinnen

1. Patricia Kameri Mbote und Migai Akech. *Kenya: Justice Sector and the Rule of Law*. Johannesburg: The Open Society Initiative for Eastern Africa (2011). 12, 149. Abrufbar unter: http://www.ielrc.org/content/a1104.pdf.
2. Ibid., 123.

3. Ibid., 124.
4. World Health Organization. “Summary and Key Points.” *World Malaria Report 2011.*
World Health Organization (2011). Abrufbar unter: http://www.who.int/malaria/world_malaria_report_2011/wmr2011_summary_keypoints.pdf.
5. “Malaria Overview.” Bill and Melinda Gates Foundation. 1999–2012. Abrufbar unter: http://www.gatesfoundation.org/topics/pages/malaria.aspx.
6. David H. Bayley. *Police for the Future*. Oxford University Press: New York (1994); Carl B. Klockers. “The Rhetoric of Community Policing.” In J.R. Greene und S.D. Mastrofski (eds), *Community Policing: Rhetoric or Reality.* New York: Praeger (1988) 239–258.
Siehe auch: *Thinking about Police: Contemporary Readings*. Ed. C. B. Klockers und S. D. Mastrofski. New York: McGraw-Hill, Inc. (1991). 537. Print.
7. Richard A. Leo. “Police Scholarship for the Future: Resisting the Pull of the Policy Audience.” *Law and Society*, vol. 30 (1996): 871. Abrufbar unter: http://papers.ssrn.com/sol3/papers.cfm?abstract_id=1144325.
Tatsächlich hat David Bayley ein Buch geschrieben, genau darüber, wie man eine funktionierende Polizei in Entwicklungsländern aufbaut. David H. Bayley. *Changing the Guard: Developing Democratic Police Abroad*. New York: Oxford University Press (2005). Siehe eine Rezension unter: http://www.jstor.org/discover/10.2307/4623353?uid=3739936&uid=2129&uid=2&uid=70&uid=4&uid=3739256&sid=56280155533.
Siehe auch zwei zugehörige Artikel von Bayley: David H. Bayley und Christine Nixon. “The Changing Environment for Policing, 1985–2008.” *New Perspectives in Policing*. Harvard Kennedy School, September 2010. Abrufbar unter: https://www.ncjrs.gov/pdffiles1/nij/ncj230576.pdf ; und David H. Bayley. “Democratizing the Police Abroad: What to Do and How to Do It.” *Issues in International Crime*. U.S. Department of Justice. Abrufbar unter: https://www.ncjrs.gov/pdffiles1/nij/188742.pdf.
8. Steven Pinker. *The Better Angels of Our Nature: Why Violence Has Declined*. New York: The Viking Press (2011) (deutsch: *Gewalt: Eine neue Geschichte der Menschheit.* Fischer, Berlin, 2013).
9. Im letzten Jahrzehnt haben empirische Ökonomen deutliche Fortschritte dabei gemacht, die Auswirkungen von Strafe auf die Kriminalität zu ermitteln, da sie neue Wege gefunden haben, wie sich Verbrechensraten und Strafen unabhängig voneinander betrachten lassen. Die neuen empirischen Befunde stützen generell das Abschreckungsmodell, zeigen aber, dass ein funktionsunfähiges Justizsystem die Verbrechensraten ebenfalls beeinflusst. Verschiedene methodische Ansätze stimmen darin überein,

dass sich mehr Polizeiarbeit und mehr Inhaftierungen verbrechensreduzierend auswirken.
Steven D. Levitt und Thomas J. Miles. "Empirical Study of Criminal Punishment." *Handbook of Law and Economics* Ed. A. M. Polinsky und S. Shavell. Amsterdam: Elsevier, 2007. 455–495.
So haben Kriminologen wie Derek Cornish und Ronald Clarke, die die Rational-Choice-Theorie vertreten, überzeugend den Entscheidungsprozess beschrieben, den ein Krimineller durchläuft, wenn er ein Verbrechen plant. Das Risiko, verhaftet zu werden, ist nach Cornish und Clarke nur *ein* Kriterium, dessen Für und Wider von dem potenziellen Kriminellen erwogen werden muss, bevor er sich zur Tat entscheidet (Adler, Mueller und Laufer 1995). Das Risiko einer Verhaftung beispielsweise durch gezielte Polizeistreifen oder Überwachung von Verbrechensbrennpunkten zu erhöhen, beeinflusst die rationale Entscheidung des potenziellen Straftäters und verhindert, falls die richtige Entscheidung getroffen wird, die Straftat. Bayleys Behauptung, dass die Polizei keine Straftaten verhindert, wird auch von der Routine-Activities-Theorie des Verbrechens entkräftet, die unter anderem von so renommierten Kriminologen wie Lawrence Cohen und Marcus Felson vertreten wird. Ähnlich wie die Rational-Choice-Theorie konzentriert sich die Routine-Activities-Theorie stärker auf die typischen Merkmale der Straftat als auf diejenige des Straftäters. Cohen und Felson weisen darauf hin, dass die Verbrechensraten mit der Zahl geeigneter Ziele und dem Fehlen von Personen steigen, die diese Ziele schützen (Adler, Mueller und Laufer 1995).
Siehe auch Derek Cornish und Ronald V. Clarke eds. *The Reasoning Criminal: Rational Choice Perspectives on Offending*. New York: Springer-Verlag (1986).
Siehe auch: John J. Coleman. Book Review: Police for the Future by David H. Bayley. The National Executive Institute Associates Leadership Bulletin, März 2001. Abrufbar unter: http://www.neiassociates.org/bookreview.htm.

10. Pinker, 122.
11. World Bank. *Crime, Violence and Economic Development in Brazil: Elements for Effective Public Policy*. Washington: World Bank (2006). ii.
12. King, Martin Luther, Jr. "Social Justice." Conscience of America Series. Western Michigan University, Read Fieldhouse. Kalamazoo, MI. 18. Dezember 1963. Lecture. Abrufbar unter: http://www.wmich.edu/sites/default/files/attachments/MLK.pdf.
13. World Bank. *World Development Report 2006: Equity and Development*. World Bank (2006). 13 Abrufbar unter: http://siteresources.worldbank.

org/INTWDR2006/Resources/WDR_on_Equity_FinalOutline_July_public.pdf.
14. Center for Rights Education and Awareness. *Status of Women and Girls in Kenya: Urgent Need to Uphold Human Rights*. Center for Rights Education and Awareness (2007). 12.
15. Caroline Sage, Nicholas Menzies und Michael Woolcock. "Taking the Rules of the Game Seriously: Mainstreaming Justice in Development: The World Bank's Justice for the Poor Program." *IDLO Articles*. Rome: International Development Law Organization (2010). 6.
16. Ibid., 8.
17. United Nations Rule of Law. Commission on Legal Empowerment of the Poor. *Making the Law Work for Everyone: Report of the Commission on Legal Empowerment of the Poor, vol. 1*. United Nations Development Programme (2008). 47.
18. Christopher Stone. "Crime, Justice Systems and Development Assistance." *World Bank Legal Review: Law, Equity, and Development,* vol. 2. Washington: World Bank (2006). 217. Abrufbar unter: https://openknowledge.worldbank.org/bitstream/handle/10986/6899/568260PUB0REPL1INAL0PROOF0FULL0TEXT.pdf?sequence=1.
19. Deepa Narayan, Robert Chambers, Meera K. Shah und Patti Petesch. "A Call to Action: The Challenge to Change." *Voices of the Poor: Crying Out for Change*. New York: Oxford University Press (2000). 280. Abrufbar unter: http://siteresources.worldbank.org/INTPOVERTY/Resources/335642-1124115102975/1555199-1124115201387/cry.pdf.

5. Wenn Unrecht System hat

1. Child Rights International Network. *Denouncing Sexual Violence Against Adolescent Girls in Bolivia*. Child Rights International Network (2012). Abrufbar unter: http://www.crin.org/docs/Thematic_Hearing_Submission_DRAFT_03-08-12_3pm.pdf.
2. United Nations Office on Drugs and Crime. *Crime and Development in Africa*. United Nations (2005). Abrufbar unter: http://www.unodc.org/pdf/African_report.pdf.
3. United Nations Office on Drugs and Crime. *Crime and Development in Central America: Caught in the Crossfire*. United Nations (2007). 30.
4. Natürlich vereinfacht das Bild das gesamte öffentliche Justizsystem, zu dem unter Umständen viele weitere administrative oder ordnungspolitische Stellen gehören, die bei der Durchsetzung von Vorschriften und dem

Umgang mit Konflikten eine Rolle spielen – wie auch zahlreiche andere Behörden, Gremien sowie Gesetzbücher, in denen traditionelle Normen und Sanktionen niedergelegt sind, die beim Umgang mit Gewalt eine Rolle spielen.

5. Steven Pinker. *The Better Angels of Our Nature: Why Violence Has Declined*. New York: Viking Press (2011).
6. Human Rights Watch. *Broken System: Dysfunction, Abuse, and Impunity in the Indian Police*. New York: Human Rights Watch (2009). 7, 26–28. Abrufbar unter: http://www.hrw.org/sites/default/files/reports/india0809web.pdf.
7. Administrative Staff College of India. *Training Module for Sub-Inspector*. Abrufbar unter: http://bprd.nic.in/writereaddata/linkimages/4596119307-Training%20Module%20for%20Sub-Inspector.pdf.
8. *Broken System: Dysfunction, Abuse, and Impunity in the Indian Police*, 32.
9. *Broken System: Dysfunction, Abuse, and Impunity in the Indian Police*, 33.
10. Praveen Swami. "Why Rape Victims Aren't Getting Justice." *The Hindi*, 11. März 2012. Abrufbar unter: http://www.thehindu.com/news/national/article2982508.ece.
11. Naureen Shah and Meenakshi Ganguly. *India: Broken System: Dysfunction, Abuse, and Impunity in the Indian Police*. New York: Human Rights Watch (2009). 68.
12. Deepa Narayan and Patti Petesch. *Voices of the Poor: From Many Lands*. New York: Oxford University Press (2002). 71.
13. Ibid., 128.
14. Charles Kenny. *Getting Better: Why Global Development Is Succeeding — And How We Can Improve the World Even More*. New York: Basic Books (2011). 170.
15. *Broken System: Dysfunction, Abuse, and Impunity in the Indian Police*. New York: Human Rights Watch (2009). 9. Abrufbar unter: http://www.hrw.org/sites/default/files/reports/india0809web.pdf.
16. Amnesty International. *Kenya: Insecurity and Indignity: Women's Experiences in the Slums of Nairobi, Kenya* . London: Amnesty International (2010). 15.
17. "Polizeibeamte können daher die Kriminalitätsrate in ihrem Zuständigkeitsbereich manipulieren, indem sie sich ganz einfach weigern, die Anzeigen der Opfer aufzunehmen." Abhijit Banerjee, Raghabendra Chatt opadhyay, Esther Duflo, Daniel Keniston und Nina Singh. *Can Institutions Be Reformed from Within? Evidence from a Randomized Experiment with the Rajasthan Police.* Poverty Action Lab, Massachusetts Institute of Technology (2012). 7. Abrufbar unter: http://economics.mit.edu/files/7581.

18. Ian Clegg, Robert Hunt und Jim Whetton. *Policy Guidance on Support to Policing in Developing Countries*. Swansea: Centre for Development Studies, University of Wales (2000). 23–24. Abrufbar unter: http://www.gsdrc.org/docs/open/SEC4.pdf.
19. Ibid., 56.
20. *Kenya: Insecurity and Indignity: Women's Experiences in the Slums of Nairobi, Kenya*, 12.
21. Tamar Ezer. "Inheritance Law in Tanzania: The Impoverishment of Widows and Daughters." *The Georgetown Journal of Gender and the Law* 7 (2006): 599–662.
Abrufbar unter: http://winafrica.org/wp-content/uploads/2011/08/Inheritance-Law-in-Tanzania1.pdf.
22. IRIN. "Women Struggle to Survive Sexual Violence in Indonesia." *Jakarta Globe*, 10. April 2012. Abrufbar unter: http://www.thejakartaglobe.com/lawandorder/women-struggle-to-survive-sexual-violence-in-indonesia/510427.
23. *Broken System: Dysfunction, Abuse, and Impunity in the Indian Police*. New York: Human Rights Watch (2009). 9. Abrufbar unter: http://www.hrw.org/sites/default/files/reports/india0809web.pdf.
24. Asm Shahjahan. "Police Reform: A Bangladesh Concept." "Improving the Police's Role and Performance in Protecting Human and Economic Security." *Report from the ADB Symposium on Challenges in Implementing Access to Justice Reforms*. Asian Development Bank (2005) 39–40. Abrufbar unter: http://www2.adb.org/documents/reports/law-policy-reform/chap4.pdf.
25. Gen. Edgardo Aglipay. "Police Effectiveness and Accountability: Ideas to Launch Police Reform." *Improving the Police's Role and Performance in Protecting Human and Economic Security*, Report from the ADB Symposium on Challenges in Implementing Access to Justice Reforms . Asian Development Bank (2005). 48. Abrufbar unter: http://www2.adb.org/documents/reports/law-policy-reform/chap4.pdf.
26. Die Regierungen der Bundesstaaten und die Union Territory Administrations geben ca. 31.750 Crore Rupien für die Polizei aus – was, geteilt durch 1,2 Milliarden Inder, 47 US-Dollar pro Person entspricht. India: National Crime Records Bureau. "Police Strength, Expenditure, and Infrastructure." *National Crime Records Bureau Report 2010*. Abrufbar unter: http://ncrb.nic.in/CII2010/cii-2010/Chapter%2017.pdf.
Man vergleiche damit 851 Dollar pro Person in Washington DC (18 Mal so viel) oder 393 Dollar pro Person in New York State (8 Mal so viel) oder 381 Dollar pro Person in Kalifornien. United States; Dept. of Justice. *State and Local Government Expenditures Per Capita by Criminal Justice Function and State: 2007*, Table 345. U.S. Department of Justice, Sep-

tember 2010. Abrufbar unter: http://www.census.gov/compendia/statab/2012/tables/12s0345.pdf.

27. United Nations Office on Drugs and Crime. *Crime and Development in Africa*. Vienna: UNODC (2005). 101. Abrufbar unter: http://www.unodc.org/pdf/African_report.pdf.
28. Ibid., 10.
29. United Nations Office on Drugs and Crime. *Crime and Development in Central America: Caught in the Crossfire*. Vienna: UNODC (2007). 30.
30. Adrianus E. Meliala. "Police Reform: The Indonesian Context." *Improving the Police's Role and Performance in Protecting Human and Economic Security*, Report from the ADB Symposium on Challenges in Implementing Access to Justice Reforms. Asian Development Bank (2005). 37. Abrufbar unter: http://www.adb.org/sites/default/files/publication/29684/challenges-implementing-access-justice.pdf.
31. Nicolas Florquin. "Global Private Security/Police Officer Personnel Levels by Country/Per Capita 2011." *2011 Small Arms Survey. Public Intelligence*. Abrufbar unter: http://publicintelligence.net/global-private-securitypolice-officer-personnel-levels-by-countryper-capita-2011/ 30. *Kenya: Insecurity and Indignity: Women's Experiences in the Slums of Nairobi, Kenya*, 38.
32. Asian Development Bank. *Law and Policy Reform*, Report from the ADB Symposium on Challenges in Implementing Access to Justice Reforms. Asian Development Bank (2005). 10. Abrufbar unter: http://www.asianlii.org/asia/other/ADBLPRes/2005/2.pdf.
"Calculating Lifetime Value: A Case Study." *KISSmetrics*. Abrufbar unter: http://blog.kissmetrics.com/wp-content/uploads/2011/08/calculating-ltv.pdf.
33. Deepa Narayan, Raj Patel, Kai Schafft, Anne Rademacher und Sarah Koch-Schulte. *Voices of the Poor: Can Anyone Hear Us?* New York: Oxford University Press (2000). 280. Abrufbar unter: http://siteresources.worldbank.org/INTPOVERTY/Resources/335642-1124115102975/1555199-1124115187705/vol1.pdf.
34. Michael Wines. "The Forgotten of Africa, Wasting Away in Jails Without Trial." *The New York Times*, 6. November 2005. Abrufbar unter: http://www.nytimes.com/2005/11/06/international/africa/06prisons.html?pagewanted=all.
35. Hillery Anderson. "Justice Delayed in Malawi's Criminal Justice System Paralegals vs. Lawyers." *International Journal of Criminal Justice Sciences* 1 (Januar 2008). Abrufbar unter: http://www.sascv.org/ijcjs/anderson.pdf.
36. Wines, "The Forgotten of Africa, Wasting Away in Jails Without Trial.".
37. Ibid.

38. Was Investitionen aus dem Regierungsetat angeht, so sprechen Studien dafür, dass die Staatsanwaltschaft wohl das am stärksten vernachlässigte Segment der Pipeline in der Dritten Welt ist. Jan Van Dijk. "Law Enforcement, Crime Prevention, and Victim Assistance." *The World of Crime: Breaking the Silence on Problems of Security, Justice and Development Across the World*. London: Sage Publications (2007). 207–244.
39. United Nations Office on Drugs and Crime. *International Statistics on Crime and Justice*. Ed. S. Harrendorf, M. Heiskanen und S. Malby. Helsinki: European Institute for Crime Prevention and Control, Affiliated with the United Nations (2010). Abrufbar unter: http://www.unodc.org/documents/data-and-analysis/Crime-statistics/International_Statistics_on_Crime_and_Justice.pdf.
40. Danilo Reyes. "Prosecution in the Philippines." *Focus: Prosecutions in Asia*, special issue, *Article 2 7* (März 2008). Abrufbar unter: http://www.article2.org/mainfile.php/0701/307/.
41. Rommel Alim Abitria. "How Speedy are Philippine Criminal Cases Disposed of?" Humanitarian Legal Assistance Foundation. Abrufbar unter: http://primary.hlafphil.org/index.php?option=com_phocadownload&view=category&id=1:research&download=1:speedy-trial-survey&Itemid=76.
42. Dr. Romulo A. Virola. "2009 Official Poverty Statistics." NSCB Operations Room, Makati City. National Statistical Coordination Board (8. Februar 2011). Presentation. Abrufbar unter: http://www.nscb.gov.ph/poverty/2009/Presentation_RAVirola.pdf.
43. "Launch of Joint UNODC and DPP Report: Toward Professionalized Prosecution Services in Kenya." United Nations Office of Drug and Crime, Eastern Africa. Abrufbar unter: http://www.unodc.org/easternafrica/en/criminal-justice.html.
44. "SC Raps States for Shortage of Prosecutors." *The Times of India*, 22. September 2011. Abrufbar unter: http://articles.timesofindia.indiatimes.com/2011-09-22/india/30188553_1_public-prosecutors-spectrum-scam-2g.
Siehe auch: Rebecca Samervel. "Prosecution & Cops Need to Work as Team." *The Times of India*, 29. Februar 2012. Abrufbar unter: http://articles.timesofindia.indiatimes.com/2012-02-29/mumbai/31110257_1_neeraj-grover-murder-case-adnan-patrawala.
45. "Behind Maharashtra's Plummeting Conviction Rate." *Rediff News*. 02. Februar 2012. Abrufbar unter: http://www.rediff.com/news/report/behind-maharashtras-plummeting-conviction-rate/20120202.htm.
46. Madan Lal Sharma. "The Role and Function of Prosecution in Criminal Justice." *Resource Material Series No. 53. 107th International Training*

Course Participants' Papers. United Nations Asia and Far East Institute. Abrufbar unter: http://www.unafei.or.jp/english/pdf/RS_No53/No53_21PA_Sharma.pdf.

"Little Justice for Rape Victims." *The Hindu*. Table. Abrufbar unter: http://www.thehindu.com/multimedia/archive/00948/Little_justice_for__948144a.pdf.

47. "Guatemala." *The International Commission against Impunity in Guatemala*. Abrufbar unter: http://cicig.org/index.php?page=guatemala.
48. "Bolivia." United Nations Office on Drugs and Crime. 2005–2006. Abrufbar unter: http://www.unodc.org/documents/data-and-analysis/Bolivia.pdf.
49. "Brazil: Country Specific Information." *Travel.State.Gov*. Abrufbar unter: http://travel.state.gov/travel/cis_pa_tw/cis/cis_1072.html.
50. "Die meisten afrikanischen Länder können sich nicht leisten, mittellosen Angeklagten einen Verteidiger zu stellen oder anderen Leuten, die juristische Informationen benötigen, Rechtshilfe anzubieten." United Nations Office on Drugs and Crime. *Crime and Development in Africa*. Geneva: UNODC (2005). 97.

    "Der einzige Berührungspunkt der Armen mit dem offiziellen Justizsystem ist vermutlich derjenige als Angeklagter in einem Strafprozess, den sie in der Regel ohne Rechtsbeistand bewältigen müssen." United Nations Development Programme. *Making the Law Work for Everyone: Volume 1 – Report of the Commission on Legal Empowerment of the Poor*. New York: UNDP (2008). 14.
51. Michael R. Anderson. *Access to Justice and Legal Process: Making Legal Institutions Responsive to Poor People in LDCs*. Sussex: Institute of Development Studies (2003).19 . Abrufbar unter: http://www.ids.ac.uk/files/dmfile/Wp178.pdf.
52. Zusammen haben Burkino Faso, Burundi, Elfenbeinküste, Liberia, Malawi, Mali, Niger, Ruanda und Sambia annähernd 114 Millionen Einwohner, denen 2550 Juristen gegenüberstehen. Vermont hat für seine 622.000 Einwohner 2166 Anwälte.

    Kalifornien, Texas, New York, Florida und Illinois haben zusammen 112 Millionen Einwohner und 136.880 Anwälte.

    "Lawyers Per Capita By State." *The Law School Tuition Bubble*. Abrufbar unter: http://lawschooltuitionbubble.wordpress.com/original-research-updated/lawyers-per-capita-by-state/.

    United Nations Office on Drugs and Crime. *Access to Legal Aid in Criminal Justice Systems in Africa: Survey Report*. New York: United Nations (2011). Abrufbar unter: http://www.unodc.org/pdf/criminal_justice/Survey_Report_on_Access_to_Legal_Aid_in_Africa.pdf.

53. Ibid., 14.
54. Michael Anderson. *Access to Justice and Legal Process: Making Legal Institutions Responsive to Poor People in LDCs*. Institute of Development Studies, Sussex. (Februar 2003). 19.
55. *Crime and Development in Africa*, 13.
56. United Nations Office on Drugs and Crime. *International Statistics on Crime and Justice* . Ed. S. Harrendorf, M. Heiskanen und S. Malby. Helsinki: European Institute for Crime Prevention and Control, Affiliated with the United Nations (2010). Abrufbar unter: http://www.unodc.org/documents/data-and-analysis/Crime-statistics/International_Statistics_on_Crime_and_Justice.pdf.
57. Press Trust of India. "Court Will Take 320 Years to Clear Backlog Cases: Justice Rao." *The Times of India*, 6. März 2010. Abrufbar unter: http://articles.timesofindia.indiatimes.com/2010-03-06/india/28143242_1_high-court-judges-literacy-rate-backlog.
Bar & Bench News Network. "Pending Litigations 2010: 32,225,535 Pending Cases; 30 % Vacancies in High Courts: Government Increases Judicial Infrastructure Budget by Four Times." *Bar & Bench* (3. Juni 2011). Abrufbar unter: http://barandbench.com/content/212/pending-litigations-2010-32225535-pending-cases-30-vacancies-high-courts-government#.VUd5JWYcTGg.
58. In Kenia wären im Rechtswesen 4681 Stellen zu besetzen, tatsächlich sind nur 1456 Stellen vergeben. Was die Justizbeamten angeht, so beträgt die Gesamtzahl der besetzten Richterposten 277 gegenüber einer Sollstärke von 554.
59. United Nations Office on Drugs and Crime. "Why Fighting Crime Can Assist Development in Africa: Rule of Law and Protection of the Most Vulnerable" United Nations Office on Drugs and Crime. Abrufbar unter: http://www.unodc.org/pdf/research/Africa_Summary_eng.pdf.
60. Antonio T. Carpio. "Judicial Reform in the Philippines." Central Luzon Regional Convention of the Integrated Bar of the Philippines. (29. Juni 2012). Speech. Abrufbar unter: http://www.scribd.com/doc/98639760/Justice-Antonio-T-Carpio-Judicial-reform-in-the-Philippines. Siehe auch: "Philippine Justice Slowed by Judge Shortage." *Middle East North Africa Financial Network. Singapore: The Straits Times*, 28. März 2011. Abrufbar unter: http://www.menafn.com/menafn/qn_news_story.aspx?storyid=\protect\$\relax\delimiter"4266308\$c094a43b-1f36-40b0-8965-b75893560a63\protect\$\relax\delimiter"5267309\$;.
61. International Bar Association Human Rights Institute. *One in Five: The Crisis in Brazil's Prisons and Criminal Justice System*. London: International Bar Association (2010).

62. R. Hunter. "Reconsidering 'Globalisation': Judicial Reform in the Philippines." *Law, Text, Culture* 6, no. 1 (1. Januar 2002): 6. Abrufbar unter: http://ro.uow.edu.au/ltc/vol6/iss1/5/.
63. "In einem solchen Klima der Straflosigkeit ist der Abschreckungseffekt des Gesetzes minimal." United Nations Office on Drugs and Crime, *Crime and Development in Central America: Caught in the Crossfire*. United Nations (2007). 13. Abrufbar unter: http://www.unodc.org/documents/data-and-analysis/Central-america-study-en.pdf.
"Wenn nicht einmal jeder 20. Mord zu einer Verurteilung führt, dürfte der Abschreckungseffekt des Strafrechtsystems äußerst schwach sein, und Serientäter können sich möglicherweise einer langen Karriere erfreuen, bevor sie festgenommen werden." United Nations Office on Drugs and Crime. Figure 9: Homicide Conviction Rates: Europe *Crime and Development in Africa*. United Nations (2005). 69. Abrufbar unter: http://www.unodc.org/pdf/African_report.pdf.
64. Heather Timmons. "Rape Trial Challenges a Jam in India's Justice System." *The New York Times*, 23. Januar 2013. Abrufbar unter: http://www.nytimes.com/2013/01/24/world/asia/gang-rape-trial-tests-indias-justice-system.html?pagewanted=1.
65. Justice J. S. Verma (ret'd), Justice Leila Seth (ret'd) und Gopal Subramanium.
Report of the Committee on Amendments to Criminal Law.
(23. Januar 2013). Abrufbar unter: http://www.scribd.com/doc/121798698/Justice-Verma-Committee-report.
66. WAMU-FM. Kojo Nnamdi Show. "Interview of Katherine Boo regarding her book *Behind the Beautiful Forevers: Life, Death, and Hope in a Mumbai Undercity*." (29. Februar 2012). (Auszug unter: 26:51–28:52).
67. Ronald Bailey. "The Secrets of Intangible Wealth." Reason.com, (5. Oktober 2007). Abrufbar unter: http://reason.com/archives/2007/10/05/the-secrets-of-intangible-weal.
68. The World Bank. *Where is the Wealth of the Nations?* Washington, DC: The World Bank (2006). Abrufbar unter: http://siteresources.worldbank.org/INTEEI/214578-1110886258964/20748034/All.pdf.
69. David Brooks. "Sam Spade at Starbucks." *The New York Times*, 12. April 2012. Abrufbar unter: http://www.nytimes.com/2012/04/13/opinion/brooks-sam-spade-at-starbucks.html?_r=0.
70. Mark L. Schneider. *Placing Security and Rule of Law on the Development Agenda*. Washington, DC: World Bank (2009). 14. Print.

6. Zerstörte Träume

1. Martin Luther King, Jr. "I Have a Dream." Lincoln Memorial, Washington, DC, (28. August 1963). Abrufbar unter: http://www.americanrhetoric.com/speeches/mlkihaveadream.htm (deutsch: „Ich habe einen Traum.“). Abrufbar unter: http://www.lebenshaus-alb.de/magazin/001880.html.
2. UN Archives/Geneva, SOA 317/4/01(C), eine Rede von John Humphrey, 1. Januar 1952, zitiert in Paul Gordon Lauren. *The Evolution of International Human Rights: Visions Seen*. 3d ed. XX: Philadelphia: University of Pennsylvania (2011). 232.
3. Ibid.
4. Robert Jackson, Opening Statement, in International Military Tribunal, *Trial of the Major War Criminals* 2 (21. November 1945): 98–99, 130, zitiert in Lauren. *The Evolution of International Human Rights*, 198.
5. Lauren, *The Evolution of International Human Rights*, 198.
6. Ibid.
7. Herman Göring, zitiert nach G. M. Gilbert *Nuremberg Diary*. New York: New American Library, (1961), 39, (deutsch: *Nürnberger Tagebuch*. Fischer, Frankfurt am Main, 1977), zitiert in Paul Gordon Lauren, *The Evolution of International Human Rights: Visions Seen*,1 98.
8. Mary Ann Glendon. *A World Made New: Eleanor Roosevelt and the Universal Declaration of Human Rights*. New York: Random House, 2001.
9. Lauren, *The Evolution of International Human Rights*, 207.
10. Ibid.
11. Ibid.
12. Glendon, *A World Made New*, 36.
13. Ibid.
14. Vladimir Koretsky, zitiert in Humphrey, *Human Rights and the United Nations*, 40. Siehe auch: U.S., NARA, RG 59, Box 2256, 501.BD Human Rights/, Telegram 7594 from W. Austin to Department of State, Restricted, (21. Juni 1947) in Lauren, *The Evolution of International Human Rights*, 217.
15. Hansa Mehta, zitiert in "Economic and Social Council," *United Nations Weekly Bulletin*, 25. März 1947, in Lauren, *The Evolution of International Human Rights*, 217.
16. Ibid.
17. Glendon, *A World Made New*, xvi.

18. E. N. Nasinovsky, 16. Dezember 1966, in UN/GA, *Official Records, Plenary Meetings*, 1966, at 13, zitiert in Lauren, *The Evolution of International Human Rights*, 242.
19. Lauren, *The Evolution of International Human Rights*, 242.
20. Martha Finnemore and Kathryn Sikkink. "International Norm Dynamics and Political Change." *International Organization* 52 (1998): 887–917. Abrufbar unter: http://home.gwu.edu/~finnemor/articles/1998_norms_io.pdf.
21. Human Rights Watch. "The Small Hands of Slavery: Bonded Child Labor In India" *Human Rights Watch Children's Rights Project*. New York: Human Rights Watch (1996). Abrufbar unter: http://www.hrw.org/reports/1996/India3.htm.
22. Women in Law and Development. *Protocol to the African Charter on Human and People's Rights on the Rights of Women in Africa (Simplified)*. Lomé, Togo: Women in Law and Development. (2005). Abrufbar unter: http://www.peacewomen.org/portal_resources_resource.php?id=939.
23. Abigail Schwartz. "Sex Trafficking in Cambodia." *Columbia Journal of Asian Law* 17, no. 2 (2004): 373–431.
24. Jonathan L. Hafetz. "Latin America: Views on Contemporary Issues in the Region Pretrial Detention, Human Rights, and Judicial Reform in Latin America." *Fordham.*
International Law Journal 26, no. 6 (2002): 1754–1777.
25. Karl DeRouen Jr. und Uk Heo. "Modernization and the Military in Latin America." *British Journal of Political Science* 31 (2001): 475–496. Abrufbar unter: http://www.jstor.org/discover/10.2307/3593286?uid=3739584&uid=2129&uid=2134&uid=2&uid=70&uid=4&uid=3739256&sid=21101371053863.
26. Lauren, 228.
27. Andrea M. Bertone. "Transnational Activism to Combat Trafficking in Persons." *Brown Journal of World Affairs* 10 (2004): 9–22.
28. Stuart Ford. "How Leadership in International Criminal Law is Shifting from the United States to Europe and Asia: An Analysis of Spending on and Contributions to International Criminal Courts." *Saint Louis University Law Journal* 55 (2011): 953–999. Abrufbar unter: http://papers.ssrn.com/sol3/papers.cfm?abstract_id=1674063.
29. Hans Peter Schmitz. "Transnational Human Rights Networks: Significance and Challenges." *The International Studies Encyclopedia*. Vol. XI, ed. Robert A. Denmark.
New York: Wiley-Blackwell, 2010. 7189–7208.
30. Commission on Legal Empowerment of the Poor. *Making the Law Work for Everyone.* Report vol. 1. United Nations Development Program-

me, Juni 2008. 31–32. Abrufbar unter: http://www.unrol.org/doc.aspx?n=Making_the_Law_Work_for_Everyone.pdf.
31. United Nations General Assembly. *Universal Declaration of Human Rights*. Paris: United Nations (1948). Article 8. Abrufbar unter: http://www.un.org/en/documents/udhr/index.shtml.

7. Warum das koloniale Erbe das Scheitern der Rechtssysteme erklärt

1. Während der britischen Kolonialherrschaft "Indian Civil Service" („Öffentlicher Dienst Indiens") genannt.
2. Im selben Jahr führten die Franzosen die erste uniformierte Berufspolizei ein.
3. Kirpal Dhillon. *Police and Politics in India: Colonial Concepts, Democratic Compulsions, Indian Police, 1947–2002*. New Delhi: Manohar (2005). 35. Print. Emphasis added.
4. Ibid., 329.
5. Ibid., 23, 41.
6. Ibid., 41.
7. Ibid., 36.
8. Ibid., 33.
9. David Bayley. "The Police and Political Development in India." Patterns of Policing: A Comparative International Analysis. New Brunswick: Rutgers University Press. (1985). Print. 51.
10. Ibid., 42.
11. Ibid., 45.
12. "History of the Kenya Police." Kenya Police. Abrufbar unter: http://archive.is/eoer.
13. *Broken System: Dysfunction, Abuse, and Impunity in Indian Police*. New York: Human Rights Watch (2009). Abrufbar unter: http://www.hrw.org/sites/default/files/reports/india0809web.pdf.
14. Dhillon, *Police and Politics in India*, 28.
15. Ibid.
16. Patrick Edobar Igbinovia. "Pattern of Policing in Africa: The French and British Connections." *Police Journal* 54, no. 2 (1981): 150–151.
17. Ibid., 150–152.
18. Emmanuel C. Onyeozili. "Obstacles to Effective Policing in Nigeria." *African Journal of Criminology and Justice Studies* 1, no. 1 (2005): 32.
19. Ibid., 37.

20. Ibid., 36.
21. Edna E. A. Co et al. *Philippine Democracy Assessment: Rule of Law and Access to Justice*. Stockholm: International Institute for Democracy and Electoral Assistance (2010).
98–99. Abrufbar unter: http://www.idea.int/publications/philippine_democracy_assessment/loader.cfm?csmodule=security/getfile&pageid=42088.
22. Ibid.
23. S. E. Hendrix. "Innovation in Criminal Procedure in Latin America: Guatemala's Conversion to the Adversarial System." *Southwestern Journal of Law and Trade in the Americas* 5 (Herbst 1998): 381. Print.
24. Simon Robins. "Restorative Approaches to Criminal Justice in Africa: The Case of Uganda." *The Theory and Practice of Criminal Justice in Africa*. Pretoria, South Africa: Institute for Security Studies (2009). 61.
25. Iffat Idris. *Legal Empowerment in Pakistan*. Islamabad: United Nations Development Programme Pakistan (2008).
26. Open Society Initiative for Southern Africa. *Mozambique: Justice Sector and the Rule of Law*. Johannesburg: Open Society Initiative for Southern Africa (2006). 111. Abrufbar unter: http://www.afrimap.org/english/images/report/Mozambique%20Justice%20report%20(Eng).pdf.
27. AfriMAP et al. *Ghana: Justice Sector and the Rule of Law*. Dakar: Open Society Initiative for West Africa (2007). 104. Abrufbar unter: http://www.afrimap.org/english/images/report/AfriMAP_Ghana%20JusticeDD.pdf.
28. F. E. Kanyongolo. *Malawi: Justice Sector and the Rule of Law*. Johannesburg: Open Society Initiative for Southern Africa (2006). 114–115. Abrufbar unter: http://www.afrimap.org/english/images/report/Malawi%20Report%20justice.pdf.
29. S. F. Joireman. "Inherited Legal Systems and Effective Rule of Law: Africa and the Colonial Legacy." *The Journal of Modern African Studies* 39, no. 4 (2001): 571–596.
30. "Access to Justice and Legal Process: Making Legal Institutions Responsive to Poor People in LDCs," 21.
31. Daniel Fitzpatrick. "Beyond Dualism: Land Acquisition and Law in Indonesia." *Indonesia: Law and Society*, 2d ed. Ed. Tim Lindsey. Sydney: The Federation Press (2008). 1. Siehe auch: D. Henley. "In the Name of Adat: Regional Perspectives on Reform, Tradition, and Democracy in Indonesia." *Modern Asian Studies* 42, no. 4 (2008): 815–852. Print.
Kurnia Toha. *The Struggle over Land Rights: A Study of Indigenous Property Rights in Indonesia*. Seattle: University of Washington (2007).
32. Amnesty International. *Senegal: Land of Impunity*. London: Amnesty International Publications (2010). 14. Abrufbar unter: http://www.

amnistia-internacional.pt/files/Relatoriosvarios/Senegal-Terra_da_Impunidade.pdf.
33. Ibid., 6.
34. Dhillon, *Police and Politics in India*, 42.
35. Ibid., 29.

8. Privatjustiz und öffentliche Rechtlosigkeit

1. Obwohl mit den größten Wachstumsmotoren ausgestattet, sind die sogenannten BRIC-Staaten (Brasilien, Russland, Indien und China) wieder auf ein früheres Niveau ihres Wirtschaftswachstums zurückgefallen. Ruchir Sharma. "Broken BRICs: Why the Rest Stopped Rising." Foreign Affairs (November–Dezember 2012).
2. *International Law and the Third World: Reshaping Justice*. Ed. Richard Falk, Balakrishnan Rajagopal und Jacqueline Stevens. New York: Routledge-Cavendish (2008), 1–2.
3. "Kurz gesagt: während die Armut in der Welt – vor allem die extreme Armut – in den letzten drei Jahrzehnten deutlich reduziert werden konnte, scheint die Einkommensungleichheit von allen Weltbürgern unverändert geblieben zu sein, trotz einer Reduzierung der internationalen (zwischen den Ländern herrschenden) Ungleichheit. Und noch wichtiger: Die Ursache dafür, dass die Kluft zwischen internationaler und globaler Ungleichheit immer größer wird, scheint in der zunehmenden Einkommensungleichheit innerhalb der Länder zu liegen – vor allem in großen asiatischen Schwellenländern wie China, Indien und Indonesien sowie in zahlreichen OECD-Ländern – und nicht in den Unterschieden zwischen ihnen." Pedro Olinto and Jaime Saavedra. Inequality in Focus: An Overview of Global Income Inequality Trends. Washington: The World Bank April 2012. Abrufbar unter: http://siteresources.worldbank.org/EXTPOVERTY/Resources/Inequality_in_Focus_April2012.pdf.
4. Andy Summer. *Where Will the World's Poor live? An Update on Global Poverty and the New Bottom Billion*. Working Paper 305. Center for Global Development, (September 13, 2012). Abrufbar unter: http://www.cgdev.org/content/publications/detail/1426481/.
5. World Bank. "Equity and Development." *World Development Report 2006*. *New York*: Oxford University Press (2006).
6. Jayati Ghosh. "Poverty reduction in China and India: Policy Implications of Recent Trends." New York: United Nations (Januar 2010). 17. Abrufbar unter: http://www.un.org/esa/desa/papers/2010/wp92_2010.pdf.

7. Reuters. "Latin American Poverty Rate Ebbs to Lowest in 3 decades – UN." November 27, 2012. Abrufbar unter: http://www.reuters.com/article/2012/11/27/latinamerica-poverty-eclac-idUSL1E8MR34B20121127.
8. W. Clinton Terry und Karelisa V. Hartigan. "Police Authority and Reform in Augustan Rome and Nineteenth-Century England." *Law and Human Behavior* 6, no. 3–4 (1982). 307.
9. Law and Policy Reform at the Asian Development Bank. "Report from the ADB Symposium on Challenges in Implementing Access to Justice Reforms." Asian Development Bank (2005). 10. Abrufbar unter: http://www.asianlii.org/asia/other/ADBLPRes/2005/2.pdf.
10. Rita Abrahamsen und Michael C. Williams. "Privatising Africa's Everyday Security." *Open Security*, (Juli 1, 2010). Abrufbar unter: http://www.opendemocracy.net/opensecurity/rita-abrahamsen-michael-c-williams/privatising-africas-everyday-security.
11. Rachel Neild. "From National Security to Citizen Security: Civil Society and the Evolution of Public Order Debates." *International Center for Human Rights and Democratic Development* (1999). 16. Abrufbar unter: http://www.umass.edu/legal/Benavides/Fall2005/397U/Readings%20Legal%20397U/9%20.Richard%20Neild.pdf.
12. James Holston, quoted in ibid., 11.
13. Neild, "From National Security to Citizen Security," 16.
14. Manu Kaushik. "A Force to Reckon With." *Business Today*, 31. Oktober 2010. Abrufbar unter: http://businesstoday.intoday.in/story/a-force-toreckon-with/1/9591.html.
15. Ibid.
16. Luciana Coelho. "Brazil Has Almost 5 Private Security Guards for Each Police Officer." *Folha De S. Paulo*, 14. September 2012. Abrufbar unter: http://www1.folha.uol.com.br/internacional/en/saopaulo/2012/09/1153834-brazil-has-almost-5-private-security-guards-for-each-police-officer.shtml.
17. William C. Prillaman. "Crime, Democracy, and Development in Latin America." *Policy Papers on the Americans*, vol. XIV, study 6. Washington, DC: Center for Strategic and International Studies (2003), 13. Abrufbar unter: http://csis.org/files/media/csis/pubs/ppcrime_democracy_inlatinamerica%5B1%5D.pdf.
18. Coelho, "Brazil Has Almost 5 Private Security Guards for Each Police Officer.".
19. World Bank. *Kenya – Economic Development, Police Oversight, and Accountability: Linkages and Reform Issues*. Washington, DC: World Bank (2009), ii. Abrufbar unter: https://openknowledge.worldbank.org/bitstream/

handle/10986/3174/445150ESW0P1061C0disclosed031161101.pdf?sequence=1.

20. World Bank. *Enhancing the Competitiveness of Kenya's Manufacturing Sector: The Role of the Investment Climate*. Washington, DC: World Bank (2004). 78. http://econ.worldbank.org/external/default/main?ImgPagePK=64202990&entityID=000090341_20050929102801&menuPK=64208995&pagePK=64210502&the-----SitePK=477872&piPK=64210520.
21. Peter Schouten. "Political Topographies of Private Security in Sub-Saharan Africa." *African Engagements: Africa Negotiating an Emerging Multipolar World*. Africa–Europe Group for Interdisciplinary Studies, vol. 5 (2011): 58. Abrufbar unter: http://www.academia.edu/1544401/Political_topographies_of_private_security_in_Sub-Saharan_Africa.
22. Abrahamsen and Williams, "Privatising Africa's Everyday Security".
23. Michael Weissenstein. "Mexico Drug War: Common Crime Rates Rise." *Huffington Post*, 20. Oktober 2012. Abrufbar unter: http://www.huffingtonpost.com/2012/10/20/mexico-drug-war_n_1992497.html#slide=1630080. Katharine A. Lorr. Review of *Gangland: The Rise of Mexican Drug Cartels from El Paso to Vancouver* by Jerry Langton. The Washington Independent Review of Books. Abrufbar unter: http://www.nyjournalofbooks.com/book-review/gangland-rise-mexican-drug-cartels-el-paso-vancouver. http://www.washingtonindependentreviewofbooks.com/bookreview/gangland-the-rise-of-mexican-drug-cartels-from-el-paso-to-vancouver/. Jeanna Cullinan. "A Look at Police Reform." *Tinker Foundation Incorporated*. Abrufbar unter: http://www.tinker.org/content/look-police-reform.
24. Katherine Boo. *Behind the Beautiful Forevers: Life, Death, and Hope in a Mumbai Undercity*. New York: Random House, 2012.
25. Anthony Wanis-St. John. "Implementing ADR in Transitioning States: Lessons Learned from Practice." *Harvard Negotiation Law Review* 5 (2000). 339, 342.
26. Ibid., 342–343.
27. Ibid., 346.
28. Ibid., 368.
29. 29 Neild, "From National Security to Citizen Security," 2.
30. Kathryn Neckerman. *Social Inequality*. New York: Russell Sage Foundation, 2004; Siehe auch: Katrina Kosec. "Relying on the Private Sector: The Political Economy of Public Investments in the Poor." Unpublished PhD dissertation. Stanford University (2011). 1. Abrufbar unter: http://works.bepress.com/cgi/viewcontent.cgi?article=1015&context=katrina_kosec.

31. Kosec, Relying on the Private Sector, 5, 6. Siehe auch: Tugrul Gurgur. "*The Political Economy of Public Spending on Publicly-Provided Goods in Developing Countries.*" Unpublished PhD dissertation. University of Maryland (2005). Abrufbar unter: http://drum.lib.umd.edu/bitstream/1903/2601/1/umi-umd-2495.pdf.
32. Miguel Sánchez und Roby Senderowitsch. "The Political Economy of the Middle Class in the Dominican Republic Individualization of Public Goods, Lack of Institutional Trust and Weak Collective Action." *World Bank Policy Research Working Paper*. Santo Domingo, Dominican Republic: World Bank (2012). 39,40. Abrufbar unter: http://www-wds.worldbank.org/external/default/WDSContentServer/IW3P/IB/2012/04/24/000158349_20120424091546/Rendered/PDF/WPS6049.pdf. Siehe auch: The World Bank. "*Alternative Dispute Resolution Workshop.*" 6. Januar 2000. Room M, 1818 H Street, N.W. Washington, D.C. Washington: Miller Reporting Co. (2000). Abrufbar unter: http://siteresources.worldbank.org/INTLAWJUSTINST/Resources/TranscriptOfWorkshop.pdf.
33. Carol Graham. *Private Markets for Public Goods: Raising the Stakes in Economic Reform*. Washington, DC: Brookings Institution Press (1998); Siehe auch: Gurgur, "The Political Economy of Public Spending on Publicly-Provided Goods in Developing Countries".
34. World Bank, "Alternative Dispute Resolution Workshop".
35. Ibid.

9. Von nichts kommt nichts

1. „Foreign Aid for Development Assistance" Global Issues, (April 8, 2012). Siehe Grafik mit dem Titel"Comparing Official Aid Given vs. Shortfall 1970–2011, (USD Trillions at 2010 Prices)." Web. Abrufbar unter: http://www.globalissues.org/article/35/foreign-aid-development-assistance#ForeignAidNumbersinChartsandGraphs.
2. Auch wenn einige Kritiker (z. B. Moyo Easterly) argumentierten, dass diese Hilfe angesichts des großen menschlichen Leids, das auf die globale Armut zurückgeht, eventuell falsch oder kontraproduktiv ausgegeben wurde, denken wir nicht, dass es eine zu große Investition für die Menschheit war, um dazu beizutragen, die Armut wirklich abzuschaffen.
3. Die Armen vor Gewalt zu schützen, schließt auch Punkt 2 „Ordnung und Sicherheit" (Unterfaktor „Effektive Verbrechenskontrolle") und Unterfak-

tor „Grundrechte“ mit ein, wo der Index besagt, dass Rechtsstaatlichkeit effektiv das „Recht auf Leben und die Sicherheit der Person“ garantiert.

4. General Accounting Office. *Foreign Aid: Police Training and Assistance*. Report GAO-. Washington, DC: General Accounting Office (1992). 1. Abrufbar unter: http://archive.gao.gov/t2pbat7/145909.pdf.
5. Ibid.
6. Ethan Avram Nadelmann. *Cops Across Borders: The Internationalization of U.S. Criminal Law Enforcement*. University Park: Penn State Press, 1993. 113–116.
7. Der Kongress autorisierte Ausnahmen von dem Verbot, ausländischen Polizeibehörden Hilfe zukommen zu lassen (Paragraph 660), um notwendige Schulungen und die Unterstützung im Kampf gegen Drogenhandel und Terrorismus zu finanzieren. Die Mittel dafür stammten primär vom „Bureau of International Narcotics and Law Enforcement Affairs“ (INL) des US-Außenministeriums. USAID beschränkt seine Polizeiunterstützung auf ein kleines Programm, das dazu dienen soll, zivile Kontrolle über die Polizei mittels kommunaler Überwachungsprogramme auszuüben.
8. U.S. Agency for International Development. *Assistance for Civilian Policing: USAID Policy Guidance*. Washington, DC: U.S. Agency for International Development (2005). 1. Abrufbar unter: http://pdf.usaid.gov/pdf_docs/PNADU808.pdf.
9. The World Bank. *Initiatives in Justice Reform*. Washington, DC: The World Bank (2009). 4. Abrufbar unter: http://siteresources.worldbank.org/INTLAWJUSTINST/Resources/JRInitiativestext2009.pdf.
10. The World Bank. *World Development Report: Conflict, Security and Development*.
    Washington, DC: The World Bank (2011). 5. Abrufbar unter: http://siteresources.worldbank.org/INTWDRS/Resources/WDR2011_Full_Text.pdf.
11. Anne-Marie Leroy. “Legal Note on Bank Involvement in the Criminal Justice Sector.” Washington, DC: The World Bank (2012). Abrufbar unter: http://siteresources.worldbank.org/INTLAWJUSTINST/Resources/CriminalJusticeLegalNote.pdf.
12. The World Bank. *World Bank Directions in Justice Reform: Discussion Note*.Washington, DC: The World Bank (2012). 1. Abrufbar unter: http://siteresources.worldbank.org/EXTLAWJUSTINST/Resources/wb_jr_discussionnote.pdf.
13. Robert Zoellick, zitiert in *World Bank Directions in Justice Reform: Discussion Note*, 1.

14. C. Stone. “Crime, Justice Systems, and Development Assistance.” *The World Bank Legal Review: Law, Equity, and Development*, vol. 2. Ed. A. Palacio. Washington, DC: The World Bank (2006). 215–216.
15. Der Europäische Konsens über die Entwicklungspolitik, Gemeinsame Erklärung des Rates und der im Rat vereinigten Vertreter der Regierungen der Mitgliedstaaten, des Europäischen Parlaments und der Kommission (2006/C 46/01), S. 7.
16. Nicole Ball et al. “Security and Justice Sector Reform Programming in Africa.” *Evaluation Working Paper 23*. London and Glasgow: DFID (2007). ix. Abrufbar unter: http://www.dfid.gov.uk/Documents/publications1/evaluation/sjr.pdf.
    Siehe auch: Adam Isacson and Nicole Ball. “U.S. Military and Police Assistance to Poor-Performing States.” *Short of the Goal*. Ed. Nancy Birdsall, Milan Vaishnav, and Robert Ayres (2006): 414. Abrufbar unter: http://www.cgdev.org/doc/shortofthegoal/chap13.pdf.
17. United States Department of State. “DRL Programs, Including Human Rights Democracy Fund (HRDF).” *U.S. Department of State Archive*. (2001–2009). Abrufbar unter: http://2001-2009.state.gov/g/drl/p/index.htm.
18. Freedom House. *Investing in Freedom: An Analysis of the Obama Administration FY 2011 Budget Request for Democracy and Human Rights*. Washington, DC: Freedom House (Mai 2011). 10. Abrufbar unter: http://www.freedomhouse.org/sites/default/files/inline_images/Investing%20in%20Freedom%20Analyzing%20the%20FY%202012%20International%20Affairs%20Budget%20Request.pdf U.S. State Department. *The Merida Initiative – Fact Sheet.* Washington, D.C.: U.S. State Department (2009). Abrufbar unter: http://www.state.gov/j/inl/rls/fs/122397.htm.
19. The fight against terrorism, Programming Guide for Strategy Papers, Programming Fiche, Januar 2006, URL: http://ec.europa.eu/development/How/iqsg/docs/fiches_pdf/F36_terrorism_fin.pdf.
20. U.S. State Department. The Merida Initiative – Fact Sheet. Washington, D.C.: U.S. State Department (2009). Abrufbar unter: http://www.state.gov/j/inl/rls/fs/122397.htm.
21. Michael Shifter. *Countering Criminal Violence in Central America*. New York: Council on Foreign Relations (2012). 18. Abrufbar unter: http://www.cfr.org/central-america/countering-criminal-violence-central-america/p27740.
22. Als ermutigende Ausnahme von diesem Trend kann das vergleichsweise kleine Bezirks-Modellprogramm (Model Precinct Program) gelten, das vom US-Außenministerium bzw. INL, dem Büro für Internationale Betäubungsmittel- und Rechtsangelegenheiten, ins Leben gerufen wurde. Es

erwies sich als eine wirksame Maßnahme zur Verbrechensvorbeugung in einigen der von Gewalt am meisten betroffenen Regionen Guatemalas, El Salvadors und Honduras'. Im Jahr 2010 beispielsweise gab es Investitionen in Höhe von 20,4 Millionen US-Dollar.

23. Die Zahlen wurden den „State/INL Congressional Budget Justification Reports" entnommen, FY 2001–2009 in einem Zeitabstand von zwei Jahren. United States Department of State. *Congressional Budget Justification: Fiscal Year 2001*. Washington, DC: GPO (2000). United States Department of State. *Congressional Budget Justification: Fiscal Year 2003*. Washington, DC: GPO (2002). 507, 515. Abrufbar unter: http://www.state.gov/documents/organization/9478.pdf United States Department of State. *Congressional Budget Justification: Fiscal Year.*
2005. Washington, DC: GPO (2004). 585, 593. Abrufbar unter: http://www.state.gov/documents/organization/28982.pdf.
United States Department of State. *Congressional Budget Justification: Fiscal Year.*
2007. Washington, DC: GPO (2006). 665, 673. Abrufbar unter: http://www.state.gov/documents/organization/60658.pdf.
United States Department of State. *Congressional Budget Justification: Fiscal Year.*
2008. Washington, DC: GPO (2007). 76. Abrufbar unter: http://www.state.gov/documents/organization/84462.pdf.
United States Department of State. *Congressional Budget Justification: Fiscal Year.*
2009. Washington, DC: GPO (2008). http://www.state.gov/documents/organization/100326.pdf.
United States Department of State. *FY 2010 Program and Budget Guide: Centrally-Managed Programs*. Washington, DC: GPO (2009). 41. Abrufbar unter: http://www.state.gov/documents/organization/131027.pdf.
United States Department of State. *FY 2012 Program and Budget Guide: Centrally-Managed Program*. Washington, DC: GPO (2011). 201. Abrufbar unter: http://www.state.gov/documents/organization/185822.pdf.
FY2010 und 2011 wurden dem „State/INL Budget Justification Report 2012 United States Secretary of State. *Congressional Budget Justification Volume …*" entnommen. *Congressional Budget Justification Volume 1: Department of State Operations: Fiscal Year 2012*. Washington, DC: GPO (2011). 423–426. Abrufbar unter: http://www.state.gov/documents/organization/156215.pdf.
24. Rachel K. Belton. "Competing Definitions of the Rule of Law: Implications for Practitioners." *Carnegie Papers: Rule of Law Series*, No. 55

(2005): 23. Abrufbar unter: http://www.carnegieendowment.org/files/CP55.Belton.FINAL.pdf.

25. Vivek Maru "Access to Justice and Legal Empowerment: A Review of World Bank Practice." *Hague Journal on the Rule of Law* 2 (2010): 259–281. Abrufbar unter: http://journals.cambridge.org/action/displayAbstract?fromPage=online&aid=7942021.
26. *World Bank Directions in Justice Reform: Discussion Note*. 1. Abrufbar unter: http://siteresources.worldbank.org/EXTLAWJUSTINST/Resources/wb_jr_discussionnote.pdf.
27. Von 2004 bis 2008 betrugen die Ausgaben für „Rechtsstaatlichkeit" 460 Millionen US-Dollar. 2009 wurden sie um 97 Prozent auf 16 Millionen gekürzt. 190 Millionen US-Dollar der vorherigen Summe waren speziell für Projekte zur Herstellung von Recht und Ordnung vorgesehen. Seither wurden die Mittel für Projekte zur Rechtsstaatlichkeit zwar wieder leicht angehoben, belaufen sich aber immer noch auf weniger als die Hälfte (zwischen 2010 und 2012 um 64 Prozent gekürzt) der früheren Ausgaben zwischen 2004 und 2008.
28. Belton, "Competing Definitions".
29. United States General Accounting Office. *Foreign Assistance: Rule of Law Funding Worldwide for Fiscal Years 1993–98*. Washington, DC: GPO (1999). 12.
    Abrufbar unter: http://www.gao.gov/archive/1999/ns99158.pdf.
30. John F. Tierney. *Multiple U.S. Agencies Provided Billions of Dollars to Train and Equip Foreign Police Forces*. GAO Report. Washington, DC: GPO (2011). 2.
    Abrufbar unter: http://www.gao.gov/new.items/d11402r.pdf.

10. Es ist schon einmal gelungen

1. Richard Zacks. *Island of Vice: Theodore Roosevelt's Quest to Clean Up Sin-LovingNew York*. Garden City, NY: Anchor Books (2012). 84. Print.
2. Jean Pfælzer. *Driven Out: The Forgotten War against Chinese Americans.* University of California Press. (2008) Print. 75–84.
3. Ibid., 25.
4. Ibid., 243–251.
5. Elaine Tipton. *The Japanese Police State: The Tokkō In Interwar Japan*. London: Athlone Press (1990). 66–67.

Christopher Aldous. *The Police in Occupation Japan: Control, Corruption, and Resistance to Reform* . London and New York: Routledge, Chapman & Hall (1997). 32–33.

6. J.P. Burdy. "Social Control and Forms of Working-Class Sociability in French Industrial Towns between the Mid-Nineteenth and the Mid-Twentieth Centuries." *Social Control in Europe 1800–2000*, vol. 2. Trans. Helen Arnold, ed. H. Roodenburg, P. Spierenburg, C. Emsley und E. Johnson. Columbus: Ohio State University Press (2004). 25–69. Print.
   P. Lawrence. "Policing the Poor in England and France, 1850–1900." *Social Control in Europe 1800–2000*, vol. 2. Ed. H. Roodenburg, P. Spierenburg, C. Emsley.
   und E. Johnson. Columbus: Ohio State University Press (2004). 210–225.
7. Jean-Marc Berlière. "L'Institution policière en France sous la Troisième République,1875–1914." Unveröffentlichte PhD Dissertation. University of Bourgogne, Dijon.
   (1991). 36.
8. Samuel Walker and Charles Katz. *The Police in America: An Introduction.* New York: McGraw- Hill (2007). 4.
9. Ibid., 9.
10. Ibid., 16.
11. Ibid., 9.
12. Ibid., 14.
13. Ibid., 24.
14. Ibid., 62.
15. Ibid.
16. Ibid., 9.
17. Ibid., 40.
18. Ibid., 100.
19. Zacks, *Island of Vice*, 88.
20. Walker und Katz, *The Police in America*, 9.
21. Ibid., 20.
22. Ibid., 16.
23. Ibid., 20.
24. Ibid. 1876 patrouillierten in New York, damals eine Stadt mit etwa einer Million Einwohnern, 769 Polizisten – das heißt, auf 1300 Bürger kam ein Polizist. In Indien kommen heute 1037 Einwohner auf einen Polizisten, auf den Philippinen 1400.
25. Walker und Katz, *The Police in America*, 20.
26. Ibid., 21.
27. Ibid., 18 and Zacks, *Island of Vice*, 103.
28. Walker and Katz, *The Police in America*, 24.

29. Ibid.
30. Ibid., 25.
31. Ibid., 30.
32. Robert F. Vodde. *Andragogical Instruction for Effective Police Training*. Amhurst: Cambria Press (2009). 5–6 (Zitat Stephens).
33. Walker und Katz, *The Police in America*, 10.
34. Vodde, *Andragogical Instruction*, 7 (quoting Bailey).
35. Ibid.
36. Vodde, *Andragogical Instruction*, 1–17.
37. John Roach and Jürgen Thomaneck. *Police and Public Order in Europe.* Croom Helm. (1985) Print. 107.
38. David H. Bayley. "The Police and Political Development in Europe." *The Formation of National States in Western Europe*. Princeton University Press. (1975) Print. 345.
39. Phillip J. Stead. *The Police of France.* Macmillan Publishing Company. (1983) Print. 34.
40. Ibid., 68–69.
41. D. E. Westney, "The Emulation of Western Organizations in Meiji, Japan: The Case of the Paris Prefecture of Police and the Keishicho." *Journal of Japanese Studies, 8.* (1982), 311.
42. Christopher Aldous. *The Police in Occupation Japan: Control, Corruption, and Resistance to Reform*. London and New York: Routledge, Chapman & Hall. (1997). 24.
43. Ibid., 19–31.
44. Katzenstein, Peter J. und Yutaka Tsujinaka. "'Bullying,' 'Buying,' and 'Binding': US-Japanese Transnational Relations and Domestic Structures." *Cambridge Studies in International Relations*, 42. (1995). 36.
45. Craig L. Parker. *The Japanese Police System Today: A Comparative View*. Armonk, NY: M. E. Sharpe, 2001. 21–22.
46. Walker und Katz, *The Police in America*, 25–26.
47. Vodde, *Andragogical Instruction*, 8 (zitiert aus Roberg in Roberg, Crank, & Kuykendall (2000). 45).
48. Walker und Katz, *The Police in America*, 31.
49. Ibid.
50. Abhijit Banerjee. "Police Performance and Public Perception in Rajasthan, India." Abrufbar unter: http://www.povertyactionlab.org/evaluation/police-performance-and-public-perception-rajasthan-india.
51. Walker und Katz, *The Police in America*, 7.
52. L. Craig Parker. *The Japanese Police System Today: A Comparative View*. Armonk: East Gate Publications (2001), 21.
53. Walker and Katz, *The Police in America*, 44.

54. Vodde, *Andragogical Instruction*, 11.
55. Ibid., 149. J. L. Lyman. “The Metropolitan Police Act of 1829: An Analysis of Certain Events Influencing the Passage and Character of the Metropolitan Police Act in England.” *The Journal of Criminal Law, Criminology, and Police Science* 55, no. 1 (1964): 151.
56. Josiah Flynt. “Police Methods in London.” *North American Review* 176, no. 556 (1903): 440.
57. Ibid., 447.
58. Leonard Porter Ayres. “The Cleveland survey of the administration of criminal justice.” Cleveland: The Cleveland Trust Company. (1922) Abrufbar unter: http://archive.org/details/clevelandsurvey00clevgoog.
59. Samuel Walker. *A Critical Theory of Police Reform.* Lexington Books. (1977) Print. 127.
60. Walker and Katz, *The Police in America*, 135.

11. Projekte, die Hoffnung machen

1. Rhea Ruth V. Rosell. “40 % Cebu City households are poor—DSWD.” *Cebu Daily News*, 6. Oktober 2011. Abrufbar unter: http://newsinfo.inquirer.net/71311/40-cebu-city-households-are-poor-dswd.
2. An diesem Punkt werden sich vermutlich die Geister unserer Leser scheiden: Für die einen machen die Begriffe „Prävalenz“ und „Attribution“ das Buch endlich interessant, für die anderen sind diese Wörter Anlass, das Buch zur Seite zu legen. In der Hoffnung, beide Lesertypen zufriedenzustellen, haben wir die detaillierte Basisstudie und weitere Untersuchungen der Firma Crime & Justice Analysts sowie das 122-seitige Expertengutachten über die Basisstudie und das gesamte Projekt auf der deutschen Webseite von IJM www.ijm-deutschland.de/projectlantern auf Englisch frei zugänglich gemacht (auch auf der englischen Website zu finden unter https://www.ijm.org/projectlantern). Wir versuchen hier zu verdeutlichen, dass es bei unseren Projekten mit dem Ziel eines Strukturwandels primär darum geht, konkrete Veränderungen aufzuzeigen mittels Erstellung eines Basiswerts sowie daran ausgerichteten nachfolgenden Messungen und Bewertungen auf professioneller Ebene. Wir sind erst mit unseren Ergebnissen zufrieden, wenn wir anderen die herbeigeführten Veränderungen auch aufzeigen können.
3. Lokale Akteure kann es auf nationaler und regionaler, aber auch auf kommunaler Ebene geben.

4. Christopher Stone. "Crime, Justice Systems and Development Assistance." *World Bank Legal Review: Law, Equity, and Development*, vol. 2. 217.
5. Ibid.
6. Ibid., 228.
7. Mehr Informationen über IJM-Projekte in anderen Ländern finden Sie unter www.TheLocustEffect.com.
8. David Batty. "More than 30 Women Raped and Beaten in DR Congo Attack" *The Guardian*, 6. Januar 2011. Abrufbar unter: http://www.guardian.co.uk/world/2011/jan/07/congo-women-raped-beaten.
9. Associated Press. "Congo Army Colonel Guilty of Ordering Mass Rape on NewYear's Day." *The Guardian*, 21. Februar 2011. Abrufbar unter: http://www.guardian.co.uk/society/2011/feb/21/congo-rape-trial.
10. Open Society Justice Initiative. *Justice in the DRC: Mobile Courts Combat Rape and Impunity in Eastern Congo*. Juni 2012. 2. Print.
11. UN News Centre. "DR Congo mass rape verdict sends strong signal to perpetrators – UN envoy." *UN News Service*, 21. Februar 2011. Abrufbar unter: http://www.un.org/apps/news/story.asp?NewsID=37580&Cr=sexual.
12. Ibid.
13. Open Society Justice Initiative. *Justice in the DRC: Mobile Courts Combat Rape and Impunity in Eastern Congo*. 5.
14. Tessa Khan und Jim Wormington. "Mobile Courts in the DRC-Lessons from Development for International Criminal Justice." Oxford Transitional Justice Research Working Paper Series, 9. Juli 2012. 23. Abrufbar unter: http://otjr.crim.ox.ac.uk/materials/papers/178/mobile%20courts%20DRC.pdf.
    Siehe auch: Patrick Vinck und Phuong Pham. "Ownership and Participation in Transitional Justice Mechanisms: A Sustainable Human Development Perspective from Eastern DRC." *International Journal of Transitional Justice*, vol. 2 (2008): 401. Print.
15. Ibid., 27.
16. Ibid., 2.
17. Patricía Trindade Maranhão Costa. *Fighting Forced Labour: The Example of Brazil*. Geneva: International Labour Office (2009). v. Abrufbar unter: http://www.ilo.org/wcmsp5/groups/public/---ed_norm/---declaration/documents/publication/wcms_111297.pdf.
18. International Labour Office. *ILO 2012 Global Estimate of Forced Labour Executive Summary*. Geneva: International Labour Office (2012). Print. 2.
19. Costa, *Fighting Forced Labour*, 9.
20. Ibid., 8.
21. Ibid.

22. Kevin Bales. *Disposable People: New Slavery in the Global Economy*. Berkeley und Los Angeles: University of California Press (1999). 5. Print.
23. Ibid., 78.
24. Nick Caistor. "Brazil's 'Slave' Ranch Workers." *BBC News*, May 11, 2005. Abrufbar unter: http://news.bbc.co.uk/2/hi/americas/4536085.stm.
25. Presidência da República do Brasil. "Plano Nacional Para a Erradicação do Trabalho Escravo." Presidência da República do Brasil (2003). Abrufbar unter: http://www.oit.org.br/sites/all/forced_labour/brasil/iniciativas/plano_nacional.pdf.
26. Costa, "Fighting Forced Labour."
27. International Labour Organization. "The Good Practices of Labour Inspection in Brazil: The Eradication of Labour Analogous to Slavery" Geneva: International Labour Organization (2010). Abrufbar unter: http://www.ilo.org/wcmsp5/groups/public/---ed_norm/---declaration/documents/publication/wcms_155946.pdf.
28. Ibid., 39.
29. Ibid., 36.
30. United States Department of State. "Trafficking in Persons Report 2012" Washington, DC: United States Department of State (2012). Abrufbar unter: http://www.state.gov/documents/organization/192594.pdf.
    „Es gab keine umfassenden Daten darüber, wie viele Unternehmer die Bundes- und Arbeitsgerichte in dem betreffenden Zeitraum wegen Zwangsarbeit strafrechtlich verfolgten; allerdings deuteten Medienberichte darauf hin, dass die Behörden sieben Angeklagte nach dem ‚Trabalho Escravo-Gesetz' wegen Zwangsarbeit verurteilten, darunter ein ehemaliger Kongressabgeordneter" (96).
31. Costa, "Fighting Forced Labour," 28.
32. Ibid., 77.
33. Ibid.
34. The World Bank. "Fighting Corruption in Public Services: Chronicling Georgia's.
    Reforms." Washington, DC: The World Bank (2012).
35. Ibid., ix.
36. Transparency International. "Corruption Perceptions Index 2003." Abrufbar unter: http://archive.transparency.org/policy_research/surveys_indices/cpi/2003.
37. World Bank, "Fighting Corruption," 1.
38. Ibid.
39. Ibid., 7.
40. Ibid., 21.
41. Ibid.

42. Ibid., 13.
43. Ibid., 14.
44. Persönliches Gespräch mit dem ehemaligen Premierminister Gilauri. Weltwirtschaftsforum, Januar 2012.
45. World Bank, "Fighting Corruption," 6.
46. Ibid., 18.
47. Ibid., 8.
48. Ibid.
49. Ibid., 19.
50. "Seven Years after the Rose Revolution, Georgia has come a long way." *The Economist.* 19. August 2010. Abrufbar unter: http://www.economist.com/node/16847798.
51. Persönliches Gespräch mit dem ehemaligen Premierminister Gilauri. Weltwirtschaftsforum, Januar 2012.
52. Mehr zu IBJ unter http://www.ibj.org/Meet_IBJ.html.
53. Christopher Stone, Joel Miller, Monica Thornton und Jennifer Trone. "Supporting Security, Justice, and Development: Lessons for a New Era." New York: Vera Institute for Justice (2005). 12. Abrufbar unter: http://www.vera.org/sites/default/files/resources/downloads/Supporting_security.pdf.
54. Ibid., 58.
55. Department for International Development. *Safety, Security, and Accessible Justice: Putting Policy into Practice*. Department for International Development (Juli 2002). Abrufbar unter: http://www.gsdrc.org/docs/open/SSAJ23.pdf.
56. Ibid., 12–14.
57. Peter Albrecht und Paul Jackson. "Executive Summary." *Security System Transformation in Sierra Leone, 1997–2007* . Global Facilitation Network for Security Sector Reform (2009). 6. Abrufbar unter: http://issat.dcaf.ch/content/download/33989/486204/file/Security%20System%20Transformation%20in%20Sierra%20Leone,%201997-2007.pdf.
58. "About Us." *Namati* (2012). Abrufbar unter: http://www.namati.org/about/.
59. Vivik Maru. "Between Law and Society: Paralegals and the Provision of Justice Services in Sierra Leone and Worldwide." *The Yale Journal of International Law* 31 no. 2 (2006): 427–476.
60. Ibid.
61. Maru, "Between Law and Society," 428.
62. Privates Interview mit Vivek Maru. 2012. Interviewer: Holly Burkhalter. 15. Mai 2012.

63. Pamela Dale. "Delivering Justice to Sierra Leone's Poor: An Analysis of the Work of Timap for Justice." World Bank Justice for the Poor Research Report. (2009). 21.
64. Maru, "Between Law and Society", 441.
65. Privates Interview mit Vivek Maru. 2012. Interviewer: Holly Burkhalter.
66. Mehr zu Paz y Esperanza finden Sie unter www.pazyesperanza.org.

Sachverzeichnis

15-70-15-Regel 229

A

Abdul Latif Jameel Poverty Action Lab 209
Abed 88
Abschreckungseffekt 133
Acemoglu, Daron 88
ADR *siehe* Schlichtungsverfahren, alternative (ADR)
ADR-Dienste 170
Afrika südlich der Sahara 27, 50, 62, 71, 166
AIDS 27, 50, 71, 88, 94, 96, 118, 252
Alamelu Blue Metals 64
Alice im Wunderland 126
All India Services *siehe* Gesamtindischer Dienst
Allied Reform League 207
Alternative dispute resolutions *siehe* Schlichtungsverfahren, alternative (ADR)
American Bar Association Rule of Law Initiative (ABA ROLI) 233
American Bar Association's World Justice Project 176
Amnesty International 47, 118, 163, 216
Ancien régime 203
Anti-Menschenhandels-Gesetz 227
Anti-Menschenhandel-Initiativen 232
Apartheid 146
Arbeitssklaven 235
Armut
  Entwicklung zwischen 1981 und 2008 35
  extreme 35, 37, 71, 94, 166, 195
  Formen der 15
  Reduzierung von 165
  verborgener Terror der 15
Armut, globale 105
  Kampf gegen 94, 134
  Komplexität von 39
Armutsbekämpfung 38, 45, 87, 88, 95, 173, 174, 177, 182, 189, 251
  Programme zur 94, 95
Ärzte ohne Grenzen 49, 93
Ashdown, Lord Paddy 137
Aslam, Jawad 61
Aufklärungskampagnen 30, 109, 243, 245, 248
Ausbeutung
  sexuelle 103
  sexuelle, von Kindern 104, 192, 217, 219
Ayala, Gary 6
Ayala, Pedro 5

B

Bales, Kevin 60
Bangalore 16, 30
Bangladesch 38, 152
Bayley, David H. 106, 107
Behinderungsangepasste Lebensjahre 90
Behördenkorruption 65
Beibesheimer, Christina 181
Benenson, Peter 216
Beschneidung, weibliche 47
Besitzrechte 72

nicht klar definierte 72
Bestechung 17, 117, 137, 237
Bestechungssysteme 76
Betreuung, psychologische 93
Bildung 36, 165
für Mädchen 30, 50, 91, 94
Bill and Melinda Gates Foundation 103, 217
BIP *siehe* Bruttoinlandsprodukt
Bonaparte, Napoleon 203, 211
Bonded Labour Abolition Act 101
Boo, Katherine 134, 169, 196
Brasilien 41, 166, 168, 234
Britisches Imperium 155
Britisches Ministerium für Internationale Entwicklung *siehe* Department for International Development(DFID)
Britisch-Indien 152
Brooks, David 137
Bruttoinlandsprodukt (BIP) 89, 235
Bruttosozialprodukt (BSP) 168
Bürgerwehr 200, 202
Büro der Vereinten Nationen für Drogen- und Verbrechensbekämpfung *siehe* United Nations Office on Drugs and Crime
Büro zur Überwachung und Bekämpfung von Menschenhandel im US-Außenministerium (TIP) 187

C

CARE 188
Carroll, Lewis 126
CCSSP *siehe* Commonwealth Community Safety and Security Project
Cebu-Projekt, Phillipinen 103, 217–223, 225–228, 231
Center for Disease Contol 47
Centre for Justice and International Law 235
CFR 184
China 45
Citizens' Municipal League 207
Cleveland Study 208, 213
Coal & Iron Police Act (USA) 194
Collier, Paul 40
Comissão Nacional para a Erradicação do Trabalho Escravo (CONATRAE) 234, 235
Comissão Pastoral da Terra 235, 236
Committee of One Hundred 212
Commonwealth Community Safety and Security Project (CCSSP) 244
Council on Foreign Relations (CFR) 184
Crime & Justice Analysts 219
Criminal Bureau of Investigation (Indien) 125

D

da Silva, Luiz Inácio Lula 236
DALY *siehe* Disability Adjusted Life Years
de Lima, Leila 218
de Soto, Hernando 70
Defender Resource Centers (DRC) 243
del Mundo, Mark 222
Department for International Development (DFID) 87, 244, 245, 250
Department for International Development(DFID) 183
Der ewige Gärtner 27
Dhillon, Kirpal 152, 153, 155, 156, 159, 164
Dhillon, Sneh 152, 153, 158
Die Hälfte des Himmels 45
Die Narben der Gewalt 93
Die Welt ist flach 17
Direct advocacy 216
Disability Adjusted Life Years (DALY) 90
Diskriminierung von Frauen 146

DRC *siehe* Defender Resource Centers (DRC)

E

Easterly, William 88
ECPAT (Kinderschutzorganisation) 53
Ecuador 42
Ehrenmorde 47
Eliten 153–156, 159, 162, 163, 166, 167, 169–173, 200
  Pfründesicherung 158, 159, 172, 205, 252
Eliten profitieren von ineffizienten Systemen 171
Emanzipations-Proklamation (USA) 139
Endlösung 141
Entführung 17
Entschädigung, finanzielle 110, 119
Entwicklungshilfe 186
Entwicklungshilfegelder 177
  Bedingungen für 232
  für den Krieg gegen den Terror 184
Entwicklungshilfegemeinschaft, internationale 53
Entwicklungsländer
  Arme ohne Rechte 9, 10, 172
  Armut 3
  Armut und Gewalt 16, 20, 252
  Behörden 229
  Einkommensungleichheit innerhalb der 166
  Ersatz öffentlicher Justizsysteme durch private Sicherheitssysteme 166, 167, 173
  Formen der Gewalt 16
  Gefängnisse 78
  Gerichte 127, 129, 131, 222, 227
  gesamtwirtschaftliches Wachstum 166
  Gewalt gegen Arme 3, 16
  Gewalt in Slums 28, 30, 69, 74, 82, 86, 91, 94, 99, 114, 118, 119, 134
  Hindernisse für den Aufbau funktionsfähiger Rechtssysteme 172
  Internationale Investitionen in Rechtssysteme 178, 179
  Juristen 127, 128
  Justizbehörden als Quelle der Gewalt 105
  Korruption 172
  marode Rechtssysteme 167, 204
  marode Systeme 113, 174
  Polizei 113, 179, 184, 187, 197
  Polizeigewalt, missbräuchliche 78
  Privatjustiz 166
  Richterliche Inkompetenz 128, 129
  sexuelle Gewalt 2, 46, 47
  sicheres Klima für Wirtschaft und Handel 185
  Sicherheitswesen 165
  Sprachbarrieren bei Gericht 100, 160–162
  Staatsanwaltschaft 123
  Straffreiheit bei Machtmissbrauch 10, 25, 163, 200
  Strafrechtssysteme 99–102, 112, 173
  Strafverfolgungsbehörden 104
  Verschlechterung öffentlicher Dienste 171
  Wirtschaftsentwicklung 177
Entwicklungsmaßnahmen 174
Entwicklungsorganisationen 186, 251
  Expertise 254
  internationale 230
  magelndes Fachwissen im Strafrecht 253
Entwicklungspolitik 179
Entwicklungszusammenarbeit 173, 175, 176

Erpressung 117
Erpressungssyndikat 77
Ethmane, Abdel Nasser Ould 61
EU 177
Europäischer Konsens über die Entwicklungspolitik 182
Extraktive Systeme 88

F

Familienhilfe (Family Support Units) 245
FBI *siehe* Federal Bureau of Investigation (FBI, USA)
Federal Bureau of Investigation (FBI, USA) 211
Fernandes, Melita 58, 59
Festnahme, willkürliche 73–75
Flores, Estacio 9
Folter 82, 144–146, 179, 238
Foreign Assistance Act (USA) 179
Fosdick, Raymond B. 197
Frankfurter, Felix 208
Frankreich 195
  Generalpolizei 203
Französische Revolution 203, 211
Frauenrechtsnetzwerke 248
Fretell, Rosario 10
Friedenskomitees (Kenia) 109
Friedman, Thomas 17
Fujimori, Alberto 3

G

GAO *siehe* US-Bundesrechnungshof
Geberorganisationen 232
Geberstaaten 178, 230, 232
Geburtsrechte, unveräußerliche *siehe* Rechte, unveräußerliche
Gefängnis, Zustände 80
  in Kenia 75
  in Malawi 122
Geldgeber für internationale Hilfsprojekte
  Britisches Ministerium für Internationale Entwicklung 183
  EU 183
  Interamerikanische Entwicklungsbank 183
  UNODC 183
  USA 179, 183
  Weltbank 180, 183
Gemeinden, arme 46, 244
Gemeinschaft, internationale 144, 147, 149, 150, 174, 175, 177, 178, 189
Genitalverstümmelung 47
Genozid 147, 152, 243
George, Erika 91
Georgien 237
  Korruptionsbekämpfung in 237
Gericht
  Arme vor 22, 99
  Manipulation von Beweisen 11, 12, 24
  Sprachbarrieren bei 160
Gericht, Zustände 81
  auf den Philippinen 127
  in Afrika 127
  in Bolivien 125, 126
  in Brasilien 125
  in Guatemala 125
  in Indien 22, 125, 126
  in Kenia 99, 125
  in Nairobi 31, 99–101
  in Peru 10, 249
  in Südasien 101, 125, 157, 228
  in Südostasien 101
  in Uganda 126
Gerichte in Entwicklungsländern
  Bearbeitungsrückstau 130
  Inkompetenz 223, 224
  knappe Ressourcen 129, 130
  mangelhafte Sicherheitsvorkehrungen 129, 227
  nicht kontinuierliche Verfahrensführung 130
  Nichterscheinen von Prozessparteien 132

Umgang mit Zeugen 132, 223
Gerichtshöfe, Internationale 147, 149
Gerichtssysteme in Entwicklungsländern
strukturelle Probleme 125, 127
Gesamtindischer Dienst 153
Gesetze
kein Schutz durch 16
zum Schutz von Rechten 147
Gesetzesdurchsetzung 42, 252
Gesetzgebung, lokale 146
Gesetzlosigkeit 200
Abwärtsspirale der 169
Gesundheit 36
seelische 94
Gewalt
alltägliche 41, 42, 45, 89, 139, 140
als Behinderung von Wirtschaftswachstum 166, 181
Armut und 15, 16, 39, 95, 96
Auswirkungen von 8, 32, 89–91, 95, 130, 135, 251
Epidemie sexueller 1, 31, 46, 247
Faktoren, die zur Gewalt beitragen 42, 95, 108, 115
Formen der 16
gegen Arme 16, 110, 204, 220, 229
gegen Frauen 71, 118, 119
gegen Frauen und Kinder 28, 47, 188, 253
gegen Minderheiten 192, 194, 198, 201, 204
geschlechtsspezifische 29, 46, 47, 94, 96, 165, 233
gesetzlose 176, 194
häusliche 46, 90, 245
in Slums 28
Kernproblem der 42
Kosten der 88, 89
Maßnahmen gegen 175, 177, 181, 188
nicht-monetäre Kosten der 93
ökonomische Auswirkungen von 90, 95
Opfer von 69, 93, 142–144, 148, 150, 219, 220, 233
quantitative Studien über 107
Schutz vor 43, 172, 174, 231
sexuelle 2, 3, 15, 28, 44–46, 48–50, 78, 83, 86, 94, 95, 134, 216, 247
sexuelle, als Geschäft 51–55, 58, 59
sexuelle, auf dem Schulweg 50
sexuelle, in der Schule 30, 50, 91
soziale Ursachen von 108
staatspolitische 149
Täter 220
Ursachen der 106
verborgene Natur der 40, 251
Vorbeugung 108, 217
Gewalt gegen Arme 49
Gewaltmonopol 42, 128
staatliches 107, 108, 126
Gewaltprävention, kommunale 210
Gewaltreduzierung
Maßnahmen zur 40, 42–44, 49, 52, 106–108, 110, 133
Gilauri, Nika 239, 241
Glendon, Mary Ann 144
Global Slavery Index 17
Globaler Armutstrend 36, 37
Globaler Notfall 49
Gloria 46
Golub, Stephen 250
Göring, Hermann 141, 142
Governance *siehe* Regierungsführung, gute
Gramckow, Heike 181
Großbritannien 154
Großgrundbesitzer 234–236
Group4Security 169
Grundbedürfnisse der Armen 174
Sicherung der 188
Grundrechte 168

Grupo Especial de Fiscalização Móvel (GEFM) 234, 236
Guatemala 44

H

Hakuna Matata 99
Haugen, Gary 15
Haushaltssklaven 61
Herman, Judith 93
HerSpace 226
Heuschrecken 251
Heuschreckeneffekt 85
Heuschreckenplage (USA) 85
Hilfe, internationale 231
Hilfsorganisationen 178, 187, 188
Hilfsprogramme, internationale 244
HIV *siehe* AIDS
Hobbes, Thomas 107, 167
HRW *siehe* Human Rights Watch
Human Rights Watch (HRW) 53, 91, 157, 235
Hunger 36
Huánuco (Peru) 2, 247
Hygiene 50

I

I have a dream (Rede) 139
IACP *siehe* International Association of Chiefs of Police (IACP)
IBJ *siehe* International Bridges to Justice (IBJ)
ICCPR *siehe* Zivilpakt
ICESCR *siehe* International Covenant on Economic, Social, and Cultural Rights (ICESCR)
Ich habe einen Traum (Rede) 140
IDB *siehe* Interamerikanische Entwicklungsbank
IDLO *siehe* International Development Law Organization (IDLO)
IJM 17–19, 22–25, 32, 44, 53, 54, 57–59, 63–66, 69, 70, 72, 73, 79, 99, 116, 119, 128, 129, 131–133, 215, 216, 218–225, 227, 232
IJM Freedom Training 64
IKRK *siehe* Internationales Komitee vom Roten Kreuz
ILEA *siehe* International Law Enforcement Academies
ILO *siehe* Internationale Arbeitsorganisation
Indian Express 133
Indian Police Act *siehe* Indisches Polizeigesetz
Indien 16, 38, 61, 152, 155, 156, 166
  Armut in 17
  Polizeigesetz 155, 157
  Schattenwirtschaft 17
  terroristische Anschläge 169
Indischer Aufstand 154
Indonesien 162
Industrialisierung 194, 202
Industrieländer 196
Industrielle Revolution 154
Infektionskrankheiten 38
Inhaftierung, willkürliche 144
Inklusive Systeme 88
Inocencio, Sam 218–222, 224–226, 228
Interamerikanische Entwicklungsbank 183
Interamerikanische Kommission für Menschenrechte 130
International Association of Chiefs of Police (IACP) 208
International Bridges to Justice (IBJ) 242, 244
International Centre for Prison Studies 79
International Covenant on Civil and Political Rights (ICCPR) *siehe* Zivilpakt
International Covenant on Economic, Social, and Cultural Rights (ICESCR) 145
International Crisis Group 137
International Development Law Organization (IDLO) 250

International Justice Mission *siehe* IJM
International Law Enforcement Academies (ILEA) 184
Internationale Arbeitsorganisation (ILO) 52
Internationale Menschenrechtserklärung 142, 143, 145, 146
Internationaler Pakt über bürgerliche und politische Rechte (ICCPR) *siehe* Zivilpakt
Internationaler Pakt über wirtschaftliche, soziale und kulturelle Rechte *siehe* International Covenant on Economic, Social, and Cultural Rights (ICESCR)
Internationales Komitee vom Roten Kreuz (IKRK) 80
Investitionsverbot in Rechtssysteme
  der USA 179
  der Weltbank 180

J

Jackson, Andrew 202
Japan 195, 211
Jerardo 5
Jhon 4
José 3, 9, 14, 221, 247
Juristen
  Zahlenverhältnis Juristen-Bürger 127
Justice Reform Practice Group (Weltbank) 181
Justizsystem
  effektives 112, 178
  Funktion von, in Entwicklungsländern 99
  Gerichte 125
  marodes 166, 167
  öffentliches formelles 110
  Staatsanwaltschaft 122
  versagendes 10, 22, 31, 121

K

Kalter Krieg 148
Kambodscha 188, 244
Kapital, immaterielles
  Bildung als entscheidender Faktor 135
  Rechtsstaatlichkeit als entscheidender Faktor 136
  von Institutionen 135
Karibik 184
Kenia 27, 32, 73, 76, 99, 120, 158, 169, 238
Kenny, Charles 117
Keystone Cops 197
Kibera Law Courts 99
Kibera-Slum 120
Kibugu, Joseph 99
Kinderarbeit 61
Kinderheirat 47
Kinderrechtskonvention 146
Kindesmissbrauch 111, 115, 128, 221
King Jr., Martin Luther 109, 139
Klockers, Carl B. 106
Kolonialismus 155, 164, 172
Kolonialmächte, Agrarpolitik 162, 163
Kolonialpolizei 155–158
  Aufgaben der 159, 160
Kolonialreich 144, 154, 155
Kolonialzeit 158, 251
Konflikt, bewaffneter 149
Kongo 1, 2, 233, 234, 237
Königlich-Irische Schutzpolizei *siehe* Royal Irish Constabulary (RIC)
Kooperative Fallarbeit 220–222, 225, 228, 231, 247, 255
Korogocho 49
Korruption 2, 17, 117, 118, 137, 172, 191, 196, 204
  bei der Polizei 197
  der Polizei (Georgien) 238
Korruptionsbekämpfung 185, 238–240

Maßnahmen zur, in Georgien 237
Kōban 204
Kriegsverbrechen 146, 147
Kriminalität
Bekämpfung der 241
Ursachen und Vermeidung von 210
Kristof, Nick 45, 51
Kulturelle Normen 108

L

La Unión 1, 30
Länder
die terroristisches Sicherheitsrisiko darstellen 183
einkommensschwache 41, 60, 166
mit mittlerem Einkommen 41, 42
Landlose 62
Landnahme, gewaltsame 66, 67, 70–72, 83, 86, 94, 96, 115, 129, 144, 162, 168
Ursachen 70
Landpastorale *siehe* Comissão Pastoral da Terra
Landraub *siehe* Landnahme, gewaltsame
Lateinamerika 161, 184
Lattimer-Massaker 194
Law & Order 122, 123, 207
Legal Note on Bank Involvement in the Criminal Justice Sector 181
Leibeigenschaft 144
Lepine, Louis 195, 208
Leroy, Anne-Marie 181
Leuchtender Pfad 3
Leuchtturmeffekt 221
Leviathan 107
Levitt 107
Lexow-Kommission 197, 208
Lincoln, Abraham 63, 202
Lista Suja do trabalho escravo 234, 236
Local Police Partnership Boards 245
London 168, 212
London Metropolitan Police 212
Lopy, Dominique 163
Los Angeles 193
Lynchjustiz 202

M

Machtmissbrauch 73, 192, 196
durch Behörden 13
durch Sklavenhalter 21
von Behörden 22, 25, 32, 163, 193
Mädcheneffekt 50
Mädchenhandel 56
Ursachen 56
Malaria 38, 46, 103
Malawi 41, 162, 169
Mariamma 19
Maru, Vivek 185, 244–246
Medizinische Versorgung 35, 36, 54, 95
Menschenhandel 53, 165, 168, 217, 218, 235
Bekämpfung von 187
Menschenhändler 104, 116, 192
Menschenrechte 48, 138–140, 142, 144–146, 148–150, 165, 242, 251
Schutz der 235
Menschenrechte, Allgemeine Erklärung der 140–142, 144, 145, 150
Menschenrechtsabkommen 146
Menschenrechtsaktivisten 141, 147, 149, 216
Menschenrechtsbewegung 140–150, 216
Menschenrechtskommission 142, 143
Menschenrechtsorganisation 3, 145, 148, 254
Menschenrechtspakte 146
Menschenrechtsstandards 143, 146, 147, 254
Menschenrechtssystem, internationales 148, 149
Menschenrechtsverletzungen 47, 142, 146, 148, 149, 216

Opfer von 148
Mérida-Initiative(USA) 184
Messaoud, Boubacar 61
Mexiko 38, 169
Drogenkrieg 169
Mikongo, Tabena-Isima 233
Ministério do Trabalho e Emprego 236
Missbrauch 46
gewalttätiger, Schutz vor 55
sexueller 21, 45, 51, 93, 118, 128, 165
sexueller, in der Schule 91
Missbrauchsopfer 147
Mitgiftmord 47
Mobile Gerichte (Kongo) 232–234
Moderne Sklaverei 60, 61
Mohan Reddy Brick Factory 63
Mosambik 161
MSF *siehe* Ärzte ohne Grenzen
Mudenda, Clemens 68
Mulmi, Sashmeeta 17
Mutuara, Kibibi 233

N

Nachsorge 93
Nachsorgezentren 249
Nachtwächter 202
Nairobi 27, 30, 32
extreme Armut 27
Gewalt gegen Frauen 28, 29
Korogocho-Slum 27, 30
Sozialarbeit in 30
Namati 245
National Judical Academy (Indien) 133
National Legal Aid Clinic for Women (Sambia) 69
National Public Radio 134
Nazi-Verbrechen 142
New York City 193
New York Times 137
NGO 49, 119, 137, 145, 147, 165, 188, 215, 216, 218, 220, 221, 225, 233, 242–245, 249
Nichtregierungsorganisationen *siehe* NGO
Nigeria 42, 160
Non-governmental organization *siehe* NGO
NRO *siehe* NGO
Nürnberger Prinzipien 141
Nürnberger Prozesse 141, 142

O

Office of Public Safety (OPS) 179
Open Society Foundations (OSF) 87, 250
Open Society Initiative for Southern Africa (OSISA) 161, 162, 233
Open Society Justice Initiative (OSJI) 80, 233
OPS *siehe* Office of Public Safety
OSF *siehe* Open Society Foundations
OSISA *siehe* Open Society Initiative for Southern Africa
OSJI *siehe* Open Society Justice Initiative
Ostindienkompanie 154
Ostkongo 1
Oxfam 72, 188

P

Page-Kommission 208
Pakistan 152, 161
Paralegal 246
Paris 195
Parkhurst, Charles 207
Pastoral Land Commission of Episcopal Conference of Brazil 62
Paz y Esperanza 3, 247–249
Peel, Robert (Bobby) 154, 212
Peru 15
Philippine National Police 227
Philippinen 160
Phillippine Commission *siehe* Taft Commission (USA)

Pinker, Steven 107
Plano Nacional para a Erradicação do Trabalho Escravo 235
Plassat, Xavier 62
Plünderung 76
Polizei 23, 78
Arbeitszeiten 199
Aufbau der modernen 199–201, 204, 213
Aufbau der modernen, in den USA 201, 202, 208, 211, 212
Aufbau der modernen, in Frankreich 203
Aufbau der modernen, in Großbritannien 212
Aufbau der modernen, in Japan 203
Folter durch 83
georgische 237
indische 23, 156, 159
Inkompetenz 193, 195, 197, 238
Inkompetenz und ihre Folgen 25
kenianische 158
Korruption 6, 197, 224, 227
Mangel an Ausrüstung 200
peruanische 6, 13
Zahlenverhältnis Beamte-Bürger 120, 199
Polizei in Entwicklungsländern 113
Ausbildung und Schulung 114, 179, 184, 187, 227, 241
Inkompetenz 116, 223
Inkompetenz und ihre Folgen 117
knappe Ressourcen 121
Korruption 117, 197
kriminelle Geschäfte 118
Mangel an Ausrüstung 121
schlechte Bezahlung 121
Polizeiarbeit
in Entwicklungsländern 23, 114
in wohlhabenden Ländern 114
Polizeigerichte 193
Polizeigewalt 118, 197, 198
missbräuchliche 14, 23, 73–75, 193–195, 238
Polizeipräsenz 120
Polizeireform
in den USA 207
in Georgien 239–241
in Sierra Leone 245
Polizeistreik in Montreal 1969 107
Polizeisystem
paramilitärisches Modell 179
repressives 155
südasiatisches 157
Polizeiwillkür 216
Postkonfliktländer 177, 178, 180, 182, 230
Posttraumatische Belastungsstörung 93
Pound, Roscoe 208
Privatjustiz 166
Produktivität, wirtschaftliche und soziale 92
Project Lantern 103, 219
Projekte, Hilfe zur Selbsthilfe 249
Property Grabbing *siehe* Landnahme, gewaltsame
Pro-Kopf-Geldwert, durchschnittlicher 136
Punjab 152, 153

R

Ramirez, Delmi 44
Rashid, Dr. Hamid 71
Rechenschaftspflicht 156, 158
Rechenschaftsstruktur 112
Recht
auf einen fairen Prozess 145, 242
auf körperliche Unversehrtheit 145, 242
auf Leben 145
auf persönliche Sicherheit 145
auf Sicherheit 165
Recht und Ordnung 106
Rechte
Unterdrückung politischer 148

unveräußerliche 139, 141, 144
Rechte von Armen
Stärkung der 245, 246, 249, 250, 254
Stärkung der, durch Selbstbestimmung 249
Rechtlosigkeit, Vorteile der 171
Rechtsbeistand 100
Rechtsberatung, kostenlose 243
Rechtsberatungszentren 243
Rechtsdurchsetzung 42, 44, 104–110, 114, 117, 118, 120, 124, 140, 148, 154, 156, 164, 175
Rechtsinstrumente 144
Rechtspipeline 111, 113, 122, 222
Rechtsprechung
traditionelle 246, 250
Rechtsreformen 205, 208–211, 213, 239
Rechtsschutz
fehlender 251
wirksamer 150
Rechtssicherheit 105
Rechtsstaatlichkeit 136, 174–176, 180, 181, 184, 185
Hilfen zum Ausbau der 177
Rechtssysteme
aktuelle Projekte zum Aufbau funktionierender 216, 217, 232–234, 236, 237, 242, 244, 247
Aufbau effizienter öffentlicher 104
Aufbau funktionierender 196, 201, 204–209, 220, 222, 228, 230, 236, 239, 242, 245, 247, 249, 252, 253, 255
autoritäre 157
Defekte in den 25, 31, 160, 191–195
funktionierende 108, 177
funktionsunfähige 170
funktionsunfähige, Auswirkungen auf Wirtschaft 170
historische 191–204, 212
korrupte 26
marode 166
Missstände in den 222, 225
öffentliche 126
südasiatische 164
Verbesserung nicht funktionierender 173, 178, 217
Versagen der 150, 151, 169
Rechtssysteme, Versagen der 198
Rechtssystems, Versagen des 251, 255
Reformbewegungen, Auslöser für 207, 208
Regierungsführung, gute 174, 181
verantwortungsbewusste 175
Regime, totalitäres 179
Regional Anti-Human Trafficking Task Force (RAT-Force) 228
Rehabilitation 216, 217, 222, 224, 248
Reserven, Mangel an 92
Restavek Foundation 61
Restaveks *siehe* Haushaltssklaven
RIC *siehe* Royal Irish Constabulary (RIC)
Richard 3, 9, 12, 221, 247
Robinson, James 88
Roosevelt, Theodore 193, 196, 208
Royal Irish Constabulary (RIC) 155
Russisch-Japanischer Krieg 204

S

Saakkashvili, Mikheil 239
Safety, Security and Access to Justice (SSAJ) 244
Sambia 69, 188
Sampani, Mae 221, 222, 224–226
Samurai 194, 203, 206
Sanitärverhältnis 39
Säureattentat 47
Save the Children 188
Schäden, psychische 93
Schlichtungsverfahren, alternative (ADR) 170

Schmiergelder 100
Schmutzige Liste *siehe* Lista Suja do trabalho escravo
Schuldknechtschaft 20, 22, 23, 61–65, 96, 147
Schulung von Rechtsvertretern 242
Schutzgelderpressung 76
Schutzmänner 202
Schutzzentren 226
Schwellenländer 3, 41, 61, 78, 164, 166, 185, 199, 215
  Strafverfolgungsbehörden 104
Security Sector Reforms(SSR) 244
Selbstjustiz 170
Sen, Amartya 38, 88
Senegal 162, 163
Sexgewerbe, illegales *siehe* Zwangsprostitution
Sexhandel 51
Sexindustrie 104
Sexualverbrechen 102
Sexuelle Gewalt *siehe* Gewalt, sexuelle
Shifter, Michael 184
Shogunate 194
Sicherheitsdienste
  private 168, 251
  private, als Ersatz für marodes Justizsystem 169
Sicherheitssysteme, private 167
  in Afrika 168
  in Asien 168
  in Brasilien 168
  in Guatemala 169
  in Honduras 169
  in Indien 168
  in Kenia 169
  in Lateinamerika 168
  in Mexiko 169
Sierra Leone 244
Sikayenera, Lackson 122
Silicon Valley, indisches 16, 18
Sklavenhalter 116, 132
Sklavenhandel 60
Sklaverei 17, 60, 64, 93, 101, 111, 131, 140, 144, 145, 155, 156, 216
  in Afrika südlich der Sahara 62
  in Brasilien 62, 234–236
  in Indien 17, 19, 20, 62
  in Pakistan 61
SLN Brick Factory 63
Slums 27, 29, 69, 71, 74, 75, 82, 94, 99, 118, 134
  Lebensbedingungen in 28
Society for the Protection of the Rights of the Child 61
Soros 88
Soros-Stiftungen *siehe* Open Society Foundations (OSF)
S.O.S. 61
Souveränität, Nationale 144, 145
Souveränitätsprinzip 141, 142
Sozialarbeit 30, 216
Sozialdienste 223, 225, 247, 249
Sozialkapital, Vernichtung von 91
Special Leave Petition 133
SSAJ *siehe* Safety, Security and Access to Justice
SSR *siehe* Security Sector Reforms
St. Clair County 85
Staat, souveräner 141, 142
Staatsanwälte
  Verhältnis Anwälte-Bürger 124
Staatsanwaltschaft 122
  in Indien 25
  in Malawi 123
Staatsbürgern, zivile Grundrechte von 168
Staatsgewalt 143, 178
Statistikschönung 118
Steffens, Lincoln 198, 207
Stimmen der Armen 41, 42, 73, 76, 88, 110, 117, 121
Stocking, Dame Barbara 72
Stone, Christopher 87, 97, 181
Straffreiheit 24, 32, 72, 103, 108, 119
  bei Machtmissbrauch 163, 194, 235

bei sexuellem Missbrauch 2, 30
durch Bestechung 10, 15, 172, 192, 224
Strafjustiz, effektive 176
Straflosigkeit 47, 200, 236
Beendigung der 145, 247, 248
Strafrechtssystem
Aufbau eines funktionierenden 196, 211
funktionierendes 105, 112, 137, 196
korruptes 198, 237
Strafverfolgung in Entwicklungsländern 73
Strafverfolgungsbehörden 104, 140
Folter durch 83
Straßenkinder 78
Streitschlichtung 42, 109
Strukturreform 246
Strukturwandelprojekte 217, 219, 231, 244, 247
experimentelle 255
Swami, Praveen 115
Sylvester, Richard 208

T

Taft Commission (USA) 160
Tammany Hall 207
Täterschutz 113
TCR *siehe* Truth and Reconciliation Commission
Terror, gesetzloser 169
Terrorismus 183, 184
Thailand 42
Thomas, Harry K. 232
Timap for Justice (Timap) 244–246, 249
Timothy, Pranitha 63
TIP *siehe* Büro zur Überwachung und Bekämpfung von Menschenhandel imUS-Außenministerium (TIP)
Tokio 194
Trafficking in Persons Report 232
Trafficking Victims Protection Act 53
Transparency International 237, 238
Traumatisierung 50, 93, 221
Truth and Reconciliation Commission (TCR) 149
Tse, Karen 242

U

Überwachungskomittees 248
Uganda 161
Unabhängigkeitserklärung (USA) 139
Underground Railroad 219
UNDP Program Legal Empowerment of the Poor 71
UNDP-Rechtshilfeprogramm für die Armen *siehe* UNDP Program Legal Empowerment of the Poor
UNICEF 51
United Nations Office on Drugs and Crime (UNODC) 87, 91, 111, 125, 130
United Nations Office on Drugs and Crime(UNODC) 183
UNODC *siehe* United Nations Office on Drugs and Crime
Unterdrückung, politische 204
Untersuchungshaft
missbräuchliche 78
Nachwirkungen 81
unverhältnismäßig lange 79
UN-Blauhelme 147, 149
UN-Büro für Drogen- und Verbrechensbekämpfung *siehe* United Nations Office on Drugs and Crime
UN-Generalsekretär 250
UN-Menschenrechtskommission 238
Unzivile Demokratien 168
US Agency for International Development (USA) *siehe* USAID
USA 35, 108, 179
USAID 71, 177, 250
US-Bundesrechnungshof (GAO) 186

V

Verbrechensaufklärung 114

Verbrechensbekämpfung 197, 229, 241
grenzüberschreitende 177, 180, 182–185
Verbrechensstatistik 95
Verbrechensvorbeugung 197, 210
Vereinte Nationen 16, 47, 87, 137, 140, 142, 143, 145, 146
Vergewaltigung 1, 2, 15, 26, 42, 46, 48, 50–52, 90, 101, 115, 119, 121, 128, 168, 233, 234
Vergewaltigung, Gruppen- 21, 131
Verletzungen, seelische 93
Verma-Kommission (Indien) 133
Versklavung 168
Verteilungssystem, Ungerechtigkeit im 38
Völkermord *siehe* Genozid
Völkerrechtler 142
Vollmer, August 208, 210, 213

W

Wadi, Ismael 122, 123
Wahlmanipulation 198, 207, 212
Wahrheitsfindungs- und Versöhnungskommission 149
Walker, Samuel 197, 213
Wallström, Margot 233
Wanjirus, Naomi 30
Warum Nationen scheitern 88
Weltbank 41, 46, 72, 87, 89, 91, 108, 109, 135, 136, 170, 177, 180, 181, 185–188, 230, 237, 245, 250
Weltentwicklungsbericht 2011 89
Weltgesundheitsorganisation *siehe* WHO
Weltwirtschaftsforum 165
Where is the Wealth of Nations? 135
WHO 48–50
Williams, Alexander S. 198
Wines, Michael 122
Wirtschaftsförderung 182
Wirtschaftswachstum 89
boomendes, in Schwellenländern 166
in Afrika südlich der Sahara 166
in Indien 166
Wohlstand, Quellen des 135
World Development Report on Equity and Development 109
World Development Report – Conflict, Security and Development 181
World Health Organization *siehe* WHO
World Report on Violence and Health 49
World Vision 188
WuDunn, Cheryl 45, 51

Y

YBI Brick Factory 63
Yuri 2, 11, 14, 46, 144, 149, 221, 247

Z

Zeugenschutz 129, 227
Zhvania, Zurab 239
Ziegelfabrik, Sklaverei in der 19
Zivilgesellschaft 137
Zivilgesellschaftliche Gruppen 216, 220, 228, 234, 236, 245
Zivilpakt 145
Zivilpolizei 180
moderne 154, 179
Zivilpolizisten (Bobbys) 154
Zoellick, Robert 181
Zwangsarbeit 17, 59, 62, 83, 94, 111, 235, 236
Zwangsheirat 47
Zwangsprostitution 52, 54, 58, 93, 192, 217
Opfer 56
Rettung von Opfern aus 218
Ursachen 53
Zwangsräumung 71

Printing: Ten Brink, Meppel, The Netherlands
Binding: PHOENIX PRINT, Würzburg, Germany